一本书读懂中国史

（增订本）

李泉 著

中华书局

图书在版编目（CIP）数据

一本书读懂中国史/李泉著. —增订本. —北京：中华书局，
2016.1（2025.1重印）
ISBN 978-7-101-11145-3

Ⅰ.一… Ⅱ.李… Ⅲ.中国历史-通俗读物 Ⅳ.K209

中国版本图书馆 CIP 数据核字（2015）第 175982 号

书　　名　一本书读懂中国史（增订本）
著　　者　李　泉
责任编辑　李洪超　傅　可
装帧设计　毛　淳
责任印制　陈丽娜
出版发行　中华书局
　　　　　（北京市丰台区太平桥西里 38 号　100073）
　　　　　http://www.zhbc.com.cn
　　　　　E-mail:zhbc@zhbc.com.cn
印　　刷　河北新华第一印刷有限责任公司
版　　次　2009 年 4 月第 1 版
　　　　　2016 年 1 月第 2 版
　　　　　2025 年 1 月第 32 次印刷
规　　格　开本/710×1000 毫米　1/16
　　　　　印张 24　插页 2　字数 290 千字
印　　数　273001-276000 册
国际书号　ISBN 978-7-101-11145-3
定　　价　39.00 元

如何使用本书

秦、西汉、东汉

篇章概述

萧规曹随

大事年表

常识介绍

历史故事

图片传真

吕后临朝

知识链接

本书描述从传说时代到中华民国的历史进程，分为10个篇章，下面有若干小节。设置以下栏目：

篇章概述：介绍各个历史时期的发展概况；

历史故事：选取细节，以人物或事件为中心进行讲述，注重可读性和趣味性；

大事年表：以编年的方式，简要展示历史演进线索，从中可以找到历史故事所处的地位；

知识链接：以名词形式阐释与历史故事相关的背景知识；

常识介绍：介绍一些必要的典章制度、人物史实等；

图片传真：选择历史图片，展示讲述内容的相关场景等。

目　录

秦、西汉、东汉

三国、两晋、南北朝

元朝

明朝

清朝

前　言

　　读史可以使人明智。

　　中华文明上下五千年,人物众多,事件纷繁,如何在短时间内让读者清晰地了解历史,感悟历史,是编写这样一本通俗历史读物的出发点。

　　本书按照一定的历史分期,通过新的体例,采用由面到点、繁简结合的编排和写作方式,全面反映从传说时代到中华民国的历史全景。每小节一般由三部分内容组成:首先,提供给读者的是一个大事年表,以编年的方式,将重要事件及历史演进线索简要地展示出来。在此基础上,选取重要的史事或人物,用讲故事的形式予以阐释,虽然不过一两千字,但作者力图能够展示宏大的历史背景,讲清历史事件的来龙去脉、历史人物的喜怒哀乐,其中也有作者个人的认识,当然这些评价常常寓于历史事实的叙述之中。最后,是相关知识链接。三者各自独立,又有机连为一体,在知识信息的传达上层层递进。此外,还安排了一些历史小常识,介绍重要典章制度、人物史实等。

　　书中讲述的历史事件和人物,其内容主要是根据历史典籍和史学界公认比较可靠的史料写成,为了避免空泛枯燥,在不影响事实准确的原则下,尽量选择那些具有一定故事情节的史料。在表述上,也力求做到通俗易懂,生动活泼。但是,在内容上绝无虚构,在语言上也尽量避免过多的铺叙和描写。作者只是想通过生动浅显的文字还原相对准确的历史真相,而不是用文学的笔法渲染史实,更不是用“戏说”的方式加工历史原料,制作哗众媚俗的娱乐快餐。

　　这本书适于想要了解祖国历史的一般读者阅读,也可以作为中小学生学习历史的辅助读物，因为其中讲述的都是重要的、基本的历史知识，而这些知识在一般教科书中往往并未提及，或讲得比较简略。

　　本书的基本框架是由中华书局大众读物编辑室的几位先生创意拟定的。李洪超先生在编写体例、内容取舍方面提出许多宝贵的意见和建议，并对全部书稿进行了认真校阅审读，我的研究生姚树民帮我搜集整理大量资料，在此一并表示感谢。

李　泉

2008 年 4 月

从三皇五帝到夏、商、西周

　　三皇五帝时代，就是我们通常所说的史前时代或远古时代，包括中国人类从动物界脱离出来以后直到进入文明社会以前的漫长历史时期。大量古人类化石和丰富的地下文化遗存的发现说明，我国是人类起源的中心之一。大约距今一百七八十万以前，我国的许多地方就有古人类生活着，当时他们使用粗糙的打制石器和木器，过着采集和狩猎生活。大约到了距今一万年左右的时候，人们开始使用磨制的石器。距今四五千年的时候，中国历史进入了黄帝和炎帝时代，原始农业、手工业和畜牧业产生，并有了一定发展。距今四千多年前的时候，黄河流域出现了尧、舜、禹相继为首领的部落联盟。当时生产力水平有了很大提高，劳动产品除消费之外有了剩余，氏族内部贫富分化日趋严重，出现了夯土或用石头筑成的城邑，其中有规模很大的宫殿及各种精致的礼器，国家逐渐形成，中国历史走出漫长的氏族社会的荒园，迈进了文明社会的门槛。

　　夏朝(约公元前 2072—约前 1600)是中国历史上第一个世袭制王朝。据后代的文献记载，夏朝确立了王位继承制度，设置了官吏，建立了军队，制定了刑法，说明夏代国家机构已经基本完备。夏代有了历法，能够制作青铜器，农业、手工业有较大发展。商代(约前 1600—约前 1046)是第二个世袭王期，也是我国历史上最早的有同时期文字直接记载的朝代。臻于完备的国家机构，大而精美的青铜器，相当成熟的甲骨文字，宏大豪华的宫殿建筑，说明商朝的社会文明发展到了较高的程度。西周(约前 1046—前 771)时期社会进一步发展，建立起庞大而完备的国家机构，扩充了军队，确立和完善了包括分封制、宗法制、井田制及刑罚礼乐制度在内的一套完整政治制度，农业、手工业比商代有了明显的进步。

玉猪龙

　　红山文化是我国新石器时代的一种文化,距今五千多年,主要位于辽宁西部、内蒙古东部,因首次发现于赤峰红山而得名。这个玉猪龙出土于辽宁凌源市牛河梁遗址。玉猪龙,又名玉兽玦,其用途一般认为是祭祀用的礼器。以玉猪龙为代表的玉器,已经成为红山文化的代表器物。

炎 黄 之 争

大约距今 5000 年以前，在华北平原的阪泉（今河北涿鹿南）旷野上，发生了中国历史文献中记载的第一次大规模战争，双方三次激战，方才分出胜负。交战的一方是黄帝，另一方是炎帝，据说他们是同父异母的兄弟。亲兄弟之间因何进行如此惨烈的大战呢？

传说，古时候有个部落首领名叫少典，居住在我国西部的黄土高原上。少典的一个妻子名叫附保，有一天看见电光围绕北斗星，光芒照耀郊野，心中有感，后来生下了黄帝。少典的另一个妻子是娲氏之女，名女登，见到神龙后有感，不久生下了炎帝。黄帝活动在姬水一带，以姬为姓，也有人说他姓公孙，名轩辕。他率领大家开垦土地，种植农作物，那里的土地是黄色的，所以后来人们把他称作"黄帝"。炎帝活动在姜水一带，以姜为姓，名叫榆罔，当时盛行刀耕火种，他率领人们焚烧丛林，垦土种植，炎炎烈火，光照四野，所以人们称他叫"炎帝"。

中原地区和华北地区是黄河冲积平原，土地肥沃，土质松软，很适于种植农作物，自然条件比黄土高原好得多，所以居住在黄土高原的黄帝、炎帝部族逐渐向东发展。黄帝部落迁徙的路线偏北些，他们渡过黄河，沿着中条山、太行山的边缘地带，一直走到了河北北部，这一带没有强大的氏族部落，他们迁徙十分顺利。炎帝部族迁徙的路线偏南些，他们沿着渭水和黄河向东走，到达河南、河北南部和山东东北部一带，这些地方土著部落很多，今河南、山东交界地区的蚩（chī）尤部落十分强大。炎帝与蚩尤部落争夺地盘，发生激烈冲突，结果炎帝被蚩尤打败，他们只得向北迁徙，到了黄帝部落的新迁之地。

黄帝部族生活安定，发展农业，修治甲兵，十分强盛。周边有些暴虐百姓的部族，黄帝用武力镇服他们，因此受到当地民众的拥戴，周边的部族纷纷归附了他。炎帝族落经过几次大战，势力衰微，在涿鹿定居以后，生产不景气，文化上无创建。看着黄帝部族一天天发展壮大，炎帝有些眼热了，他决定用武力扩展自己的地盘，顺我者昌，逆我者亡，对于周边部族，一概兵戎相见。黄帝出面制止炎帝的无道行为，炎帝不服。于是双方的冲突开始了。

距今 5000 年前

黄帝与炎帝大战于阪泉，炎帝战败。黄帝与蚩尤大战于涿鹿，蚩尤战败被杀。此后，黄帝逐渐统一中原。

传说黄帝时候开始种植五谷，养蚕缫丝，裁制衣裳，制作弓箭，制造舟车等。

三皇五帝

三皇五帝指哪些人，古籍中有不同的说法。一般认为，三皇指伏羲、神农、燧人，也有人说指伏羲、神农、黄帝，还有人说指天皇、地皇、人皇。关于五帝，一般认为指黄帝、颛顼（Zhuānxū）、帝喾（kù）、尧、舜，也有人说是太皞（伏羲）、炎帝（神农）、黄帝、尧、舜，还有人说指少昊、颛顼、帝喾、尧、舜。他们都是当时部落或部落联盟的著名首领。

传说，黄帝曾经训练熊、罴（pí）、貔（pí）、貅（xiū）、貙（chū）、虎六种猛兽参战。熊就是有熊氏，黄帝本人所在部落的名称。其他几种猛兽大概也是部落名称，或者是部落氏族的图腾。又有人说黄帝有25宗，大概是说他所在有熊氏部落由25个氏族组成。可见，黄帝属下拥有6个部落，他本人的部落就有25个氏族，势力强盛。

黄帝和炎帝在阪泉一带广阔的原野上摆开了战场，黄帝率领6个部落，打着雕、鹖（hé）、鹰、鸢（yuān）等猛禽为标志的旗帜，向炎帝部族发起了进攻。炎帝不甘示弱，顽强抵抗。战斗惨烈，血流成河，死伤者丢弃的枪杆都被漂了起来。经过三场大战，黄帝部落最后取得了胜利。

黄帝和炎帝毕竟是亲兄弟，炎帝战败后，他的部族很快融入黄帝部族。炎帝虽然是失败者，但他和黄帝一样，仍受到部族民众尊重。所以后来人们常常把炎帝和黄帝相提并论，并称为华夏民族始祖。

 知识链接

仓颉造字

马家窑文化彩陶

仓颉，又作苍颉，号史皇氏，据说是黄帝时候的史官。黄帝以前没有文字，人们结绳记事，没办法准确记述事情的具体内容。怎么改变这种状况呢？仓颉日思夜想，四处察看。他观察天上星星的分布，考察地上山川河流的脉络，琢磨鸟兽留下的足迹，描绘草木器具的形状。后来终于创造出了各种不同符号，规定了每个符号代表的意义。这些符号就是字，按一定的原则将字联结在一起，便能表达复杂的意思。从此，中国的象形文字便产生了。

根据考古发掘，距今7000年到4000年前，许多文化遗址出土的陶器上有刻划、书写的符号或抽象图形，人们认为这就是原始文字。象形文字是我们祖先在长期社会实践中发明创造的，仓颉是先民集体智慧的化身。发现于距今5000年的马家窑文化陶器上的符号，印证了仓颉造字的传说。

尧舜禅让

我国南方有一种驰名中外的稀有珍贵竹种，它的外形呈棕黑或紫褐色，表皮有如泪滴一样的斑点。这种竹叫斑竹，俗称泪竹，又有一个动听的名字叫湘妃竹。据说这湘妃竹的名称来源于尧舜禅让时代，上面的斑点是舜的两个妻子洒下的泪痕。

传说尧 16 岁便担任了黄河流域部落联盟的领袖。他很善于治理天下，让羲、和两人掌管天和地，羲仲、羲叔、和仲、和叔分别掌管东、西、南、北四方，制订了历法，规定一年为 366 天，分春、夏、秋、冬四季，使人们根据季节安排农业生产。传说那时天上出现过 10 个太阳，庄稼被晒焦，草木也被烤干。而且各种猛兽出没。尧派骁勇善射的后羿，射落了其中的 9 个太阳，赶走了野兽，铲除了祸害。后来，浑敦、梼杌（táowù）、穷奇、饕餮（tāotiè）等"四凶"（周边的四个部族）又来侵扰，尧没有力量抵御，中原地区再次陷入混乱状态。尧想找一个年轻有为的部落首领接替他的职位。

据说舜的母亲去世很早，双目失明的父亲给他娶了个后母，后来又有了个弟弟名叫象。象好吃懒做，而且诡计多端，经常在父母面前说舜的坏话。父亲分不清是非，经常虐待舜，甚至与后妻、象密谋，想置舜于死地。对于这些，舜毫不介意，仍然孝顺父母，爱护弟弟。他的父亲并没有被感化，竟然对舜下起了毒手。有一次，他让舜修房子，舜登上房顶后，他便让人放起火来，想把舜烧死。舜急忙从房上跳下来，安然无恙。一计不成，又施一计。过了几天，他又让舜去挖井。等挖到井底的时候，他让人用土把井填上，想把舜埋在井下。恰好舜挖了个斜井，可以蔽身，井口被填死后，他便从斜井爬了出来。父母、弟弟多次想害死他，但他却表现得若无其事，一点都没怨恨他们。

尧听说舜的事迹后，认为他是个品德高尚的人，决定培养他做继承人。他把自己的两个女儿娥皇和女英嫁给舜做妻子，并派舜去各地与民众一起劳动。据说舜曾在今济南附近的历山脚下种过地，在雷泽地方捕过鱼，又在河滨烧制过陶器。舜每到一个地方，都有很多人追随他，很快形成繁荣的聚落或城邑，而且社会风气也有大变化，人们和睦相处，相互礼让。

距今 4000 多年前尧设置官职，制订历法，平定了周边部族的叛乱。

尧年老的时候，把职位禅让给舜。舜耕作于历山，捕鱼于雷泽，制陶于河滨，继尧之后为部落联盟首领。

颛顼和帝喾

黄帝的后裔中,颛顼和帝喾最为著名。颛顼又称高阳氏,是黄帝的孙子、昌意的儿子;帝喾又称高辛氏,是黄帝的曾孙、颛顼的侄子。据说颛顼和帝喾各有"才子八人",大概是说他们又各自繁衍出八个著名的氏族。传说,他们曾对当时的社会制度进行了一些改革,设置专门从事祭祀和管理民众的官职;后来又与炎帝的后裔共工氏进行过激烈的斗争,并最终取胜。帝喾的儿子尧担任部落首领后,废除部落首领家族内部世代传承的制度,确立禅让制。

尧用了三年时间对舜进行考察,后来适逢舜带领高阳、高辛各部族,联合伯益领导的部族,同"四凶"展开了激烈的战争,最终把他们赶出了中原地区。尧认为舜无论是品德,还是能力,都是无人可与相比的,便把部落联盟首领的职位传给了他。

舜担任部落联盟首领以后,把各种事情办得井井有条,社会秩序稳定,部族民众对他十分钦佩。他经常到各地巡视,了解各个氏族部落的情况。晚年,他长途跋涉到苍梧(今湖南南部和广西东北部)巡视,结果病死在那里。他的两个妻子思念丈夫,悲痛欲绝,常常面对茂密的竹林落泪,泪水洒在了竹子上,印出一个个斑点,形成了美丽的花纹。这就是今天仍然种植的斑竹,人们为纪念娥皇、女英,又把它称为湘妃竹。

有关尧舜禅让的故事常见于古代儒家的典籍中,显然只是一个美丽的传说,而且有许多神话色彩,但是任何传说都脱胎于社会事实的母体,可以曲折地反映历史的真实面貌:在我国古代国家正式形成的前夕,部落联盟首领不是世袭的,而是由上届联盟首领推举或者由各部族首领选举产生,古人称其为禅让。关于尧和舜职位的更替,古时候也有不同的说法。有人说尧死后,舜逼迫尧的儿子离开尧的宫室,篡夺了尧的位置。也有人说尧年老以后,威望大大降低,于是舜乘机囚禁了尧,而且阻止他们父子见面,最终夺取了尧的职位。尽管这些说法没有更多历史记载印证,但这种禅让并非像儒家经典中所说的那样,都是以"和平""谦让"的方式进行的。真相可能是,每一次部落联盟首领的更替,总是伴随着一系列的权力争夺和政治冲突。

知识链接

禅让制

夏朝建立以前,"天下为公",部落首领的位置不能世袭,而是推举德才兼备之人担任。传说尧年老的时候,部落联盟会议推选舜作为他的继承人。舜年老的时候,以同样的办法将职位传给了禹。禹在位的时候,又推皋陶为继承人。皋陶早死,又以益为继承人。后来人们把这种推举部落联盟首领的制度称作"禅让"。实际上,氏族社会末期,世界各地的部族普遍实行过这种制度,通常称之为军事民主制。

大 禹 治 水

尧舜禅让之际，在他们的部落里，发生了一件惊天动地的大事。一天，一个满身泥水、蓬头垢面的老人被捆绑着押上了羽山（古人说在今山东蓬莱，或者说在今江苏东海县）的山顶，老人没有向人们辩解，也没有祈求人们的宽恕，两眼看着山下滔滔的洪水，连连发出叹息。随着舜的一声号令，老人的头被砍落下来，接着身体也被抛入山下的深渊中。这个老人就是因治水无功而获罪的鲧（Gǔn）。

那个时候，整个黄河长江流域都暴发了特大的洪水，房屋被冲毁，农田被淹没。人们纷纷逃到山陵高地躲避。在这危难的时刻，尧召开部落联盟议事会，讨论由谁带领民众治理洪水的问题。"四岳"（大概是四个部落的首领）等人都纷纷推荐鲧，尧服从议事会做出的决议，让鲧带领大家治理洪水。鲧使用筑堤拦水的办法，这边的水拦住了，那边又决了口，结果9年过去了，拦来拦去，一事无成。尧令舜视察鲧的治水工程，舜见鲧在洪水面前束手无策，耽误了大事，于是按照氏族的规定对他处以极刑。

谁来继续领导大家治理洪水呢？部落议事会又推举了鲧的儿子禹。

据说禹接到舜治水命令的时候，结婚刚刚4天。但他二话没说，即刻辞别妻子涂山氏，奔赴治水的前线。为了弄清父亲治水失败的原因，他首先率领益、后稷等一批助手，走遍水灾最为严重的地方，测量地势高低，树立起木桩作为标记。根据调查来的第一手材料，毅然决定改变父亲筑堤拦水的方案，采用挖河导水的方法。他指挥部众挖土开渠，疏通河道，把横溢漫流的洪水引入江河，经过江河导入大海。

禹在外治水长达13年时间，多次路过家门都没有

距今4000多年前黄帝的后代鲧治理洪水失败，尧诛鲧于羽山。

禹继鲧之后治水，三过家门而不入。后继舜为部落联盟首领。将中国分为九州。

河南开封禹王台大禹治水石刻（局部）

进入,被后世传为佳话。

　　禹是治水工程的总指挥,又是一位身先士卒的劳动者。十多年时间里,他每天搬石挖土,手磨得长满了老茧;长年累月站在水里,脚趾甲也脱落了。脸顾不上洗,头发乱了顾不上梳,整天蓬头垢面,辛勤劳作,手下人见了无不感动得流泪。

　　传说禹率领部众,在全国各地开挖了许多大河,又开山劈石,疏通了黄河河道,从此水患得到了彻底的治理。当时人们使用着十分简陋的木石工具,兴修大型水利工程是不大可能的。但是可以肯定的是,在那个洪水肆虐的年代里,我们的祖先经过辛勤的劳动,疏通水道,减轻水患,创造出适于生存的环境,出现了许许多多治水的英雄,而禹就是他们当中最为杰出的代表,他的事迹因此而世代流传,他的英名也因此而千古流芳。

知识链接

禹分九州

　　禹制服洪水以后,人民十分爱戴他,尊称他为"大禹"(伟大的禹),并推举他继承舜担任部落联盟的首领。相传禹把中国划分成了九个州,分别是冀州、兖州、青州、徐州、荆州、扬州、梁州、豫州、雍州。从史书记载来看,禹所领导的部落主要活动在黄河上、中游一带,比以上所说的九州范围小得多,因此所谓九州可能是大水退后形成的大片陆地,禹把它们作为九个行政区域来管理,建立起按区域组织居民的制度。传说后来禹又征服了居住在江汉流域的三苗,曾在会稽(今浙江绍兴境内)会见各部族首领,禹的活动范围逐渐扩大了。

禹传子家天下

禹死后，他的儿子启在钧台（即今河南禹县）召开各地诸侯参加的宴会，会上断然宣布自己为夏王，继承父亲的权力和地位。启的宣言震动了华夏，这次宴会也成了中国历史上具有划时代意义的大会。

启为什么能够改变实行了好几代的禅让制度，实行父子相继的世袭制度呢？这和部落联盟首领权力的提高有直接的关系。

舜死后，禹做了部落联盟的首领。禹年老了，也按照这种制度挑选了东夷部落的皋陶作为继承人。那时皋陶年事已高，不久就病死了。人们又推举他的儿子益做继承人。从现存的资料来看，尧舜禹所在的部落联盟是由居住在黄河中上游的华夏部落和居住在黄河中下游的东夷部落为主体联合组成的，部落联盟的首领由两个部落的首领轮流担任：尧所在的部落活动于今山西省中南部地区，他应该是诸夏部族的首领；古书中曾明确说舜是东夷人，看来他原是东夷部落的首领；禹都阳城，大概在现在河南登封地方，他是属华夏部落的首领；他的下一任部落联盟的首领又该由东夷人担任了，所以大家推举了皋陶和益。

禹虽然还是部落联盟的首领，但是他的晚年却也有了一些王者风范。据说他曾在今浙江绍兴当时叫做会稽的地方召开各部族首领的大会，防风部族的首领迟到了，禹当即把他斩首示众，俨然是一个操生杀大权的专制君王。传说禹为了纪念治理洪水的盛举，用当时九个州出产的铜，铸造了九个大鼎，以后的上千年里，这九个鼎一直是王权的象征。禹不再是一个纯正的部落联盟首领，而是在预演着王的角色。

禹一次到南方巡视，死在了路上。益准备举行继位大典。这时启站了出来，宣称父亲的位子是几十年辛苦奋斗得来的，既然如此，便是自家的私有财产，财产应当传给子孙，所以王位应传给自己的儿子。眼看到了手的权力被人家平白无故地抢了去，益自然不同意，他据理力争，但终究无济于事。启不愿给他多费唇舌，干脆动用武力，赶走了益。接着，启在钧台举行了盛大的继位宴会，命令各部族首领前来参加。在宴会上，他宣布父亲建立了夏王朝，自己是第二代夏王。从此，举贤任能的禅让制度被王位世袭制度所取代，中国历史进

约公元前 2070 —前 1600 年

禹传位给儿子启，建立了夏朝。

启之子太康即王位，后被羿所逐。经中康、相，到少康才恢复了夏朝的统治。少康之后，传十一帝至桀。桀暴虐，夏为商汤所灭。夏历 13 代，17 王，约 470 年。

入了新的阶段。

新制度的建立,遭到了不少人的反对。有扈氏部族的首领首先站了出来,指责启不该破坏了老规矩,用武力抢夺王位,要求启把王位归还给益。启当然不会同意,于是双方在甘地(据说是现在河南洛阳附近的洛河南岸)展开了大战。有扈氏得到了不少地方部族的支持,人多势大,启吃了大败仗。启的部下建议重整旗鼓,与有扈氏决战。但启是个聪明人,他知道战败的原因是新制度刚刚建立,人心尚未归顺,王朝的根基还不稳固,如果勉强再战,仍难免失败的下场。于是他停止了军事行动,做起了收揽民心的事情。他生活艰苦朴素,吃普通的饭菜,睡粗糙的床铺,除了祭祀之外,不演奏音乐,爱护小孩,尊敬老人,礼贤下士,广揽人才,亲自下田耕作,鼓励农业生产。仅仅过了一年,启的威信便大大提高,人们对他交口称赞:启不愧是大禹的儿子,他严于律己,宽以待人,对人热情而有礼貌,天下就应该交给这样的人来治理,以后再有人来给他争夺王位,我们是不答应的。人们逐渐地认同了启继承父位的做法,对家天下的制度也没有了反感。启见民心已经倒向了自己这边,于是又发动了对有扈氏的战争,结果有扈氏被打得溃不成军,部众全归附了夏。

夏朝是中国历史上第一个王朝。有关夏朝的历史,在周族人追述其先人事迹诗篇和周人较早的文献中都有明确的记述,东周秦汉时期的诸子书和其他著作中也有关于夏朝的记述。《史记·夏本纪》则比较系统地记载了夏朝的世系和史实。这些记载未必完全可信,但是剔除后人的附会和传说,我们仍可弄清夏朝历史的基本情况。

知识链接

夏后氏百官

夏朝建立后,王成为最高统治者,王以下设百官,故史籍中有"夏后氏官百"之说。当时的官吏主要有掌管政教和农业生产的羲氏、和氏,掌管军事的六卿,掌管车辆、畜牧和膳食的车正、牧正和庖正等。据说夏朝有了典章制度,制定了"夏训""夏礼"和刑法,最著名的监狱是"夏台"(也叫"钧台")。当时还有了简单的赋税制度,平民耕种五十亩土地,向政府交纳十分之一的贡赋。

少康复国

一个遗腹子长大成人后,夺回了他祖辈失去的天下,振兴了整个国家,这不仅在中国,即使在世界历史上,也是非常少有的事。这个了不起的遗腹子就是夏朝有名的王——少康。

启死后,他的儿子太康继承了王位。太康缺乏治理国家的经验和能力,生活奢侈荒淫,而且喜欢巡游打猎,常常走出京城,好几个月都不回来。渐渐地,他失去了诸侯、方国的拥戴。东方夷人的首领羿是继蚩尤之后又一位英勇善战的人,他射箭的技术天下无敌。夷人本来就对启称王不满,现在见他儿子不务政事,于是产生了取夏朝而代之的念头。太康去洛水以南打猎已经三个多月了,羿见有机可乘,于是带领他的部落迅速赶到夏的都城,夺取了王位。等太康玩尽了兴回来的时候,守城的军士关紧了城门,不再接纳他,各地诸侯也不肯前来援助,他只好落荒而逃。后来逃到了阳夏(今河南太康县),十年后病死在那里。

太康死后,他的弟弟仲康在京城继承王位,但仲康不过是羿手中的傀儡。仲康死后,羿干脆赶走了他的儿子相,自己做起了国王。羿是个赳赳武夫,也耐不住宫中的寂寞,经常外出打猎,将治理国家的大事全交给了家臣寒浞(zhuó)。寒浞是个阴险狡诈的小人,他暗中培植个人势力,趁羿外出田猎之机将其杀死,自己做了王。寒浞肃清了羿的势力,但对相还放不下心来。他决定将夏王室斩草除根,派儿子浇带兵灭掉了收留相的斟灌氏和斟寻氏,并杀死了相。相的妻子缗是有仍氏之女,当时已怀有身孕,在危急的关头,她偷偷从墙洞中爬了出去,逃归有仍氏的部落,据说其地在今山东金乡县附近。后来缗生下少康,少康长大后,在有仍氏那里做了负责管理畜牧业的小头领。

不久,寒浞的儿子浇杀死寒浞,自己做了国王。听说夏王还有后人,于是带兵进攻有仍氏,企图杀死少康。少康无奈,只得离开有仍氏,投奔了势力更大些的有虞氏。有虞氏很喜欢这个英俊有为的少年,不仅将自己的女儿嫁给他为妻,而且给了他一大片土地和 500 名部众。少康胸有大志,准备恢复自己的国家。他的力量壮大以后,便

羿与后羿

羿是东夷族首领,是以善射而闻名的英雄。传说尧在位时天上出现了十个太阳,庄稼被烧焦,草木也干死了,各种怪兽猛禽乘机祸害民众。尧派羿斩杀赶走怪兽猛禽,射落了十个太阳中的九个。民众生活愉悦安康,于是拥戴尧为天子。

后来,太康在位的时候,东夷族又有一位善射的领袖,名字也叫羿。他夺取了夏的王位,最终被部下寒浞杀死,为了与尧时的羿相区别,人们称其为后羿。

想试探浇的兵力虚实。他派儿子季杼带兵攻浇,浇的弟弟戈殪(yì)带兵抵抗,结果被季杼杀死。少康见有能力与浇对抗,于是发布告示,揭露寒浞父子的罪恶,树起了恢复夏朝的旗帜。当时,很多诸侯及方国对禹仍十分敬仰,对禹的后代的不幸遭遇充满了同情,而对于寒浞父子的荒淫残暴、醒醒行为十分不满,他们纷纷表示愿意出兵帮助少康。少康统率大军,一路势如破竹,所向披靡,很快攻下了都城安邑,杀死了浇,恢复了夏王国。

少康知道,他的祖父辈失国,是因为只求享乐、不恤民事。他总结教训,励精图治,政权逐渐巩固了下来,家天下的制度也渐渐被各诸侯方国所接受,夏朝进入了稳定发展的时期。

知识链接

二里头文化

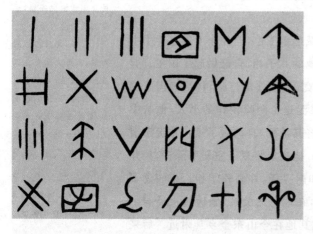

二里头文化刻画符号

1959 年以后,考古工作者在今豫西、晋南陆续发现了数十处距今约 3800 年到 3500 年的文化遗址,其中河南偃师县二里头遗址最具代表性,后来把这种类型的文化称作二里头文化。遗址中发现了许多小件青铜器,其中有兵器和礼器;有成批的工艺水平很高的玉器;有用石、骨、蚌制作的各种生产工具。在有的陶器还发现了 20 多个刻画符号,一般认为是早期的文字。另外还有大型宫殿建筑群,河南登封发现的古阳城遗址,有可能是禹的都城。

对于二里头文化的性质,目前学术界还没有取得一致的看法,但从其分布地域、存在时间及其文化面貌和文化发展序列来看,它应该属于夏文化的范畴。

盘庚迁殷

　　中国历史上的王朝，迁都最频繁、次数最多的，恐怕莫过于商朝了。据说汤建立商朝以前，他的部族迁徙过 8 次；汤建立商朝起到盘庚即位前的 100 多年里，都城也迁徙过 5 次。

　　盘庚是商汤的第九代孙子，商朝的第十九个王。他的父亲做商王的时候，将都城迁到了奄（今山东曲阜），这已是商朝第四次迁都了。迁都的目的是便于镇压东方夷人的反叛，但后来西北方的外患却更为严重。由于商朝王位继承实行父死子继与兄终弟及相结合的办法，经常发生王位之争，统治集团内部矛盾尖锐。盘庚的哥哥阳甲即位之后，政治更加混乱，贵族大臣们也更加奢侈腐化，许多方国和部族不再受商朝的节制，加上水涝、干旱等等自然灾害，商朝统治出现了严重的危机。阳甲死后，盘庚继承了王位。怎样收拾这个烂摊子？盘庚毅然决定，将国都向西迁徙至殷（今河南安阳小屯村附近）。

　　盘庚为什么选择殷地作为新都城呢？原来，这里地处黄河中游，北依太行山脉，南连黄淮平原，洹水从此流过，水土肥饶，适于发展农业生产，便于控制东方诸侯国，也便于进击北方的游牧民族。但是贵族大臣们过惯了故都的舒适生活，不愿迁到新的地方。盘庚性格刚毅果敢，绝不会因为有人反对就改变主意。他多次把贵族大臣及平民百姓召集起来，对他们进行训诫。他先是劝告人们，说自己是遵照先王遗训关心大家，保佑大家，去寻求安乐的地方。如果有人反对这样做，先王的在天之灵便要责罚他们。后来他又以强硬的口气，警告贵族大臣们，一定要老老实实地服从迁都命令，否则就要受到严厉的制裁。贵族大臣不敢吭声了，乖乖地跟随他到了殷地。可是没过多久，又有

约公元前 1600—前 1300 年
汤建商朝。
汤之后，传三世至太甲。太甲无道，被伊尹放逐，三年后太甲改过自新，伊尹迎太甲复位。

兄终弟及

　　商代前期，王位继承制度是传弟与传子并行。商王死后按年龄长幼传位给其弟，称"兄终弟及"；将王位传给嫡子，也可以传给兄之子、弟之子，称"父死子继"。这种王位继承法经常引起王位之争，商王武丁之后，嫡长子继承制逐步确立下来，并为以后的朝代所沿袭。

殷墟鸟瞰图

约公元前 1300 年
第九世商王仲丁以
后，五次迁徙国都。
第二十世商王盘庚
将国都迁至殷。
约公元前 1250—前
1192 年
武丁在位。武丁用奴
隶出身的傅说辅佐，
修政行德，商朝进入
最兴盛的时期。

人以生活不习惯为理由，吵嚷着要回旧都城。盘庚再次发表训辞，用强硬的语气训斥企图回迁的人，勉励大家同心同德，安居乐业。过了几年，局面渐渐安定了下来。

盘庚迁殷收到了良好的效果，从此商朝结束了政治混乱、频繁迁都的动荡岁月，出现了百姓安宁、经济兴盛的局面，迎来了商朝历史上政治、经济、文化发展的辉煌灿烂的新时期。上个世纪以来，考古工作者在殷墟发现了大批甲骨文、大群宫殿遗址、大型的陵墓和宗族墓地、各类手工业作坊遗址、大而精美的青铜器及玉石陶骨等器物，反映了殷都繁荣兴盛的景况。

知识链接

商汤建国

商代 司母戊大方鼎

桀是夏的最后一位国王，是我国历史上有名的暴君。他修筑了高大宏伟的倾宫，建造了用玉装饰的瑶台，生活奢侈浮华，对民众的剥削压迫十分残酷，人们咒骂他说："你什么时候才完蛋呀，我们愿意和你同归于尽！"

那时候，东方的商族逐渐强大起来，商的首领汤首先灭掉夏在东方的一些同盟方国，而后大举攻夏。汤的军队顺利攻入夏都，桀逃至其旧都安邑，汤乘胜追击，双方大战于鸣条（今河南开封东），桀大败，逃至南巢（今安徽巢县），不久死在了那里，夏朝灭亡。汤在亳地（今河南偃师商城）大会诸侯，并以此地为都城，建立起商朝。汤死后，经过太甲、太戊两代，政权逐渐巩固了起来。

纣 王 亡 国

商朝的最后一个王名叫帝辛，也就是人人皆知的商纣王。纣王恐怕算得上是中国历史上最爱喝酒吃肉的国君了，据说他的王宫里有"酒池肉林"，供他与属下吃喝狂饮。

纣王的王宫全用玉石砌成，装饰得富丽堂皇，里面建有十多丈高的鹿台，旁边有"酒池"：池中灌满了酒，人可以在里面划船，可供 3000 人狂饮而不竭。池边有"肉林"：树上挂满了肉食，人们伸手便可取食。纣王与属下常常通宵达旦地在里边饮酒作乐。有了美酒还一定要有美人，纣王最喜欢的美人名叫妲己，对她言听计从，百依百顺。这妲己若只是陪纣王饮酒作乐倒也为害不大，她最忌恨那些贤而有才能的大臣——他们妨碍她与纣王狂欢淫乐，所以必欲置这些人于死地而后快。据说她帮助纣王制定了许多残酷的刑罚，其中就有所谓"炮烙"之刑：在一根大铜柱上涂满油，周围燃起大火，让受刑的人赤足在铜柱上行走，走不多久就滑下来，掉入火海中被活活烧死。纣王与妲己见此乐不可支。

纣王的同父异母哥哥微子启规劝他，说这样下去，祖先打下的基业会断送在你的手里！纣王根本不理会。微子启知道这样下去定会亡国，于是离开了纣王，躲到外地去了。纣王的堂兄弟箕子是个有见识、有才能的人，他也来规劝纣王。纣王下令将箕子关进监狱，箕子装作疯傻，才幸免于被杀。纣王的叔叔比干实在看不下去了，于是进宫劝谏，三天三夜不肯离开，纣王恼羞成怒，对大臣说："比干是圣人哟，我听说圣人的心有七个窍，今天让你们看看是不是这样。"他当场让人把比干处死，挖出了他的心脏。这样一来，大臣们一个个噤若寒蝉，谁也不敢再劝纣王了。有的大臣不愿与他同归于尽，便找借口离开。有的偷偷带着商朝太庙里的各种祭祀用具，投奔了准备夺取纣王天

约公元前 1112—前 1102 年
文丁在位。武丁之后传六世至文丁。文丁为其母铸司母戊鼎。

约公元前 1075—前 1046 年
商纣王在位。纣王刚愎拒谏，大肆对外用兵。商为周所灭。商朝历 17 代，31 王，约 553 年。

商代的玉人

约公元前 1046 年
周武王伐纣。武王
建立周朝。

下的周武王。

纣王失去了贵族的支持,各地诸侯方国也纷纷宣布脱离他的统治。纣王自恃武力强盛,倾全国之兵,四出镇压。早已做好灭商准备的周武王,统率精锐部队,渡过黄河,打到商的都城朝歌(今河南淇县朝歌镇)。纣王无力抵抗,又不想成为周的俘虏,于是登上鹿台,令人在周围燃起大火,自焚而死。

知识链接

武王伐纣

商朝末年,周族的首领姬昌(周文王)整顿军事,发展生产,开拓疆土,出现了三分天下周有其二的局面。他的儿子武王即位后,以太公望(姜子牙)为军师,周公旦为辅佐,继续发展文王的事业。公元前 1046 年,商纣王举全国之兵远征东南方的淮夷,武王见时机已到,亲自率领兵车 300 乘,卫军 3000 人,甲士 4.5 万人,联合归附他的 8 个方国和部落,从孟津渡过黄河,浩浩荡荡杀奔朝歌。

二月甲子凌晨,大军抵达距离朝歌只有 70 里的牧野,武王在这里举行了隆重的誓师大会。纣王闻知,临时组织军队前去抵抗,结果兵士不愿为纣王出力,走在前边的商军反而回头攻击自己的军队,商军大败,纣王自焚,商朝灭亡。武王班师回到镐京(今陕西长安西北沣河东),正式建立了周王朝,因为它的都城镐京地理位置偏西,为了与后来平王东迁后的周朝相区分,称其为西周。

周 公 辅 政

古人常用"握发吐哺"说明执政的人在政务繁忙之际，尚且不忘礼贤下士、广揽人才。而这个成语来源于周公辅佐成王的故事。

周公姓姬名旦，是周文王的第四个儿子，周武王的弟弟，协助周武王伐纣王的功臣，周朝的开国元勋。周建立后，他被封于鲁，就是现在的山东曲阜一带。为了帮助武王治理天下，周公派他的儿子去了封国，自己则留下来继续辅佐武王。周建立两年后，武王死去了，他年幼的儿子诵继承了王位，这就是周成王。成王年龄小，没有执政的能力，于是便由周公摄政，代替他行使国王的权力。

经历过商周之际的社会大变革之后，周公清醒地认识到，要巩固新建立的国家政权，最重要的是起用贤才，争取民心。当时百废待举，很多事情须要他亲自打理，但不管政务多么繁忙，只要是有人求见，周公会马上停下手头的事务，即刻接待。正在吃饭的时候，听说有人求见，他马上吐出口中的饭（吐哺），出去接见来者，有时出去好几次才把一顿饭吃完。正在洗头的时候，有人要商量事情，他立刻把头发握在手中（握发），回答别人提出的问题，有时要停下来几次才能把头洗完。

商朝灭亡后，周武王为笼络商的遗民，把纣王的儿子武庚封到了殷的旧地，同时把自己的弟弟管叔、蔡叔、霍叔分封在他的周围，用来监视他。周公摄政引起了管叔、蔡叔等的强烈不满，武庚乘机拉拢他们，联合东方的几个方国，发动了叛乱，周的统治受到严重威胁。这时，周公果断地作出决定，亲率大军东征。经过三年的苦战，最终平定了叛乱。武庚被处死，管叔畏罪自杀，蔡叔被流放到边远地方，霍

约公元前 1042—前 1021 年
武王之子成王在位。成王年幼，由其叔父周公旦摄政。

约公元前 1020 —前 966 年
成王之子康王在位，国泰民安，史称"成康之治"。

约公元前 977 —前 955 年
康王之子昭王在位，昭王攻楚，死于汉水之滨。

周公辅佐成王图（江苏徐州汉画像石）

叔被降为普通百姓。为了加强对东方地区的控制，周公主持修建了东都洛邑（今河南洛阳），把那些图谋不轨的商朝遗民迁到这里，派驻军队进行管理。从此，周的统治稳固了下来。

周公摄政七年后，成王已经长大成人，于是还政于成王，自己回到大臣的位子上。周公握发吐哺，礼贤下士，为"成康之治"打下了基础。

 知识链接

封邦建国

西周疆域广大，只靠两个都城无法实现对全国的有效统治，于是在完成军事征服以后，周王便派遣自己的子弟姻亲和异姓贵族，到指定地点建立起西周的属国，统治当地的部族和民众。这叫做"封建亲戚，以藩屏周"，也就是我们常说的分封制。周的分封开始于文王，大规模的分封是在武王克商后和周公摄政期间。此后也有分封，但数量不多。周王分封的对象主要是同姓贵族（其中以文王、武王、周公的后代为最多）、异姓亲戚（其中姜姓最多）及元老重臣，还有少量的古代圣王之后。在西周的众多封国中，作为王室支柱的最重要的封国有东方的齐国和鲁国、北方的燕国和晋国、中原地区的卫国。封国对王室具有隶属关系，负有缴纳贡品、捍卫王室的义务。

厉 王 止 谤

人们走在路上遇见熟人时，不敢交谈，只能相互使使眼色表示自己的不满。这样的场景在中国历史上虽然不少，但最早却是出现在西周厉王在位的时候。

周厉王是西周的第十代国王。他生活腐化，性格残暴，而且贪财好利。当时国都及其附近生活着许多平民，他们不是贵族，没有特权，但有人身自由，有一定的私有财产及生产资料，这些人被称为国人。国人要服劳役，服兵役，生存环境恶劣，生活没有保障，常常以砍伐树木、捕捞鱼虾维持生计。周厉王手下有个叫荣夷公的人，很会揣摩国王的心理，也很有聚敛财富的手段。他向周厉王建议说："山林河湖中的各种产品都应归国王所有，老百姓不能去那里砍材采果、捕捞鱼虾。"周厉王听了很高兴，马上下达了这样的命令。一个叫芮良夫的大夫劝谏周厉王说："天下之物，应让百姓自由取用，怎么可以把各种利益专门归于个人呢？荣夷公这样的小人只看到眼前的一点小利，而不知道这点小利会对国家带来多大危害，您若执意按他说的去做，那天下是不可能长治久安的！普通百姓如果'专利'的话，大家会骂他是贼人；您如果'专利'，百姓就不会归附您。您任用荣夷公这样的人，天下不久就会大乱了！"周厉王一心想着敛财，对芮良夫的话不予理会。荣夷公建言有功，被升任为卿士，专门负责搜刮百姓。

周厉王的做法断绝了国人的生路，使他们生活更加困苦，他们个个怨恨，熟人见了面都要谈论这件事，谩骂之声不绝于耳。召公见状，又去规劝厉王说："百姓已经不堪忍受您的这种做法了，您赶快收回成命吧。"厉王听说有人骂他，大为恼火，于是找来卫巫，让他去对付那些敢于批评国王的人，而且发布命令，发现有议论朝政、批评国王者，马上报告，一律处死！百姓哪有不怕杀头的？于是熟人见了面，都不敢说话，只好相互递个眼色，表达自己的不满，这就是古书上说的"国人莫敢言，道路以目"。

周厉王见大家都不敢议论朝政了，于是又把召公招来，得意洋洋地说："我有办法防止老百姓议论朝政，你看，现在有谁还敢批评我？"

约公元前 877—前 841 年
周厉王在位。厉王残暴，引起平民的不满。
前 841 年
国人发生暴动。

"共和行政"

厉王逃到彘地以后，朝中一片混乱，于是周定公、召穆公二人共同主持朝政，号称"共和行政"。另一种说法是，卫国的国君共伯和在国人中享有很高的威信，厉王逃走后，诸侯推举他主持朝政，故称"共和行政"。共和元年相当于公元前 841 年，是中国历史上有确切纪年的开端。

前 828 年
周厉王死于彘，太子静继承王位，是为宣王，诸侯共同执政历14年，至此结束。
前 824 年
周宣王以秦仲为大夫攻西戎，秦仲战死。乃以其子庄为大夫，统兵七千，攻破西戎。庄被封为西垂大夫。此为秦立国之始。

前806年

宣王封其庶弟友于郑，即今陕西华县一带，友就是郑桓公。

前789年

宣王攻姜氏之戎，在今山西介休南吃了大败仗。宣王在位时，西周出现了短暂的强盛，故号称"中兴"。

召公听了，忧心忡忡地说："您是堵住了老百姓的嘴，但是堵老百姓的嘴是很危险的。封堵江河，大水势必冲决堤防，封堵百姓之口，后果是一样的。善于治理江河的人要疏导障碍，善于治理天下的人要让百姓讲话。百姓把心里的话讲出来，您根据情况斟酌取舍，事情就会办得好。堵住老百姓的嘴，使他们敢怒而不敢言，这样的局面又能维持多久呢？"

果然，刚刚过了三年，也就是公元前841年，国人就再也无法忍受下去了，成千上万的人如同洪水一样冲进王宫，攻击厉王。厉王见大势不妙，逃了出去，躲到了现在的山西省霍县、当时叫彘（Zhì）的地方，后来死在了那里。

知识链接

宣王中兴

国人暴动时，周厉王的儿子静被藏于召穆公家，得免于难。共和十四年（前828年），周厉王死于彘，诸侯拥立太子静即位，这就是周宣王。宣王吸取前王的教训，刷新政治，励精图治，任贤使能，行文、武、成、康之法，内整吏治，外攘四夷，统治秩序稳定，社会生产恢复，西周出现中兴的局面。

宣王晚年，频繁的战争耗尽了国力，在与北方戎人的战争中连续失败，宣王为补充兵力，开拓财源，加紧了对民众的征发与搜括，引起了民众的反抗，社会矛盾又逐渐激化起来。他的儿子幽王宫涅即位以后，荒淫昏庸，宠爱褒姒（sì），废嫡立庶，终于引起了一场大战。

幽 王 烽 火 戏 诸 侯

　　周幽王有个年轻貌美的妻子名叫褒姒,褒姒跟了幽王多年,已经为他生了儿子,但却从来没有笑过。幽王很想看看她笑时的娇媚模样,可想尽了办法,褒姒还是不笑。这可难坏了周幽王,于是他出重金悬赏:谁能想法让褒姒一笑,立即赏给千金。很多人想得到这个奖赏,但他们的办法都没有奏效。幽王手下有个极会拍马屁的大臣,名叫虢(guó)石父,他设计出一个胆大妄为、旷古未有的大闹剧,结果还真的把褒姒逗笑了,可也给幽王招来了杀身之祸。这个闹剧就是所谓"烽火戏诸侯"。我们先从褒姒的出身说起。

　　据说褒姒是周王后宫的宫女所生,宫女不敢养活她,把她丢到了外边。一对卖弓箭的老夫妇夜里赶路,听到了婴儿的哭声,于是抱走了她。后来他们到了褒国定居下来。这女孩一天天长大,竟出落成了一个绝世无双的美女。后来褒国君主犯了罪,将她进献给周幽王以赎罪。因为这女子来自褒国,所以人们称她为褒姒。

　　起初周幽王娶了申侯的女儿为王后,生了个儿子取名宜臼。幽王即位以后,宜臼被立为太子。褒姒入宫以后,也生了个儿子,取名叫伯服。幽王喜欢褒姒,爱母及子,于是想废掉太子宜臼,立伯服为太子。周朝的制度规定,只有王后生的大儿子才能做太子继承王位,妃子生的儿子是庶子,没有这种资格。怎么让伯服取得这种资格呢?

那就只有立褒姒为王后了。幽王狠了狠心,废掉了太子宜臼和他的母亲申后,然后立褒姒为后。尽管如此,这褒姒还是没有个笑容。

　　西周时候,在镐京附近的骊山一带修建了许多高大的平台,叫烽火台。台上堆放木材、狼粪,有军士日夜据守。遇有敌人来犯京城,守台的士兵便举火报警,夜里点木材以火报

前782年
周宣王死,其子宫涅即位,是为幽王。

前771年
太子宜臼的外祖父申侯联合缯、犬戎进攻周的都城镐京,幽王被杀。诸侯拥太子宜臼即位,是为平王。
西周自武王始,至幽王止,共经历13王,275年。

骊山烽火台遗址(周幽王烽火戏诸侯处)

警，白天则燃狼粪，以烟报警，因此古书上把敌人大举来犯称为"狼烟四起"。这烽火传达的是敌人来犯的信号，也是国王向各地军队下达的前来京城勤王的命令。虢石父建议点燃烽火，让各路诸侯赶来京师，让褒姒看到这千军万马受骗前来的宏大场面而发笑。结果幽王下令兵士点燃了烽火，各地诸侯率领大军日夜兼程赶到了京城。褒姒坐在城楼上，看着那熊熊燃起的烽火狼烟，再看看那受骗而来的狼狈不堪的将士，嫣然一笑。幽王有说不出的得意，虢石父也受了重赏，可各路勤王的军士知道受骗，心中不由得燃起了愤怒的烈火。

再说太子宜臼被废之后，知道自己处境危险，于是逃到了他的外祖父申侯那里。幽王大怒，派兵到申侯那里要人，申侯不理，幽王决定派遣大军前去征讨。申侯势弱，仓促之际，只好向犬戎请求援助，犬戎正想进攻镐京，于是做了个顺水人情，举大兵与申侯一起朝镐京杀去。幽王见状大惊，赶快下令点燃烽火，向诸侯求救。刚刚受到戏弄的各路诸侯哪里还听从幽王的命令，任凭你火光冲天，狼烟四起，诸侯们全都按兵不动。结果镐京被犬戎攻破，幽王急忙带着褒姒逃跑，犬戎军队穷追不舍，赶到骊山脚下将幽王杀死，褒姒也被掳了去。犬戎将镐京抢掠一空，又放起了大火。繁华的京城在大火中毁灭了，而西周王朝的统治大厦也在幽王自己燃起的烽火中轰然倒塌了下去。

知识链接

平王东迁

周幽王被杀后，诸侯立太子宜臼为王，是为周平王。经过这场战争之后，关中地区一片残破，宫殿也成为废墟，西部边陲的少数部族势力崛起，对王室形成了很大威胁，平王决定放弃旧都，向东迁移。东都洛邑处于诸大国之间，可得到他们的保护，于是平王即位的第二年，便在秦襄公、郑武侯的护送下来到这里，定洛邑为都城。因为洛邑在西周的都城镐京东面，所以历史上称为东周。

春秋战国

　　平王东迁洛邑后,中国历史进入了东周时代,东周分为春秋(前770—前476)和战国(前475—前221)两个时期。"春秋"之称来源于鲁国的史书《春秋》,因为这本书所记史事的年代与东周前期的年代大体相符,所以后人借用了这个名称。战国本来是指当时相互攻伐兼并的七个国家,西汉后期刘向编《战国策》的时候,开始把"战国"作为这个时代的名称使用。春秋时期,社会各个领域都发生了明显的变化:铁器和牛耕发明,水利工程兴修,大片荒地被开垦,农业与手工业发展的速度加快。王室衰微,权力下移,大国争霸,战争频繁,社会矛盾尖锐,下层民众的起义暴动不断发生;宗教迷信思想受到冲击,人们对天的信仰发生动摇,出现了老子、孔子两位著名的思想家。战国时期几个强大的诸侯国政权,相继进行了自上而下的变法、改革。这个时期,社会经济迅速发展;思想文化领域中出现了百家争鸣的局面;争霸战争演变为强国兼并弱国的战争,秦奋六世之余烈,十年之中,吞并六国,完成了统一大业。

战国　嵌错赏功宴乐铜壶及其上面的水陆攻战纹饰

　　壶高40厘米,重4.5公斤。以壶肩两环耳为标志分为两面,图像对称。每面有三层图画,每层又分左右两个图景。第一层左图是竞射图,右图是采桑图;第二层左图是宴乐舞武图,右图为弋射和习射图;第三层左图为攻防图,右图为水战图。整个壶面,刻画了200多人的形象,各有特色,表现出当时青铜业精湛的工艺。

齐桓公首霸中原

齐桓公登上君位不久，鲁国军人便押解着一辆囚车风驰电掣地奔向齐国，车上囚禁的犯人不是别人，就是齐桓公指名索要的仇人、赫赫有名的政治家管仲。齐桓公与管仲有何仇怨，他为什么指名索要管仲？这要从此前齐国发生的政治动乱说起。

齐桓公名叫小白，是齐僖公的儿子。他的哥哥齐襄公在位的时候，荒淫暴虐，不理政事。公子小白和公子纠兄弟二人认为这样下去终究要出现灾祸，于是商议逃到外国去避难。后来管仲护卫公子纠逃到了鲁国，鲍叔牙则护卫公子小白逃到了莒国。过了不久，齐国果然发生了动乱，齐襄公被手下的人杀死。襄公没有儿子，大臣们决定从他的两个弟弟——小白和纠当中选一人继承君位。小白听说这个消息，马上带鲍叔牙从莒出发，赶往齐国。鲁国的君主庄公也派了300辆兵车，护送公子纠回国。管仲觉得这浩浩荡荡的大队人马行走太慢，说不定会让小白提前赶到国都，于是带了30辆兵车，火速赶往都城，拦截公子小白。走到即墨（今山东平度东南），看见小白一行人就在前头。管仲假意赶上前去与小白寒暄，冷不防抽出弓箭，射向小白。只见小白大叫一声，口吐鲜血，晃了两晃，倒在了车上。随从的人围了上去，见小白双目紧闭，全都大哭了起来。管仲见小白被射死，高高兴兴地回到公子纠身边，跟随他慢慢悠悠地向齐国赶去。当他们走到齐国边境的时候，随即有人走上前来，告诉他们公子小白已经即位为君。这消息真如晴天霹雳，惊得管仲半天没说出话来，只好跟着纠垂头丧气地回到了鲁国。

人们不禁要问，小白不是被管仲射死了吗？怎么还会回国当上了国君呢？原来管仲那一箭正好射在了小白胸前的带钩上，他并没有受伤。小白心想，如果管仲知道他没有被射中，肯定还会放第二箭，到那时就不会这么幸运了。于是他急中生智，咬破了舌头，倒在车上。等管仲一走，他们火速赶往国都。大臣贵族们都知道小白贤而有才能，于是马上簇拥他登上了君位，这就是中国历史上有名的君主齐桓公。

公子纠绝望了，可鲁庄公还不死心，他想趁齐桓公刚刚即位，给

前 770 年
周平王元年。周平王东迁洛邑（今河南洛阳）。此后，王室权威开始衰落，诸侯势力逐渐增大。

前 707 年
周王率军伐郑，双方战于繻（xū）葛（今河南长葛境内），郑军放箭射伤了周王的肩膀。

前 686 年
齐桓公即位，任用管仲为相，进行改革。

前 658 年
晋献公"假虞灭虢"。晋国疆土大大开拓。

前 651 年
齐桓公在葵丘大会诸侯，周天子派人参加，正式承认了齐桓公的霸主地位。

前 638 年
宋襄公欲接替齐桓公做中原盟主，楚大败宋军于泓水（今河南柘城北），襄公中箭。

前 632 年

晋文公联合齐、秦救宋，与楚交战。晋军"退避三舍"，至城濮大败楚军。晋文公大会诸侯于践土（今河南荥泽），周天子派人参加。晋文公成为中原霸主。

前 630 年

晋文公约秦穆公伐郑，郑国派烛之武说服秦穆公退兵，晋军也随之撤退，郑国得以保全。历史上称之为"烛之武退秦师"。

前 627 年

郑国商人弦高假借郑君的名义犒劳前来偷袭的秦国军队，秦只好撤军。晋设伏于淆山（今陕西潼关东），秦全军覆没。

前 597 年

楚与晋战于邲（Bì）（今河南荥阳东北），晋军大败。

前 579 年

宋国大夫华元约合晋、楚在宋订立弭兵的盟约。

齐国来个下马威，于是带兵杀向齐国，让桓公把国君之位让给公子纠。齐桓公正想找鲁国算账，于是迅速发兵迎战，两军在乾（今山东淄博东北）相遇，鲁军大败，庄公差点做了俘虏。齐军乘胜进击，攻入鲁国国境。鲁庄公只得屈从求和。齐桓公开出的议和条件是：杀了公子纠，交出管仲和公子纠的另一位谋臣召忽。鲁庄公无奈，只得照做，杀了纠。召忽认为被送到齐国处死，还不如死在鲁国，于是自杀身亡。管仲则被押上了囚车，押送回齐国。

人们都认为，到了齐国，管仲肯定会遭受极刑，可他一路上谈笑风生，毫无忧伤。刚刚进入齐国国境，就有一支人马火速赶了上来，押送的人都以为是来捉拿管仲的。可是一位高官走上前来，命令打开管仲的囚车，恭恭敬敬地把他迎上了自己的车子。这位高官正是护送齐桓公归国的功臣鲍叔牙。原来鲍叔牙与管仲是十分要好的朋友，他深知管仲是难得的治国良才。齐桓公即位伊始，他就极力推荐管仲，说您要想成就大业，那就得重用管仲。当时齐桓公正为那一箭之仇愤恨不已，恨不得捉住管仲，把他碎尸万段，如今鲍叔牙却提议重用管仲，他一时还接受不了，但他慢慢冷静下来，心想：当时管仲为他的主人着想，射我一箭，如果我信任他，他同样会为我着想的。于是他听从了鲍叔牙的建议，严令鲁国送回管仲。

管仲回到齐国后，齐桓公马上任他为相。管仲深深地被齐桓公宽大的胸怀所感动，他宵衣旰食，鞠躬尽瘁，极力为桓公谋划"通货积财，富国强兵"之道，很快推出了一系列新政策，对行政机构、经济制度、军事制度进行了彻底的改革。这些措施的推行使齐国积累了雄厚的经济力量，具备了充当霸主的经济与军事实力。

齐桓公首先制服了与之相邻的鲁、郑两个大国。公元前 681 年，为平定宋国内乱，他与宋、陈、蔡、邾等国诸侯在北杏（今山东东阿）举行会盟，开启了以诸侯身份主持会盟的先例。两年后，他又召集宋、陈、卫、郑四国会盟于鄄（今山东鄄城）。

当时周天子的力量已经大大衰落，但还是天下的共主，齐桓公树起了"尊王"的旗帜，"挟天子以令诸侯"。北方和南方的少数民族时常入侵中原，中原各国深受其害。于是，齐桓公又以"攘夷"相号召，他率领大军北伐山戎，制止了山戎对燕国的侵扰。狄人侵邢，齐桓公出兵救邢，赶走了狄人。这时，邢国首都已遭破坏，他把邢人迁到夷仪（今山东聊城西南），另筑新城。狄人伐卫，杀了卫懿公，卫亡。齐桓公把卫国逃出来的人口迁到楚丘（今河南滑县），另立国君，使卫复国。由于齐桓公的妥善安排，以至于"邢迁如归，卫国忘亡"。齐桓公"存邢救卫"，使得他在诸侯国中的威信大大提高。这时，南方的强楚不断北侵，威胁中原。公元前656年，齐桓公率齐、鲁、曹、卫、宋、陈、郑、许八国联军伐楚，观兵于召陵（今河南郾城）。楚国虽强，但也不敢与八国大军争锋。齐迫使楚国订立"召陵之盟"，暂时阻止了楚国的北进。

前546年
宋国大夫向戌约合晋、楚、齐、秦等14个诸侯国在宋再次订立弭兵的盟约。

齐桓公曾9次大会诸侯，中原地区的诸侯国都听从他的指挥。公元前651年，齐桓公大会诸侯于葵丘（今河南兰考东），参加会盟的有齐、鲁、宋、卫、郑、许、曹等国，周天子也派代表参加。会上订立盟约，申明凡是参加同盟的国家，都要和睦相处。

临淄齐国故城排水道口遗址

这次会盟正式承认了齐桓公的霸主地位，齐桓公的霸业达到了顶峰。

 知识链接

诸侯争霸

进入东周以后，王室的势力大大衰落，几个强大的诸侯国之间展开了激烈的争夺霸主的战争。齐桓公制服了北方的几个诸侯国，迫使南方的楚国屈服，率先成为中原地区的霸主。后来，晋文公平定王室的内乱，又在城濮大败楚军，一度称霸中原。楚庄公在邲大败晋军，饮马黄河，雄视北方，一时成为霸主。秦穆公向东发展受挫，转而向西扩张，开地千里，称霸西戎。春秋后期，东南地区的吴国、越国也纷纷向北发展，争做中原霸主。争霸战争给人民带来了沉重的灾难，但却加速了中国统一的步伐，加速了新旧制度的更替，促进了中华民族的大融合。

孔子周游列国

孔子是我国古代伟大的思想家、政治家、教育家,儒家学派的创始人。孔子从小勤奋好学,掌握了六艺,熟悉古代的典章制度,年轻时就以知识渊博而闻名。他30岁时开始授徒讲学,中年以后担任过鲁国的中都宰(管理中都的长官,中都在今山东汶上县)和司寇(掌管司法、刑狱的高级长官)等官职。鲁定公是个贪图享乐的国君,孔子的政治才能得不到发挥,于是他在55岁的时候,率领弟子们离开鲁国,周游列国,希望能够找到一个接受他的政治主张的国君。

孔子一行首先来到了卫国,当时孔子名气很大,卫灵公很尊重他,发给他当初在鲁国时所享受的俸禄,但却不给他安排官职,不让他参与政事。时间长了,有人在卫灵公面前说孔子的坏话,灵公是个没主见的人,对孔子也起了疑心。孔子知道后,毅然带领弟子离开卫国,这时他们已经在卫国呆了10个月了。

孔子一行打算去陈国,路过匡城时,匡人误认为孔子是曾经骚扰过匡地的阳虎,把他们围困起来。五天之后,匡人知道认错了人,才放他们前行。

离开匡城,到了蒲地,孔子和弟子们碰上卫国贵族公叔氏发动叛乱,又一次被围困在那里,交涉了好半天,蒲人才让他们离开。孔子没有继续往前走,而是返回了卫国。卫灵公听说后,非常高兴,亲自出城迎接。孔子依然享受着优厚的待遇,但还是没有参政的机会。卫灵公只是偶尔让孔子陪他一起坐车出行,招摇过市,以显示自己尊重人才。为了谋上个官职,孔子费了不少心机。卫灵公的夫人南子性情淫荡,名声很坏,她想见见孔子。孔子大概想让她在卫灵公面前多说几句好话,于是便前去见了她。孔子回来以后,子路觉得太丢脸面了,心里很不痛快。孔子一肚子委屈没处诉说,又怕弟子们误解了自己,于是对天盟誓说:"我要是做了不合道义之事的话,上天会厌弃我!"孔子和弟子们在卫国住了两年,始终没有谋上个官职,只好离开。

孔子打算去陈国。他们一行路过曹国,在这里,既没人接待他们,也没有人难为他们。他们又到了宋国,当时宋国大夫桓魋(tuí)生

前551年
孔子生。

前497年
孔子开始周游列国。

六艺

周代要求学生掌握的六种基本知识和技能,即礼(各种制度及仪节规范)、乐(音乐)、射(射箭技术)、御(驾车技术)、书(书法,即文学)、数(算法,即数学)。后来人们又用六艺代指六经,即《易》《书》《诗》《礼》《乐》《春秋》。

活十分腐化,为了死后继续过这样的生活,他竟让工匠们给他凿一口石棺,凿了三年还没完成。孔子听说后十分不满,给弟子们讲课的时候,把他狠狠批评了一阵。桓魋知道这事后,十分恼火,心想孔子太爱管闲事了,竟敢在这里批评我!孔子正带领弟子们在大树下演习礼仪,桓魋派些人过去,就把大树砍掉了。弟子们觉得再待下去太危险了,于是催孔子快些离开。孔子觉得很没面子,于是悻悻地说:"是老天给了我这样的道德,你桓魋能把我怎么样呢?"

离开宋国,他们朝着郑国走去。可到了郑国都城,弟子们却与他走散了。孔子知道弟子们会找他,于是站在城门口等待。子贡四处打听,问人是否见过孔子。有人告诉他,城东门口有个人,长得相貌不凡,但却十分狼狈,像是丧家狗似的。子贡估摸是他老师,结果找到了孔子。子贡把别人的话向老师重复了一遍,本来想乘这个机会损老师两句,谁知孔子听了,笑了笑说:"他描述我的形象,实在不敢当,但说我像丧家之犬,是这样啊,是这样啊!"

孔子终于到达了陈国,在那里一住就是 3 年。后来吴国准备攻打陈国,陈国十分弱小,根本不是吴国的对手,孔子怕有危险,便带领弟子离开了。

眼看要到蔡国边界的时候,又遇上了吴、楚两国交战,孔子他们被围在当中,无法前行。在这十分危险的情况下,孔子仍每天坚持教育学生,他说:"君子处在穷困的境地也不会改变操守,小人可就不同了,他们遭遇穷困就要乱来。"他派长于交际、能言善辩的弟子子贡找楚军交涉。楚国也有人知道孔子的大名,他们特别派了一支队伍,护送孔子师徒到了楚国。

楚昭王想重用孔子,但大臣们纷纷反对。国相子西说:"孔子有实现周公事业的志向,他的弟子们也很有才能,如果封给他一块土地,一定会对楚国构成威胁。"楚昭王只好作罢。孔子知道再待下去也是徒劳,只好向北走去。

孔子在途中遇到楚国一个名叫接舆的狂人,接舆

唐　吴道子《先师孔子行教像》

唱歌讽刺孔子说:"凤啊! 凤啊! 你的德行何以如此衰败? 过去的事情无法挽回,未来的事可来得及呀。算了吧! 算了吧! 现在从政的人太危险了!"孔子向前走了几步,想和他谈谈,他却扬长而去。

孔子何尝不知道从政的艰险呢,但他是个"知其不可为而为之"的人,为了实现自己的理想,施展自己的抱负,他根本不把艰险苦难放在心里。孔子还是想到卫国再试一试。当初卫灵公的儿子蒯聩(Kuǎikuì)想谋害南子,事败后逃跑到国外,灵公死后由他的孙子辄继承了君位。可后来蒯聩又偷偷回到卫国,从儿子手中夺回了君位。面对这样蝇营狗苟的君主,孔子哪里还有当官的欲念? 他的弟子经过多年的教诲,已经成熟了起来,他们各拈高枝,有的在卫国从政,有的回鲁国做了官。

前 479 年
孔子卒。
后来,他的言论被弟子记了下来,集录成书,名为《论语》。

孔子几次出入卫国,后来又到过曹国、宋国、郑国、陈国、蔡国和楚国。游历的范围大体相当于现在的山东、河南到安徽一带。孔子所到之处,常与国君、大夫讨论治理国家的政策方略,他大力宣扬仁义德政,认为只有用周礼约束人们的行为,社会才能达到稳定和谐。可是,那个时候,大国忙于争霸战争,小国面临着被并吞的危险,所以,尽管大多数国家的国君都十分尊敬他,但却没有人愿意采纳他的主张。

孔子在卫国又住了 5 年,这时他已是 68 岁的老人了。在外奔波 14 年之后,满怀着对故乡的思念,孔子终于回到了鲁国。他把精力放到了整理古代文化典籍上,编《诗》《书》,定《礼》《乐》,作《春秋》,赞《周易》,这些典籍后来大都被儒家奉为经典,对后代的政治思想和文化都产生了极其深远的影响。

知识链接

"仁"与"礼"

　　仁与礼是孔子思想的两个基本范畴。仁是孔子思想的核心,"仁"就是"爱人",是一种最高道德原则和道德境界。礼是孔子思想体系的出发点,通过恢复礼治的手段,最终达到仁的境界。孔子强调的礼,不仅仅指礼仪条文,更重要的是人们应该遵从的道德规范及社会准则。在他的思想体系中,仁是里,礼是表;仁是内容,礼是形式。二者相辅相成,不可或缺。

勾践卧薪尝胆

　　身为一国之君，却住着破旧的房子，晚上睡在柴草上；在房子中间悬挂一个苦胆，每当做事倦怠的时候，便抬起头来咬口苦胆，以提醒自己不要忘记过去的苦难与耻辱。这就是所谓"卧薪尝胆"的故事，故事的主人翁是春秋战国之际一度称霸中原的越王勾践。

　　越国是越族人建立的国家，其政治中心在现在的浙江绍兴一带。越族是生活在我国东南地区的古老民族，传说他们是大禹的后代。他们披散着头发，身上画着各种各样的花纹，古人把这种风俗称为"断发纹身"。到春秋后期，越国已成为一个比较强大的国家，有了与其他大国抗衡的力量。

　　公元前495年，越王允常死了，他的儿子勾践继承王位。建都于今江苏苏州的吴国与越国是近邻，早就想吞并越国以扩大地盘。吴国的国君阖闾认为越国刚立新君，政权不稳，亲率大军攻打越国，不料却在混战中被越军砍掉了大脚趾，在回军的途中死去了。他的儿子夫差继承王位后，发誓要灭掉越国，为父亲报仇。后来双方大战于夫椒山，勾践大败，被吴军包围在越国国都附近的会稽山。为保全性命，勾践只得向吴王卑辞求和，吴王把勾践夫妇押到了吴国做人质。

　　勾践夫妇及大夫范蠡（lǐ）到了吴国，负责给阖闾打扫坟墓，饲养马匹。他们穿的是破烂衣服，吃的是糠秕野菜，蓬头垢面，整天劳作。过了三年，勾践被放了回去。

　　勾践回国后，时刻不忘振兴越国、报仇雪耻，他卧薪尝胆，以激励自己的斗志。对死伤的士兵及家属厚加抚恤；百姓有婚丧之事，他亲自前去祝贺、吊唁；百姓远出或归来，他亲自送迎；百姓憎恶的事，就即刻清除，百姓急需的事，就及时办好。连年战争，越国的人口大量减少，勾践便下达鼓励生育、繁衍人口的命令：女子到了17岁不出嫁，男子到了20岁不娶妻，他们的父母就要被判刑。孕妇临产时，官府派医生去看护。生男孩的赏两壶酒，一条狗；生女孩的赏两壶酒，一头猪；一胎生三个孩子的由官家派给乳母，一胎生两个孩子的由官家供给口粮。嫡子为国事战死的免去全家3年的徭役；庶子战死的免去全家3个月的徭役；鳏寡孤独者及贫穷患病的人家，官府收养他们的孩子。

前515年

吴公子光刺杀吴王僚自立，是为吴王阖闾。阖闾重用伍子胥、孙武，改革政治、军事，吴国强大起来。

前506年

吴在柏举（今湖北麻城境内）大败楚军。后五战五胜，攻入楚都郢（今湖北江陵纪南城），楚昭王仓皇出逃。越乘机攻入吴都，吴撤军。

前494年

吴王夫差大败越军于夫椒（今江苏太湖洞庭山），勾践卑辞求和，称臣归附。

前486年

吴开挖邗沟，连接江淮水道，以通粮运兵。邗沟是我国最早的南北运河，是京杭大运河的开端。

前482年
夫差大会诸侯于黄池。越国乘机攻吴。

前473年
越大举伐吴，夫差自杀，吴国灭亡。

知名之士，官家供给衣食房舍。外国的名士来到越国，一定在朝堂上接见，以示尊重。勾践还亲自到各地巡视，遇到漂泊在外的年轻人，就供给他们饮食，还要询问他们的姓名。勾践鼓励百姓积极劳动，发展生产，他本人率先示范，不是自己种出来的东西不吃，不是自己妻子织的布不穿。越国10年没向百姓征收赋税，百姓每家都储存了3年的口粮。

勾践让文种帮助自己处理政事，让范蠡负责训练军队。他采纳了两人的建议，与齐、楚、晋几个大国结好，以牵制吴国。对吴国更是表现得十分恭敬顺从，以避免吴国的征讨。勾践经常贿赂吴国的大夫伯嚭(pǐ)，让他在夫差面前多说好话。同时采纳文种的计谋，向夫差进献美女西施和郑旦。夫差见到西施，喜不自胜，连夸勾践忠诚，他决定为西施修建高大豪华的姑苏台。勾践听说后，马上送来上等木材，以怂恿夫差耗费民力财力。据说夫差经过了8年的时间才把姑苏台建好，真可谓劳民伤财。

夫差连年北上争霸，穷兵黩武，国力一天天衰落下去。经过5年大战，越国最终灭亡了吴国。勾践记取了当年夫差的教训，想到自己卧薪尝胆的艰难，于是对夫差说："先前上天把越国送给吴国，可是吴国不接受；现在上天又把吴国送给了越国，我可不能不接受啊！不过我可以给你一条生路，把你送到东方遥远的山地居住。"夫差知道勾践不会饶过自己，自缢而死。

知识链接

吴越战争

吴相传是周太王的儿子太伯、仲雍建立的国家，地处今江苏南部，都姑苏（今江苏苏州市）。吴王阖闾在位的时候，重用伍子胥、孙武等人，改革政治与军事，国势渐强，一度攻破楚的都城郢。越王勾践在位的时候，越国强大了起来。吴、越同处长江下游，他们都想征服对方，占其地为己有。经过几次大战后，吴王夫差大败勾践，勾践归附称臣。勾践不忘耻辱，立志复仇，经过十多年的努力，越国力量逐渐恢复。夫差几度北上征伐齐、鲁、陈、卫诸国，公元前482年，大会诸侯于黄池（今河南封丘西南），与晋争夺霸主地位，只留老弱兵士由太子统领守卫都城。越王勾践见时机成熟，出兵攻吴，大败吴军，杀吴太子，夫差仓皇回军，但为时已晚。从此吴在对越的战争中一直处于劣势。公元前473年，越最终灭了吴国。而后勾践挥师北上，在徐州（今山东滕州市南）与齐、晋、宋、鲁等国会盟，周王派代表参加，承认了他的霸主地位。

赵、魏、韩三家分晋

春秋时期，晋国是北方数一数二的强国，它多次打败楚、齐、秦等国家，称霸中原。进入战国以后，齐、楚、秦还都活跃在战争的舞台上，晋国却销声匿迹了。

原来，春秋中期以后，晋国国君手下卿大夫势力不断增大，他们掌握了国家大权，国君成了他们的傀儡。当时掌握国家权力的卿大夫共有六家，即韩、赵、魏、范、中行、智氏，人们称其为"六卿"，又称"六将军"。六卿都拥有自己的军队，而且在自己的地盘上进行了改革，废除原来的公田制度，实行地税制。此后，六卿之间展开了激烈的斗争。范氏和中行氏联合郑国、齐国进攻赵氏。公元前493年，赵鞅宣布了奖励作战的政策：凡是立有军功者，平民以上的奖给数量不等的土地，奴隶则免为平民。后来赵氏打败了中行氏和范氏。智、韩、赵、魏四家瓜分了他们的地盘。

此后智氏力量最强，晋国政权掌握在了他的手里。智氏很想废掉晋国国君，取而代之，但又怕韩、赵、魏三家与他争权，便想办法削弱三家的力量。他借口说国君要去攻打越国，要求三家各献出100亩土地给国君。如果三家答应了他的要求，那么智氏就可以毫不费力地取得300亩土地；如果三家不答应他的要求，他便可以名正言顺地讨伐他们了。这就是智氏打的如意算盘。

韩康子和魏桓子害怕智氏，乖乖地交出了100亩地，赵襄子却不买账，他说："土地是祖宗留下来的，我不能随便拿来送人情！"如果三家都不答应，智氏就不好办了，现在只有赵氏不答应，岂不正中了智氏的计谋？智氏马上带领韩、魏两家的军队攻打赵氏，而且许诺韩、魏两家，一旦灭掉赵氏，三家平分他的土地。赵襄子不敢与他们正面对抗，退守晋阳（今山西太原）。晋阳城池坚固，粮草充足，赵氏命人打造刀枪弓箭，准备打一场持久战。

智氏与韩、魏两家的军队来到晋阳，围城攻打，但赵氏早有防备，军民同心，过了三个多月，城池完好如初。智氏急得团团转。一天，智氏去城西北的山上观察地形，看到晋河从城边流过，不禁喜上眉梢，心想：我何不筑坝拦河，水淹晋阳城呢？回到军营，智氏马上将韩、魏两

前453年
晋国大夫韩、赵、魏三家灭智伯。韩、赵、魏三家分晋的形势基本形成。

前403年
周天子正式承认韩、赵、魏三家为诸侯。

姜齐与田齐

西周初年封吕尚（姜子牙）齐地，后来姜姓齐国渐为东方大国。齐桓公在位的时候，陈国公子完避祸来投，被授予工正之职，以田为氏（古时陈、田音近，故称田氏），后世兴盛，至田桓子时，先后灭掉齐国贵族庆氏、栾氏、国氏、高氏。后来，其子田乞自立为相，掌握了齐国政权。前481年，田乞之子田恒（田常子）杀齐简公，立齐平公。前386年，田和放逐齐康公于海上，自立为国君，同年被周王册封为侯。田氏仍以齐为国号，史称田齐。

家召来,高兴地对他们说:"我已经有了破敌的好办法,如今晋河水量不大,我们可以筑条拦河坝,等到夏天山洪暴发的时候,就把河堤决开,水灌晋阳,到时候不费一兵一卒,晋阳城就可攻下了!"韩、魏二人也都说是好主意。于是他们指挥士兵很快在河中筑起了大坝,晋河水被拦在了晋阳城外。不久下起了大雨,河水猛涨,智伯让人挖开河堤,滔滔洪水冲向晋阳城,虽然有城墙阻挡,但城内的水还是有一尺多深。赵襄子带领部众,加紧防守,毫不懈怠,誓死不降。

前379年
齐康公死,太公望所建之姜齐至此绝嗣而亡。

双方相持了三年的时间,到了公元前453年,赵襄子实在有些吃不消了:城内房子塌了许多,粮食也就要吃完。智伯看着残破不堪的晋阳城,心里盘算:看你还能撑多久,你即使不投降,也会被饿死!

赵襄子忧心忡忡,整天琢磨摆脱困境的办法。一天,大臣张孟谈来见他,献计说:"韩、魏两家和智氏本来就是面和心不和,他们只是害怕智氏才来围攻我们的,我可以去说服他们与我们联合对付智氏。"赵襄子也没有其他更好的办法,只得同意让他去试一试。

前369年
韩、赵迁晋惠公于屯留,晋绝嗣而亡。

当天夜里,张孟谈偷偷来到韩、魏两家的军营,见到了韩康子和魏桓子。张孟谈对他们说:"智伯带领你们来攻打我们赵家,赵家眼看要不行了,可是唇亡齿寒,赵氏亡后,智氏便会收拾你们!"韩襄子和魏桓子也知道智氏常打自己的主意,即使平分了赵家的地盘,最强大的还是智氏,那时候我们肯定不得安宁,说不定会落得像赵氏一样的下场。而赵氏与自己势力相当,即使赵家不灭,对自己也构不成多大的威胁。于是,韩氏和魏氏答应为此事保守秘密,慢慢商量对付智氏的办法。

前367年
韩、赵乘周王室内乱,将周分为东周、西周二小国。东周都巩(今河南巩义)。

一天,智氏会同韩、魏两家察看军情,智氏指着被水围困的晋阳城说:"你们都知道洪水的厉害了吧,它可以帮我消灭一个国家!这水只要再涨下去,晋阳城就全被淹没了。"韩、魏二人听了,胆战心惊。原来,韩、魏两家的都城也是临河而建,智氏要用同样的办法对付他们,岂不是与赵家一样被消灭吗!他们坚定了联合赵家对付智伯的决心,连夜与赵家取得联系。智氏的军营驻扎在晋阳河北,他们决定以其人之道还治其人之身,水淹智氏。

到了深夜,韩、魏二人带领亲信悄悄来到晋河北岸,不久就在河堤上掘出一个大缺口,大水即刻涌进智氏的军营。智氏从睡梦中惊醒，急忙带人堵水。此时，韩、魏二家带领军队从两侧攻来；赵襄子则带兵从正面杀入智氏营寨，大声喊道："捉住智氏者重赏！"赵家的军队被围困了三年，如今绝处逢生，打起仗来，无不以一当十。智氏毫无准备，一下子乱了阵脚，将士们拼命外逃，智伯也混在乱军之中逃了出去。他打算乘船上岸，再到秦国请求救兵。但赵襄子早就料到了这一点，带军队守在岸边，专等智伯的到来。智伯刚上岸，赵氏的军队一拥而上，把他捉住杀了。智伯死后，韩、赵、魏三家瓜分了他的地盘。

　　没过多久，赵襄子病死，侄子赵浣继承了他的职位。这时晋国国君幽公也刚刚即位，赵浣与韩、魏两家商议，把国君的土地也给瓜分了，只给他留下了两座小城勉强维持生存，这样晋国的国君成了一个徒有虚名的君主，没有任何政治权力，只能在三家的卵翼下苟延残喘。韩、赵、魏三家实际上都已经在独立行使诸侯国的权力，成为三个国家。因为他们都是从晋国分出来的，所以历史上把他们称为"三晋"，把这件事称为"三家分晋"。

　　"三晋"虽然成了三个独立国家，但他们还没有取得诸侯的封号，名义上还是"卿"。当时尽管周天子只是一个空架子，日子过得和晋国国君差不了多少，但没有人能代替他来分封诸侯。所以，到了公元前403年，韩、赵、魏三家思前想后，还是决定派人去周天子那里讨个名号。而周天子正巴不得有人来找他讨封赏，三家的使者一到，周烈王便笑脸相迎，马上封三家为诸侯——韩虔被封为韩侯，赵籍被封为赵侯，魏斯被封为魏侯。其他诸侯国见他们羽翼

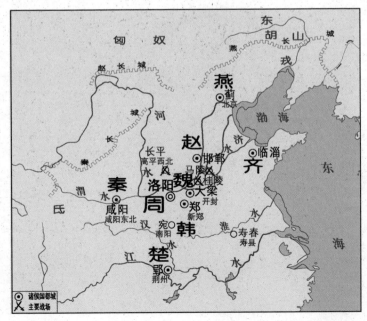

战国七雄形势图

已经丰满,势力十分强大,也都承认了他们诸侯国的地位。这样,韩、赵、魏三家终于成为与齐、秦、燕、楚等国家分庭抗礼的诸侯国了。

知识链接

七国争雄

经过春秋时期长时间的弱肉强食的战争,到了战国时期,原来的100多个诸侯国只剩下了20多个,其中又以秦、齐、楚、韩、赵、魏、燕7个国家最为强大,后来人们把这7个国家称为"战国七雄"。为了在兼并战争中取得主动地位,各国纷纷利用政权的力量,推行自上而下的政治、军事方面的变法、改革。魏国是变法最早的国家,因此它最先强盛了起来,到魏惠王时达到了顶峰,后来与齐国两次大战均告失败,乃走向了衰落。秦自商鞅变法以后,国力日增,一跃成为西方大国。齐在与韩、赵、魏的战争中乘机扩张,成为东方大国。他们各自约合其他国家,争战对抗,出现了"合纵"(东方六国联合抗秦)与"连横"(秦与东方国家联合攻打某国)之争。后来齐在与燕的战争中大伤元气,无力与秦抗衡。赵国经过武灵王的改革,成为战国后期唯一能与秦对抗的东方大国,但在后来的长平之战中,赵国40万大军战败被杀,从此赵国也一蹶不振了。秦王政掌握政权后,经过8年的大战,以秋风扫落叶之势,灭亡了山东六国。

商鞅移木立信

　　战国初年，秦国政治混乱、兵弱主卑，常年受楚、魏侵扰，在外交上地位很低，东方国家把它当做夷狄，不邀其国君参与盟会。为改变这种局面，秦孝公即位后，下令求贤变法。商鞅听说这个消息后，从魏国赶到了秦国。商鞅是卫国贵族的后裔，姓公孙，历史上称他为卫鞅、公孙鞅，后来因变法有功而封于商（今陕西商洛市商州区东南），所以人们习惯上称他为商鞅。

　　秦孝公听从商鞅的建议，决心改革旧制度，实行商鞅提出的新法令。贵族大臣们知道后，都表示反对，劝阻孝公不要听信商鞅。面对这么多的反对派，孝公也感到事情难办，他把大臣们召集到一起，开了个辩论会。反对变法的大臣陈说了许多理由，都被商鞅一一反驳，他们虽然心里不服，但却说不出什么道理来。孝公非常高兴，当即任命商鞅为左庶长，授予他推行新法令的大权，叫他尽快把变法方案制订出来。并且宣布：谁再反对变法，就治谁的罪。这样，那些大臣都不敢做声了。

　　商鞅知道，要使新法在全国顺利推行，必须取得百姓的信任。怎么才能取信于民呢？他深知要对全国民众讲清楚变法的道理，是十分困难的事情，于是想出了一个简单易行的办法。

　　有一天，他让人在都城的南门竖了一根三丈长的木头，旁边贴了张告示：谁能把这根木头扛到北门去，赏给十金。不久，木头周围就围满了人。大家心里直犯嘀咕：这根木头谁都能扛得动，从南门到北门也不算远，怎么会给这么多的赏金呢？会不会是当官的开开玩笑？大家你看看我，我看看你，谁都不去扛。商鞅见没人相信，又把奖赏提高到了五十金。这样一来，人们更觉得不近情理，也更加猜不透这位新上任的左庶长葫芦里到底卖的什么药。正在大家议论纷纷的时候，人群中走出一个人来，扛起木头就走。他想，将这木头扛到北门，费不了多大力气，就是不给赏金也损失不了什么，不如试上一试，看官府是不是讲信用。许多看热闹的人，好奇地跟着，想看个究竟。到了城北门，只见新上任的左庶长正在那里等着。他看了看那个扛木头的人，就把准备好的五十金奖给了他。这件事很快传开了，大家都

前 359 年
秦孝公任商鞅为左庶长，主持变法。

秦辟地千里

　　秦是华夏族的一个支系，原来生活在东方，后来迁徙到西部地区居住。西周时秦人世代为王室养马，戍卫西部边防，周宣王封其为西陲大夫。前 771 年，周幽王被西戎攻杀于骊山，秦襄公率兵救援，后来又护送周平王东迁，故被封为诸侯。秦地处西部边陲，东方的诸侯国都瞧不起它。到秦穆公（前 682—前 621）时，任用百里奚等贤臣，击败晋国。东进受阻后，转向西发展，进攻西部各戎族，灭十二国，辟土千里，成为西部大国。

相信商鞅是个讲信用的人。商鞅于是把新法公布了出去。

新法令实行十年以后，秦国变成当时最富强的国家。周天子派人给孝公送来礼物，封秦孝公为诸侯，东方各国为讨好秦国，纷纷前来祝贺。

公元前338年，秦孝公死去，太子即位，是为秦惠文王。惠文王以前反对过商鞅的新法，商鞅不便给他定罪，就把他的两个老师判了刑，所以他们对商鞅一直怀恨在心。被商鞅判过刑的公子虔乘机诬告商鞅谋反，秦惠文王不问青红皂白，便下令逮捕商鞅。商鞅逃到了魏国，魏国人和他有刻骨的仇恨，怎么会收留他？他只好返回封地商邑，组织一批人马准备抵抗秦军，但寡不敌众，被秦惠文王抓回咸阳，处以车裂的酷刑。

知识链接

商鞅变法

掘开土地的旧疆界

公元前359（一说前356）年和前350年，秦孝公先后两次任用商鞅实行变法，其主要内容是：奖励军功，建立军功爵制，根据军功的大小授予不同的爵位、官位和土地；废除土地国有制，承认土地私有，允许土地买卖；重农抑商，奖励耕织；推广县制，实行什伍连坐，加强中央对地方的控制；将国都从栎阳（今陕西富平县）迁到咸阳，以便于向东发展。商鞅变法促进了秦国政治、经济、军事的发展，使秦国成为战国七雄中实力最强的国家，为统一六国创造了条件。

苏 秦 游 说 六 国

　　有这样一个年轻人，他把自己关在屋子里，不分昼夜，苦苦攻读。夜深了，人们都已进入梦乡，这年轻人也十分困倦，昏昏欲睡。无论他怎样强打精神，总也无法赶走讨厌的瞌睡虫。猛然间，他睁大了眼睛，拿起身边的锥子，朝着自己的大腿狠狠刺了一下，鲜血顿时流了出来，一直流到了脚跟。剧烈的疼痛扫去了他的睡意，他重新振作起精神，继续读起书来。这个故事中的年轻人就是战国时期游说六国的苏秦。

　　是什么原因促使他如此刻苦读书的呢？

　　苏秦是洛阳人，到齐国跟随鬼谷子学习过纵横之术。几年以后，他觉得学已有成，于是去见周显王，周显王的大臣们认为他没什么本事，很看不起他。苏秦只好去了秦国。见到秦惠王后，极力鼓动惠王出兵征战，并吞天下，称帝而治。当时惠王刚刚杀了商鞅，对东方六国游说之士十分反感，所以任凭他说得天花乱坠，秦王总是不理不睬。时间长了，他的黑貂做的皮袍破了，带来的大量金钱也花了个精光，只好打道回府。他绑着裹腿，穿着草鞋，背着书箱，挑着行李，形容憔悴，脸色黝黑，面带羞愧地走进了自己的家门。妻子正在织布，见他来了，只装没有看见。嫂子知道他已是饥肠辘辘，却故意不做饭给他吃。父母见了，连句话都不肯跟他说。不少人还背地里耻笑他：咱们周地的风俗是从事产业，致力工商，你却放弃本业，想凭口舌做官致富，如今落到这步田地，也是活该呀！

　　苏秦的心真是寒透了，他长叹一声道：妻子不把我当丈夫，嫂嫂不把我当小叔，父母不把我当儿子，都是因为我自己不争气啊！于是他把自己关在小屋里，连夜翻检书籍，找出姜太公的兵书《阴符经》，夜以继日，反复研读。过了一年时间，他觉得已经领会了兵书的精髓，揣摩

前 353 年

齐军用孙膑"围魏救赵"之计，设伏于桂陵（今河南长垣西南），大败魏军。

前 341 年

孙膑设伏于马陵（今山东莘县东南），大败魏军，魏太子申被俘，魏将庞涓自杀。

前 334 年

魏惠王与齐威王会于徐州（今山东滕州东南），相互尊对方为王，史称"徐州相王"。

战国秦　武士斗兽纹铜镜

透了君主们的心理，于是离开了家乡，又踏上游说征途。听说燕昭王下诏求贤，广揽人才，便兴冲冲来到燕国。见了燕昭王，他首先将燕国夸耀了一番，说燕疆域广大，兵强马壮，国家富足，话题一转，又说起燕国的隐患。他说："燕国为什么没有受到强秦的侵扰？那是因为有赵国作为屏障，秦赵连年大战，燕国得以安宁。如果有一天赵国与秦国休战，出兵攻打燕国，燕国就很危险了！所以只有结好赵国，才可免除祸患。"他的话深深打动了燕昭王，被昭王委以重任。燕昭王即位之前，齐曾出兵攻打燕国，差点将燕国灭掉。燕昭王一直将此事视为奇耻大辱，决心报复齐国。他决定派苏秦到齐国去，想办法削弱齐国。苏秦为感谢燕昭王的知遇之恩，风尘仆仆来到了齐国。

当时齐湣（mǐn）王刚刚即位，孟尝君相齐，制定了联合赵国、南伐楚国、西抗秦国的策略，形成强国互相制约抗衡的局面，齐国的地位得到巩固。苏秦在齐国活动了五年，虽然时时寻找机会，破坏齐与赵的联盟，但总是无法得逞，他只好劝齐湣王不要攻打燕国。燕国经过了几年的恢复，国力有所增强，燕昭王急不可待，匆匆出兵伐齐，结果被齐所败，只好把自己的弟弟襄安君送到齐国作了人质。

后来齐湣王罢免了孟尝君的相位，改变了联赵抗秦的政策，反过来与秦通好。公元前 300 年，齐与秦同时称帝，一为东帝，一为西帝。这样一来，赵国与齐国的关系恶化了，韩、魏夹在齐、秦之间，也对齐心存芥蒂。燕昭王感到了潜在的威胁，于是令苏秦再次到齐国。苏秦极力说服齐湣王放弃帝号，联合东方六国共同抗秦，借此机会灭掉受秦保护的宋国，扩大自己的地盘。齐湣王听从了苏秦的建议，决定对宋国用兵。他先带领苏秦与赵国在阿地（今山东阳谷县东北）会盟，齐王宣布不再称东帝，赵国则答应支持齐国进攻宋国。燕国也假意帮助齐国攻打宋国。齐湣王出兵攻宋，取得了胜利。

齐湣王知道，要想灭亡宋国，必须制服秦国，他便打算联合东方五国攻打秦国。为了说服强大的赵国加入联盟，齐王答应以赵国的李兑作为联军的主帅，赵国答应派出驻上党的军队加入联军队伍。燕国为达到削弱齐国的目的，也积极鼓动齐国伐秦，主动提出派出两万人的军队归齐国指挥。苏秦代表齐王出使韩、魏、楚，韩、魏表示愿意出兵助齐伐秦。楚国虽然没有派出军队，但也对合纵伐秦表示支持。

联军进驻韩国的荥阳(今河南荥阳东北)、成皋(今河南成皋西北)一带。当时,齐想灭亡宋国,燕想削弱齐国,魏与宋是邻国,也不希望强大的齐国把宋灭掉。他们各自打着自己的小算盘,所以表面上看联军声势浩大,实际却没有战斗力,也没有对秦发动大规模的进攻。尽管如此,还是对秦造成了很大的压力,秦被迫取消了西帝的称号,并把侵占的赵国、魏国的土地归还给了两国。

据说东方六国合力攻秦的时候,苏秦被尊为"纵约长",一人佩戴着六个国家的相印。当他率众经过洛阳的时候,大队人马簇拥着他,各国都派使者护送他。周王听说了,惶恐不安,派人为他清除道路,派使者到近郊迎接他。苏秦的父母为他打扫房屋,清扫道路;妻子不敢正眼看他,恭敬地听他讲话;嫂子更是匍匐在地,向他跪拜。苏秦笑着问嫂子说:"您为什么以前对我那样傲慢,而现在却对我这样恭敬呢?"嫂子低着头回答说:"因为您现在地位高金钱多!"苏秦十分感慨地说:"同样是一个人,富贵的时候亲戚会惧怕他,贫贱的时候会瞧不起他,更何况是其他人呢?假若我当初在洛阳有二顷良田,又怎么能佩戴六国的相印呢!"他拿出千金,送给了家人和朋友。当初,他刚到燕国的时候,穷得连饭也吃不上,只得向人借了100个铜钱,后来他做官有了钱,便以百金偿还。凡是对他有过帮助的人,他都予以报答。

苏秦感谢燕昭王的知遇之恩,他的合纵抗秦,也完全是为了燕国利益,其中最直接的意图就是削弱齐国,为燕攻齐制造条件。公元前286年,宋国发生内乱,齐国乘机灭掉了宋国。秦国则以此为借口,约合燕、韩、赵、魏、楚五国,大败齐国。齐完全陷入孤立无援的地步,早已做好攻齐准备的燕昭王马上派乐毅统兵大举攻齐,几乎灭亡了齐国。后来齐湣王听说这一切都是苏秦的预谋,于是将他车裂处死。

前287年
苏秦发动赵、楚、魏、韩、齐五国军队,"合纵"攻秦。

前284年
燕将乐毅约合秦、韩、赵、魏诸国军队攻齐,破齐国都城临淄。次年攻下齐70余城,齐仅保有莒、即墨。

 知识链接

合纵连横

战国中期以后,齐、秦两国最为强大,东西对峙,互相争取盟国,以图击败对方。其他五国也不甘示弱,与齐、秦两国时而对抗,时而联合。在这样的情况下,出现了合纵和连横的斗争。

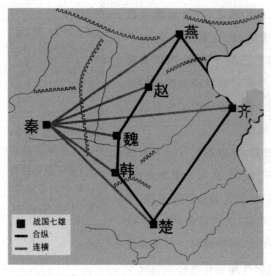

合纵连横示意图

当时除秦、齐两国外，其他五国的地理位置呈南北纵向分布，因此所谓合纵就是中原地区的魏、赵、韩与北方的燕、南方的楚之间的纵向联合。他们共同抗击秦、齐，阻止其兼并弱国，即所谓"合众弱以攻一强也"。秦和齐也拉拢一些国家，共同进攻另外一些国家。他们与其他五国的联合是东西横向联合，所以被称为"连横"，即所谓"事一强以攻众弱也"。大国纷纷拉拢弱国，弱国纷纷联合与大国对抗，于是在外交和军事上产生了合纵和连横的活动。后来，秦国的势力不断强大，成为东方六国的共同威胁，所以合纵变成了六国联合抵抗强秦的活动，而连横成为秦与东方某些国家联盟，打击其他国家，以求各个击破的策略。

策动合纵的代表人物有公孙衍和苏秦，而策动连横最有成效的人物是张仪。公孙衍曾组织魏、赵、韩、燕、楚，推楚怀王为纵长，出兵攻秦，结果失败。不久，张仪拉拢楚国，破坏齐、楚联盟的连横活动却取得了成效。后来，苏秦曾组织韩、赵、魏、燕、齐五国攻秦，结果是无功而返。

赵括纸上谈兵

大家都熟知"纸上谈兵"的故事，赵括纸上谈兵的直接代价是赵国的40万兵士被俘活埋！赵国灭亡的历史进程因此而大大加快。

赵国经过武灵王的改革，成为北方大国，由于齐、楚等国衰落，赵国成为北方唯一能够勉强与秦对抗的国家。秦昭王任用范雎为相，采用"远交近攻"的策略，交好齐、楚，进攻三晋。公元前262年，秦攻取了韩国的野王（今河南沁阳），韩向赵求救，赵派大将廉颇率兵进驻长平（今山西高平）。秦军大举向长平进攻。廉颇采用坚壁固守、以逸待劳的策略，秦军久攻不下，两军相持一年多时间，不分胜负。

秦昭王十分着急。丞相范雎对昭王说："要想打败赵军，必须让赵国把廉颇调回。"昭王不禁发笑说："赵王怎么会听从我们的安排？"范雎胸有成竹，说您就等着好消息吧。

没过多长时间，赵孝成王就听到周围的人议论说：秦国最怕让熟读兵书的赵括为将，廉颇岁数大，不中用了，说不定哪天会向秦人投降！赵王立即把赵括找来，问他能不能打退秦军，赵括满口应承，大讲了一番攻秦的构想。赵王听了很高兴，决定任赵括为大将，接替廉颇。

赵括是何许人？原来他是赵国名将赵奢之子，从小爱学兵法，读的兵书很多，谈起用兵来头头是道，有时候他的父亲都说不过他。于是赵括自以为天下没有他的对手。

赵国的上卿蔺相如是个很有见识的人，听说赵王要任赵括为将，十分吃惊，当即对赵王说："赵括这人读了些兵书，只会纸上谈兵，没有实战经验，不知变化，您只是按名声用人，这就如同胶柱而鼓瑟！"赵王根本听不进去。

赵括的母亲也请求赵王不要派自己的儿子代替廉颇。赵王请她说明原因，赵母说："他父亲在世的时候曾经对我说过，带兵打仗是死里求生的事，但赵括却把它看得很容易，说起作战来，夸夸其谈，目空一切，将来大王不用他最好，如果真的用他带兵作战，赵军定会断送在他手里。"赵王还是听不进去。

公元前260年，赵括到了长平，他把廉颇规定的制度全部废除，

前279年

秦与赵相会于渑池，蔺相如冒死逼秦王屈服。

燕惠王中齐国的反间计，以骑劫代乐毅，乐毅奔赵，齐将田单在即墨大败燕军，收复齐国城邑。

前260年

赵中秦反间计，以只会纸上谈兵的赵括代替廉颇守长平，赵军战败，40万赵军被坑杀。

前258年

秦将王龁（hé）攻赵都城邯郸，赵派平原君求救于楚。平原君的随从毛遂说服楚王，楚派兵救赵。魏信陵君用侯嬴之计，窃得兵符，率军救赵。

撤换了各级军官，准备向秦军发起进攻。

秦王得知反间计成功了，于是派名将白起为上将军，带了很多援军，偷偷赶到长平。白起作了周密安排后，率一支军队出战，但很快就败退了下去。赵括求胜心切，带大军合力追赶。这时，白起的另外两支军队正悄悄地向赵军背后迂回运动。等赵军赶到险要之处，只听白起一声令下，三支军队一起向前，将赵军团团围住。白起一面派兵切断赵军粮道，一面派出精兵直冲赵军大营，把赵军切成两段。赵括带人左冲右突，怎么也冲不出秦军的包围圈，只好筑起营垒，等待救兵。

赵军内无粮草，外无救兵，守了40多天，兵士叫苦连天。赵括不想坐以待毙，组织军士四面突围，但一次次都被秦军打回，赵括只好亲自带兵朝外冲，忽然秦军营中万箭齐发，赵括中箭而死。听到主将被杀，赵军阵势大乱，秦军乘机进攻，赵军纷纷投降。秦将白起仅在赵军中挑出240多名年幼体弱者，释放回家，把其余40万人全部坑杀。

长平之战是战国时期规模最大的一次战争，通过这次战争，秦国战胜了最后一个强大的对手，此后东方六国再也没有力量与秦抗衡了。

 知识链接

窃符救赵

公元前258年，秦围赵国都城邯郸，赵求救于魏。魏派大将晋鄙率十万大军前往。秦扬言魏若救赵，拔赵后则攻魏。魏王恐，令晋鄙驻兵观望。魏安釐（xī）王之弟信陵君无忌听从侯嬴之计，通过魏王宠妃如姬偷得兵符，带勇士朱亥前往，晋鄙生疑，拒不交出兵权，朱亥用铁椎击杀晋鄙，然后率兵救赵，适楚援军来到，秦军大败，遂解邯郸之围。

胡服骑射

赵武灵王是赵国的第六代君主，他即位以后，为了提高赵国军队的战斗力，对军事制度进行了改革。当时，各国军队均以步兵、车兵混合编队组成，骑兵尚未广泛用于战争。赵武灵王认为骑兵具有机动、灵活、快速的优点，要想在战争中立于不败之地，必须大力发展骑兵。他说服了以公子成为首的反对派，得到了大臣们的赞同。公元前302年，赵武灵王和大臣们脱下袍大袖宽的华夏服装，改穿短衣、束带的胡人（北方少数民族）服装，教练士兵骑马射箭的技能，很快组建成一支骑兵队伍。在以后的短短几年中，赵国灭掉了中山国，击败了北方的林胡、楼烦，拓地千里，成为东方六国中军事力量最强大的国家。

荆轲刺秦王

　　春秋战国时期出现了不少刺客，荆轲是其中最有名的一个。

　　荆轲的祖上是齐人，后来迁徙到卫国。他喜欢读书，精通剑术，曾去游说卫国的国君，但国君没任用他。后来到了燕国，穷困潦倒，郁郁不得志，每日与高渐离等人在闹市喝酒，酒酣之际，高渐离击筑（一种敲击的弦乐器），荆轲则跟着曲子放声高歌，以此取乐。唱到悲伤处，则相对哭泣。或歌或泣，旁若无人。

　　荆轲是个酒徒，但不是醉鬼，他性格深沉，喜欢思考问题，常与豪侠之士及名流长者结交。燕国有一位叫田光的高士知道他非同常人，与他交情颇深。可见荆轲是一个有谋略、有抱负的豪侠之士，丝毫没有刺客的阴冷、凶狠的品格，那么他是怎么成为刺客的呢？这还要从燕国太子丹的经历说起。

　　燕太子丹早年曾作为人质居住在赵国都城邯郸，后来做了秦王的嬴政早年也出生、居住在那里，两人还成了很要好的朋友。嬴政被立为秦国国君后，燕太子丹又被当做人质送到了秦国。太子丹以为秦王政会对他另眼看待，谁知秦王完全不念旧日的交情，对他态度粗暴，肆意凌辱。太子丹满怀怨愤，逃回了燕国，这时秦国已是虎视眈眈，时刻准备吞并燕国。公仇私恨加在一起，使得太子丹与秦王政势不两立，但燕国作为一个弱小的国家，怎样才能对抗强大的秦国呢？太子丹想起他的老师鞠武是个很有见识的人，于是便去请教。鞠武重弹了一番纵横家联合抗秦的老调，并没有什么新见解。他见太子丹不满意，只好举荐田光以自代。田光也没有好主意，又向太子丹推荐了荆轲。

　　太子丹见到荆轲后，"再拜而跪，膝行流涕"，使荆轲大为感动。聊到投机处，太子丹便对荆轲说明自己的打算：与秦国硬拼，无异是以卵击石，联合东方各国抗秦，也是遥遥无期的事情，而今只有一个办法可行，那就是请一位机智勇敢的人充当使者前往秦国，乘机刺杀秦王。太子丹接着说出了拜见荆轲的目的，苦于找不到一位智勇双全的人担任使者。荆轲听出了太子丹的话外之音，知道他想让自己充当刺客。荆轲沉思许久，还是没有答应。太子丹顿首再拜，苦苦请求。荆轲只好答应下来。于是太子丹将荆轲封为上卿，把他安置在上等的馆舍

前 257 年

信陵君在邯郸大败秦军。

秦以李冰为蜀守。后李冰在蜀修都江堰，使川西平原数百万亩土地得到灌溉。

秦太子的儿子异人在赵国为人质，得到大商人吕不韦的帮助，逃回秦国。

前 247 年

秦庄襄王（异人）死，其子政即位，年 13 岁。吕不韦执政，号为"仲父"。

前 238 年

秦王政行加冠礼。嫪毐（Lào ǎi）作乱，战败而死。嫪毐为宦官，得宠于秦王之母赵太后，被封为长信侯，权势很大。

前 237 年

吕不韦受嫪毐牵连免相，后自杀。

里,天天用美酒佳肴招待他,送来奇珍异宝、车马美女,让他尽情享乐。

过了很长时间,荆轲绝口不提出使秦国的事情。是他惧怕秦王?还是不想冒此风险?这时候,秦军灭亡了赵国,大军已经到达燕国的边界。燕国君臣惶恐万分,寝食难安,太子丹实在沉不住气了,只好来找荆轲。荆轲告诉太子丹,出使秦国的事已经考虑好了,但要接近秦王,必须送他最希望得到的东西:一是樊於期将军的人头,二是督亢(今河北涿州、定兴、新城、固安一带)地区的地图。樊於期是秦国的大将,因得罪秦王政而逃到燕国,秦王曾悬"金千斤、邑万家"的重赏捉拿他。而燕国的督亢是十分富庶的地方,秦王做梦都想得到它。太子丹说,督亢地区的地图好办,拿去就是了,但樊於期将军是在走投无路的情况下来到燕国的,我怎能忍心杀死他呢!

荆轲知道太子丹是个重情义的人,不会加害樊於期,于是私下里找到樊,把自己刺杀秦王的打算告诉了他。樊於期听罢,毫无为难之色,他咬牙切齿地说:"我时时刻刻都想着杀秦王报仇,今天您终于为我想出了好办法!"说完,拔出宝剑自刎而死。

太子丹闻讯赶来,伏在樊於期的尸体上号啕大哭。事后,他让人做了一个精美的盒子,将樊於期的头装在里面,同时拿出一把用药浸过的匕首,交给了荆轲,催促他上路。荆轲说:"我要带一个好朋友做助手,他现在还没来到。"太子丹向他推荐了勇士秦舞阳,荆轲虽然不满意,但也不好再说什么了。

荆轲动身那天,太子丹等人穿戴白衣白帽,一直把他送到易水河边,摆下酒席给他饯行。高渐离击起筑来,荆轲跟着节拍放声高唱:"风萧萧兮易水寒,壮士一去兮不复还!"歌声激昂悲壮,来送行的人无不热泪横流。荆轲唱完,跳上车去,头也不回,直奔秦国的都城咸阳。

秦王听说燕国派人进献樊於期的人头和督亢地图,喜不自胜,下令在咸阳宫举行隆重的仪式接见使者。荆轲捧着装有樊於期人头的盒子,秦舞阳拿着督亢地图,二人一前一后走进了咸阳宫。快要登上宫殿台阶的时候,秦舞阳吓得两腿发抖,脸也变了颜色。秦国的大臣都用疑虑的眼光看着他。荆轲笑了笑,回头看着秦舞阳说:"他是北方蛮夷之地来的粗人,没见过大场面,所以感到害怕,请大王谅解。"秦王令荆轲一人进见,荆轲从秦舞阳手中接过地图,一个人走上前去。来到秦王面前,荆轲打开盒子，让他验过樊於期的人头，然后又把地图献了上去。

秦王对周围的人防范甚严，大臣们上殿不准带任何武器，更不要说外国的使者了，那么荆轲是怎样把太子丹交给的匕首带在身边的？原来他把匕首卷在了地图里。

秦王打开地图，慢慢观看，当地图完全展开的时候，一把闪闪发光的匕首出现了。没等秦王反应过来，荆轲已伸出左手拉住他的袖子，右手顺势抓住匕首。秦王大吃一惊，用力挣脱，袖子被扯断了，他急忙拔自己佩戴的长剑，但剑入鞘很紧，一时拔不出来。荆轲上前追赶秦王，秦王绕着宫殿的柱子躲避。大臣们吓得目瞪口呆，一个个僵在了那里。大臣们身边没有武器，殿下的卫兵有武器，但却离得太远，而且没有秦王的诏令他们是不能上殿的，秦王躲避唯恐不及，哪有机会下诏？所以荆轲追逐秦王，秦王只能赤手空拳和他搏斗。侍候秦王的医生夏无且将手中的药袋子向荆轲掷去，被荆轲挡到了一边。这时，大臣们喊叫起来："陛下快把剑推到背后去！"秦王把长剑推到背后，一下子便拔了出来，顺势朝荆轲砍去，砍断了荆轲的左腿。荆轲倒地，血流如注，无法行走，于是将匕首掷向秦王，但只是击中了殿中的铜柱。秦王走上前来，连砍了荆轲八剑。荆轲倚着柱子大笑一声，骂道："之所以没早动手，是因为想活捉你，让你退还侵占别国的土地，以报答燕太子。"这时候，秦王的武士们一拥而上，杀死了荆轲。

荆轲刺杀秦王这件事情本身没有多少积极的意义，但荆轲的侠义之心及过人的胆识实在非同寻常，人们没有把他看作一般的刺客，而是把他当成反抗暴力的英雄，世代传颂。

前 223 年
王翦、蒙武攻破楚都寿春，楚王负刍被俘，楚亡。

前 222 年
王贲攻辽东，俘燕王喜，燕亡。俘代王嘉，代亡。

前 221 年
秦灭齐，统一全国。

知识链接

秦灭六国

战国末年，秦统一全国的主客观条件日渐成熟。公元前 238 年，秦王嬴政亲政，六国的势力都已经十分弱小。他加强了君主的权力，虚心听从大臣们的意见，重用李斯、尉缭等人，凭借强大的军事实力，积极推进统一战争的进程。从公元前 230 年开始，到公元前 221 年，在短短的 10 年中，秦次第灭亡山东六国，完成了统一大业，结束了春秋战国以来长达 500 多年的诸侯割据混战局面，建立起我国历史上第一个专制主义中央集权的统一皇朝。

墨子止楚攻宋

前 440 年前后
墨子约 29 岁,止楚
攻宋。

墨子名翟(dí),鲁国人,生活的年代比孔子略晚,大约为春秋战国之交。他早年曾经学儒,后来发现儒家所讲的礼过于烦琐,于是脱离儒家,独树旗帜,创立了墨家学派。

墨子主张"兼爱"(平等的、无差别的爱)"非攻"(反对非正义的战争);提倡"尚贤"(破除亲疏、贵贱、贫富等一切界限,不拘一格选用人才)"尚同"(下级认同、服从上级);论证"天志"(天有人格和意志)"非命"(天不决定人类的命运)。他自称"贱人",生活简朴,精于木工,传说他做过一只木鸟,在天上飞了三天没落下来。他的弟子众多,结成一个严密的组织团体,首领称"巨子",有严格的组织纪律。墨者多有侠义之风,"皆可使赴火蹈刃,死不旋踵"。

楚惠王时候,公输般(鲁班)从鲁国来到楚国,为楚国制造战船上使用的器械钩拒,打败了越国。他又为楚国设计制造云梯,准备攻打宋国。墨子听说后,急忙从齐国赶来,走了十天十夜,才到达楚国的都城郢。公输般见他风尘仆仆而来,问道:"您来找我一定有什么重要的事情吧?"墨子说:"北方有个人侮辱了我,我想让您替我杀了他!"公输般听了满脸不高兴。墨子说:"我会给您千金的报酬。"公输般愤愤地说:"我是讲

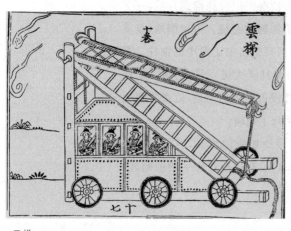

云梯

道义的,不管你给多少钱,我都不会帮你杀人!"墨子听了心里暗自高兴,起身再次拜谢,说:"我还有话要对您说。听说您为楚王制造云梯,准备攻取宋国。宋国有什么罪呢? 楚国疆域辽阔,而人口不足,现在要牺牲不足的人口去夺取多余的土地,这是很不明智的。宋国无罪而去攻打它,不能叫做仁;明明知道楚王的做法不合于仁义却不谏诤,这不能算是义;谏诤而不能制止他,也不能算是有能力。你讲求义,不愿杀一个人,现在却帮助楚王杀众多的人,这是什么逻辑?"

一番话说得公输般哑口无言。

墨子劝公输般马上制止楚王出兵，但公输般很为难，因为他已经向楚王保证可以帮他攻下宋国。墨子让公输般带他去见楚王，公输般答应了下来。

见到楚王以后，墨子说："现在有这么一个人，自己有华丽的车子、锦绣服装、美味佳肴，但却不去享用，见了邻居的破车、烂衫、糟糠之食，却想偷了来。你说这是什么人呢？"楚王说，这人一定是得了盗窃病。墨子把话头一转，接着说起楚国攻宋的事来："楚国方圆五千里；宋国只有五百里，这就好比香车与破车吧。楚国有云梦之泽，各种动物充满其中，有长江、汉水，鱼类之多没有任何国家比得上；宋国连野鸡、兔子、鱼类都没有，这就好比佳肴和糟糠啊。楚国有各种名贵木材；而宋国连棵像样的大树都没有，这就好比锦衣与破衫呀。您以强盛富庶的楚国攻打弱小穷敝的宋国，这不和患盗窃病的人一样吗？您这样做，只会伤害仁义而得不到宋国。"

楚王自知理亏，但还是强辩说："您说得对，但公输般为我造了云梯，我还是要攻取宋国。"墨子说："那就让我和公输般较量较量吧。"于是解下腰带，围成城的样子，用木片当做攻守的器械。公输般九次变换攻城的方法，墨子九次打退了他的进攻。公输般攻城的器械用完了，而墨子守城的方法还多着呢。

公输般只好认输，但却狡黠（xiá）地说："我知道用什么办法对付你，但我不说。"墨子说："我知道你的伎俩，我也不明说。"楚王问："你们两个人在说什么，我怎么不明白？"墨子说："他的意思，不过是想杀了我。杀了我，宋国没人能守城，您就可以放心进攻了。但你们可别高兴得太早，我的学生禽滑釐等300多人，已经手持我设计的器械在宋国城墙上等着你们了！你们杀了我，却不能断绝我守城的方法。"楚王对墨子大加赞赏，马上下达命令，取消攻打宋国的计划。

墨子见楚王打消了攻宋的念头，于是离开了楚国。在经过宋国的时候，天下起了大雨，墨子想

稷下学宫

战国时，齐国都城临淄的稷门附近建有一座学宫，后人称其为稷下学宫。齐宣王时，稷下学宫最为鼎盛，"诸子百家"中的各个学派都来这里讲学问道，最多时达上千人。著名学者如孟子、淳于髡、邹衍、田骈、慎到、环渊、尹文、鲁仲连、荀子等都曾来过这里。荀子曾三次出任学宫的祭酒（学宫之长）。齐国当政者对他们优礼相待，不少人受封为上大夫，或受上大夫之禄。稷下学者们讨论的问题涉及政治、经济、军事、历史、哲学、文学、教育、伦理、艺术，以及天文历数等自然科学，促进了战国时期思想文化的繁荣。

墨子像

　　到城门洞里避避雨,谁知宋国的守门人却把他拒之门外。

　　墨子历尽千辛万苦,冒着生命危险,止楚攻宋,不为贪图报答,不为名声利禄,只是为了救世,为了实践他的"非攻"的哲学大义。

知识链接

百家争鸣

　　战国是个社会大变革时期,各种社会矛盾错综复杂,对于复杂的社会矛盾和社会问题,各阶级、阶层和社会集团都有自己的见解和主张。这是百家争鸣的阶级基础。当时官府垄断文化教育的局面已被打破,属于知识分子阶层的"士"大量出现,由于出身、政治见解和思想方法的不同,他们分别依附于不同的阶级和社会集团,充当了他们在思想文化领域中的代言人,士构成了百家争鸣的主体。当时诸侯割据,政治上不统一,无法在文化上实行专制,各国的国君及贵族官僚为壮大自己的势力,纷纷招揽人才,养士成风,士奔赴于各国之间,"合则留,不合则去",有相对的自由,有发表自己意见的场所,这是百家争鸣的社会基础。

　　战国时候的士大约有一百四五十种,所以当时就有了"百家"之称。这些士分属于若干大的派别,后来人们把一个大派别称为一家。这些大派别中,最著名的是儒、墨、道、法、名诸家,另外还有兵家、阴阳家、农家等。儒家的创始人是春秋时期的孔子,战国时期儒家的代表人物是孟轲及荀卿。孟子持性善说,政治上主张施仁政;荀子持性恶说,主张治国礼法并重。墨家的创始人是战国早期人墨翟,他提出了"兼爱""非攻""尚贤""尚同"等主张。道家的创始人是春秋后期的老聃,战国时期道家的代表人物是庄周,他提出了唯心主义的宇宙观和相对主义的认识论。法家的代表人物有战国早中期的李悝、吴起、商鞅,战国后期的代表人物是韩非。他们的理论和实践对当时的变法、改革起到了重要的推动作用。名家是探讨名、实关系的一个学派,他们的代表人物是宋国的惠施和赵国的公孙龙。秦始皇统一中国后,百家争鸣的局面宣告结束。百家争鸣是我国历史上第一次思想解放运动,它促进了古代思想学术的繁荣,对后代也产生了重大的影响。

秦、西汉、东汉

　　秦朝（前221—前206）是中国历史上第一个统一的多民族的中央集权皇朝。秦朝的疆域，东南到大海，西到今甘肃、四川，西南到今云南、广西，北到阴山，东北达辽东。秦朝的统一为社会政治、经济、文化的发展开辟了广阔的道路，也为我国以后的长期统一奠定了基础。秦朝统一后实行的皇帝制、三公九卿制、郡县制等政治制度及军事、法律制度，在中国两千多年的君主专制社会中产生了极其深远的影响。为巩固统一，秦朝在全国范围内确认土地私有，统一文字、货币和度量衡，统一车轨，修筑驰道，修建长城，迁徙豪强，对于消除分裂割据因素，加强各地之间的经济文化交流，对于华夏民族的形成与发展，都具有重要意义。秦朝是一个短暂的朝代，它之所以"二世而亡"，与当时的社会条件有一定关系，但最根本的原因是赋税、徭役沉重，刑罚残酷，把人民逼到了绝路，引起了农民起义。秦末农民起义是我国历史上第一次农民大起义，对后代的农民起义有很大影响。

　　西汉（前206—公元25）是继秦以后出现的又一个统一的多民族的皇朝，建都于长安。为了与后来刘秀建立的建都于洛阳的汉朝相区分，故称西汉或前汉，而后者则称东汉（25—220）或后汉。西汉初年，当政者致力于重建国家机器，无为而治，实行与民休息政策，经济逐渐恢复发展起来。汉武帝"罢黜百家，独尊儒术"，儒家思想取得了独尊的地位；开拓疆土，边疆与内地的经济文化交流加强；开辟中西交通路线，加强了对外经济文化交流。中央集权的政治体制进一步巩固、完善和发展。西汉后期，社会矛盾激化，酿成了农民起义，王莽发动的统治集团的自救运动成为历史的悲剧，宣告了西汉历史的终结。东汉在政治经济制度方面与西汉有直接的联系，经济文化在西汉的基础上有所发展，民族融合进一步加强，对外交流逐步扩大。东汉中期开始，宦官、外戚交替专权，党人集团反对宦官，统治集团内部矛盾加剧，政治腐败、土地兼并严重，使得阶级矛盾激化，终于导致黄巾起义爆发。东汉皇朝受到致命打击，名存实亡。196年曹操迁汉献帝于许昌，此后，中国历史进入了三国分立的时期。

秦始皇陵兵马俑(局部)

　　秦始皇13岁即位后,便开始在今西安市临潼区的骊山北麓修建陵墓,死后葬于此。1974年3月,农民在墓东1.5公里处打井时,发现兵马俑坑。后经科学考古发掘,发现3个呈品字形排列的兵马俑坑,出土陶俑、陶马近8000件,战车百乘,兵器等物数万。其规模之宏大,场面之威严,艺术水平之高超,令人叹为观止。

千古一帝秦始皇

秦昭王四十八年（前259年）正月，也就是长平之战后的几个月，赵国都城邯郸城里一个冷清的小庭院里，一个嬴姓的男婴呱呱坠地了。他的父亲异人十分高兴，但家里却没有什么喜庆的色彩，也没有人前来道贺。原来，异人是长期被扣押在赵国的秦国人质，他的妻子则是朋友送来的女子。因为男婴出生于正月，所以取名"政"。大家不要小看这个命运不济的男孩，他就是后来被人称为"千古一帝"的秦始皇嬴政。

嬴政出生在与秦势不两立的赵国，天生便是个人质，从记事开始，只要走出这个小院，他所见到的就都是仇恨、敌视的目光。屈辱、艰难的生活，使他形成了偏执的心理、孤僻的性格。那么，出生在异国他乡、贱为人质的嬴政，后来怎么会登上秦王的宝座呢？这事要从吕不韦说起。

吕不韦是阳翟（今河南禹县）家累千金的大商人，长年在邯郸经商，结识秦国的人质异人。当时异人的父亲刚刚做了太子，以后肯定会做秦王，他的夫人没有儿子，所以异人虽然是庶子，但只要想办法争取，也有继承王位的可能。吕不韦认为异人"奇货可居"，决定在他身上搞一次政治投机。一次，异人在吕家喝酒，看上了他身边能歌善舞的侍女赵姬。吕不韦虽然有些舍不得，但还是把赵姬送给了他。一年以后，赵姬生下了嬴政。

这异人本来是没有可能继承父亲王位的，但吕不韦凭借雄厚的资金投入，再加上三寸不烂之舌，竟然说服太子，立异人为子嗣。因为太子夫人是楚国人，为了讨好她，异人便改名叫子楚。公元前250年，异人的父亲继位为秦王，是为孝文王，但过了3天，便病死了。异人名正言顺地登上了王位。

子楚即位之后，为了回报吕不韦，让他做了丞相，封为文信侯。可是刚刚过了3年，子楚也撒手人寰。他的长子嬴政即位，这年才13岁。吕不韦担任相国，号称"仲父"，国家的军政大权都掌握在他的手里。这时候，嬴政的母亲虽然已是太后，但年龄不过三十几岁，后宫的生活很寂寞，她眷恋吕不韦，两人长期保持着秘密的情爱关系。嬴

前221年

秦统一六国。秦王政称"始皇帝"。废除分封制，在全国设三十六郡。统一文字、货币和度量衡。

前220年

秦始皇巡视陇西（今甘肃东南部）和北地（今宁夏境内）。修驰道，通燕、齐、吴、越。

徐福求仙

方士徐福上书秦始皇，说东海三座神山中有仙人居住，可求其赐长生不老之药。秦始皇令其带三千童男女、五种工匠及大量珍宝入海求之。耗资巨万，终无结果。徐福怕秦始皇加罪，遂逃之夭夭。后有文献记载说徐福率众逃至瀛洲；也有人说徐福逃到了今日本大阪附近，在那里定居下来，繁衍生息，今其地有徐福墓。

前 219 年
秦始皇东巡,到达山
东沿海,向南渡过淮
水,到南郡(今湖北
江陵),由武关(今陕
西商南县南)归。

前 218 年
秦始皇东巡。张良
隐伏于博浪沙(今河
南原阳境内)袭击秦
始皇。

前 215 年
秦始皇东巡到碣石
(在今河北昌黎县
北),巡视北部边郡
后回咸阳。遣将军
蒙恬击匈奴。

政的年龄越来越大,吕不韦也害怕事情不好收场,便找了个名叫嫪毐的人送入宫中以自代。太后很喜欢嫪毐,嫪毐逐渐获得了很大的政治权力,朝廷和后宫的事情,都由他来决定。他家的门客多达上千人,依附他求取官职的人络绎不绝。

关于嫪毐和太后的私情,秦王早有耳闻,但只是秘密调查,没有声张。尽管如此,狡猾的嫪毐还是有所觉察,公元前 238 年,他趁秦王政离开都城的时候,盗用秦王及太后的印信,调动军队和警卫,发动叛乱。秦王立即调遣军队镇压。双方在咸阳展开激战,嫪毐战败逃走。秦王政号令全国:活捉嫪毐,赏钱一百万;杀死嫪毐,赏钱五十万。嫪毐和参与反叛的卫尉竭、内史肆等人全部被抓获,斩首示众并夷灭宗族。嫪毐的门客舍人,罪重的处死,罪轻的服刑,受牵连被剥夺爵位、迁徙蜀地的达四千多家,太后也被囚禁在雍地。

嫪毐政变的事情和吕不韦多少有些牵连,秦王政忌恨他多年专权,大概也听说过他和母亲的绯闻,打算一并杀死他。但吕不韦的功劳太大了,不少人为他说情,所以秦王政只是罢免了他的相国职务,命他回到封地洛阳。然而,东方各国派来的使者照旧去洛阳求见吕不韦,秦王政如芒刺在背,他再次下达命令,将吕不韦迁徙到蜀地。吕不韦知道自己的政治投机生涯已经结束,任何努力都是徒劳,便饮鸩自杀了。秦王政以极其严厉的手段镇压清洗了吕不韦势力,大批官员被免职和流放。

秦王政亲政不久,韩国的水工郑国来到秦国,帮助秦国兴修水利工程。后来,秦国听说这是韩国人搞的"疲秦之计",郑国就是韩国间谍。秦王政一怒之下,命令搜捕并驱逐所有来自东方各国的宾客。郑国向秦王上书说:"兴修水渠虽能使韩国多存活几年,但对于秦国来说,可是万世之功啊!"李斯是楚国人,也在被驱逐之列,他给秦王呈上了《谏逐客书》,指出各国客卿对秦国

郑国渠遗址

发展壮大发挥着非常重要的作用,劝秦王重用人才,不要把这些人赶到敌国去。秦王嬴政采纳了李斯的建议,不但废除了驱逐宾客的命令,而且更加重用来自各国的人才,郑国渠也最终得以修成。

这时,大梁人尉缭来到秦国,劝秦王广施财物,贿赂各国权臣,破坏他们联合攻秦的计划。秦王听从了他的建议,并且每次接见他都以平等的礼节相待,衣服、饮食也与他一样。不过,尉缭还是打算离开秦国。别人都感到不理解,尉缭说:"秦王这个人,高高的鼻梁,细长的眼睛,鸷鸟一样的胸膛,豺狼一样的声音,刻薄寡恩,心如虎狼,处于困境时,容易礼贤下士;一旦得志,天下人都要成为他的俘虏,不能与他长期相处啊!"秦王诚心诚意挽留他,让他做秦国国尉。

不久,秦王身边聚集了李斯、尉缭、王翦、王贲等一批谋臣武将,统一中国指日可待。根据李斯和尉缭的建议,秦采取军事、外交双管齐下的策略。军事上由近及远,各个击破;外交上用重金贿赂,离间六国君臣,破坏各诸侯国之间的关系,使得他们不能结成联盟攻秦。

秦军的矛头首先对准近邻三晋,秦王政十七年(前 230 年)灭韩,设颍川郡;十九年灭赵,设邯郸郡;二十二年灭魏,但在攻楚的战争中,秦军受到了挫折。年轻的将军李信对秦王说:"只要有 20 万军队,就可以灭掉楚国。"秦王问名将王翦,王翦说:"非 60 万军队不可。"秦王以为王翦年老胆怯,于是派李信攻楚,结果秦军大败而归。这时,老将王翦以有病为由回老家频阳(今陕西富平东北)休养,秦王认识到自己决策的失误,亲自驾车到频阳,向王翦道歉,说:"寡人因为不听从您的意见,所以吃了败仗。当今楚军正在西进,你虽然有病,也不忍心不帮助寡人啊!"秦王政再三请求王翦出战,王翦提出还要 60 万军队,秦王政毫不犹豫地答应了他。楚国也很快被秦攻占了。以后秦又灭掉了燕、齐,统一了天下。

秦灭六国后,北驱匈奴,设九原郡;南伐百越,设桂林、南海、象三郡。这样,秦的版图,东至大海,西到临洮,南至南海,北迄阴山,成为中国历史上第一个统一的幅员辽阔的大帝国。秦始皇也成为中国历史上第一位伟大的皇帝,被称为"千古一帝"。

秦代书体"始皇帝"

秦始皇巩固统治的措施

秦始皇像

秦统一中国后，秦王嬴政认为"王"这个称号与他的功德和地位不相称，乃取三皇五帝中的"皇帝"二字作为自己的尊号，为确保皇帝拥有至高无上的权力，还制定了一整套法规制度。在中央，实行分工明确、各司其职的三公九卿制；在地方，普遍实行郡县制。专制主义中央集权的政治体制确立下来，这些制度对中国社会产生了很大的影响。秦始皇为巩固统一，在政治、经济、文化方面采取了一系列措施，消除分裂割据因素，加强各地经济文化联系，对于华夏民族的形成与发展也具有重大的意义。

公元前216年，发布"令黔首（百姓）自实田"的法令，让百姓如实申报自己拥有田地的面积，据此征收赋税。这样，国家就以法令的形式确定了土地私有权。战国时候，各国的文字字形不同，笔画繁简不一。秦统一后，秦始皇令丞相李斯等人对现行文字进行整理，制作出以小篆体为标准的全国通用文字，使政令发布更为畅达。统一以前，各地货币形状、大小、轻重、单位不同，秦统一后，规定以黄金为上币，以镒（一镒为二十两）为单位；以铜制圆形方孔钱为下币，钱重半两，所以后来又称"秦半两"。以前，各国的度、量、衡制度相当混乱，统一后命令在全国范围内使用统一的度、量、衡标准和单位，制造了各种标准器颁发各地。另外，为了防止六国贵族叛乱，秦始皇将各地豪强迁徙到咸阳附近，加强对他们的控制。南征百越，北击匈奴，加强了对边疆地区的有效管理。

李 斯 之 死

秦二世二年（前 208 年）七月，李斯受赵高诬陷被腰斩于咸阳。在走向刑场的路上，他回头看了看将要一同被处死的儿子，说："我真想和你再牵着咱们家的大黄狗，走出老家上蔡（今河南上蔡县）东门去追野兔，现在看来是办不到了！"父子相对大哭。李斯父子被杀后，他的父族、母族、妻族也全都被杀光了。

李斯后悔自己做了高官，临死的时候，才羡慕起平民百姓闲散安逸的生活来。不过，李斯从年轻的时候起，便不想做平民百姓，而醉心于政治权力的追求。他年少时做过郡里的小吏，看到厕所里的老鼠吃的是脏东西，见有人来，便惊慌逃跑；后来他又看到粮仓里的老鼠，吃的是囤积的粟米，住在大屋之下，也不受人的惊扰。于是他十分感慨地说："一个人是贤明还是没出息，就如同老鼠一样，关键看处于什么样的位置。"

李斯力图改善自己的处境，投奔荀子，学习帮助帝王治理天下的学问。学业完成之后，西行到了秦国，投在相国文信侯吕不韦门下，极力鼓动秦王一统天下、成就帝业。秦王任命他做了长史，并根据他的计谋，派人到各国搞收买和暗杀活动，离间了诸侯国君臣关系之后，接着就派精兵强将攻打他们。秦王任命他为客卿。后来他又力劝秦王不要驱逐客卿，提出了不论国别、用人唯贤的主张。李斯的计谋和建议不断被采用，他的官位也逐步提升，不久便做了廷尉，秦统一后升任为丞相。

秦始皇三十四年（前 213 年），秦始皇在咸阳宫设宴招待群臣，仆射周青臣等人称颂秦始皇，说他将诸侯国变成了郡县，自古以来没有人能够比得上他的威德。秦始皇心里十分得意。但博士齐人淳于越却当头泼了一盆冷水。他指责周青臣当面阿谀奉承，加重君主的过失，提议学习古代的统治经验，分封子弟功臣为王。秦始皇的脸当即沉了下来，把这种意见交由大臣们讨论。李斯认为淳于越论点是荒谬的，主张彻底废弃分封制，全面实行郡县制，同时提出了焚烧诗书的建议。秦始皇当即批准了他的建议。

李斯是著名的书法家，他帮助秦始皇做了统一文字的工作。他

前 214 年
开挖灵渠。修筑长城。

修筑长城

战国时候，燕、赵、秦三国都在自己的北部边疆修起了长城，防止匈奴人的侵扰。秦统一全国后，派蒙恬率领 30 万大军开往北方抗击匈奴，同时征调几十万民工，在原来三国长城的基础上，修建新的长城。他们除加固原来的长城外，又修了很多新城墙，经过 10 余年时间，终于修成了一条横亘东西、长达万余里的长城。秦朝的长城可分为两段。黄河以南的一段，西起临洮（今甘肃岷县）向北到陇西郡的狄道（今甘肃临洮），然后向东经过今甘肃渭源，向东北至今宁夏固原，再向东北过陕北直到今内蒙古托克托南的黄河岸边。黄河以北的一段西起今内蒙古杭锦后旗西，向东经今呼和浩特市北，一直向东至辽东郡。

前 213 年

下达焚书令。

前 212 年

征发 70 余万人修阿房宫和骊山墓。坑杀儒生。

阿房宫

秦始皇役使数十万人修建规模宏大的朝宫建筑群，其中建在上林苑中的前殿最为雄伟，东西五百步，南北五十丈，里面可坐万人，树立五丈高的大旗。但直到秦二世时，宫殿尚未建成，亦未正式命名，因修建前殿之地名阿房，故称阿房宫。后项羽入咸阳，将其焚毁。

前 210 年

秦始皇南巡。北行，七月至沙丘（今河北广宗县境）病死。九月，葬于骊山。

又是法律方面的专家，制定严苛的法律，以镇压民众及旧贵族的反抗。他迎合秦始皇尽情享乐的心理，大兴土木，在全国各地修建离宫别馆。秦始皇喜欢巡视各地，每次出巡都由他跟随同行。

李斯的儿子和女儿们都与秦国的皇族相婚配，长子李由担任三川郡守。一次他在家举行酒宴，文武百官都来敬酒祝贺，门前车马数以千计。这时的李斯头脑倒还清醒，他想起了老师的教导，叹息道："荀卿说过，事物发展到极点就要开始衰落，我真不知道结局会怎样啊！"

秦始皇三十七年（前 210 年），秦始皇第四次出巡。李斯、中车府令兼符玺令赵高及秦始皇的小儿子胡亥随同前往。七月，秦始皇到达沙丘时病危，命令赵高写下诏书，派人火速赶往北方边疆，送给在那里监军的大儿子扶苏，让他赶回咸阳主持葬礼。赵高扣留了始皇赐给扶苏的诏书，准备逼杀扶苏，立胡亥为太子。李斯经不起赵高的威逼利诱，最后依从了赵高。赵高、胡亥与李斯一同伪造了秦始皇给李斯的"立胡亥为太子"及要求扶苏与蒙恬自杀的诏书。回到咸阳后，胡亥被立为二世皇帝。赵高任郎中令，掌握大权。秦始皇的 12 个儿子、10 个女儿及不少大臣都被杀死。

秦二世即位的第二年，起义的烈火燃遍了东方各地，李斯多次想找机会进谏，总是见不到二世的面，而赵高却责备李斯父子不能尽职。李斯担心自己的职位不保，便曲意顺从二世的心意，上书请求实行"督责之术"。二世非常高兴，下令严厉地实行督责。收税多的官被认为贤明，杀人多的官被认为忠诚，于是向百姓收税越来越多，被杀的人也越来越多。当时，路上的行人，有一半是犯人，街市上每天都堆积着刚被杀死的人的尸体。

二世深居宫中，不接见大臣，一切公务全由赵高代为处理。每到二世玩到最

秦始皇陵外景

高兴的时候,赵高便通知李斯进谏,连续几次都是这样。二世非常生气,赵高乘机诬陷李斯,说他想割地封王,又说他的大儿子李由与陈胜等人有来往。二世半信半疑,派人去三川郡调查。李斯得知这个消息,十分害怕。

李斯意识到赵高想把自己置于死地,于是上书揭发赵高的短处,说他迟早要发动叛乱。二世不予理会,但担心李斯会杀死赵高,就把李斯的话全部告诉了赵高。赵高说:"李斯一旦除掉了我,马上就会篡夺国家大权了。"二世将李斯交给赵高查办。赵高给李斯父子加上谋反的罪名,将其宾客和家族全部逮捕。李斯熬不过拷打,招认了下来。他想找机会上书二世进行辩解,但奏书都被扣在了赵高手里。赵高把李斯父子"谋反"的罪状交给了二世,二世十分高兴,连夸赵高能干。不久,李斯和他的次子一起被处死,而且被灭了三族。

 知识链接

焚书坑儒

公元前213年,秦始皇接受李斯的建议,颁布了焚书的命令,规定:除《秦记》之外,六国的史书全部烧毁;《诗》《书》和百家语,除博士官以外,其他人不得收藏,全部上交烧毁;在一起谈论《诗》《书》的处死,以古非今的灭族,官吏知情不报同罪处罚;命令下达30天内不烧的,在脸上刺字并罚4年劳役;医药、卜筮、种树的书不在焚烧之列;如果有人想学法令,可以拜官吏为老师。命令下达后,全国到处燃起了烧书的烈火。

次年,有些方士欺骗秦始皇并对他进行人身攻击,始皇大怒,让御史捉拿审问。御史没有捉住方士,于是拿文人儒生开刀,以散布妖言惑乱百姓的罪名,逮捕了460名儒生,全部在咸阳给活埋了。秦始皇"焚书坑儒"的目的是为了统一思想,但这种做法是十分残暴而愚蠢的,对文化典籍及文化发展造成极大损失。

陈胜、吴广揭竿而起

古时候,帝王自称上天之子,把上帝鬼神作为维护其统治的工具。劳动者早就看透了这套把戏,他们也利用鬼神,散布反对黑暗统治的预言。早在秦始皇在世的时候,民间就流传着"亡秦者胡(指胡亥)也","祖龙(指秦始皇)死而地分"的谶语。据说秦始皇把前一条谶语中的"胡"理解为胡人(匈奴),这是他派兵抗击匈奴的重要动因,而后一条谶语则引发了他对民众的大屠杀。陈胜、吴广也利用鬼神预言的形式发动群众,组织起了轰轰烈烈的武装暴动。

陈胜字涉,阳城(今河南登封)人。吴广字叔,阳夏(今河南太康)人。陈胜家境贫苦,靠做雇工为生。一次,在田间休息的时候,他对同伴说:"以后如果有谁富贵了,可一定不要忘记一起受过苦的伙伴啊。"同伴都取笑他无端妄想,他叹了口气说:"燕雀哪里知道鸿鹄的志向啊!"

秦始皇当政时,赋税徭役沉重,刑罚残酷,人民被逼到了死亡的边缘。秦二世即位后,变本加厉,大肆征发徭役,极力搜刮民财,举国上下到处都是罪犯刑徒,人民实在生活不下去了,纷纷走上了武装反抗的道路。秦二世元年(前209年)七月,陈胜、吴广和900名农民被征发去戍守渔阳(今北京市密云县西),当他们来到大泽乡时,

陈胜墓(位于河南永城市东北芒砀山)

天下起了大雨,道路泥泞,无法行走。秦朝的法律规定,戍卒如不按期到达指定的地点,一律处死。陈胜和吴广私下商议道:"继续赶路,到达渔阳后肯定会因超过期限而被处死;逃跑被抓住,也要被处死;起来造反,顶多也不过是个死。同样都是死,还不如起来造反为国家而死呢!"他们以为,用秦始皇的大儿子扶苏和楚国的名将项燕的名义相号召,鼓动全国百姓反对二世,百姓一定会响应。

陈胜、吴广心里还有些不踏实,便找人卜了一卦。卜卦的人也恨透

前 209 年

秦二世出巡。继续修建阿房宫。

陈胜、吴广在大泽乡起义。项梁在会稽(今浙江绍兴)、刘邦在沛(今江苏沛县)起义。

前 208 年

陈胜被庄贾杀死。

了秦朝,鼓动他们说:"你们做的是有益于天下的事,一定能成功,但最好能得到鬼神的帮助。"陈胜、吴广仔细琢磨了一下卜者的用意,心想:借助鬼神的力量,鼓动大家起来反对秦朝,可以让大家树立起信心来,这倒是个不错的办法。那么,怎么才能让大家相信鬼神的"意图"呢?

一天早上,戍卒买鱼回来,准备做饭,剖鱼时发现鱼腹中有块布,拿出来一看,上面有"陈胜王"三个字。这件奇怪的事情很快在900名戍卒中传开了。到了晚上,附近的一个祠庙旁边忽然燃起了一堆篝火,过了一阵子,又传来狐狸的叫声:"大楚兴,陈胜王。"原来,"鱼腹丹书"是陈胜搞的把戏,而"篝火狐鸣"则是吴广所为。

第二天一早,大家指指点点,眼睛都盯着陈胜。陈胜见起义的时机已经成熟,决定杀死押送他们的两个军官。吴广故意对军官说:"去渔阳送死,还不如逃跑呢。"那军官一听,火冒三丈,当即笞打吴广,并拔剑要杀他。这时吴广猛地夺下军官的宝剑,挥剑将他斩为两截,陈胜也趁机杀死了另一个军官。他们召集众人说:"我们已经耽误了到达渔阳的期限,到了那里会被杀头。即便不被杀,戍边的人又有几个能活着回来?大丈夫不死则已,死就要干出一番轰轰烈烈的事业来。难道王侯将相都是天生的吗?"众人齐声高呼,表示听从他的指挥。戍卒们"斩木为兵","揭竿为旗",轰轰烈烈的秦末农民大起义爆发了。

知识链接

秦末农民起义

　　陈胜、吴广领导900名戍卒在大泽乡(今安徽宿县东南)起义后,首先攻占了蕲县城。而后挥兵西进,攻占了陈(今河南淮阳)。这时他们已有战车六七百辆,兵士几万人了。起义农民推陈胜为王,定国号为"张楚"(意思是张大楚国),此后各地豪杰纷纷举起义旗,六国贵族及其后人也都据地称王。陈胜以陈作为根据地,采取主力攻秦、分兵略地的方针。周文率领的义军主力到达了离咸阳不到百里地方,秦二世急令章邯率领30万大军前往镇压,几经大战,义军溃败。章邯乘胜西进,吴广领导的义军队伍被消灭。秦二世二年(前208年)十二月,章邯率军进攻陈,陈胜孤军作战,寡不敌众,在退军的途中被车夫庄贾杀死,起义最终失败。此后,项羽、刘邦继续高举反秦的义旗,项羽在河北与章邯大战,消灭了秦军主力;刘邦则由武关直逼咸阳,秦王子婴投降,秦朝最终被推翻。

刘邦鸿门赴宴

前 207 年

项羽在巨鹿(今河北平乡)大败章邯率领的秦军。

八月,刘邦率军进入武关。

赵高杀秦二世,立子婴。九月,子婴杀赵高。

前 206 年

十月,刘邦率大军至霸上,子婴投降,秦朝灭亡。

十二月,项羽进入咸阳,杀死子婴,火烧秦朝官殿。

约法三章

刘邦入关后,听从樊哙、张良的建议,封存秦的府库财宝,还军霸上。然后安抚父老豪杰,宣布废除秦朝的严苛法律,与他们相约制定了三条法规:"杀人者死(杀人者处死),伤人及盗抵罪(伤害人及盗窃者判罪)。"秦人大喜,争相带着牛羊酒食,慰劳刘邦的军队。后来人们用"约法三章"代指临时规定的共同遵守的一些简单条款。

刘邦到项羽军队的驻地鸿门拜见项羽。项羽设下宴会,他的谋士范增准备在宴会上杀死刘邦。后来,人们把这种暗藏杀机或不怀好意的宴会称为"鸿门宴"。结果,项羽并没有将刘邦杀死,范增的计划落空了。

陈胜、吴广起义失败后,项羽、刘邦领导的两支军队成为反秦战争的主力军。后来,刘邦乘项羽与秦军主力在巨鹿激战时,率军西进,从武关进入关中。这时,秦王子婴刚刚杀死赵高,朝廷一片混乱,咸阳空虚,无兵把守,子婴只好向刘邦投降。刘邦进入咸阳后,约法三章,得到关中各阶层的支持,人们都希望他能在秦地为王。不久,项羽消灭了秦军主力,进入关中,兵临函谷关,但关上已有刘邦的军队把守,不准他进入。项羽勃然大怒,立即派兵攻破函谷关,来到戏下的鸿门(陕西临潼附近)。此前,刘邦的下属曾有人到项羽那里告状,说刘邦想在关中称王。项羽的谋士范增劝项羽说:"刘邦本来是贪财好色之徒,但进入咸阳后,秋毫无犯,他有做天子的野心,必须及早消灭他。"项羽听后,立即传令,第二天清晨,便向刘邦发起进攻。但是,项羽的叔父项伯很快就把这一情况透露给了刘邦。

原来,项伯曾因杀人受到官府的追捕,张良冒死把他藏了起来,救了他的性命,所以他和张良成了生死之交。项伯知道项羽要进攻刘邦,刘邦肯定不是项羽的对手,他连夜赶到刘邦军中,告诉张良快些离开,免得玉石俱焚。张良听说后,大吃一惊,但却装作镇静的样子,说刘邦待自己很好,在这紧要关头,如果不和他道个别就走,会被人耻笑不讲道义。憨厚仗义的项伯根本不知道张良去见刘邦的用意,就答应了。张良把情况如实告诉了刘邦,刘邦一听着了慌,不知如何是好。当时项羽有兵士 40 万,而刘邦只有 10 万,力量悬殊。张良提醒刘邦说,只有项伯能帮这个忙。刘邦是个十分机敏的人,他问清了项伯的情况后,让张良即刻将项伯请来。

项伯原打算与张良一起离开,可经不住张良盛情挽留,只得跟随张良来到刘邦帐中。刘邦以兄长之礼接待他,亲自给他把盏敬酒,并把自己的女儿许给他做儿媳。没过多久,项伯就被捧得有些飘飘然,竟同情起刘邦来了。刘邦见时机成熟,便向项伯解释说,自己入关以后,金银财宝一无所取,安抚秦地民众,目的是请项羽前来处置。之所以派兵守函谷关,是为了防止盗贼和意外情况发生,决不是阻止项羽,自己日夜盼项羽到来,绝无背叛他的意思,并请求项伯在项羽面前替自己说情辩解。项伯信以为真,便应承下来,并建议刘邦明天一早亲自去对项羽说清楚。刘邦满口答应。项伯回到营中,把刘邦的话告诉了项羽,并说刘邦先进入关中,是立了大功的,如果这时进攻他不合道义,不如以礼相待,借此收买人心。项羽听了项伯的话,火气消了大半,准备接待刘邦。

　　第二天一大早,刘邦带着张良、樊哙和百余名卫士来到鸿门。刘邦毕恭毕敬地对项羽说,自己根本没想到能够先入关中破秦,现在有小人挑拨咱们的关系,请您务必不要听信小人的谣言!项羽性情耿直,见刘邦谦卑恭顺,话说得也有道理,心头的怒火很快烟消云散了。令人安排宴席,招待刘邦。

　　宴会上,项羽和项伯面向东坐主人位,谋士范增面向南相陪,刘邦面向北坐客人位,张良面向西相陪。席间,项羽、项伯频频举杯,开怀畅饮,刘邦却始终提心吊胆,小心应对。范增本来跟项羽说定,在宴会上杀死刘邦。他见项羽迟迟不动手,一再给项羽使眼色,又举起身上佩戴的装饰品玉玦,示意项羽下令,但项羽只装作没看见,不予理睬。范增知道项羽已打消了除掉刘邦的念头,只得另想杀死刘邦的办法。他借故离席,找到项羽的堂弟项庄,让他进去敬酒,并请求舞剑助兴,找机会杀死刘邦。项庄依计行事,敬完了酒,拔出佩剑在席间起舞,剑锋不时向着刘邦逼来,吓得刘邦浑身直冒冷汗。"项庄舞剑,意在沛公",这句俗语就来源于此。

　　在这危急的时刻,项伯站了出来,说项庄一个人舞剑太没意思,不如两个人对舞。没等项羽说话,项伯便持剑站到了刘邦面前,挡住了项庄的剑锋。项庄想逼近刘邦,而项伯则向前护住刘邦。张良趁机赶紧离席,去见樊哙。樊哙闻言,推开门前的卫兵,闯入大帐,手持宝剑,怒气冲冲,逼视项羽。项羽暗自吃惊,忙问是何人,张良告诉他是刘邦的驾车者樊哙。项羽赐给他一碗酒,樊哙一饮而尽。项羽又令人赐他猪腿,侍从故意给了他一条生猪腿。樊哙用盾牌作垫子,将生猪腿放在上面,拿剑一块一块切着吃。项羽大为赞叹,又赐他一大碗酒,樊哙毫不推辞,又喝了下去。接着对项羽说:"当初沛公和您一起反秦,楚怀王曾和大家约好,先入关破秦者为关中王,如今沛公先

前205年

楚汉战争开始。刘邦至彭城攻打项羽,为项羽所败。退守荥阳(今河南荥阳),与项羽相持。

前203年

项羽东归,刘邦率兵追击。

进入关中，封存秦的财宝宫室，还军霸上，等大王前来处置，又派兵守函谷关，防备盗贼。像沛公这样立了大功的人，大王不加封赏，却听任小人挑拨，想诛杀他，这与秦王有什么两样？这不会是大王的主意吧？"一番话说得项羽无言以对，只是让樊哙坐下来。樊哙坐到张良身边，依然满脸怒气。项庄见无法下手，也只好退了下去。

过了一会，刘邦以上厕所为借口走了出去，张良、樊哙也跟了出去。他们劝刘邦赶紧离开，刘邦认为不辞而别，不合礼数。樊哙说："只要合乎大礼就行，不要管那些小礼数了，现在我们就像菜板上的鱼肉，任人宰割，为什么还要辞别呢！"刘邦觉得樊哙说得有理，于是跨上马，樊哙等四人跟在后边，从骊山脚下抄小路赶回霸上，只留下张良向项羽告别。

张良估计刘邦一行已经回到了霸上，才进去向项羽告辞，并献上了刘邦带给项羽、范增的礼物。项羽问："刘邦怎么没进来呢？"张良说："刘邦酒量小，已经喝醉了，听说您有责备他的意思，便独自离开了，估计现在已经回到了霸上军中。"项羽把刘邦献给他的玉璧放到座位上观看，范增则把刘邦送给他的玉斗扔到地上，一剑砍了个粉碎，气愤地说："唉！这小子（指项羽）不值得共谋大事，将来夺取天下的一定是刘邦，我们早晚要成为他的俘虏啊！"

刘邦鸿门赴宴，有惊无险。不久，楚汉战争便揭开了序幕。

前202年
十二月，刘邦将项羽包围于垓下（今安徽灵璧县东南）。项羽自刎于乌江。

知识链接

楚汉战争

秦朝被推翻后，项羽自封为西楚霸王，都彭城（今江苏徐州）。刘邦被封为汉王，都南郑（今陕西汉中）。秦国的三个降将被封到关中，六国贵族之后及起义首领等也被封到东方各地。不久，诸侯之间因分封不均发生了战争。刘邦占领关中以后，乘项羽攻齐之际，联合5个诸侯攻入彭城，项羽回军大败刘邦。刘邦与项羽相持在荥阳、成皋之间。后来刘邦派韩信攻取赵、齐之地，派彭越居梁地切断项羽的运粮路线。项羽虽然经常取得局部战争的胜利，但腹背受敌，战略上却处于被动的地位。公元前203年，乃与刘邦讲和，以鸿沟为界，以东属楚，以西属汉。项羽东归，刘邦背弃和约，带兵向东追击。因韩信、彭越没有按期到达，遂为项羽所败。公元前202年，刘邦再次约韩信、彭越合围项羽于垓下，项羽兵败后自刎于乌江。经过长达4年的大战，刘邦取得了最后胜利。

高祖白登被围

　　刘邦一生戎马倥偬，身经百战，但与匈奴只打过一仗，而且成为他晚年败得最为惨烈的一仗。这次失败，对汉初几十年间汉匈关系产生了直接的影响。

　　秦始皇派兵抗击匈奴后，匈奴退到了长城以北的地区，北方边境暂时平静了下来。秦汉之际，中原地区连年大战，匈奴乘虚而入，又开始向南扩张势力。公元前 200 年，也就是刘邦称帝后的第七年，匈奴冒顿单于率领 40 万大军包围了韩王信（刘邦所封异姓王，韩国贵族，名信）的封地马邑（今山西朔县）。韩王信自知不敌，只好向匈奴求和。刘邦闻讯大怒，即派使者责问韩王信。韩王信怕刘邦治其罪，便投降了匈奴。冒顿占领马邑之后，与韩王信合兵一处，顺利向南推进，很快围困了晋阳。

刘邦像

　　解救晋阳，阻止匈奴继续南下，事关边境安宁及都城安全，刘邦决意全力抗击匈奴。当时刘邦手下能征善战的大将已被他诛杀殆尽，而匈奴骑兵异常剽悍，一般将领不是他们的对手。别无良策，刘邦只好亲率大军赶到晋阳，与匈奴决战。可是，刘邦的军队刚一赶到，匈奴军队便向北败退，一直退到了代谷（今山西代县西北）。

　　刘邦进驻晋阳，派人侦察匈奴人虚实，派出的侦探有十余批，回来以后都说冒顿的军队全是老弱残兵，战马羸瘦，乘势出击，肯定能够取胜。刘邦久经沙场，知道敌人常会自示羸弱，诱敌深入，然后设伏歼击。他放心不下，便派做事沉稳、善察虚实的刘敬到匈奴营地刺探。刘敬回来报告说，匈奴部队的确是兵残马弱，但冒顿似乎故意把精兵隐藏了起来，他劝刘邦不要贸然出击，以免中匈奴之埋伏。刘邦听后大为震怒，斥责刘敬妄言生事，把他囚禁了起来。

　　当时汉军虽然有 30 多万人，但大都是步兵，而且正值隆冬季节，大雪铺天盖地，气候十分寒冷，兵士们没经历过这样冷的天气，不少

前 202 年

刘邦即皇帝位于定陶（今山东定陶西北），都洛阳。罢兵归田，迁都长安。

前 200 年

刘邦率领 32 万大军北击匈奴，被围于平城白登山，后突围逃归。

前198年
派娄敬出使匈奴,与
匈奴和亲。

人冻坏了脚,冻掉手指者十之二三。刘邦率领先头部队赶到平城(今山西大同市东北),刚刚驻扎在平城东面的白登山,突然,匈奴大军从四面涌来,都骑着高头大马,身强体壮,原来的老弱残兵全不见了踪影。匈奴40万精兵把白登山团团围住,周围的汉军无法靠近救援。刘邦整整被围了七天,无法脱身。

刘邦突围不成,只好让谋士陈平施展计谋。一天早晨,单于忽然下令军士撤出一条通道,放汉兵出去。刘邦又惊又喜,急忙逃出了匈奴的包围圈,快马加鞭赶到广武(今山西代县西南)。

陈平到底使用了什么计谋,使得单于放了刘邦一条生路?原来,陈平派使者带着大量黄金、珠宝秘密拜见冒顿的阏氏(yānzhī,王后)。当天晚上,阏氏便到了冒顿那里,说我们占领了汉朝地方,也无法长期居住,再说,汉朝的援军说不定什么时候就赶过来,不如早点撤兵为好。单于听从了阏氏的劝告。

事情办得如此顺利,真是出乎人们的意料。后人说,阏氏见了这么多宝物,非常高兴,在单于面前替刘邦说了好话。也有人说,使者告诉阏氏,如果单于捉住刘邦,汉朝肯定会进献大量珍宝美女给单于,到时候,单于爱恋汉家美女,你的阏氏之位可就保不住了,故阏氏为之动容。当然,更重要的原因是,冒顿曾事先与韩王信有约,韩王信答应派两员大

汉高祖的长陵(位于今陕西咸阳市渭城区)

将前来协助冒顿围攻刘邦,但韩王信的军队却迟迟没有到来,冒顿生性多疑,怕韩王信与刘邦合谋攻击他,于是做了个顺水人情,听从了阏氏的劝告。

刘邦回到广武,没顾上休息,便让人把刘敬放出来,说了些追悔莫及的话,然后封刘敬为建信侯,给了他二千户的食邑。

　　白登山之战的失败，从主观上说是刘邦轻敌冒进所致，但从客观上来看，当时汉朝兵疲国弱，缺乏战马，还不具备击败匈奴的实力。汉初几代君主吸取了战争失败的教训，采取与匈奴和亲的政策，在安抚匈奴的同时，积极防御，努力备战，为抗击匈奴做准备。

知识链接

刘邦称帝

　　项羽在乌江自杀以后，汉高祖五年（公元前202年）二月，楚王韩信、淮南王英布、梁王彭越等上疏刘邦，请登帝位，上尊号。刘邦再三推辞后，乃择定吉日，即皇帝位于定陶，仍以汉为国号，定都洛阳，不久听从齐人娄敬的建议，迁都于长安（今西安市西北）。后来，刘邦意识到异姓诸侯王有拥兵割据的倾向，乃中央政府的心腹之患，于是先发制人，除长沙王吴芮之外，将其余异姓王全部翦除，同时先后封同姓子弟11人为王，称为同姓王。刘邦曾北击匈奴，但被围于白登山，大败而归，于是采取了与匈奴和亲的政策。他派陆贾出使南越，说服南越内附。高祖十一年（前196年），刘邦在平定英布的战争中受了箭伤，久治不愈，次年死于长安。

萧规曹随

前 196 年

吕后用计杀韩信。刘邦杀彭越。

前 195 年

刘邦卒。太子刘盈即位,吕后掌权。

黄老之学

　　"黄"指黄帝之学,"老"指老子之学,它们是形成于战国时期的两个学派。汉初的思想家把二者糅合在一起,作为统治阶级的政治指导思想。黄老之学以老子"清静无为"的思想为理论基础,摒弃其小国寡民的政治见解,吸收儒家的大一统主张,提出"无为而治"的政治思想。当政者据此制定了"顺民之情,与之休息"的政策,对人民轻徭薄赋,减轻剥削,使之安居乐业,促进了社会稳定和经济的恢复发展。

　　西汉初年"布衣将相"局面在中国历史上是不多见的,萧何、曹参就是"布衣将相"的杰出代表。"萧规曹随"不仅仅是一段历史佳话,它对汉代社会发展的影响更不容忽视。

　　萧何和曹参早年都是沛县的小吏,后来他们跟随刘邦起兵反秦。萧何出身文吏,很有计谋,楚汉战争中常年留守后方;曹参是武将,身经百战,功绩显赫。但是刘邦论功行赏的时候,萧何却总排在曹参前头,曹参心里很不服气。本来是很要好的老朋友,却因此有了隔阂,不能在一起共事。刘邦称帝后,萧何做了相国(丞相),刘邦把儿子刘肥封到齐地为王,叫曹参去做了齐相。曹参与萧何两人地位悬殊,加上以前有过芥蒂,后来就更没有什么来往了。

　　汉惠帝即位的第二年(前 194 年),相国萧何年老,身患重病。惠帝亲自去探望,问将来谁可接替他做相国。萧何只是搪塞几句,没有明说。惠帝追问说曹参如何? 萧何当即表示赞同,说曹参是难得的人才,由他接替,我死也安心了。

　　当初曹参到齐国任相职以后,便召集齐地父老和儒生上百人,询问安抚百姓的办法。这些人各陈己见,说法不一,曹参也拿不定主意。后来,他听说当地有一位叫盖公的人,精通黄老之学,便把他请了来,向他讨教。盖公告诉他,治理天下应该清静无为,少打扰百姓,让他们自行安定地生活。曹参就把自己办公的正厅让盖公居住,常听他讲黄老无为之学,并且以这种理论为指导治理齐地。他做了九年齐相,齐国所属七十多个城池都十分安定,人们称赞他是位贤相。

　　曹参听到萧何去世的消息后,马上催促家人整理行装,说自己要入朝当相国了。别人正在疑惑不解的时候,惠帝派遣的使者已经来到。曹参接替萧何做相国以后,凡事不作任何变更,一概遵循萧何制订的章程办。他从各地挑选质朴而不善文辞的人担任相国的属官,听说谁舞文弄墨、追求声誉,就把他斥退。大臣们见曹参整天无所事事,没有什么作为,有些看不下去。有人干脆找到他家里,想帮他出主意。而曹参马上请他们喝酒,谁提国家之事,他便灌谁酒,最后客人喝得酩酊大醉,找不到劝他的机会。曹参住宅的后园靠近相国府属吏的房舍，官舍里整天饮酒欢歌，大呼小叫。曹参的随从官员们不好直接干预，于是请曹参到后园中游玩，听听那些官吏们狂呼乱叫的声音，希望曹参出面制止。谁知道曹参到了后园，也叫人取来美酒，陈设坐席，喝到高兴处，欢呼喊叫，一点不比官舍中的声音小。随从的官员们一个个大眼瞪小眼，没有任何办法。

汉惠帝见曹参不理政事，以为他是贪图安逸，看不起自己。曹参的儿子曹窋（zhú）当时也在朝廷做官，惠帝托嘱他探问曹参，为什么整天喝酒，不考虑国家大事。曹窋休假回家，陪父亲闲聊时，把惠帝的意思变成自己的话规劝曹参。曹参一听大怒，打了曹窋二百板子，而且训斥说："你小孩子懂得什么，国家大事也轮到你来议论了！"惠帝实在忍不住了，一次上朝的时候责备曹参说："是我让你儿子劝你的，你为什么要打他？"曹参向惠帝谢过罪，接着问惠帝："你与高祖相比如何？"惠帝说："我怎么敢跟先帝相比！"曹参又问："我和萧何谁更贤能？"惠帝说："您好像不如萧何。"曹参说："陛下说得对啊。高祖与萧何平定了天下，给我们制订好了法令章程，我们只要谨守职责，遵循原有的法度办事，不出什么差错就行了。"惠帝这才恍然大悟。

曹参做了三年相国，当时正值长期战争之后，社会需要安定，百姓需要休息，他这样做只是想减轻百姓的负担。因此，当时老百姓编了歌谣称赞萧何和曹参："萧何为法，颢（jiǎng）若画一。曹参代之，守而勿失。载其清净，民以宁一。"萧何与曹参都有宽广的胸襟，他们尽管有过矛盾和摩擦，但相互了解，相互信任，为国事而不计私怨，从而成就了"萧规曹随"的千古美名。

前 188 年
惠帝刘盈死，吕后临朝称制。

前 180 年
吕后卒。周勃、陈平用计杀死掌握军权的吕后的侄子吕产、吕禄等，迎立刘邦的儿子代王刘恒为帝，是为文帝。

萧何像

知识链接

吕后临朝

吕太后临朝

吕后名雉，字娥姁（xū），单父（今山东单县）人，早年嫁给刘邦。楚汉战争初期，曾为项羽所俘，数年后被放回。刘邦称帝后，被立为皇后，历史上称其为吕后。汉朝建立后，曾帮助刘邦铲除异姓王。刘邦死后，太子刘盈即位，是为惠帝，吕后为其生母，被尊为皇太后。惠帝生性懦弱，吕后握有实权。惠帝立7年而死，丞相陈平为避免朝政动荡，乃请求任吕后的侄子吕台、吕产、吕禄为将，统率保卫京城及皇宫的南军和北军，立宫女所生之子为少帝，此后朝廷大权全归入吕后之手。吕后掌权15年间，任用萧何、曹参、陈平为丞相，废除秦朝苛法，鼓励发展生产。但吕后生性妒忌而残忍，她摧残刘邦宠爱的戚夫人为人彘，连续杀死三位赵王，废杀少帝，给西汉带来了严重的危机。吕后死后，周勃、陈平等大臣联合刘氏宗室，诛灭吕后族人，立代王刘恒为帝，是为文帝。此后，西汉社会进入了稳定发展的时期。

缇 萦 救 父

汉文帝废除肉刑颇为后人所称道,但你也许不知道,这个决定是受了齐地一个名叫缇(tí)萦的普通少女为救父上书的启发而作出的。

缇萦的父亲淳于意是临淄(今山东淄博东北)地方的名医,做过管理库房的小官——太仓长,所以人们又把他称作仓公或太仓公。仓公年轻时喜欢医术,先从淄川(今山东寿光南)人公孙光受学,后公孙光将其转荐于临淄人阳庆。阳庆授他以秘方医术,传以黄帝扁鹊之书、以面部五种颜色诊断五脏之疾的医术、判定疑难病症之法及精妙的医药理论。三年后,仓公独立行医,通过切脉及观察人的气色便能预知病人的生死,凡可治愈的,一经投药,立即见效。齐地有个叫成的侍御史患头痛病,仓公为他诊脉,诊断为疽症,病发于肠胃之间,因贪酒所致,五日当肿胀,八日便会呕脓而死。果然,成于第八天因呕脓死去。仓公诊治过许多这样的疑难病症。由于前来求医的人很多,而仓公喜欢交游,病家经常找不到他,失望而归。名医多半都有些怪脾气,有时不肯给人看病,有时对病人提出的要求置之不理,因此也招致了一些怨恨。汉文帝十三年(前167年),有人告发仓公,说他借行医欺人,轻视生命。地方官吏判他有罪,要处以肉刑。当时最轻的肉刑是在脸上刺字,重一些的要割去鼻子,最重的是砍去一只脚,而且做过官的人受肉刑必须押送到京城长安去执行。

淳于意有五个女儿,没有儿子。他被押解离开家门的时候,女儿们都伤心落泪。淳于意叹了口气说:"生女儿有什么用? 如果有个儿子,遇到这样危急的事,也能帮帮忙啊!"听了父亲的话,几个女儿更是泣不成声。正在大家悲痛欲绝的时候,淳于意最小的女儿缇萦擦干眼泪,挺身站了出来,说:"女儿怎么就没用呢,我要陪父亲去京城。"家里人再三劝阻,但始终拗不过她,只好同意她去。

经历了千辛万苦,缇萦终于和父亲一起到了长安。她听说汉文帝曾下过诏书,百姓如有冤情,可以直接向皇帝上书申诉,于是找人帮忙,写了篇书信,上奏给皇帝。她除陈述父亲的冤情外,还对肉刑提出异议,说一个人受了肉刑以后就成了残废,砍去了脚不能复生;割去了鼻子不能再长上去,以后就是想改过自新,也没有办法了。为此,她要求到官府充

前 179 年
文帝派陆贾出使南越,南越王赵佗称臣纳贡。

前 167 年
缇萦上书愿代父受刑。文帝诏废肉刑。

当奴婢，为父亲赎罪，免除他的肉刑，给他改过自新的机会。

　　汉文帝看过奏书，知道上书的是个年仅 15 岁的小姑娘，心中大为感动。原来，汉文帝的母亲薄太后出身低微，嫁给刘邦之后，只是一个不得宠的妃子，文帝也因此被封为代王，到了边远的代郡。他在那里和下层民众接触的机会多，知道百姓的艰难，也知道百姓受刑后的苦痛。所以当上皇帝不久，就下了一道诏书，说："一个人犯了法，治他自己的罪就可以了，为什么把他的父母妻儿也要一起治罪？"他认为这种法令没好处，要求大臣讨论更改。大臣们全都同意他的意见，于是文帝宣布，废除了一人犯法全家受牵连的"连坐法"。

　　汉文帝看了缇萦的奏书以后，觉得这小姑娘说得有道理，令大臣们商议更改的办法。根据大臣们的意见，最后文帝决定，把肉刑改为笞刑（打板子）：该判砍脚的，改为打五百板子；该判割鼻子的，改为打三百板子；该在脸上刺字的，改为罚劳役。从此，肉刑被废除了。不过，打板子的刑罚也不轻，而且很不好掌握，不少犯人打不到三百板、五百板，就一命呜呼了，这样一来，刑罚反而加重了。后来，汉景帝又把打板子的刑罚减轻了许多。

知识链接

文景之治

　　汉文帝即位以后，多次发布劝农的诏令，农业生产有了较大发展，两次下令在全国范围内免除田租之半，后来全部免征田租达 12 年之久。实行轻徭薄赋的政策，把算赋（人口税）由每人每年 120 钱改为 40 钱，丁男每年服役一次改为三年服役一次。在生活上，他躬行节俭，压缩工程项目开支，减省宫廷费用。此外，减省刑罚，废除妻孥连坐、诽谤妖言之法，废除残害人体的肉刑。对匈奴采取积极防御、和睦相处的政策，不轻易用兵。景帝即位以后，继续沿袭文帝的政策，把田租三十取一作为固定的制度，又减轻笞刑。他们在位的 40 年间，田租轻微，徭役减少，刑罚宽减，农民得到了休养生息，出现了社会安定、经济繁荣的景象，历史上称其为"文景之治"。

周亚夫军细柳

　　汉文帝亲自去慰劳周亚夫的军队，但到军营前却吃了闭门羹，这也着实让皇帝感到难堪。但是，文帝不仅没有处罚周亚夫，反而称赞他，重用他。周亚夫军细柳讲的就是这件事。

　　周亚夫是丞相周勃的儿子。周勃随刘邦起兵，屡立战功，被封为绛侯。周勃死后，周亚夫继周勃之嗣，被封为条侯。汉文帝后元六年（前158年），匈奴大规模侵入汉朝边境。文帝任命宗正刘礼、祝兹侯徐厉、河内郡守周亚夫为将军，分别驻军于霸上、棘门（今陕西咸阳市东北）、细柳（今陕西咸阳市西南）。不久，文帝亲自去慰劳军队。到了霸上和棘门两地军营，文帝都是长驱直入，将军及其属下骑着马迎来送往。接着文帝来到了细柳军营，只见官兵披挂整齐，戒备森严。文帝的先行卫队到了营门，通告说皇帝马上到来。把守营门的将官回答说，将军有令：军中只听将军之令，不听天子之诏。把他们拦在了营门之外。不久，文帝驾到，同样不给面子。文帝只好派使者拿着符节传达他的诏令，说是要进营劳军。周亚夫这才传令打开军门。守卫营门的官兵告知：将军规定，军营中不准车马奔驰。于是文帝只好让车马慢慢行走。到了中军大帐前边，只见周亚夫手持兵器，长长地作了一揖，说盔甲在身的将士，不能跪拜，只能以军礼参见。文帝为之动容，神情严肃地俯身靠在车前横木上以表尊敬，并派人致意说："皇帝敬重地慰劳将军。"劳军礼仪完毕后，文帝便离开了军营。

　　出了军营大门，大臣们都惊诧万分。文帝说："周亚夫才是真正的将军啊！刚才到霸上、棘门的军营，如同儿戏一般，敌人若来偷袭肯定会俘虏他们。像周亚夫那样军纪严整，谁又能够侵犯他呢？"过了好长时间，文帝还在称赞他。一个多月以后，三支军队撤防，文帝任命周亚夫做了中尉官，负责京城的治安。文帝临终时嘱咐他的儿子刘启（景帝）：国家遇有危难，可令周亚夫率兵迎敌。景帝即位后，任命周亚夫为车骑将军。

　　吴楚七国之乱爆发后，景帝即遵其父遗嘱，任周亚夫为太尉，统率36位将军东击吴楚。周亚夫设防固守，以避吴、楚大军锋芒。吴、楚攻梁国（汉文帝的次子、景帝的同母弟刘武被封为梁孝王，都睢阳，

前154年

以吴、楚为首的七个诸侯国反叛。四个月后平定叛乱，杀吴王濞。

前135年

派王恢、韩安国带兵进攻闽越，闽越王的弟弟余善杀死闽越王，投降汉朝。

唐蒙出使夜郎（今贵州西北一带）。设置犍为郡。

夜郎自大

　　汉武帝得知由蜀地经夜郎可出兵袭南越（今广东、广西及越南北部一带），于是派唐蒙率千人出使夜郎。夜郎首领见到唐蒙问道："汉朝与我们相比，谁大？"唐蒙宣喻汉朝威德，并送上丰厚的礼物，夜郎首领乃愿归附。其地以夜郎为最大，他小国也相率归汉。汉在其地置犍为郡，西南地区相继归入汉朝版图。

即今河南商丘),梁军大败,屡次向周亚夫求援,周按兵不动。梁孝王上书景帝,景帝派使者前往,下令周亚夫救梁,周仍坚壁不出。梁军只得死战,最后击退了吴、楚之兵。吴、楚转攻周亚夫军,周仍坚守不战。吴、楚兵士疲惫,欲速战速决,乃以声东击西的办法袭击周亚夫军营,结果被周识破。周率大军出击,吴、楚之军大败,吴王等或被杀,或自杀,其他诸国也被打败,七国之乱被平定。

此后,周亚夫升任丞相。其性执拗,与景帝意见不合,屡有争执。梁孝王恨周亚夫,常在太后处说他的短处。后来有人告发他的儿子盗买皇家武器以作其父之陪葬品,周亚夫被牵连入狱,愤而绝食,五天后吐血而死。

知识链接

七国之乱

汉初,刘邦铲除异姓王之后,大封同姓子侄为王。王国大者跨州连郡,辖城数十座。王国的封地几乎占据国土的大半。诸侯王在其国内可以自行任命御史大夫以下的官吏,自征租赋,自铸钱币。到文帝、景帝时,诸侯王的势力有了较大发展,对中央政府的威胁日益显露,所以多有大臣上疏,提出削夺诸侯王的政治经济权力。景帝前元三年(前154年),采纳御史大夫晁错的建议,对犯有过错的楚、吴、赵、胶西四国进行削藩。吴王刘濞实力最强,且早有谋反之心,于是,他乘机挑动楚、赵、胶西、胶东、济南、淄川诸王,打着"诛杀晁错,以清君侧"的旗号,联合反叛。景帝斩晁错以谢七国,但七国仍不罢兵。景帝乃派周亚夫为大将前往平叛,周亚夫屯兵昌邑(今山东金乡西北),坚壁固守,待其兵力疲惫,乃率精兵出击,吴、楚军队大败,吴王逃至东越被杀,楚王自杀,其余诸国也相继被平定,诸王均自杀。七国之乱平定后,景帝乘机削夺诸侯国的政治经济权力,诸侯王的力量大为减弱。后来汉武帝进一步采取措施,剥夺诸侯王的权力,此后王国虽然存在,但已与郡县没有什么差别了。

汉武帝独尊儒术

提到"独尊儒术",人们自然会想到汉武帝和董仲舒。他们两人是这场政治思想变革运动的中坚,但是,儒学由一般学说到取得独尊地位,并不是一蹴而就的,也不是一两个人所能做到的,而是经历了十分漫长的过程。

早在汉文帝时,儒学便受到当政者的重视。汉文帝到处寻求能够讲授《尚书》的学者,听说济南有个叫伏生的人在秦朝做过博士,精通《尚书》之学,便想把他招到京城。但伏生当时已经九十多岁,年老不能行走。文帝下诏派晁错到济南跟随伏生学习《尚书》。秦始皇焚书时,伏生曾把《尚书》藏在房子的墙壁里,但后来还是为乱兵所毁。汉朝建立后,他到处搜求,只求得 29 篇,还有数十篇没有找到。当时伏生年老,口齿不清,而且说的是当地方言,很多字晁错听不清楚,伏生只好让他的女儿担任翻译,晁错也只是粗明大意而已。后来,文帝请鲁人申公、燕人韩婴到京城来,任命他们做《诗》学博士。又任用精通《礼》的鲁人徐生为礼官大夫。

景帝时,征招齐人辕固生为《诗》学博士,齐人胡母生、广川人董仲舒为《春秋》博士。有一天,辕固生与治黄老之学的黄生在景帝面前讨论关于商汤、周武王攻灭夏桀、商纣王的问题。黄生说:"商汤、周武王并非受命讨伐桀纣,而是以下犯上,是弑君!"辕固生说:"不对!桀纣荒淫无道,天下之人心皆归于汤武,汤武是顺应民心诛杀桀纣,桀纣的臣民都拥护汤武为君主,这不是受命又是什么?"黄生接着反驳说:"帽子再破也要戴在头上,鞋子再新也只能穿在脚上。这是因为有上下的名分。桀纣虽然荒淫,但毕竟是君上;汤武虽然是圣贤,但却是臣民。君上有了过失,臣民不去帮他改正,反而趁火打劫去进攻他,且取而代之,这不是弑君又是什么?"黄生的话有理有据,从理论上不好反驳。于是辕固生把话头一转拿现实说事,他说:"如果按你的说法,那么高皇帝(刘邦)伐秦即天子之位,也是不应该的了?"一下子把黄生问得目瞪口呆,无言以对。汉景帝觉得这个问题不能再继续讨论了,于是马上发话调和说:"吃肉者不吃马肝,不能叫不知味。治学问的人不讨论汤武革命,不能说是痴愚。以后不要再

前 134 年

董仲舒上"天人三策",提出"罢黜百家,独尊儒术"的建议,为汉武帝所采纳。

察举制度开始确立。

察举制度

东周以后,中央集权的官僚体制逐渐取代世卿世禄制度,但直到秦代,尚未建立起系统的选官体制。汉初试行察举制度,到汉武帝时,这种制度得以最终确立。诸侯王、公卿大臣、郡守等二千石以上的官员都可以向朝廷推荐人才,考试合格,直接任命为官。荐举有两种方式:一种是各郡国每年定期向朝廷荐举孝、廉各一名,称"举孝廉";二是公卿、郡守等不定期向朝廷荐举贤良文学、贤良方正、明经、明法及阴阳灾异等方面的优秀人才,供朝廷选用。

讨论这个问题了!"

汉景帝的母亲窦太后是黄老之学最忠诚的信徒,逼迫景帝、太子及窦氏宗亲读《老子》之书,崇信黄老之学。太后对儒家学说十分反感,听说辕固生做了博士,想教训教训他,也顺便敲打敲打自己的儿子。一天,她把辕固生叫了来,问他说:"你看《老子》这本书怎么样?"辕固生是个书呆子,不会迎合太后,直率地说:"那是居家的妇女及小孩子读的书!"窦太后气得两眼发火,大怒道:"难道比不上那些司空(治狱)城旦(刑罚)书吗?"又狠狠地说:"这些儒生,只会摇唇鼓舌,没什么真本事。"下令把辕固生投入野猪圈里,让他和野猪搏斗。景帝知道太后发怒,不好制止,只得将一把利剑扔给了辕固生。辕固生居然一剑刺中了野猪的心脏,把野猪刺死了。太后没了话说,只好作罢,没再治辕固生的罪。

武帝即位后,好黄老之学的丞相卫绾(wǎn)便建议将治申不害、商鞅、韩非等法家理论和苏秦、张仪等纵横家理论的学官全部罢黜。同年,武帝免去卫绾的职务,让喜欢儒术的窦婴(窦太后堂兄之子)做

汉武帝像

了丞相、田蚡(fén,武帝之舅)做了太尉;他们又推荐精通《诗经》的赵绾做了御史大夫、王臧为郎中令,把一些儒生招到京师;按儒家的学说,设立明堂(皇帝颁发政令、接受朝觐及祭祀天地的建筑),制定礼仪,欲行尊儒改制之事。赵绾还要求武帝亲政,处理政务不必请示太后。酷好黄老的窦太后逼武帝将赵绾、王臧投入监狱,又给他们加了些罪名,迫使他们自杀了;窦婴和田蚡则被免职。

建元元年(前140年),武帝下诏令各地推举贤良方正直言极谏之士,被举荐而上书的人多达上千人。董仲舒三次上书,提出了"罢黜百家,独尊儒术"的思想。建元五年(前136年),汉武帝下令将儒家的《诗》《书》《易》《礼》《春秋》五种经书列为学官,各设博士。次年,窦太后死去,武帝马上起用田蚡

为丞相。田蚡将学官中治黄老刑名百家之学者全部罢黜,招来儒生数百人,给予优厚的待遇。元朔五年(前124年),武帝令丞相公孙弘拟定了培养儒学人才的方案,在中央设置太学,招收博士弟子,能通一经者即授予官职。从此,儒家经典成为政府培养选拔人才的法定专门教材,读经书成为知识分子进仕的阶梯,儒术取得了独尊的地位。从此,儒家思想独占政治舞台,成为历朝政府的统治思想。

 知识链接

董仲舒上"天人三策"

　　董仲舒是治《春秋》公羊学的大师,汉景帝时到京城任博士。建元元年(前140年),武帝诏令各地推举有才德、有学问的人,询问关于古今治乱等方面的问题。董仲舒三次上书应对武帝提出的问题,集中回答了武帝提出的天人关系问题,这就是历史上有名的《天人三策》。他在对策中反复阐述儒家的天命思想,提出"天人感应"学说,主张君主效法天道进行统治,阴阳相兼,刑德并用。同时建议武帝在首都长安兴办太学,请有学问的儒家学者做老师,为国家培养人才。朝廷从太学生中选拔通经书、有才干的人担任各级政府的官员。同时提出了政治大一统的理论,认为天下一统是历史发展的正道,现在学者们都有自己的一套理论,各有不同的主张,国家没办法把这些理论、主张统一起来,执行政策的官员们无所适从,这样国家便难以长治久安。他提议凡不是孔子的学问、不在儒家"六艺"(礼、乐、射、御、书、数)范围内的学科,都不能让它传播,更不能作为执政的理论。汉武帝很重视董仲舒的建议,决定采纳他的主张,于是做出了"罢黜百家,独尊儒术"的决定。

霍去病马踏匈奴

一个奴婢所产的私生子，不到 20 岁便立功封侯，升任大将军，扬名于后世，这在中国历史上恐怕只有霍去病一人。

霍去病的一生很富传奇色彩。他的父亲霍仲孺是平阳县的一个小吏，在汉武帝的姐姐平阳公主那里当差的时候，与公主府中的女奴卫少儿产生了感情，后来卫少儿怀孕生了个儿子，但霍不敢承认自己跟女奴的关系，于是霍去病便以女奴私生子的身份降临到人世间。

有一次汉武帝到平阳公主家做客，看中了卫少儿的姐姐卫子夫，她也在公主家做女奴。后来武帝竟将她带进宫中，封为夫人，地位仅次于皇后。卫子夫的弟弟、跟随平阳公主当马夫的卫青也跟着沾了光，当上了武帝的侍卫。这个女奴产下的刚满周岁的私生儿，一下子变成了皇亲国戚。更重要的是，在以后的二十几年里，随着卫青、霍去病的成长，汉朝与匈奴之间的攻守形势也发生了根本的变化，他们在汉与匈奴对抗的大战中，充当了三军统帅的重要角色。

汉武帝是一个有雄才大略的皇帝，他一改以往对匈奴消极防御的战略，屡派大军，深入大漠，进击匈奴。元光六年（前 129 年），汉武帝任命卫青为车骑将军，和另三员将领各率一支军队进攻匈奴。结果三路大军都被匈奴打败，老将李广竟做了匈奴的俘虏，好不容易才逃回来，而第一次带兵打仗的卫青，却直捣龙城，斩敌七百。从此，人们对卫青刮目相看，汉武帝也屡屡派他出征，几乎每次都是得胜而还。

大概是受舅舅的影响，霍去病从小就喜欢骑射，而且胸有大志，不愿意在长安城中过皇家恩赐的安逸生活，总想着奋战沙场，杀敌立功。元朔六年（前 123 年），汉武帝准备发动对匈奴的更大规模的征讨，不满 18 岁的霍去病主动请战，汉武帝答应他跟随卫青出征。到了前线，霍去病再三请战，卫青只好给了他 800 骑兵。血气方刚的霍去病带着这支人马，在茫茫大漠里奔驰数百里，终于找到了匈奴的部队，一场大战，杀死敌人 2000 余人，匈奴单于的两个叔父一个毙命，一

前 124 年

卫青率兵 10 余万进击匈奴，俘虏匈奴 5 千余人。

为博士置弟子 50 人，自此公卿多为文学之士担任。

前 123 年

卫青出定襄（今内蒙古和林沁尔北）进击匈奴。两个月后再次率军出定襄击匈奴。封霍去病为冠军侯。

前 121 年

霍去病自陇西出发进击匈奴。数月后再次率领大军出击匈奴，一直到达祁连山。

马踏匈奴石雕（原竖于霍去病墓前）

个被活捉。而霍去病的 800 骑兵却没有什么损失。汉武帝大喜过望，称赞他勇冠三军，封他为"冠军侯"，汉家的一代名将也因此崭露头角。

两年后的一个春天，汉武帝任命霍去病为骠骑将军，让他独自率领精兵万人出征匈奴。霍去病在千里大漠中闪电奔袭，6 天中打了 5 仗，最后与匈奴展开生死决战，结果杀敌近 9000 人，匈奴的卢侯王、折兰王被杀死，浑邪王子及相国、都尉做了俘虏，匈奴的祭天金人也成了汉军的战利品。当然霍去病的部队损失也十分惨重，只有 3000 人回到了长安。这年夏天，汉武帝再次令霍去病等出兵抗击匈奴，收复河西之地。在战争中，配合霍去病作战的公孙敖在大漠中迷了路，而老将李广则被匈奴左贤王包围。霍去病再次孤军深入，越过居延，追赶匈奴至祁连山，斩敌 3 万余人，俘虏匈奴王 5 人、王母 5 人及大小阏氏、匈奴王子 59 人、高官将领等 63 人。这次大战后，匈奴不得不退到焉支山北，汉王朝收复了河西平原。

这年秋天，匈奴单于想诛杀一败再败的浑邪王，浑邪王听说后便和休屠王商议投降汉朝。汉武帝恐怕其中有诈，派霍去病前往察看。当霍去病率部渡过黄河的时候，有些匈奴部众见了汉军，不想投降，而欲逃跑。霍去病率众冲进匈奴军中，见到浑邪王，杀死想要逃跑的匈奴兵士 8000 人。率领匈奴部众渡过黄河，降者达数万人，号称 10 万人。

元狩四年（前 119 年），为彻底消灭匈奴主力，汉武帝令卫青、霍去病各带 5 万骑兵，对匈奴发起又一次大规模的战争。霍去病率部奔袭 2000 多里，歼敌 7 万多人，俘虏匈奴王 3 人，将军、相国、当户、都尉 83 人。在狼居胥山和姑衍山举行了祭祀天地的典礼。尔后，继续北进，一直到达了翰海（今俄罗斯贝加尔湖），方才回兵。从此之后，匈奴远遁西北，大漠以南再没有匈奴的王庭。

仅仅过了两年，元狩六年（前 117 年），年仅 24 岁的骠骑将军霍去病不幸病逝。汉武帝非常悲伤。他调来边地的铁甲军，列成长阵，从长安一直排到茂陵霍去病墓地。他还下令将霍去病的坟墓修成祁连山的形状，以彰显他力克匈奴的功绩。

霍仲孺当初不敢承认霍去病是自己的儿子，卫少儿也从来不曾

前 119 年

卫青击匈奴于寘（tián）彦山（今蒙古杭爱山脉），霍去病击匈奴到达狼居胥山（今蒙古肯特山脉）。自此匈奴向西迁徙，对内地的威胁大为减轻。

飞将军李广

早在汉文帝时，李广便参加了抗击匈奴的战争，后参与平定吴楚七国之乱，汉武帝时多次率兵打败匈奴，曾任右北平（治今辽宁凌源南）太守，匈奴人皆惧其威名，称"汉之飞将军"。公元前 119 年，率部从大将军卫青出塞，因道远无向导而迷路，按汉法当治罪，李广一生与匈奴作战 70 余次，已 60 多岁，因不愿受辱，乃自刎而死。

提起过他有这么个父亲，但当霍去病立功封侯以后，还是知道了自己的身世。升任骠骑将军不久，他来到了平阳，跪在这位敢做不敢当的父亲面前说："去病早年不知道自己是大人之子，没有尽孝。"霍仲孺羞愧难当，不敢应声。后来，霍去病为他置办田宅，并将同父异母的弟弟霍光带到长安，培养成了辅佐皇室的人才。

霍去病平时寡言少语，但气盛果敢，汉武帝曾想亲自教他孙武兵法，他回答道："打仗应该随机应变，用不着学习古代的兵法。"汉武帝为他修建了豪华的府第，让他亲自去看一看，他拒绝前往，说："匈奴未灭，何以家为也？"这短短的几个字，震撼了当世人的心灵，更激励了后世将士们保家卫国的斗志。

 知识链接

汉武帝抗击匈奴

经过汉初六七十年的休养生息，到汉武帝即位的时候，经济繁荣，国力强盛，抗击匈奴的条件已趋成熟。元光二年（前133年），汉设伏于马邑（今山西朔县）谋击匈奴单于，事泄而未果，汉匈大战的序幕就此拉开。在最初的十几年当中，汉对匈奴的战争取得了决定性的胜利：元朔二年（前127年），卫青率兵击败匈奴，收复河套以南地区；元狩二年（前121年），霍去病两次击败匈奴，汉置酒泉、武威、张掖、敦煌四郡；元狩四年（前119年），卫青、霍去病分兵两路击匈奴于漠北，匈奴主力远徙西北，对汉边境的威胁基本解除。在以后的20多年中，汉一方面与匈奴争夺西域地区，以控制商路；另一方面继续进兵漠北，与匈奴主力作战，双方互有胜负。征和三年（前90年），贰师将军李广利出兵漠北，败降匈奴，汉损失将士数万人，此后没有再主动出兵抗击匈奴。武帝与匈奴作战前后达40余年，晚年下诏与民休息，发展生产，与匈奴的大规模战争宣告结束。

张骞通西域

敦煌莫高窟第 323 窟北壁西端有幅壁画,一位帝王骑着高头大马,群臣跟随其后,与使者告别。这幅画描绘的是"张骞出使西域"的故事,图中的使者就是张骞。画面中间是榜题,上书:"前汉中宗既得金人,莫知名号,乃使博望侯张骞往西域大夏问名号。"有人据此图论证说,霍去病攻打匈奴时获得了两个祭天金人,汉武帝想知道这两个金人的名号,所以派张骞赴大夏国询问。这种说法未免牵强,那么,张骞出使西域的真正目的是什么呢?

汉朝与匈奴进行了几次大规模的战争以后,汉武帝从匈奴俘虏那里了解到,西域有个大月氏国,国王被匈奴单于杀死,头颅被匈奴人制成了酒器。月氏人被迫迁徙到天山北麓,却又受到乌孙国的攻击,只好再向西南迁到妫(guī)水(今中亚阿姆河)流域。武帝想,如果能与大月氏联合,就等于斩断了匈奴的右臂,匈奴就好对付多了。他决定派使者出使大月氏。出使大月氏,肯定要经过匈奴的地盘,所以这个使者必须是有胆有识、智勇兼备、能文能武的全才。汉武帝下令公开招募。当时张骞正在做郎官(皇帝的侍卫),报名应募,结果被选中了。

建元三年(前 138 年),张骞由匈奴人堂邑父做向导,率领 100 多人,浩浩荡荡从陇西(今甘肃临洮一带)出发了。这是一条前人从未走过的荒僻之路,其艰难凶险,是可想而知的。当时的河西走廊一带被匈奴人占据着,但这又是必须经过的地方,他们小心翼翼地前行,但还是被匈奴骑兵发现了。张骞一行被俘,被押送到匈奴单于面前。单于说:"月氏在我的北边,我怎么会允许汉朝人经过我的地盘去那里呢?我如果想派

前 130 年

司马相如出使邛(今四川西昌一带)、筰(Zuó,今四川汉源一带)等地,设置都尉进行管理。

前 126 年

张骞出使西域归来,升任中大夫。

前 115 年

张骞第二次出使西域归来,乌孙等国的使者数十人跟随张骞前来答谢。自此西域与汉相互往来密切。

敦煌壁画　张骞出使西域

人出使南越,汉朝肯让我们经过吗?"单于把张骞等人扣留了下来。为了防止他逃离匈奴,单于给他娶了个妻子,后来还生了个儿子。可是,张骞仍每天拿着汉武帝给他的符节,不失使者身份,而且一直在寻找时机,逃离匈奴,完成自己的使命。11 个年头过去了,张骞变老了许多,儿子也已长大,匈奴人觉得他已经融入了自己的部落,对他的看管放松了一些。一个月黑之夜,张骞趁匈奴人不备,带领他的部属逃了出去。一路上他们只能走偏僻的小道,找不到东西吃,便捕捉飞禽野兽,饮血解渴,食肉充饥,一直奔波了几十天,才越过茫茫戈壁,翻过冰冻雪封的葱岭(今帕米尔高原),来到了大宛国(今乌兹别克斯坦费尔干纳盆地)。

大宛国王知道汉朝是一个富饶的大国,早就想和汉朝来往,但总是没有机会,听说汉朝派来了使者,喜出望外。张骞告诉他自己的意图与经历,请求大宛国王派个向导,送他们去大月氏。大宛国王觉得张骞勇敢而诚实,给他们派了翻译和向导,送他们西行。到了康居(今哈萨克斯坦锡尔河中下游),康居人又专门用车马把他们送到大月氏。

到达大月氏后,张骞一行人非常高兴,以为终于不负皇帝重托,可以完成使命了。但没有料到,大月氏国王被匈奴杀死后,另立了他的夫人为王,他们征服并统治了大夏国(今阿富汗北部),那里土地肥沃,物产丰富,不受外族侵扰,生活安定舒适,完全没有了向匈奴报仇的意向。另外大月氏国王认为自己距离汉朝太远,即便关系亲密也得不到什么利益。不管张骞怎么鼓动游说,大月氏国王始终没有明确的态度。眼看一年过去了,张骞觉得再留在这里也没什么意义,便返程回国了。为避开匈奴控制的地区,他们改道向南走。翻过

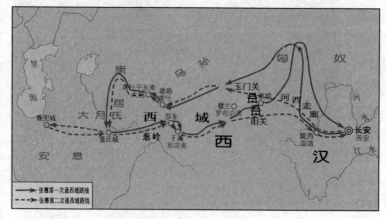

张骞通西域图

过葱岭,沿昆仑山北麓而行,经过莎车(今新疆莎车)、于阗(今新疆和田)、鄯(shàn)善(今新疆若羌)等地,进入羌人居住地区。不料又被匈奴人截获了,苦苦挨过了一年多时间,碰巧单于死了,匈奴国内混乱,张骞带着他匈奴籍的妻子回到了汉朝。

张骞走过天山南北和中亚、西亚许多地方,是中原地区有史以来到达西域诸国的第一人。自出使至归来,前后用了13年的时间,当初带去了100多人,最后只剩下他和堂邑父两个人了。汉武帝听他讲了这些年的经历,很受感动,任命他为太中大夫。

后来,张骞曾跟随大将军卫青出征匈奴,因功被封为博望侯。又过了几年,他和李广一起进击匈奴,因延误军期应斩首,他用自己的爵位赎免死罪,成为一介平民。

元狩四年(前119年),汉武帝想联络乌孙夹击匈奴,再次派张骞出使西域。这次使团共300多人,每人配备两匹马,赶着上万头牛羊,带着价值亿万的金银丝帛。那时,匈奴势力已被逐出河西走廊,道路畅通无阻,他们顺利到达了乌孙。张骞极力说服乌孙东返故地,但乌孙人谈起匈奴来就怕得要命,又认为汉朝离得太远,帮不了自己的忙,不想移徙。张骞住在乌孙,派遣许多副使,分别到达了大宛、康居、大月氏、安息、身毒、于阗、扞弥等国,最远到达了地中海沿岸的罗马帝国和北非。

元鼎二年(前115年),乌孙国王派遣数十名使者,带着翻译和向导,与张骞一同来到汉朝。这是西域使者第一次来到中原,他们向汉武帝献上了几十匹好马。张骞也因此升官到大行令(负责外交及周边属国交往事务的官职)。第二年,便去世了。他所派遣的副使陆续带领各国使者来到长安,汉朝和西域诸国的友好关系建立起来了。

此后,汉朝的使者不断往来于西域诸国,多则一年十几次,少则一年五六次,都用博望侯的名义,以获得各国的信任。乌孙国见汉朝军威远播,财力雄厚,很重视与汉朝的关系,要求和亲。武帝将江都王刘建之女细君公主嫁给乌孙王昆莫。细君死后,武帝又把解忧公主嫁给乌孙王岑陬。两国长期通婚友好。汉朝"凿空西域",张骞创立首功,他所开辟的道路成为后世中原通往西域的重要商道,也是双方经济、文化往来的主要通道。

前104年

颁布"太初历",以正月为一年的开始(秦以十月为一年的开端,汉初沿用此制)。是年,司马迁开始写作《史记》。

司马迁著《史记》

司马迁幼读古文,年轻时游历名山大川,遍访民间轶闻,公元前104年继其父任太史令,遍览皇家藏书及各种档案资料,乃遵父遗嘱撰写《史记》。后因替投降匈奴的李陵辩解,触怒汉武帝,身受腐刑,忍辱写作,终于完成了不朽的历史名著《太史公书》,东汉以后定名《史记》。该书记事,上起黄帝,下至汉武帝时,有十二本纪、十表、八书、三十世家、七十二列传,共130篇,是我国第一部纪传体通史。

知识链接

丝绸之路

　　张骞出使西域时,在大夏市场上见到了四川的邛竹和蜀布,得知此前内地和西域便有商业往来。汉武帝知道西域各国的详细情况后,产生了"威德遍于四海"的愿望。除用武力征服西域的某些地方外,他还下令招募商人,政府配给货物,沿着张骞开辟的道路到西域经商。汉宣帝时设立西域都护府,派遣官员直接管理这一地区。两汉之交,通往西域的商路一度断绝。东汉明帝时,班超再次打通这条道路,重新控制西域地区。他派甘英携带大量丝织品到达中亚,最远到了地中海沿岸,使这条通道进入欧洲腹地。后来,罗马使节便通过这条道路来到东汉京师洛阳,朝见大汉皇帝。

　　这条连接亚洲、欧洲和非洲的交通路线,也是东西方之间经济、政治与文化交流的通道。因为中国的丝绸通过这条道路大量运往西方,后人便将其命名为"丝绸之路"。2014年6月22日,丝绸之路被批准为世界文化遗产,成功列入《世界遗产名录》。

刘彻下罪己诏

在中国古代,当社会矛盾十分尖锐、国家处于危难之际时,有的帝王便要下罪己诏,对自己的过错进行自责与反省,目的是消除民怨,笼络民心。汉武帝刘彻的"轮台罪己诏"是中国历史上完整保存下来的最早的正式的罪己诏。英气勃发、刚毅勇武的汉武帝犯了什么过错,为什么要下罪己诏呢?

原来,汉武帝自即位以后,便大肆对外用兵,征讨匈奴,平定南越,出兵西域,进攻朝鲜;大兴土木,扩建上林苑,修建宫殿楼台。三四十年里,把文帝、景帝两代积累下来的财物消耗殆尽,国家财政拮据。为了摆脱财政困境,武帝下令国家垄断盐和铁的经营权,增加人口税,向工商业者征收过量的财产税,出卖官爵,允许以钱赎罪。人民不堪重负,流民遍地,农民起义此伏彼起。武帝晚年,政治危机十分严重,他开始担心自己权力不保,于是严刑峻法以驭臣下,文帝时废除的"诽谤罪""妖言罪"又随意恢复了起来,甚至有所发展。有位大臣对币制改革有意见,不敢讲话,只是嘴唇动了动,就被定为"腹诽罪"而处死。他盛怒之下,随意杀人,连高官也不能幸免,光宰相被杀的就有好几位。他连自己的儿子也不相信,太子被诬,含冤而死。这时朝廷上下,怨声载道、危机四伏。他的作为,他的处境,与秦始皇已经没有什么两样了。但是,汉武帝没有走秦始皇的老路,西汉政治也没有因此而衰亡,这又是什么原因?

汉武帝毕竟是君主中的英杰,在看到国家政权岌岌可危的时候,他及时反省了自己的行为,下定决心调整政策,改弦更张。征和四年(前89年),担任搜粟都尉的桑弘羊与丞相田千秋、御史大夫商丘成联名上疏,要求在轮台(今新疆轮台东南)开展大规模屯田,同时加派军队戍守,修建军事设施,招募内地居民到那里定居,以此为基地经营西域。这时,汉武帝遥望着为怀念受诬而死的太子刚刚建成的"思子宫",回想起自己几十年来频繁对匈奴、西域用兵的往事,头脑冷静了下来,意识到了自己的过失。他没有同意大臣们的提议,也没有责怪大臣们的冒失,而是写下了一篇深怀悔恨的诏书,这就是"轮台罪己诏"。

前101年

李广利攻破大宛后还师长安,封海西侯。武帝派兵在西域屯田。

前91年

武帝使江充治"巫蛊"狱,京师及各地受牵连而死的前后数万人。太子据受诬,杀江充,发兵与丞相刘屈氂(máo)在长安城中混战5天,死者数万。后太子据逃亡到至东湖(今河南灵宝西北),被围后自杀。

前89年

封丞相田千秋为富民侯,颁布"罢轮台屯田罪己诏",宣称不再出兵作战。

汉武帝在诏书中说，前些时候有关部门要求增加民众的赋税，以满足边地之用，加重了百姓的困苦。而今又有人请求屯田、戍守轮台。轮台在车师之西千余里，以前我们攻打车师虽然取得了胜利，但因为路远乏食，光是在路上饿死的就有几千人，如果戍守更远的轮台，后果不更为严重吗？接着，他开始陈说自己的过错，说自己从即位以来，所作所为狂妄而不合情理，使得天下民众愁苦不堪，现在真是追悔莫及啊。自今以后凡是有害百姓、浪费天下钱财的事，一律作罢！最后，他宣布了新的政策：当务之急是禁止苛暴，停止随意向民众征收赋税，致力于农业之根本，鼓励百姓养马，不使武备松懈即可。

从此，汉朝的统治方针发生根本转变，回到了汉初与民休息、重视生产的轨道上，因而避免了亡秦的覆辙。两年过后，汉武帝去世了，这时社会已安定下来，经济逐步得到恢复，政治危机也已度过。他的后继者昭帝和宣帝继续推行这种政策，使西汉出现了"中兴"的局面。司马光曾说汉武帝"有亡秦之失，而免亡秦之祸"，原因就在于秦始皇拒绝承认错误，一意孤行；而汉武帝却是知错认错，及时改正。

 知识链接

昭宣中兴

武帝死后，年仅 8 岁的汉昭帝即位，大将军霍光受诏辅政，继续推行汉武帝在"轮台罪己诏"中提出的政治经济政策，轻徭薄赋，与民休息，社会生产得到恢复和发展。始元六年（前 81 年），昭帝下诏询问民间的疾苦，丞相田千秋等召集郡国推举的"贤良文学"60 余人，对武帝实行的各种经济政策进行全面检讨和评论，这就是有名的"盐铁会议"。会后对此前的经济政策进行了局部调整。宣帝即位后，继续奉行与民休息政策，谨慎选拔地方官吏，平理刑狱，将公田租给或分给贫民耕种，免除因灾歉收的农民的租赋。昭帝、宣帝均曾派兵抗击匈奴，但战争的规模、费用比武帝时小得多。宣帝时，呼韩邪单于归附汉朝，边境地区安定了下来。总之，昭帝、宣帝两代，汉代社会再度出现兴盛的景象，史学家们称之为"昭宣中兴"。

昭君出塞

自古以来因和亲而远嫁边疆少数民族首领的女子甚多,其中王昭君的事迹流传最广,文士吟诵,艺人讴歌,家喻户晓,妇孺皆知。

昭君姓王名嫱,南郡秭归(今属湖北省)人,汉元帝在民间挑选宫女,昭君被选入宫。当时,大漠以北的匈奴人分裂为东、西两部,东部的呼韩邪单于归附汉朝,西部郅支单于与汉为敌。后来,汉西域都护甘延寿等击杀郅支单于于康居,呼韩邪单于统一了匈奴东西两部。建昭五年(前34年),呼韩邪单于上书,愿朝见汉皇。获准后,于次年自单于庭(今蒙古乌兰巴托附近)至长安谒见汉元帝。元帝以隆重的礼节接待他,同时赠送给他大量财物。呼韩邪单于提出要做汉家的女婿,以便与汉朝保持亲近关系。元帝应允,决定挑选一宫女,充作公主嫁给他。

当时后宫中有很多从民间选来的宫女,有些虽然不想在皇宫中过如同囚徒一样的生活,但也不愿意嫁到匈奴那蛮荒的地方去。这时,有一个宫女毅然站了出来,表示愿意远嫁匈奴单于。这个不同寻常的女子便是王昭君。

据说,呼韩邪单于见昭君端庄美丽,又很有见识,大喜过望,马上给了她"宁胡阏氏"的封号。但是当单于伴随昭君向元帝告别的时候,汉元帝愣了半天,一脸懊丧,怎么也高兴不起来。

原来,元帝后宫中女子很多,他让画师们给每个女子画张像,然后按画像挑选中意的人前来见他。宫女们为了能见到皇帝,纷纷贿赂画师,让他们把自己画得漂亮些。只有昭君不肯行贿,于是画师毛延寿把她画得很丑,元帝自然不会召见她了。昭君向元帝辞行的时候,元

前100年
苏武出使匈奴被扣留。

前81年
苏武自匈奴回国,任典属国之职。

苏武牧羊

公元前100年,汉武帝任苏武为中郎将,率使者百余人出使匈奴,值匈奴内乱,副使张胜卷入其中,苏武受到牵连,匈奴单于欲胁迫其投降,百般折磨,后徙其至北海(今贝加尔湖),苏武持汉朝符节牧羊,始终不肯投降。昭帝时,汉匈关系缓和,苏武在匈奴历19年,方得回到汉朝。

宫中画像图

帝见昭君举止优雅，善于应对，容貌之美，后宫无人可比，追悔莫及。他很想把昭君留下，但又不能失信于单于，只好忍痛割爱，恋恋不舍地目送昭君离开。

昭君离开后，元帝即刻火冒三丈，让人查明昭君容貌与画像不相符合的原因，得知此事乃毛延寿所为，命令将毛延寿斩首示众。元帝还是有些不解气，后来将其他宫廷画师也都杀死了。

昭君出嫁匈奴单于以后，汉匈和睦相处40多年，长城附近的边境上，牛羊遍野。昭君与呼韩邪单于生有一子，后被封为匈奴右日逐王。呼韩邪死后，根据匈奴族的习俗，昭君又嫁给了呼韩邪单于的长子复株累若鞮(dī)单于，生有两个女儿。昭君死后，被埋于归化(今内蒙古自治区呼和浩特市附近)，不管大漠如何干旱，她的坟墓上始终草色青青，所以人们又把昭君墓称为"青冢"。后来草原上各族人民修建了许多这样的青冢，以纪念这位平民出身的和平使者。汉族人民同样怀念这位不同寻常的女子，从马致远的《汉宫秋》到曹禺先生的《王昭君》，以昭君出塞为题材的戏剧就有二十几出，而历代咏王昭君的诗词则多达五六百首。

知识链接

汉匈和亲

汉高祖白登山被围以后，匈奴势力正盛，而汉政权初建，经济尚待恢复，无力反击匈奴，于是高祖接受了刘敬提出的"和亲"的建议，把宗室的女儿充作公主嫁给匈奴单于，与匈奴约为兄弟，每年送给匈奴大量絮、缯、酒、米等物品，并与匈奴进行贸易，借此缓解匈奴的侵扰，换取边境的安宁。吕后时，单于曾写信侮辱吕后，吕后因国力不足，忍辱实行和亲政策。文帝、景帝时，一方面坚持和亲政策，一方面积极进行抗击匈奴的准备。武帝大规模抗击匈奴，汉匈和亲中止。昭帝、宣帝时，匈奴衰落，呼韩邪单于内附，元帝以王昭君嫁呼韩邪单于，宣告了汉、匈奴长达上百年战争的结果。

西汉初期的和亲是一种屈辱性和亲，而元帝时的和亲则变成了羁縻性和亲。和亲缓和了民族间的冲突和对抗，促进了双方的经济文化交流，为边地提供了安定的社会环境，有利于社会经济发展。

新 朝 代 汉

王莽是中国历史上第一个用和平方式夺取政权、改朝换代做皇帝的人。古人骂他"篡汉",今人多用中性词曰"代汉"。其实篡夺不应该成为评判王莽历史功过的标准,关键是看他的行为对历史发展起到了什么样的作用。

王莽是汉元帝的皇后王政君的侄子。元帝、成帝时候,王氏一家多人身居要职,有9人封侯,5人做过大司马。王氏子侄大都骄奢淫逸,专横跋扈,只有王政君二弟王曼的儿子王莽与众不同。王曼早死,王莽自幼跟随着母亲,孤苦贫困,地位低下。但王莽很有志气,他勤奋读书,知识渊博,生活简朴,孝敬母亲,尊敬长辈,待人彬彬有礼,交结了不少有才能的朋友。西汉后期,大司马大将军是权力最大、地位最高的官职,王莽的伯父王凤就身居此职。王凤病重的时候,王莽不分日夜地守在他身边,亲手为他煎药,蓬头垢面,好几个月都没有脱衣睡觉。王凤深受感动,临死前嘱托王太后和汉成帝,要他们多照顾王莽。不久,王莽当上了黄门郎(皇帝的侍从官)。后来他的叔父王商上书成帝,愿意将自己的封邑分出一些给王莽。当时许多官员、名士也都上书称道王莽品德高尚,于是成帝封王莽为新都侯。王莽官位越高,就越谨慎谦逊,所以官府内外、朝野上下,没有人不称赞他。他的叔叔王根年老,想从大司马的位子上退下来,成帝就任命王莽做了大司马,这一年,他才38岁。

为了提高自己的威信,王莽担任大司马以后,大力起用贤才,极力纠正当时奢侈浮华的风气。有人到他家去,见到一个女子穿着短衣布裙,以为是他家的奴婢,一问才知道是王莽的夫人。人们听说后都很吃惊。

成帝死后,汉哀帝即位,哀帝的外戚丁氏、傅氏掌权,王莽受到排挤,辞职回到了封地新都。汉哀帝只做了6年皇帝便死去。在太皇太后王政君主持下,年仅9岁的汉平帝即位,王莽被召入朝,重新做了大司马。此后,太后临朝,大权归于王莽。他积极培植私人势力,顺之者提升官职,逆之者则被诛杀。他想得到什么好处,便会暗示其党羽亲信上奏请求,他则一再推辞,最后才答应下来。这样做既可迷

前 1 年

汉哀帝卒。立成帝的侄子中山王刘衎(kàn)为帝,是为平帝。平帝年幼,王莽的姑母太皇太后王政君临朝,王莽掌握实权。

公元 5 年

王莽毒死平帝。

6 年

立汉宣帝的玄孙年仅两岁的刘婴为皇太子,号孺子。王莽称假皇帝。

8 年

王莽自称皇帝,国号新。

惑太后，又能让朝廷大臣相信他。他沽名钓誉，积极为夺取政权做准备。

元始元年（公元1年），王莽授意心腹买通越裳氏（南方少数民族）前来进贡。接着大做文章，几个大臣说少数民族归附，是王莽的功劳，说只有他才能保证汉朝的安定，请求加封他为"安汉公"。王政君批准了大臣们的请求。王莽却上书说这是几个大臣的功绩，先封赏了几个大臣，又假意推辞了一番，才接受了封号。但是，他仍坚持不接受封地，几个大臣又鼓动各地官吏、民众等上书称颂王莽的"功德"。几天当中，上书的人就达到40多万。

第二年，王莽提出自己拿出钱百万、地30顷赈济灾民；扩建太学，增加博士与太学生名额，在各地网罗人才；恢复久已废弃的宗室与功臣后裔分封爵位的制度，以此博得统治集团及社会各阶层人们的支持。许多官僚、士人为讨好王莽，纷纷假托符命、图谶（chèn），为王莽夺权制造舆论。王莽把自己的女儿嫁给汉平帝做了皇后，他的地位更加显赫。这时，又有人上书说：周成王小的时候，称为孺子，周公摄政，当今皇帝还很年轻，应该让安汉公行天子之事，如同周公一样。大臣们都随声附和。

王莽立孺子婴为君

元始五年（公元5年），王莽发现平帝渐渐长大，对自己专制独裁感到不悦，便借腊月祭祀的时候，将毒药置于椒酒中，进献给平帝，平帝饮后发病。王莽假意替他祷告，自己愿代他而死。平帝不久死去。这时大臣们又来请求王莽像周公旦那样摄政，太皇太后只好批准，给王莽加上了"摄皇帝"的尊号，祭祀时则称"假（代理）皇帝"，年号也改成了"居摄"。王莽选了个年仅两岁的刘婴作为刘氏皇位的继承者，因为有了摄皇帝，刘婴就不能称帝了，只好立为"皇太子"，号为"孺子"。

此后各地不断有人迎合王莽，装神弄鬼，在石器、铜器上刻上"安汉公莽为皇帝"、"汉高祖让位给王莽"等字样，进献给王莽。初始元年(8年)十二月,王莽正式称帝,因为他曾被封为"新都侯",所以国号称"新"。

王莽改制

西汉后期,土地兼并加剧,阶级矛盾激化,社会危机严重。为了解决社会问题,王莽建立新朝前后,进行了"托古改制"。

他宣布颁行"王田私属制",土地叫"王田",奴婢叫"私属",皆不准买卖,规定每人占有土地不得超过百亩。这种按照古代井田制一夫百亩的理想制定的措施,根本无法付诸实施。他同时推行"五均""六筦(guǎn)"及"赊贷"法,国家控制和垄断工商业活动,避免富商大贾谋取暴利,同时增加政府的经济收入,但由于用人不当,也没有收到好的效果。他多次变更币制,称钱币为"宝货",宝货由5种材料做成,有6类

王莽货币

名称,总共28种。币制变更过于频繁,货币种类太多,各种货币间兑换比值极不合理,造成了经济秩序的混乱。他恢复了五等爵制,任意改变官制、官名、地名及少数民族首领的名称,纯属徒滋纷扰的愚蠢做法。王莽改制没有起到解决社会矛盾的目的,反而使得"农商失业,食货俱废",百姓"摇手触禁,不得农桑"。这些措施后来大都被废止,而由此引发的社会矛盾却逐步激化,最终爆发了全国规模的农民大起义。

昆阳之战

昆阳之战是绿林起义军推翻王莽政权的一次战略性决战，也是我国历史上以少胜多的一个典型战例。

地皇四年（23年）初，王莽军队主力东攻赤眉军，中原空虚。绿林军挥师北上，沘（bǐ）水（今河南泌阳境）一战，消灭了王莽荆州兵甄阜、梁丘赐部。接着又击败王莽军严尤、陈茂部。绿林军发展到了10余万人。二月，更始政权建立后，以主力部队北上围攻战略要地宛城（今河南南阳）。同时派王凤、王常、刘秀等人统率军队，迅速攻占昆阳（今河南叶县）、定陵（今河南舞阳北）、郾县（今河南郾城南）等地。

王莽闻讯大惊，急忙改变军事部署，将进攻赤眉军的主力部队调回，转攻绿林军。三月，王莽派大司空王邑、司徒王寻赶赴洛阳，征发各郡精兵42万，号称百万，向南进攻绿林军。

五月，王邑、王寻率军西出洛阳，南下颍川，与严尤、陈茂会合后，直逼宛城。途经昆阳，即以全部兵力，将昆阳重重包围，务求攻克。当时昆阳城中绿林军仅有八九千人。面对数十倍于自己的敌军，绿林军将领意见发生了分歧。不少将领认为敌我兵力悬殊，战则必败，主张化整为零，弃城出走，回到根据地，再图恢复。刘秀极力反对，主张鼓舞士气，坚守昆阳，消耗王莽军兵力，然后伺机破敌。诸将同意了刘秀的建议，决定由王凤、王常等率众坚守，刘秀出城调集援军。刘秀、李轶等率13骑冲出昆阳南门，赶赴郾县、定陵一带求援。

王莽部将严尤向王邑建议：昆阳城易守难攻，应当绕过昆阳，迅速进攻宛城，击败宛城的绿林军主力，昆阳城则可不战而下。王邑等人自恃兵多势众，不听劝告，坚持先攻昆阳。且扬言道："以我百万之师，所过之处自当残灭，等屠灭此城后，踏着他们的血迹前进，前歌后舞，岂不是很痛快的事吗！"王邑令军士挖掘地道，制造云车，加强攻势。昆阳守军众志成城，合力抵抗，多次击退王邑军的进攻。

昆阳城屡攻不下，严尤再次向王邑建议网开一面，使城中守军逃出一部分，然后散布舆论，动摇其军心，瓦解其士气。刚愎自用的王邑依然不予采纳。

刘秀等人抵定陵、郾县后，说服本不愿出兵的起义军将领，于六

17 年
荆州饥民王匡、王凤聚集在绿林山（今湖北大洪山）起义，后号称绿林军。

18 年
琅琊郡樊崇在莒县起义，转战于青州、徐州间。后来他们将眉毛染成红色，称赤眉军。

23 年
绿林军将领拥立汉宗室刘玄为皇帝，国号汉，年号更始。
刘秀大破王莽军于昆阳，杀司徒王寻。
赤眉军攻入长安，商人杜吴杀王莽于渐台。

月初一率领步骑万余人驰援昆阳。刘秀亲率千余人为前锋,奋勇进攻,斩杀王邑军数十人,士气大振。这时更始军主力已攻占宛城3日,但战报尚未传到昆阳。刘秀为了鼓舞士气,动摇敌人军心,制作义军已攻占宛城的战报,用箭射入昆阳城中;又故意遗失此战报,让其在敌人军队中传播。

接着,刘秀挑选出勇士3000人,迂回到敌军侧后,出其不意,向王邑大本营发起极其猛烈的攻击。王邑下令各营按兵不动,自己和王寻率领万人迎战。一经交手,王邑军阵势大乱,败溃,王寻被乱军所杀。昆阳城内守军乘势出击,内外夹攻,杀声震天动地。适逢雷电交加,暴雨如注,河水激涨,王莽军自相践踏,溺水而死者无数,全军一败涂地。王莽军主力损失殆尽,只有王邑、严尤等率数千人逃回洛阳。

昆阳之战歼灭了王莽军队主力,宣告新莽政权即将覆灭。

知识链接

绿林赤眉起义

王莽统治后期,荆州地区连年灾荒,农民大量流亡。天凤四年(17年),饥民们在王匡、王凤兄弟领导下起义,起义军以绿林山(今湖北大洪山)为根据地,故称绿林军。队伍很快发展到上万人。地皇三年(22年),绿林山爆发瘟疫,起义军离开那里。次年二月,王匡、王凤等拥立汉宗室刘玄为帝,恢复汉朝国号,建元更始。六月,刘秀等在昆阳大败王莽军队主力,奠定了推翻王莽政权的基础。八月,绿林军攻入长安,王莽被杀。

早在绿林起义的第二年,琅玡(今山东诸城)人樊崇也在莒县率众起义,部众多达数万人。起义军将眉毛染成红色,以便与官兵区别,故称赤眉军。赤眉军在成昌(今山东东平西)攻杀王莽军万余人,军威大振,乃转战于今鲁、豫、皖交界处。攻下洛阳后,分兵西进,大败刘玄的军队。更始三年(25年),赤眉军攻入长安,刘玄投降,更始政权灭亡。次年底,赤眉军离开长安东归,为刘秀所败,樊崇投降后被杀,起义失败。

刘秀得陇望蜀

秦在今甘肃省东南部地区设置陇西郡，后人以"陇"代指这一带地方。蜀，古国名，秦灭之置蜀郡，后人们以"蜀"代指今四川中部地区。古代蜀地与中原地区的联系，水路则由长江入湖北，陆路则必须经陇西进关中，故陇与蜀实为紧密相连的两个地理区域。蜀地田土肥沃，物产丰富，乃天府之国，所以中原地区皇朝建立后，无不出兵取蜀。刘秀自然也不例外，他指示部将，攻取陇西后，便可直指蜀地。这便是"得陇望蜀"一词的由来。

刘秀称帝后陆续镇压了各地起义军，采用拉拢与打击并用的手段，先后平定了渔阳彭宠、南郡秦丰、梁郡刘永、齐地张步、庐江李宪等割据势力，然后挥兵西向，以取陇、蜀。

新莽末年，天水成纪（今甘肃秦安）人隗嚣联络当地豪强起兵反对王莽，占据陇西、武威直到酒泉、敦煌一带。曾一度投靠刘玄，有功于汉。建武六年（30 年），刘秀派耿弇（yǎn）等 7 位将军经陇地征讨蜀地的公孙述。隗嚣怕被吞并，乃反汉，且大败汉兵，乘胜窥视关中。刘秀命征西大将军冯异、征虏将军祭遵击败之。次年，隗嚣向割据蜀地的公孙述称臣。建武八年（32 年），刘秀的部将来歙攻取略阳城（今甘肃庄浪西南），隗嚣出重兵包围略阳，公孙述亦派兵相助。刘秀亲自出兵证讨，大败隗嚣，其部众多投降。刘秀部将岑彭与吴汉围困隗嚣于西城（今甘肃天水西南）。隗嚣部将田弇、李育则固守上邽（今甘肃天水），亦被汉军所包围。

刘秀包围两城，日久不能攻克，于是东归洛阳，留下岑彭、耿弇等人继续围城。刘秀临走时下诏书给岑彭说："这两座城如果能攻下，便可以率兵往南攻打蜀地了。人心苦于不知足，既平定陇地，又盼望得到蜀地。每一次发兵，头发胡须都因忧虑而变白。"

后来蜀地公孙述的救兵赶到，汉军粮尽，只得退兵，隗嚣复占有陇西等地。建武九年（33 年）春，隗嚣忧愤而死，部将立其子为王，次年被刘秀部将来歙等攻杀。陇西等地为汉所占有。

早在更始二年（24 年），公孙述就在成都自立为蜀王，次年称帝，尽占益州之地。公孙述不想蜗居蜀地，不时染指陇西。建武九年（33

年），公孙述眼看陇西被刘秀所占领，派部将率兵顺长江而下，直至荆门（今湖北宜昌），意欲占据长江中游地区。次年刘秀派岑彭出击，公孙述的军队退到江州（今重庆嘉陵江北岸）。岑彭统兵逆江而上，包围江州，攻克武阳（今四川彭山东），逼近成都。公孙述没想到汉兵如此神速，大为吃惊。同时刘秀又令来歙等出陇西南进，攻克下辨（今甘肃成县西北），以便与岑彭军合围成都。

据说岑彭驻军的地方叫做"彭亡"，岑彭听了很不高兴，便想移军他处，适逢天黑不便行动。就在这天夜晚，蜀地的刺客假扮成逃亡的家奴来降，岑彭未加防备而被刺杀。

建武十二年（36年），刘秀部将吴汉攻占广都，兵临成都，连战连捷，公孙述亲率大军出城迎战，蜀军大败，公孙述战死，蜀地被平定。又过了4年，武原的卢芳投降刘秀，至此各地的割据势力均被削平，实现了全国的大统一。

"得陇望蜀"是历史的必然。当时刘秀说这话，含有所求过分的意思，那是为了表达对将士常年征战的歉意。但后来，随着词语使用环境的演变，"得陇望蜀"成了过于贪婪、所求无厌的代名词，这是刘秀所万万没有想到的。

79年

十二月，召集大臣、诸儒会于白虎观，讨论"五经同异"，章帝亲临。班固据讨论记录整理编撰成《白虎通德论》，简称《白虎通》或《白虎通义》。

94年

班超出兵攻杀焉耆王，西域55国全都向汉纳贡内附。

97年

班超派遣甘英出使大秦、条支，至安息（今伊朗一带）西界而还。

知识链接

刘秀称帝

　　绿林赤眉起义爆发后，汉宗室刘秀与其兄刘𬙊（yǎn）乘机于舂陵（今湖北枣阳东南）起兵，加入到绿林军中去。后来，刘𬙊对刘玄称帝不满，被刘玄、王匡等杀死，刘秀因兵力薄弱，深自韬晦，表示顺从刘玄。后刘玄派其略地河北，刘秀乘机北上，独立发展自己的势力。他每到一处，就以恢复汉家政权为旗帜，以推翻王莽相号召，察检吏治，释放囚徒，废除王莽苛法，恢复西汉官名，取得吏民拥戴。不久便平定铜马、青犊等农民起义，占据了河北。赤眉军西进长安时，刘秀也出兵西向以争天下。当他率兵围困洛阳时，部下便请其称帝，但刘秀以为时机尚未成熟，坚持不从。后来儒生强华带着《赤伏符》从关中赶来，符上说刘秀乃皇天降命的真命天子，当光复汉家天下。刘秀乃于公元25年六月，在鄗（Hào，今河北柏乡北）称帝。十月，移都城于洛阳。后经过十多年的战争，逐步平定了各地的割据势力，完成了全国的统一。

"五侯"杀梁冀

92 年

和帝与宦官中常侍郑众合谋杀窦宪。郑众升官任大长秋,宦官专权自此开始。班固乃窦宪宾客,故被捕入狱而死。他的妹妹班昭续写《汉书》。

102 年

郑众被封为剿乡侯,宦官封侯自此开始。

105 年

蔡伦发明造纸技术。

132 年

太史令张衡制作候风地动仪,又曾制作浑天仪。

　　宦官势力是依附在皇权肌体上的一颗毒瘤。宦官受过腐刑,生理上存有缺陷,容易引起心理变态。他们当中许多人出自社会底层,其中不乏地痞无赖之徒,为追求物质享受会不择手段。所以他们得势后,对国家政治和社会秩序的破坏性很大。外戚与皇家有裙带关系,又有后宫作为内援,一旦入朝为高官,往往挟持皇帝,专政弄权。东汉中期以后,宦官与外戚相互倾轧,使朝政混乱不堪。"五侯"杀梁冀,便是宦官与外戚倾轧的典型事例。

　　东汉和帝依靠宦官郑众剿灭了外戚势力,郑众因此升官为大长秋(皇后的卿),永元十四年(102 年),被封为剿乡侯,宦官封侯自此开始,此后宦官封侯者代不乏人。

　　桓帝即位后,外戚梁氏飞扬跋扈,权倾朝野。梁冀身为大将军执政,他的两个妹妹,一个是皇太后,一个是皇后。他安插宦官为亲信,皇帝完全处于其监控之下,生命安全也掌握在他的手中。凡朝廷百官升迁,先到梁家求见谢恩,然后才敢去政府部门报到任职。梁氏大肆修建豪华宫室、苑林。宫室如皇宫般富丽堂皇,苑林在首都附近,逶迤千里,专辟猎场,设兔苑养兔,绵延数十里。曾有一西域商人不知禁令,误杀苑中一只兔子,结果 10 余人被牵连处死。各地献给皇帝的贡品,上等选送梁府,剩下的才送交皇宫。梁氏一门先后有女子 7 人封君,3 人为皇后,6 人为贵人;男子 7 人封侯,2 人为大将军,娶公主为妻者 3 人,任文武大臣者 57 人,掌权 20 余年,拥立 3 位皇帝。东汉的外戚专权至此达到顶峰,这也为宦官的权力再度膨胀准备了条件。

　　桓帝如同傀儡,心中愤懑不平。延熹二年(159 年),梁皇后死,桓帝对宦官唐衡说:"我身边谁与皇后有矛盾?"唐衡回答说,宦官当中单超、左悺(guàn)与梁冀的弟弟不和,徐璜、具瑗也都痛恨外戚专权。于是桓帝把这五个宦官叫到面前,对他们说:"梁冀兄弟专权,朝臣大都依附他,我想诛杀梁冀,你们认为怎么样?"单超等人一听,喜上眉梢,齐声说:"早就应该除掉他了!"桓帝让他们想办法。他们说,除掉梁氏并不难,就怕陛下您下不了决心。桓帝把单超拉到身边,抓住他的手臂,用牙咬出血来,歃血立盟,密谋收捕梁冀及其党羽。五个宦官联合与梁氏不睦的朝臣,即刻发动宫廷政变,派羽林军千人包围梁冀住宅。梁冀毫无准备,自知无法抵抗,便与妻子一起自杀了。梁氏一门不分老少长幼,都被处死,公卿大臣被处死的数十人,免官者300多人,朝廷的高官几乎被罢黜一空。被没收的梁冀家财,拍卖后得钱30多亿,拿来充裕国库,当年朝廷租税征收因此而减半。宦官单超、徐璜、具瑗、左悺、唐衡5人诛梁氏有功,同日封侯,世称"五侯"。单超任车骑将军,位同于三公。小黄门刘普、赵忠等8个宦官也被封为乡侯。

掌权的宦官把宗族亲戚安排到地方上担任刺史、太守,他们本是些地痞无赖,又有朝中宦官作后台,故为官贪赃枉法,胡作非为,榨取民财,如同盗贼。徐璜之侄徐宣为下邳令,求聘已故汝南太守下邳人李暠(gǎo)之女,李家不同意,徐宣便命令手下官吏将其女捉至衙署,用箭射死。宦官侯览之兄为益州刺史,霸占他人房舍381所,良田万亩,新建府第16座,式样如同皇宫,见有富足人家,便诬其有罪,抓来杀死,没收其财产为己有,累计达亿万。其宾客仆从为非作歹,鱼肉百姓,劫掠旅客,地方官如加干涉,即被罢官。宦官及其亲族强取豪夺、为害乡里,百姓无法生存,于是小规模农民起义频繁发生,也引发了党人反对宦官的政治运动。

蔡伦造纸

蔡伦字敬仲,桂阳(今湖南耒阳)人,汉明帝末年入宫为宦官,后升任尚方令,主管宫廷手工作坊。到汉和帝时候,他通过对造纸生产工艺的研究和实践,用树皮、麻头、破布、破鱼网等作材料,造出便于书写的新纸来。当时人们把这种新纸称"蔡侯纸"。此后,造纸工匠均采用他所发明的新技术,纸张成了最常用的普通书写材料。

蔡伦墓(位于陕西洋县)

 知识链接

外戚宦官专权

刘秀建立东汉以后,接受西汉外戚专权以致败亡的教训,不让外戚居枢机要位。但三世以后,情况发生了变化。和帝即位时年仅10岁,窦太后临朝,其兄窦宪任大将军,兄弟

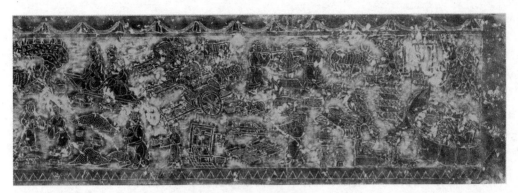

东汉　宴享画像石(拓片。画面反映了豪强大族的饮食生活)

子侄并居要位,东汉外戚专权自此始。和帝年稍长,对窦氏弄权不满,乃与宦官郑众密谋,捕杀窦氏兄弟及其同党。窦太后被迫归政于和帝,郑众因功封侯,参与朝政,宦官专权自此始。和帝 27 岁死,其子刚生下百余日便即位为帝,是为殇帝。殇帝立不到一年死去,安帝继立,邓太后临朝,其兄邓骘(zhì)为车骑将军掌权,邓太后听政 10 余年,对外戚严加管束,政治较为清明。邓太后死,安帝的乳母王圣与宦官勾结诬邓氏有废立之谋,邓氏族人或被杀,或被免官。宦官江京等受到重用,与皇后兄阎显共同掌握朝政。安帝 32 岁死,后来,宦官孙程等合谋杀死宦官江京与阎显,迎立顺帝,孙程乃被封侯掌权。不久,外戚梁氏掌权,梁皇后之父梁商、兄梁冀先后任大将军,执政顺帝、冲帝、质帝、桓帝四朝,外戚专权至此为最盛。桓帝时,梁氏势力为宦官所清除,宦官单超等执政,直到灵帝,权力一直为宦官所垄断。在镇压黄巾起义的过程中,地方军阀势力膨胀,东汉朝廷名存实亡。袁绍诛灭宦官后,东汉的外戚宦官专权就此终结。

张俭望门投止

张俭在逃亡的路上,只要看见有民户的大门,便前去投靠,没有一户人家不收留他。这就是"望门投止"的由来。张俭为什么要逃亡?为什么家家都肯收留他?

张俭字元节,东汉山阳郡高平(今山东邹城西南)人。他的先祖张耳跟随刘邦反秦,曾因功被封为赵王。父亲张成官至江夏太守,颇具政绩。张俭年轻时即被地方官推举为茂才(即秀才,为避光武帝刘秀之讳改称茂才),中央政府安排他到州刺史属下为官,他认为那位刺史不具备做官的品德和才能,就以有病为由拒不就职。延熹八年(165年),张俭任职山阳郡东部督邮,负责督察纠举当地官民违法之事,宦官侯览的家就在他管辖的区域之内。侯览在桓帝时任中常侍,后因参与诛杀梁冀而封侯。他依仗权势,大事聚敛,强占民田,残害百姓,侯览的家人、姻亲等亦恃势妄为,称霸乡里。侯览的母亲还在世,便大修坟茔,拆毁别人家的房屋,挖开别人家的坟墓,建起的殿庑有上百尺高。张俭查得事实,毅然上书朝廷,揭发侯览及其家人的劣迹罪行,请求治其罪而诛杀之。张俭几次上书都落到了宦官手里,侯览尽知其情,对张俭恨之入骨。但张俭并未退缩,他见上书无效,便亲自带领属下抄没侯览的家,铲平了他母亲刚修的坟茔。又上书言侯览的罪行及其母亲干涉郡国事务,横行乡里之事。

侯览终日耿耿于怀,寻找机会报复张俭。张俭的同乡有个叫朱并的人,是个阴险狡诈而又善于逢迎拍马的小人,张俭很看不起他,朱并也因此忌恨张俭。后来,侯览唆使朱并上书,诬告张俭和本郡24人结为朋党,图谋不轨。当时正逢党锢之祸最烈的时候,汉灵帝不作调查,便下诏捉拿张俭等"党人"。张俭闻讯潜逃,窘急之中,看见前面有座大门,便敲门投宿。人们佩服张俭的品德与胆量,十分看重他的行为与声誉,都冒着被抄家灭族的危险收留他。张俭所到之处,前后有10余户人家受到牵连,宗族皆被杀戮。

后来张俭逃到了东莱,住在李笃家。外黄县县令毛钦听说后,带兵前来搜捕。李笃把毛钦叫到一边,对他说:"张俭是天下敬重的名人,现在他虽然逃亡,但并没犯什么罪,你可能会捉到他,但你忍心带

黄巾起义

东汉末年,巨鹿(今河北平乡西南)人张角创立太平道,十几年间,发展信徒至30万人。张角提出"苍天(指东汉政权)已死,黄天(指起义军)当立,岁在甲子(184年为甲子年),天下大吉"的口号,决定这年三月五日,八个州同时起义。由于起义计划泄露,张角连夜派人驰告各方,立即起义。起义军用黄巾裹头作为标识,当

时政府称其为"黄巾贼",后人称黄巾军。颍川、南阳、冀州三支义军先后被镇压下去。后来黄巾军余部仍坚持作战达30年之久。

走他吗?"毛钦赶忙站起身来,对李笃说:"春秋时期卫国的大夫蘧伯玉把独自为君子作为耻辱,难道你也想将仁义都归到自己头上吗?"李笃回答说:"你不逮捕张俭,那么我的仁义有一半已经被你得到了。"毛钦叹息一声,带兵离去。李笃护送张俭逃到了塞外。

　　黄巾起义爆发后,党锢解除,张俭返回了故里。朝中三公及大将军都征辟他为官,他总是推辞不去任职。皇帝派公车接他出任少府,他也拒不成行。汉献帝初年,他的家乡发生了大灾荒,张俭倾尽家产,赈济灾民,依赖他而存活的有上百人。后来,张俭不得已做了卫尉,见到曹操势倾朝野,大权在握,于是闭门谢客,不再过问政事。不久死于许昌,年84岁。

知识链接

党锢之祸

　　外戚宦官专权把东汉政权推到了崩溃的边缘,面对严重的政治危机,许多开明的官僚、士大夫为此而担忧。外戚宦官堵塞了士人、太学生的政治出路,引起了他们的强烈不满。于是一些开明官僚,联合太学生及郡县儒生,掀起了一场反对宦官专权的政治运动。他们一方面从舆论上批评宦官政治,树立士人领袖的地位,用"清议"的形式,靠社会舆论的力量打击宦官。另一方面在政治上打击宦官势力,逮捕、处死胡作非为的宦官亲属党羽。宦官不会听任别人批评打击,他们利用手中的权力,操纵皇帝,镇压士大夫反对派。双方的斗争愈演愈烈,终于爆发了"党锢之祸"。

　　桓帝延熹九年(166年),宦官党羽张成教唆其子杀人,司隶校尉李膺逮捕其子,适逢国家有赦令,李膺仍将其处死。于是宦官乃指使张成的弟子诬告李膺蓄养太学生,结成朋党,诽谤朝廷,败坏风俗。桓帝大怒,下令逮捕李膺等200余人。次年党人虽被赦出狱,但皆禁锢终身,永不得入仕为官。这是第一次党锢。灵帝即位后的第二年(168年),外戚、大将军窦武与太尉陈蕃重新起用李膺等人,合谋诛除宦官势力,事泄后窦武被杀。接着宦官曹节等诬告"党人"谋反,李膺等百余人被捕,死于狱中。其余牵连受害而被处死、徙、废、禁等刑罚者六七百人。熹平五年(176年),灵帝又下诏,凡是党人的门生、故吏、父子兄弟及五服以内的亲属一律免官禁锢。这是第二次党锢。黄巾起义爆发后,灵帝下诏赦免党人,党锢才被解除。

三国、两晋、南北朝

　　三国时期(220—280)是继东汉以后出现的一个社会分裂割据的时代。196年曹操迁汉献帝于许昌,取得"挟天子以令诸侯"的地位,标志着三国时代的开始。赤壁之战以后,三国鼎立的格局逐渐形成。经历了八九十年的分裂之后,司马氏取代曹魏建立晋,国家重新走向了统一。西晋(280—316)政治腐朽,大封子弟为王,建国不久便出现了内乱,统一局面只维持了30多年,历史便进入了东晋(317—420)和十六国(316—439)的社会大分裂时期。在南方,晋王室司马睿依靠南迁的北方士族、联合南方士族建立了东晋,在此后的上百年里,虽然经历了多次北伐,但始终无力实现全国统一。在北方,内迁的各少数民族及部分汉族人先后建立起20多个政权,建立政权的主要是5个少数民族,维系时间较长的政权有16个,所以历史上称其为"五胡十六国"。南朝(420—589)和北朝(439—581)是东晋十六国分裂局面的继续,南朝共经历了宋、齐、梁、陈4个朝代。宋建立之初,政治经济上均呈上升趋势,但北伐失败后,国势转衰。齐、梁政治腐朽,赋役繁重,社会矛盾比较尖锐。陈偏居江南,势力更为弱小。宋政权建立不久,鲜卑贵族建立的北魏统一了北方。孝文帝时,进行了以汉化为中心的全面改革,加速了民族融合,促进了社会发展。北魏后期,统治集团内部因争权而混战,农民起义不断发生,北魏政权分裂为东魏、西魏,不久又分别为北齐、北周所取代。北周进行了一系列改革,国势增强,灭掉了北齐,再次统一了北方,为隋的大统一奠定了基础。

云冈石窟佛像

　　云冈石窟位于北魏前期都城平城（今山西大同）附近的山崖上，依山开凿，绵延一公里多。这是第20窟的露天大佛，造型雄伟，高17米，是云冈石窟雕刻艺术的代表作。

挟 天 子 以 令 诸 侯

提到"挟天子以令诸侯",人们自然会想到曹操。自曹操迁汉献帝于许到他死去的 20 多年里,曹操一直奉行这条原则,但是最早提出这个主张的并不是他本人。

兴平二年(195 年),大臣董承等人拥汉献帝自长安前往残破不堪的洛阳,君臣一行如同丧家之犬,急于谋求安身之所。这时,谋士沮授向占据冀州的袁绍提出,应该乘机迎献帝至邺(今河北临漳西南,冀州的治所),这样便可以"挟天子而令诸侯,畜士马以讨不庭"。可袁绍手下其他谋士不赞成,说皇帝现在只是个摆设,把他迎到这里来没什么意义。袁绍也怕会受汉献帝的约束限制,没有采纳沮授的建议。早在三年前曹操占据兖州时,谋士毛玠也向他提出类似的建议,叫做"奉天子以令不臣",曹操觉得是个好主意,时时记在心里。如今机会来了,袁绍不肯这样做,善于捕捉机遇的曹操则不会轻易放过。

曹操字孟德,小名阿瞒,沛国谯县(今安徽亳县)人。祖父曹腾是宦官,父亲曹嵩是曹腾的养子,任过司隶校尉、大司农等高级官职。曹操自幼勤奋好学,聪明机警。名士许劭评价他是"治世之能臣,乱世之奸雄",太尉桥玄也说他是"命世之才"。

曹操 20 岁的时候,被推举为孝廉,从此步入仕途。黄巾起义爆发后,天下响应,京师震动。曹操被任命为骑都尉,随皇甫嵩镇压颍川黄巾军,因功升任济南相。后来又被任命为东郡(今河南濮阳西南)太守。当时,宦臣专政,外戚横恣,曹操不愿违心迎合他们,但得罪他们又怕家族受累,于是托病不赴任。他回归乡里,春夏读书,秋冬打猎,等待机会,施展才能。

后来,汉灵帝为加强京师禁军力量,组建西园新军,设置西园八校尉,曹操担任了典军校尉,成为东汉皇室卫队的武装将领之一。董卓作乱的时候,关东州郡纷纷起兵讨伐他,曹操到了陈留(今河南陈留),组建了一支由宗族、宾客、部曲组成的 5000 人的军队,加入以袁绍为盟主的讨伐董卓的关东联军行列。当时,青州黄巾军和河北黑山军发展迅速,袁绍派曹操带兵入东郡进攻黑山军,且任其为东郡太守。扫清黑山军以后,曹操继续向兖州进军,被兖州地方官吏推举为

189 年
何进召董卓进京。宦官张让等杀何进,袁绍带兵入宫,杀宦官 2000 余人。

190 年
关东州郡推袁绍为盟主讨伐董卓。董卓焚烧洛阳宫殿房舍,挟献帝西迁长安。

192 年
司徒王允杀董卓。董卓部将李傕、郭汜攻陷长安,杀王允。
曹操破青州黄巾军,收编其部众 30 余万人,号青州兵。

196 年
曹操迁献帝于许(今河南许昌市),"挟天子以令诸侯"。曹军许下屯田。

200 年
曹操解白马之围,在官渡大败袁绍。

206 年

曹操平定并州。自此，冀州、青州、幽州、并州皆为曹操所有，北方统一。

兖州牧。不久他大败青州黄巾军，收编了降兵 30 万人，组建成"青州兵"，成为他手下最精锐的部队。后来，吕布被推为兖州牧，一年后曹操打败吕布，巩固了在兖州的统治地位。正是在这时候，他选拔毛玠为治中从事。毛玠认为当时天下分崩离析，百姓饥馑，要成就霸业，除了恢复生产、积极蓄粮外，还要把皇帝控制在手里，用皇帝的号令去讨伐敌对势力。曹操听了大为赞许。马上派使者前往长安，向汉献帝上奏章，表忠诚。

被董卓劫持到长安的汉献帝历尽千辛万苦，回到了都城洛阳。这时的洛阳已经是一片废墟，破败不堪，皇帝和百官食宿无着，就像一帮乞丐。曹操亲自赶到洛阳，将献帝控制起来，而后连哄带骗，先是说到洛阳附近富庶的地方，以便筹措粮食，等献帝一出城，便被裹挟至许。随后，定许为国都，称许都。

曹操迁献帝到许以后，营立汉室宗庙社稷。献帝以曹操为大将军，封武平侯。曹操总揽朝政，汉献帝完全沦为他手中的傀儡。袁绍非常后悔，提出要把献帝迁到离自己较近的鄄城（今山东鄄城县），曹

曹操像

操断然拒绝，并用汉献帝的名义，指责袁绍依仗地大兵多，私树党羽，四处征伐，完全不为朝廷着想。袁绍怕遭众怒，只好上书自责。献帝任命他为太尉，位于曹操之下，袁绍怨愤填胸，但无处发作，只能用不接受表示抗议。曹操为缓和与袁绍之间的矛盾，减缓外部压力，把大将军职位让给了袁绍，自任司空，行车骑将军事。尽管这样，袁绍也高兴不起来，因为这只是一个空头衔。

此后，曹操不断加强对汉献帝的控制，严厉诛除支持皇帝、危害自己的势力。车骑将军董承等受献帝衣带诏谋诛曹操，事情泄露后被曹操所杀，株连三族。后来皇后伏氏在写给其父伏完的书信中，透露了献帝对曹操诛董承的不满，结果被废杀，其父兄宗族被杀者数百人。献帝太医吉本、少府耿纪等数人联合，趁曹操不在许都，企图发动政变。结果被曹操镇压，许多人株连被杀。后来

曹操干脆把自己的女儿立为皇后,直接监视献帝。

同时,曹操打着献帝的旗号,以朝廷的名义,开始了统一中国的事业。在 20 多年的南征北战中,他先后以武力消灭了陶谦、吕布、张绣、袁术、袁绍、刘表、马腾等割据集团,平定了帮助袁绍作战的辽东、辽西、右北平三郡乌桓人,击退鲜卑族的侵扰。凭借着"挟天子以令诸侯"的政治地位,再加上个人的政治军事才能,曹操逐步消灭了大河南北的敌对势力,此后向南发展,企图一统华夏。赤壁战败后,曹操统一南北的宏愿落空。此后,他用兵关中,平定叛乱;西征张鲁,占领汉中,统一了北方地区。

曹操总揽朝政,职位也一天天提高,先后任司空、丞相、魏公、魏王。废献帝而自立,不过是举手之劳了,但他却没有这样做。他一生奉行"挟天子以令诸侯"的策略,在政治上占据着别人无法比拟的优势,这是他事业成功的最重要的原因之一。

曹操死后,他的儿子曹丕认为再供奉献帝已无意义,于是把献帝一脚踢开,自己登上了皇帝的宝座,徒有虚名的东汉皇朝由此亦成为历史。

知识链接

官渡之战

东汉献帝建安初年,北方逐渐形成两大军事集团,袁绍拥有冀、青、幽、并四州。曹操占有豫、兖二州。建安五年(200 年),袁绍灭公孙瓒后,即准备进攻曹操的根据地许县(今河南许昌市),曹操进军黎阳(今河南浚县东南),分兵屯于官渡(今河南中牟东北)。当时袁绍拥兵 10 万,战马万匹,曹操只有一两万人,且粮草缺乏。但曹操具有"挟天子以令诸侯"的政治优势,善于用兵,用人重才,赏罚分明;而袁绍用人唯亲,法令松弛,赏罚不明,内部尔虞我诈。曹操用声东击西之计,先斩袁绍大将颜良,解白马(今河南滑县附近)之围,又斩其大将文丑。双方相持于官渡。后袁绍谋士许攸降曹,曹操用许攸之计,亲率 5000 精兵,偷袭淳于琼,焚烧了袁绍储存于乌巢(今河南延津东南)的粮食和其他重要军事物资,袁部将张郃、高览降曹。袁军大乱,全线崩溃。袁绍和他的儿子袁谭率 800 骑兵北渡黄河逃跑,7 万多降兵被曹操坑杀。此后不久,袁绍病死,其子袁谭、袁尚相互火并,曹操各个击破之,遂占有袁绍四州之地。

赤壁之战

赤壁之战是中国历史上著名的以少胜多、以弱胜强的战役。一千多年来,政治军事家们在总结战争双方胜负的原因,文学艺术家们在写作吟诵它的故事遗迹,一般民众也常把它作为饭后的谈资。在历史发展的长河中,它曾是一朵引起后人注目的浪花,是一处对社会发展产生过重大影响的浅湾。

建安十三年(208 年),曹操统一北方、平定乌桓后,即率领大军南下,企图一举统一全国。当时南方主要有江东的孙权与荆州的刘表两大势力,另外依附于刘表的刘备屯兵于樊城(今湖北襄樊市)。七月,曹操率 20 万大军逼近荆州。八月,刘表病死,次子刘琮继位,屯兵襄阳。九月,曹操兵至新野,刘琮尚未看见曹军的影子,便派人秘密送上了降书。这时刘备还被蒙在鼓里。曹军进到宛(今河南南阳),刘备方知内情,立即向江陵撤退。江陵是军事要地,积储有大量军用物资,此地若被刘备占领,便是为虎添翼了。于是曹操丢下辎重车辆,率领 5000 精锐骑兵火速追赶。一个昼夜行军 300 多里,在当阳的长坂坡赶上了刘备的队伍。刘备丢下老婆儿子,与诸葛亮、张飞、赵云等 10 多人逃走,民众和辎重全都留给了曹操。曹操先行到达江陵,刘备与刘表的长子刘琦则抄近路逃奔至汉水下游的一个渡口,恰巧碰到关羽的船队,才渡过沔水,到达夏口(今湖北汉口),接着又退到了樊口(今湖北鄂城西)。刘备自知不是曹操的对手,便派诸葛亮速速赶往江东,说服孙权联合抗曹。

孙权知道,曹军南下,决不单单是为了消灭刘备,夺取荆州,而是要一举占领江南。这时曹操也写信给孙权,说自己带领大军 80 万,要与孙权会猎于吴。这明明是在威吓孙权,逼他投降。大军压境,孙吴内部有了分歧,有的主张抵抗,有的主张投降,孙权一时没了主意。

诸葛亮见到孙权,谈了刘备的处境,又试探孙权对联合抗曹的态度,说:"您应该估计自己的力量来应付目前的局面,假如能够与曹操对抗,不如趁早和他断绝关系;假如力量不济,就干脆放下武器,归顺了他。现在您表面上服从他,内心里却迟疑不决,紧急关头不能当机立断,大祸就要临头了。"孙权觉得诸葛亮在讥讽他,面子上有些过不去,于是追问说:"刘备为什么不归顺曹操呢?"诸葛亮说:"田横不过是齐国的一个壮士,尚能坚守气节而不屈服受辱,何况刘备是皇室后裔,才能盖世,民心归顺,怎能屈服于曹操呢?"

尽管诸葛亮拿话激孙权抗曹,但孙权还是拿不定主意,于是召集群臣商议对策。以张昭为首的投降派劝孙权归附曹操,鲁肃不同意,建议孙权召回领兵在外的周瑜,共商抗曹大计。周瑜回来后,力劝孙权抵抗,说:"江东土地数千里,部队精锐,物资丰富,英雄豪杰都乐意为国效劳,怎么可以束手投降呢?"

诸葛亮与鲁肃、周瑜等对当时的形势作了精辟的分析,指出刘备手下尚有关羽的水军精兵万余人,刘琦的部队上万人,如果孙、刘联合作战,兵力相当可观。曹军号称 80 万,实际上只有 20 多万人,加之后方不稳,远征疲惫,不服水土,不习水战,只要善于利用曹军这些弱点,同心协力,定能取胜。孙权终于下定了抗曹的决心,命周瑜、程普为左右都督,鲁肃为赞军校尉,率领 3 万精锐水师,与刘备军会合后约 5 万人,到达赤壁(今湖北嘉鱼境长江南岸),与自江陵顺江东下的曹军相遇了。

正如周瑜所估计的那样,曹军不习南方水土,军中瘟疫流行,刚一交手,曹军便遭败绩,退回到江北岸,屯军于乌林(今湖北洪湖县东北),与孙吴军隔江对峙。为了减轻战船颠簸,克服北人不习水战的弱点,曹操下令用铁链将战船连在一起,首尾相接。周瑜部将黄盖针对曹军"连环船"移动缓慢的弱点,建议采用火攻,周瑜接受了他的建议。

黄盖给曹操写了封信,说:"您拥兵百万,江东将士都知道不是您的对手,只有周瑜和鲁肃不知天高地厚,硬逼大家与您交战。我诚心诚意归顺您,决心利用前锋之便,相机行事,助您取胜。"曹操根据自己对形势的分析,认定黄盖的投降是可信的。

黄盖准备了 10 艘大船,装载干芦苇、枯柴,灌上膏油,蒙以篷布。同时准备轻快小船,系于大船之后,以便点火后撤离。当时正值东南风急,船至江心拉起风帆,飞速向前。离曹军 2 里左右的时候,同时点火。10 艘火船像箭一样冲向曹军,曹船很快成了一片火海,风大火猛,岸上的营寨也烧了起来。南岸孙刘联军乘势进攻,曹军措手不

225 年

诸葛亮平定南中,七擒孟获。

227 年

三月,诸葛亮上《出师表》,屯兵汉中以图攻魏。

229 年

四月,孙权称帝,都建业(今南京市)。

230 年

孙权派将军卫温、诸葛直率甲士万人赴夷洲(今台湾省)。

卫温寻夷洲

孙权听说东南海中有夷洲、亶洲,于是令将军卫温、诸葛直甲卒万人出海寻访。船队向东南寻求未来,准备返航时发现澎湖列岛,继续东航至夷洲。在岛上逗留数日,掳数千人而回,所率兵士,病死者亦十之八九。卫温、诸葛直以"违诏无功"入狱被杀。此后台湾与大陆联系逐渐密切起来。

234 年

二月,诸葛亮率 10 万大军伐魏,进兵五丈原;八月,卒于军中。

及,溃不成军,人马烧杀溺死者不计其数。曹操带领残兵败将,由陆路经华容道狼狈撤回江陵。孙刘联军赶来将江陵包围。曹操无心恋战,乃放弃江陵,回到了襄阳、樊城一带。

赤壁战后,孙权在江东的地位更加稳固,刘备乘势取得武陵、长沙、桂阳、零陵(均在今湖南境)等 4 郡,继而夺得刘璋的益州,三国分立的局面形成了。

后代的小说家们以极大的热情,从赤壁之战中演绎出许多脍炙人口的故事,在民间广泛流传,大旨是称颂诸葛亮、周瑜的聪明才智,指斥曹操的狂妄失策,但冷静审视历史会发现,这次大战对古代社会的最大影响是,它使三国分立成为事实,统一的步伐就此缓慢了下来。

 知识链接

三国鼎立

黄巾起义失败后,关东地区出现了许多拥兵自重的军事集团,经过多年的相互混战、兼并,逐渐形成了几个较强大的割据势力。在军阀混战中,曹操的势力发展最快,于建安十二年(207 年)统一了北方。孙权继承其兄孙策的基业,统治了江东六郡。刘备狼狈投奔、依附刘表,后与孙权联合抗曹,大败曹操于赤壁,有了立足之地。赤壁之战奠定了三国鼎立的局面。在此后的十几年里,曹操取得了关中之地,统治了黄河流域的广大地区,孙权在江东的统治更加巩固,刘备则取得荆州和益州。

220 年,曹操的儿子曹丕废汉献帝自立,建立魏国,都洛阳。次年刘备在成都称帝,国号汉。229 年,孙权称帝,国号吴,都建业(今南京市)。三国鼎立的局面正式形成了。此后,虽然兼并战争仍旧继续进行,但三国统治者为了巩固和发展自己的势力,都比较重视发展经济、稳定秩序。曹魏大兴屯田,修建水利工程,使黄河流域社会经济得到了恢复和发展。蜀汉重视兴修、管理都江堰等水利工程,改善了与西南少数民族的关系。孙吴引进北方先进的生产技术和生产经验,促进了长江下游地区的开发。三国鼎立是对东汉腐朽政治的否定,是由东汉末年的大分裂走向局部统一,进而实现全国大统一的过渡阶段。

司马昭图谋篡魏

据说曹操曾做过一个梦，见到三匹马在一个槽里吃草，生性多疑的曹操把这个梦解释为"三马吃一槽（曹）"，对司马懿父子三人戒心陡增，于是对太子曹丕说："司马懿很有才干，难以居于人下，将来一定会破坏曹家的事业。"曹丕与司马懿交往甚密，哪里会担心司马懿父子篡夺曹家的政权？所以把曹操的话当成了耳旁风。

早在建安十三年（208年），曹操就征辟司马懿做了丞相府文学掾，但后来始终没有重用他。曹丕称帝后，司马懿的职位渐渐重要起来，曹丕临死，下诏司马懿与曹真共同辅政。他的儿子曹睿即位后，让曹真驻守关中，司马懿驻守南阳。曹真死后，司马懿独掌军权，主持对蜀作战，势力逐渐强大。曹睿死后，年方8岁的曹芳即位，宗室曹爽削夺司马懿的权力，独掌朝政。司马懿自称年老，卧病在家，暗中积蓄力量，豢养死士。正始十年（249年）曹芳出谒明帝的陵墓高平陵（洛阳南90里），曹爽兄弟随行。司马懿突然发动政变，控制洛阳城，诛杀曹爽及其党羽，夺回了军政大权。司马懿死后，他的儿子司马师掌权，废掉曹芳，立年仅14岁的曹髦为帝，继续剪除曹氏势力。正元二年（255年），司马师病死，他的弟弟司马昭继任为大将军、录尚书事，掌握朝廷大权。

甘露二年（257年），魏国镇东大将军诸葛诞杀扬州刺史，起兵反对司马昭。司马昭率军20万东征。诸葛诞自知不敌，乃向孙吴称臣，送儿子为人质请求救援。孙吴派将军全怿、全端等率兵3万前往救援。结果全怿、全端等受司马昭离间，弃诸葛诞，出城投降。第二年，寿春被攻陷，诸葛诞被杀，株及三族。从此，司马昭更加横行无忌，自封为晋公，加九锡（即九种礼器，是天子赐给诸侯、大臣有殊勋者的九种器用之物，为最高礼遇的表示，包括车马、衣服、弓矢等），后来又自称相国。

景元元年（260年），已经成年的魏帝曹髦见自己的亲信被司马氏

249年

正月，司马懿杀曹爽掌握魏国大权。司马懿死后，其子司马师、司马昭相继为大将军掌权。

司马懿像

或杀、或贬，权威日渐削弱，感到十分愤恨。曹髦实在无法忍受任人宰割的屈辱生活了，五月七日这天召见侍中王沈、尚书王经、散骑常侍王业，对他们说："司马昭之心，路人皆知，我今天要与你们一起讨伐他。"

260 年
五月，曹魏君主高贵乡公曹髦讨伐司马昭被杀，司马昭另立曹奂为帝。

王经劝他说："司马氏掌握大权已经很久了，朝廷内外都为他效命，他们不行为臣之道，也不是一天两天了。现在宫中宿卫空缺，武器盔甲既少又差，陛下凭借什么去讨伐他？您这样做后果可不堪设想啊，还是等待时机再说吧。"年轻气盛的小皇帝根本听不进去，他从怀里拿出黄绢诏书扔在地上说："我已经决定这样做了！即使死了也不怕，何况不一定会死。"说完便进内宫禀告太后。王沈、王业怕日后连累自己，跑去报告司马昭，王经不肯与他们同行，也不想在这里等死，于是自己逃跑了。

263 年
八月，魏派钟会、邓艾分两路攻蜀。
十一月，刘禅投降，蜀亡。

曹髦走出内宫，拔剑登上辇车，率领宫中宿卫、僮仆等人，呼叫着冲了出去。中护军贾充率兵士赶往宫中，在南殿下包围了曹髦。曹髦亲自挥剑拼杀，贾充的部下不敢还手。太子舍人成济问贾充："这事该怎么办呢？"贾充说："司马公平常善待你们，正是为了今天，还有什么可问的！"成济立即持戈上前，将曹髦杀死在辇车之下。

265 年
八月，司马昭卒，其子司马炎继位为晋王。
十二月，司马炎废曹奂，自立为帝，国号晋，魏亡。

司马昭装作吃惊的样子，马上召集群臣一起讨论此事。尚书左仆射陈泰不肯前往，家人苦苦相逼，才来到朝堂上。陈泰悲恸欲绝，司马昭也陪着挤出几滴眼泪，说："你替我出出主意，这事可怎么办呢？"陈泰说："杀掉贾充，向天下人谢罪。"贾充是司马昭的心腹，司马昭岂肯杀他，他让陈泰再想其他的办法，但陈泰坚持要杀贾充。司马昭怎么都不肯表态。

事后，司马昭借太后的名义，列举了曹髦的许多罪状，把他贬为庶人，以平民的丧礼安葬了他，想这样把事情掩饰过去。不过人们还是议论纷纷，谈论司马昭为什么不惩办凶手，司马昭怕引起众怒，于是把杀害皇帝的罪责全推到了成济身上，给他定了个大逆不道的罪名，把他满门抄斩。

280 年
晋将王濬率舟师进入建业，吴主孙皓投降，吴亡。至此，三国皆归于晋。

曹髦被杀以后，司马昭立曹奂做了皇帝，曹魏政权完全被司马氏控制。司马昭发兵灭蜀后，没来得及做皇帝就病死了。公元 265 年，他的儿子司马炎废掉曹奂，自己做了皇帝，建立了西晋政权。

知识链接

三分归晋

曹魏后期,随着统治集团腐朽、官僚群体内部矛盾激化,世家大族势力逐步增长。正始十年(249年),河内温县(今河南温县)世家大族出身的司马懿发动政变,掌握了曹魏的实权。其子司马师、司马昭继续摄政,逐渐消灭了曹氏势力。

当时曹魏占据北方广大地区,经济实力雄厚,军事力量强大。蜀汉偏居一隅,经济军事力量较弱。孙吴保守江东,后期皇室内争,国势衰微。南北抗衡的基础逐渐消失,北方统一南方的条件日趋成熟。

景元四年(263年),司马昭派钟会、邓艾分兵伐蜀,邓艾越险而进,直趋成都,蜀主刘禅投降,蜀汉历2帝共43年,至此灭亡。咸熙二年(265年),司马昭的儿子司马炎废魏帝自立,国号晋,仍都于洛阳,曹魏历5帝46年,为晋所取代。咸宁六年(280年),西晋大军进逼吴都,吴主孙皓投降,东吴历4帝59年,至此灭亡,地归于晋。东汉末年以来延续了90年的分裂割据局面至此结束,中国重新走向了统一。

贾 南 风 干 政

在中国历史上难以计数的皇后当中，贾南风恐怕要算是品貌最差的了。她相貌丑陋，身材矮小，皮肤黝黑，性情忌妒狡诈、凶狠毒辣。这么一个丑而无德的女子，怎么会当上了皇后呢？

贾南风是平阳襄陵（今山西襄汾）人，西晋开国元勋贾充的女儿。贾充是司马氏的心腹重臣，晋朝建立前曾两次指挥平定反对司马氏的叛乱，起初司马昭想传位给他的次子，由于贾充极力坚持，才将王位传给了长子司马炎。司马炎当了皇帝之后，对贾充感激不尽。后来贾充受人排挤要去地方任职，乃决定将女儿嫁给太子，以保住朝臣的职位。司马炎对这位准儿媳的相貌很不满意，但念及与贾充的旧情，也想通过政治联姻巩固司马氏政权，便答应了这门婚事。

晋武帝像

290 年
四月，晋武帝司马炎卒，其子司马衷即位，是为惠帝。惠帝弱智，皇后贾南风当权。

贾南风嫁给司马炎的儿子、后来的晋惠帝司马衷，倒也十分般配。晋惠帝是个十足的白痴，智商比起刘备的儿子阿斗来都要差得远。他当皇帝时已经 30 多岁，对很多事情都不懂。有一次到花园里游玩，听见青蛙在叫，他问随从说："这青蛙是为公叫，还是为私叫？"弄得随从啼笑皆非，不知如何回答。又有一次，大臣们上奏说，许多地方发生灾荒，老百姓饿死了很多。惠帝问为什么会饿死人，大臣说因为没粮食吃。这位白痴皇帝忽然想起自己早就吃厌了的肉粥，于是自作聪明，说："这老百姓怎么不吃肉粥呢？吃了肉粥也不会饿死呀！"这么个尤物做皇帝，就是任人摆布的傀儡。

贾后尽管十分丑陋，但晋惠帝不仅不嫌弃她，反而对她有三分的宠爱，七分的惧怕。因为关键的时候贾南风能帮他出主意，掩饰傻相。惠帝做太子的时候，武帝和朝臣们都怀疑他的执政能力，有人甚至主张另立太子。为了堵住大臣们的嘴，也为了检验一下太子的办事能力，咸宁四年（278 年）十月的一天，晋武帝煞有介事地安排了一次测试。他设下宴席，召来东宫的所有官员，只留太子一个人在宫中。然后密封一道公文，内书疑难问题，派人送给太子，让他独立作出处置。贾南风见了，赶紧从宫外找来人代替太子作答，然后让太子抄了一份送去。武帝看了答卷，非常高兴，又转给主张另立太子的大臣看，大臣们心里明白，但又不敢戳穿，从此再不提另立太子的事了。

贾南风耍弄手腕，保住了太子的地位，但她的妒忌却差点断送了自己太子妃的名分。自从与太子成婚以后，贾妃一直没能怀孕，这使她对太子的其他侍妾十分妒忌，尤其对怀了孕的侍妾更是恨之入骨。她曾亲手杀了几个，又用手戟投掷怀有身孕的，致使这个侍妾流产。武帝得知后大怒，要将贾妃废掉。荀勖等人为她说情，杨皇后也说："贾充有大功于朝廷，贾妃是他的亲生女儿，不可以这么快就忘记贾氏的功德。"武帝只得作罢。

晋惠帝即位以后，贾南风被立为皇后。这时，大权掌握在杨太后的哥哥、太傅杨骏手中，贾后想干预政治，却遭到杨骏的抑制。杨骏把自己的宗亲党羽安排在要害的职位上，这帮人行政能力低下，办事常出差错，造成朝野上下，怨声载道。贾后见有机可乘，便暗中指使亲信散布舆论，说杨骏要谋反。然后派人通知汝南王司马亮，让他发兵讨伐杨骏，司马亮没有理她。贾后又派人找到都督荆州诸军事的楚王司马玮，司马玮欣然答应。

元康元年（291年），司马玮带兵进京，贾后挟持惠帝下诏，杀死杨骏及其宗亲党羽数千人，把杨太后废为庶人，她母亲也要被处死。临刑前，杨太后与母亲抱头痛哭，要求见贾后，甘愿称妾，以保全母亲的性命，但心狠手辣的贾南风岂能答应！

除掉杨骏以后，贾后大肆起用其亲属参政，贾氏权势日盛。但汝南王亮、司空卫瓘（guàn）等元老重臣还在，贾后仍然不能专权。于是她再次挟持惠帝下诏，让司马玮杀死司马亮和卫瓘。接着，又给司马玮加上一个假借皇帝命令诛杀大臣的罪名，司马玮也成了刀下之鬼。从此，贾后完全掌握了朝政。

此后，贾后重用名士张华、世族裴頠（wěi）及其族兄贾模等人，政治较为安定。但过了七八年时间，贾后又不安分起来，开始施行新的

300 年

四月，赵王司马伦杀贾皇后等，自任相国。

301 年

正月，司马伦废晋惠帝，自立为帝。
四月，成都王司马颖等攻杀司马伦，晋惠帝复位。"八王之乱"自此开始。

石王斗富

西晋官员富家竞相侈靡。石崇在荆州刺史任上劫掠商人至巨富，晋武帝的舅父王恺则因裙带关系富可敌国。二人互不服气，经常比试谁更富有。王用糖水涮锅，石则用蜡烛当柴烧；王用绸做帷幕长40里，石用锦做长廊50里；王用花椒和泥涂墙，石涂墙用赤石脂（一种硅酸盐类矿物质，可入药）。晋武帝赐王恺一珊瑚树，高二尺多。王恺拿去向石崇炫耀。石崇挥起铁如意，珊瑚应手而碎，让人取六七棵高三四尺者。

政治阴谋。惠帝的儿子司马遹（yù）乃谢氏所生，自幼聪明，深得武帝喜欢，以为儿子虽然愚痴，但孙子聪明懂事，定能延续西晋的统治。惠帝即位后，司马遹被立为太子。贾后知道这聪明的孩子一旦做了皇帝，自己的权力肯定会被限制。外戚贾谧知道她的心思，也经常向她进谗言，劝她早日除掉太子。贾后无子，将来立谁为太子呢？于是贾后谎称自己有了身孕，一天天将肚子襟大，到了"临产"的时候，偷偷把妹妹贾午的儿子抱过来，冒充自己所生。一切筹划就绪，贾后开始对太子下毒手了。

元康九年（299 年）十二月，贾后谎称惠帝病危，把太子骗入宫中，命侍婢将他灌得酩酊大醉，让他抄写一段文字，开头几句话大意是："陛下自行了断吧，不然，我就要入宫了断。皇后也应从速自行了断，否则，我要亲手了结。"醉眼朦胧的太子勉强写了一半，贾后把剩下的一半补齐，随即让惠帝召公卿大臣入朝，展示了太子所写的书信，提议将太子赐死。"证据"确凿，大臣们没人敢提出异议。只有张华、裴颜力保太子无辜，但太子最终被废为庶人，不久便囚禁而死。

贾后诬陷害死太子，群情怨愤。永康元年（300 年）四月，太子死后不到一个月，赵王司马伦约请梁王司马肜（róng）、齐王司马冏（jiǒng），率领军队冲入宫中。贾后猝不及防，仍故作镇静责问司马冏说："你来干什么？"司马冏答道："奉圣上诏书，来捉拿你！"贾后又强辩道："诏书都是从我这里发出的，你们哪来的诏书？"但一切都已无济于事。贾后被抓以后，司马伦又挟持惠帝下了道诏书，把她废为庶人，不久便用药酒把她毒死。张华、裴颜及她的死党全部被杀。第二年，司马伦废惠帝，自立为帝。至此，由白痴皇帝与野心家皇后共同演出的宫廷闹剧结束了，拥兵自重的军阀们之间更惨烈的争斗——"八王之乱"随之拉开了帷幕。

西晋持鞭陶俑

八王之乱

晋初大封同姓宗室为王,允许王国设置军队,且陆续以诸王率领中央军队镇守要地。晋惠帝在位的时候,掌握禁军的赵王伦杀贾后,废惠帝,自立为帝,激起诸王反对。镇守许昌的齐王同起兵讨伦,镇守邺地的成都王颖与镇守关中的河间王颙(yóng)举兵响应。结果赵王伦为禁军所杀,惠帝复位,齐王同以大司马入京辅政专权。于是权力之争再起,颙自关中起兵讨同,长沙王乂(yì)举兵响应,入宫杀同,政权落入乂手。颙、颖合兵讨乂,屡为乂所败。洛阳城里的东海王越与部分禁军合谋,擒杀乂。颖入洛阳为丞相,以皇太弟身份专政,挟惠帝居邺城。颙派兵占领洛阳,并州刺史司马腾(司马越弟)与幽州刺史王浚联兵攻破邺城,颖与惠帝投奔洛阳,转赴长安。越从山东起兵进攻关中,击败颙。光熙元年(306年),越迎惠帝回洛阳,颖、颙相继为其所杀,大权落入越手中。不久越毒杀惠帝,另立怀帝。

参加混战的主要是汝南王亮、楚王玮、赵王伦、齐王同、长沙马乂、成都王颖、河间王颙、东海王越,故史称"八王之乱"。八王之乱中,人民大量被杀,生产遭到严重破坏,各族起义频频发生,北方少数民族乘机内迁,西晋政权陷入分崩离析的局面。

祖逖北伐

304 年

十月,李雄据成都,称成都王,两年后称帝。内迁匈奴族人刘渊据左国城,称汉王,4 年后称帝,国号汉。

刘渊称帝

刘渊是匈奴冒顿单于的后裔,因冒顿曾娶汉公主,并被刘邦约为兄弟,故其后人冒姓刘氏。刘渊自幼好学,通诗书,尤喜读史书、兵书,善骑射,体力超群。其父死后,受西晋朝廷之命,继任管理匈奴五部之一的左部帅。后任北部都尉,匈奴五部豪杰纷纷投其门下。八王之乱起,司马颖任其为宁朔将军。后来打着为司马颖召集兵马的旗号,回左国城(今山西离石),拥众五万,被匈奴各部推为大单于。304 年称汉王。后大败晋军,占领山西中北部地区。308 年正式称帝,迁都平阳,国号汉。

西晋末年,北方出现了世家大族南迁避乱的狂潮,在江淮一带的交通大道和沿江的渡口上,到处可以看到结队南行的人群。这些人群大都以宗族为单位,跟随其后的是同乡、宾客及仆从。他们要到南方地广人稀的地方寻找一块远离战场的净土安家落户。但也有人想暂时躲避战乱,伺机重返北方,恢复被异族蹂躏的家园,祖逖就是其中的一个。

祖逖字士稚,范阳遒县(今河北涞水北)人,出身于世家大族,父亲曾任西晋上谷太守。他幼年丧父,性情慷慨豁达,轻财仗义,经常借兄长的名义以家产接济贫困人家,因此为邻里宗族所推重。

祖逖与刘琨是好朋友,两人都有远大志向。他们时常纵论天下大事,讨论如何匡扶晋室,报效国家,有时到了深夜还没有睡意。他们时常同榻而眠,有一天半夜里,祖逖听到了荒野中的鸡叫声,把刘琨蹬醒,披衣起床,要与他一起舞剑,刘琨欣然同意。于是,两人习以为常,每当听见鸡叫声,便拔剑起舞,以振作精神,激励斗志,由此留下了"闻鸡起舞"的千古佳话。

永嘉五年(311 年),刘聪派兵攻陷了西晋的都城洛阳,祖逖带领宗族乡里等数百人来到淮、泗一带避乱。在逃难的途中,祖逖把车马让给老弱乘坐,把粮食、衣服分给大家食用,再加上他组织有方、富于谋略,因此大家都十分敬重他,推他做首领。

到了泗口(今江苏清江市北),祖逖手下已经聚集了一批背井离乡的北方人。镇守建业的琅邪王司马睿听说祖逖有才能,便给了他一个徐州刺史的空头衔,不久又征召他为军谘祭酒。于是,祖逖率领宗族人等移居到了京口(今江苏镇江)。祖逖不甘故国倾覆,常怀振兴恢复之志。他多次请缨,要求领兵北伐。他对司马睿分析当时的形势,认为只要迅速出兵,联络北方志士,恢复中原,指日可待。当时司马睿正忙于巩固偏安政权,无意恢复北方,但听了祖逖的话,又不好推辞,于是勉强搪塞,送他一个豫州(在今河南东部和安徽北部)刺史的廉价头衔,拨给 1000 人吃的军粮和 3000 匹布,至于人马和武器,叫他自己想法筹措。

建兴元年（313年），祖逖带领旧部数百人毅然渡江，船到江心的时候，祖逖拿着船桨，拍打着船舷，向大家发誓说："如果不能扫平占领中原的敌人，我就如这滚滚东流的江水一样，一去不回。"他的激昂声调和豪壮气概，使随行的壮士十分感动，人人激奋。这就是人们常讲的"中流击楫"的故事。

到了淮阴，他们一面制造兵器，一面招兵买马，很快聚集了2000多人，接着向北进发，由于得到沿途民众的支持，很快收复了许多失地。当时，江北没有南迁的世家大族，纷纷筑起堡坞，拥兵自卫，也互相争战。祖逖派人晓以利害，进行调解，说服他们停止内争，随同北伐；对不听号令、依附敌人者，则予以坚决打击。

大兴二年（319年），陈留豪强地主陈川投降后赵国石勒，祖逖发兵攻之。石勒派兵5万援救，被祖逖打得大败。接着，后赵的将领桃豹和祖逖的部下韩潜又为争夺蓬陂（河南开封市附近）展开大战，40天过去了，双方仍相持不下。一天，祖逖派出上千士兵运输军粮，兵士们故意慢慢行走，且不时停下来休息。桃豹闻讯大喜，急派兵士前去抢夺。晋兵略作抵抗，便丢下一些米袋逃走。后赵军队认为祖逖军中粮食充足，军心动摇起来。其实祖逖的军士们口袋里大都装的是泥土，只有被敌人抢去的那几袋是粮食。桃豹派人向石勒求救。石勒赶忙运粮食接济桃豹。祖逖在途中设下伏兵，把粮食全部截夺下来。桃豹再也无法支持，连夜逃跑了。

司马睿即帝位以后，因为祖逖功劳大，封他为镇西将军。祖逖经过4年多苦战，收复了黄河以南的全部失地。祖逖的军事力量日益强大，石勒不敢挥兵南向，只得派人向祖逖求和，要求双方在边境上相互贸易。祖逖根本不作回答，只是听任人们自由贸易，结果祖逖的军队获利10倍，势力更加强大了。

祖逖一面操练士兵，一面扩大队伍，准备乘势渡过黄河，收复河北的国土。正在这时候，东晋统治集团内部发生内讧，大将军王敦准备对晋元帝司马睿开战。在晋元帝看来，收复北方失地并不重要，重要的是保住自己的皇位。他怕祖逖像王敦那样尾大不掉，于是派戴渊为征西将军，坐镇合肥，统管北方六州军事，一方面防备王敦叛乱，另一方面节制祖逖。祖逖苦战多年，晋元帝从来都不关心，如今收复

311年

六月，刘曜、王弥攻陷洛阳，俘虏晋怀帝。北方士族大量渡江南迁。晋怀帝的年号为"永嘉"，故史称"永嘉之乱"。

313年

匈奴族首领刘聪杀晋怀帝，司马邺在长安即皇帝位，是为晋愍（mǐn）帝。

316年

十一月，刘曜攻陷长安，晋愍帝投降，西晋灭亡。

317年

三月，司马睿称王，都建康，以王导为丞相。祖逖率两千人北伐。

了大片失地,却派一个不懂军事的人来指挥他,祖逖忧愤万分。

　　眼看自己受制于人,北伐计划无法实施,收复河北失地的宏愿难以实现,本已劳累过度的祖逖再也坚持不住了,一病不起,于大兴四年(321年)死于雍丘。没过多久,王敦与东晋政权的大战便开始了。统治集团内部争得你死我活,哪里还有力量对付外敌。于是,祖逖收复的失地自淮、汉以北,又全部被石勒所攻占,北伐就这样失败了。

 知识链接

永嘉之乱

　　西晋怀帝永嘉年间,匈奴贵族刘渊已建立汉国,称帝于平阳(今山西临汾西南),亟欲问鼎中原。永嘉三、四年,旱蝗灾害频频发生,河洛江汉皆可徒步而过,北方许多地方草木皆无。汉国军队攻掠洛阳近郊,南下襄阳,京城危如累卵。永嘉五年(311年)三月,汉国石勒在宁平城(今河南郸城东北)与太尉王衍率领的晋军大战,石勒纵骑兵驰骋进攻,十万晋军自相踩踏,尸积如山,晋军主力由此丧失殆尽。六月,洛阳被攻陷,汉兵烧杀抢掠,士民死者三万余人,宫殿官府尽成瓦砾,晋怀帝被停至平阳处死。这几年间,战火满天,天灾不断,民众流亡,流尸满河,白骨蔽野,北方士人渡江南迁避乱者十之六七。"永嘉之乱"是历史上有名的荒乱年代。

王与马共天下

东晋是西晋宗室司马睿在南方建立的政权,但在统治集团中起主导作用的却是以王导为首的北方士族,所以当时民间流传着一句话,叫做"王与马共天下"。那么,以王导为首的北方士族为什么能够分享东晋的最高政治权力呢?

原来,晋惠帝时候,东海王司马越控制着江淮地区,他率兵北上参与诸王混战,便任用琅邪王司马睿为平东将军,留守下邳。司马睿与王导关系密切,以王导为司马,委以军事重任,王导对司马睿也倾心推奉。永嘉元年(307年),司马睿移师建康,事事咨询王导,对他更加依赖和信任。在西晋皇族中,司马睿的地位和名望不高,政治军事能力也都平平,初到建康,江南世家大族看不起他,不来拜见,更不愿前来做官。没有江南士族的支持,要在那里站住脚是不可能的,司马睿为此伤透了脑筋。

王导有个堂兄叫王敦,当时在扬州做刺史,是地方实力派人物。王导把他请到建康商议对策。他们觉得自己是北方人,要在南方继续享有国家赋予的政治特权,必须有政治靠山,而这个靠山只能是司马睿。于是决定利用自己在士族中的影响,设法提高司马睿的威望。

江南地区有一种风俗,三月初三这天,上自高官、下至百姓都到江河水边去,洗除宿垢,祓(fú)除不祥,称作"禊(xì)节"。这一天,王导让司马睿坐上华丽的轿子,带着威武整齐的仪仗队伍,王导、王敦为首的北方士族名流,骑着高头大马跟在轿子后边,浩浩荡荡,非常壮观。南方人从来没看到这样的大场面,一时大为轰动。江南世家大族首领顾荣、贺循等人听到这个消息,从门缝里偷偷张望。他们看到司马睿这样尊贵,北方士族如此拥戴他,十分震惊,生怕怠慢了司马睿,纷纷出来拜见。

看到江南士族已经动心,王导又向司马睿提议:顾荣、贺循是江南士族的领袖人物,对他们要优礼相待,这样就可以笼络江南士族了。司马睿马上派人上门拜请顾荣、贺循出来做官,两人十分高兴,接着便来拜见司马睿。司马睿隆重地接见他们,贺循被任命为吴国内史,顾荣被任为军司马。遇有军政事务,都主动与他们相商。其他

318 年

司马睿称帝,是为晋元帝,东晋建立。

侨置郡县

西晋末年,北方世家大族纷纷南迁避乱,他们多相聚而居,保持原来的籍贯。于是东晋设置侨郡、侨州、侨县,地名和北方原地名完全相同,借以安抚北方士族,缓和南北士族矛盾。当时侨置郡县无一定边界,不征收赋税。后将其户口全纳入所在土著郡县,称作"土断"。隋统一后,侨置郡县完全废除。

319 年

羯族人石勒称赵王。

354 年

桓温北伐。

366 年

沙门乐僔营建敦煌"莫高窟",此为敦煌开凿石窟之始。

江南士族不再徘徊观望了,他们争先恐后,前来投靠司马睿。司马睿一一任以官职。纪瞻出任军祭酒。周玘一贯以淡漠名利相标榜,过去东海王司马越曾任命他做官,但他理都不理,现在不但出任吴兴太守,接受乌程县侯的爵位,而且很卖力气,在吴兴颇有政绩。

王导心里清楚,江南士族与司马氏政权合作,是迫于形势的压力,北方士族才是司马氏统治的基石与核心。当时到江南避难的江北士族除了琅邪王氏之外,还有太原王氏、陈国(河南淮阳)谢氏、谯国(安徽)桓氏等,他们当初都是名门望族。王导劝说司马睿把他们中间有名望的人都请出来,任以官职,前后选取了上百人为官,其中不少人如祖逖、刘隗、庾亮、桓彝、温峤等都是司马氏政权的重臣。

建武元年(317年),长安失陷,司马睿在建康称帝,建立了东晋。司马睿登基那天,王导和文武官员列队朝见。司马睿明白,自己能当上皇帝,全是王导的功劳。他见王导与百官同列,觉得不甚得体,于是从御座上走下来,一把拉住王导,要他和自己一起坐到御座上,接受百官朝拜。王导是个聪明人,不会做这种僭越的蠢事,坚决推辞。

司马睿对王导兄弟感激涕零,对他们特别敬重。他任用王导担任宰辅,综揽朝廷大权;王敦总管军事,都督荆扬江湘交广六州军事。王家的子孙都担任了重要官职。

过了几年,司马睿的皇位逐渐坐稳了,听说民间流传"王马共天下"的话,不禁如鲠在喉,他想削夺王氏的权力。善于逢迎拍马的刘隗、刁协等成了他的心腹,暗中进行军事部署,逐渐疏远了王导。

看到司马睿忘恩负义、过河拆桥,王氏兄弟心中更是忿忿难平。永昌元年(322年),王敦以诛刘隗为名,从武昌顺流而下,攻入建康。王导反对王敦这种过激的行为,劝他退回武昌,一场大战才算平息下去。司马睿见无

门阀制度

古人把世代为官的人家称为门阀世族(士族)。门阀制度是维护世家大族特权的等级制度。其政治特权主要表现为控制官吏的选拔任用,经济特权则表现为按官品高低占有土地(占田)和占有劳动人口(荫客)。这种制度萌生于汉魏之际,西晋时形成并得到巩固,东晋达到鼎盛,至南朝开始衰落。

流经南京城的秦淮河

法动摇王氏的势力,忧愤生病,不久便一命呜呼了。

　　王导先后辅佐元帝、明帝、成帝三朝,为政清静平和,善于忍让和调节各方面的矛盾,为保持东晋初年稳定局面立下了汗马功劳。后来,北方士族出身的庾氏、桓氏、谢氏也都先后与司马氏共同执掌朝政,但由于他们之间相互牵制,都无法取代司马氏政权。北方士族与司马氏共同掌握政权,成为东晋一代的基本政治格局。

 知识链接

东晋的建立

　　西晋末年,北方世家大族纷纷率领宗族乡里、宾客、部曲避乱南迁,其中不少人在南方寻求官职。当时,晋惠帝的子孙全部死于战乱,只有与晋武帝、惠帝血缘较远的皇族尚存于世,他们亦有南渡者。其中司马懿的曾孙、琅邪恭王觐的儿子司马睿袭封琅邪王,他与东海王司马越关系密切,后受司马越之托镇守下邳(今江苏睢宁),永嘉元年(307年)以安东将军、督都扬州江南诸军事移守建业(今南京市)。后来获得了南北世家大族的支持,在江南逐渐站稳了脚跟。长安被匈奴人刘曜攻陷后,晋愍帝投降,司马睿闻讯后称晋王。建武元年(317年)晋愍帝被杀,司马睿乃称帝,国号仍为晋,历史上称为东晋,改建业为建康,以为都城。

淝 水 之 战

"风声鹤唳，草木皆兵"，是说前秦的国君苻坚在淝水战场上，听到风的响声、鹤的叫声，都以为是敌人的呼叫呐喊声，疑心敌人追了上来；看到八公山上的荒草树木也以为是敌人的军队。如果害上这种心理恐惧症的是未经战阵的兵士，也倒不足为怪，久经沙场，叱咤风云，率领数十万大军统一了中国北方的苻坚为什么会害怕到这样的程度？

前秦统一北方后，形成和东晋南北对峙的局面。前秦的疆域东到大海，西并龟兹，南包襄阳，北到大漠，东北的新罗、肃慎，西方的大宛、康居、于阗及天竺等国都与它建立了友好关系。苻坚并不满足，他想继续扩大地盘，就只有向江南挺进，消灭东晋政权了。在苻坚看来，以前秦的兵力，消灭东晋并不是什么困难的事情。

太元七年(382 年)十月的一个早晨，天刚蒙蒙亮，长安城中前秦的文武百官，便聚集在皇宫太极殿门前，等候苻坚临朝，商讨灭晋大计。苻坚本以为大臣们会齐声欢呼他的英明，谁知除了一个马屁精说了几句附和的话以外，其他人都认为东晋内外同心，君臣和睦，而且有长江作为天然屏障，目前不可贸然攻伐。苻坚越听越不高兴，于是骄狂地说："当初吴主孙皓也有长江天险，不是照样被消灭吗！现在我有百万大军，只要大家把马鞭子丢到长江里，便可以截断江流，还怕什么天险！"

群臣退下以后，苻坚的弟弟苻融又来劝谏他说："现在伐晋的时机还不成熟，况且咱们的军队长期作战，兵士疲惫，百姓负担太重。再说，现在都城周围布满了异族势力，他们各怀鬼胎，不可不防。我们劝您不要伐晋您可以不听，难道王猛临终前的话你也忘了吗？"

看来王猛是大臣们劝谏苻坚的杀手锏了，而王猛又是何许人呢？王猛是汉族，为人深沉刚毅，智能兼备，36 岁时投靠苻坚，一年之中 5 次升迁，不仅帮助苻坚治理内政，而且统兵作战，功绩显赫。苻坚对他言听计从，敬礼备至。后来，王猛积劳成疾，在前秦统一北方前夕去世，他临死前曾郑重告戒苻坚：千万不可伐晋！

苻坚已经是利令智昏了，不管怎么劝，他都听不进去。第二年八月，苻坚调集各州兵马，共计有步兵 60 多万，骑兵 27 万，羽林军 3 万，号称百万。命苻融为征南大将军，和鲜卑贵族慕容垂一起，率领

25万步骑兵为前锋;羌族贵族姚苌(cháng)为龙骧将军,率领四川的部队沿江东下;幽、冀等州兵马由彭城(今江苏徐州)南下,苻坚亲率主力大军从长安出发。一路上人喧马嘶,旌旗遮天,车辆、马匹、粮草、辎重,前后足有几百里长。

九月,苻坚率领的秦军主力攻下项城(今河南项城),苻融到达了淮河北岸的颍口(今安徽颍上县正阳镇),向淝水(淮河支流,在今安徽寿县境内)西岸的重镇寿阳(今安徽寿县)展开了进攻。

前秦大军压境,晋孝武帝任命谢安为征讨大都督。谢安胸有成竹,从容不迫地进行抗战部署。他令谢石代理征讨大都督的职务,负责指挥全军;谢玄担任前锋都督,连同青年将领谢琰等率领8万名"北府兵"沿淮河西上;另派将军胡彬率领水军5000人增援战略要地寿阳。

没等各路人马到齐,苻坚就命令苻融向晋军发动进攻,十月寿阳被攻破。胡彬驻军于硖石(今安徽凤台西南),等候谢石大军的到来。苻融一面派兵围攻硖石,一面派人封锁淮水,阻击谢石、谢玄大军。

谢石的大军前进受阻,硖石的胡彬水军孤立无援,眼看军粮就要吃光,情况十分危急。苻坚得到晋军缺粮的密报后,随即带8000轻骑兵赶往寿阳,派朱序到晋军营中劝降。朱序原来是东晋防守襄阳的将领,襄阳失守时被俘。

朱序到晋营后,不但没有劝降,反而向谢石透露了秦军的真实情况,并且建议谢石乘前秦各路兵马尚未集中,立即发起反攻。谢石和谢玄当机立断,派刘牢之带领5000北府兵,夜袭秦军,秦军大败,晋军乘胜追击。谢石率领晋军主力向前推进,在淝水东面的八公山(今安徽寿县东北)旁扎下营寨。

听说秦军失利的消息,苻坚心中忐忑不安。他和苻融登上寿阳城楼,瞭望晋军的动静。只见晋军阵容严整,旗号鲜明,不由得暗自吃惊。当时北风正紧,把八公山上的草木吹得左右摇摆,苻坚内心慌乱,顿生疑惧,迎风远望,恍惚之间,好像八公山上漫山遍野都是晋军。他连忙下令,各军严守淝水防线,不得渡水出击。

谢玄等人知道,秦军兵多势众,只有速战速决,方有取胜的可能。于是派人到秦军营中,要求他们把阵地向后移动,以便让出一块地

北府兵

东晋南朝时实行军户制度,士兵及其家属的户籍属于军府,子孙世代为兵,不得脱离军籍。东晋孝武帝时,谢玄任广陵(今江苏扬州)相,监江北诸军事,这里是南迁侨民集中居住的地方,谢玄招募劲勇,北人纷纷应募入伍。后谢玄领徐州刺史,军府设于京口(今江苏镇江)。京口在都城建康北面,时称"北府",他的这支军队因此称为北府兵。北府兵在与前秦的战争中屡获胜利。东晋后期,成为统治集团内部火并的工具。

方,使晋军渡过淝水,进行决战。符坚不顾诸将反对,同意将阵地后撤,想趁晋军渡河时突然袭击,一举打败他。

符坚下达命令,让秦军拔营后退。秦军本来士气低落,阵势不整,命令一下,军中立即乱作一团。谢玄等带领 8000 骑兵乘势抢渡淝水,展开猛烈攻击。朱序在秦军阵后高喊:"秦军败了,秦军败了!"秦军后方部队一时难辨真假,兵士争着逃命。符融飞速前去阻止队伍后退,被乱军冲倒坐骑,死于晋军刀枪之下。符坚打了一辈子仗,还没见过这样的场面,当时就慌了神,急忙跳上战马,混在乱军中狼狈奔逃。晋军乘胜猛追,秦军人马互相践踏,死伤甚众,符坚本人也中箭负伤。

秦军官兵都被吓破了胆,一路奔跑,头也不敢回,听到风吹鸟叫的声音也以为是晋军追兵在呐喊。那时已是十一月,天气严寒,逃跑的秦兵,惊惶劳顿,受冻挨饿,一路上又死了不少。等逃回洛阳时,秦军损失十之七八,只剩下十几万残兵败卒了。

淝水之战后,前秦一蹶不振,原来被前秦灭掉的几个国家相继复国,少数民族首领也纷纷据地自立,北方再度陷入分裂割据的局面。太元十年(385 年),符坚被他原来的部将羌族首领姚苌俘杀,当时才48 岁。

知识链接

五胡乱华

东汉以来,西北及北部边疆的少数民族陆续向内地迁徙,魏晋时期,为加强对少数民族的控制,增加劳动人手,又经常强制或招引他们内迁。内迁的种族很多,其中匈奴人迁到了今山西及陕北、内蒙古一带,鲜卑分布于今辽西、内蒙古南部、山西北部至宁夏甘肃东部地区,羯人是具有白种人血统的中亚人,迁徙到了今山西一带,氐人、羌人迁到关中者居多。旧史上把上述五族称为"五胡"。汉族上层或逼迫他们做佃客,或将其掠卖为奴隶,致使民族矛盾异常尖锐。"八王之乱"后,晋室内乱,国力空虚,军力衰败,民生凋敝,长期遭受压迫的胡人趁机起兵,自公元 304 年至 439 年的一百三四十年间,他们纷纷在北方及中原地区建立政权。各政权间相互征战攻伐,此灭彼兴,使中原及北方经济受到严重摧残;其中不少政权对汉族实行仇杀政策,使汉族人口大量减少,社会动荡不安。历史上称其为"五胡乱华"。在长期的战乱和迁徙中,胡族逐渐汉化,与汉族的隔阂也逐渐消融,促进了华夏各族的融合。

刘裕废晋建宋

在中国历史上,有些朝代的更替没有经过激烈的争战,而是掌握最高政治军事权力的大臣篡夺皇位,实现皇权的和平转移。那些篡夺者最忌讳的是"篡夺"两个字,所以他们便要学尧舜禅让的故事:退位的皇帝"自动"把皇位让给篡夺者,篡夺者则假惺惺地再三谦让。一旦完成了这种权力交接的仪式后,新皇帝马上就会翻脸,把退位的皇帝囚禁起来。更有甚者,干脆将退位者处死,以绝后患,刘裕就是处死让位皇帝的始作俑者。

420 年

刘裕称帝,国号宋,史称刘宋,南朝自此开始。

刘裕字德舆,小名寄奴,原籍彭城(今江苏徐州),永嘉之乱时其曾祖渡江到京口(今江苏镇江)居住。刘裕少时家贫,后投身行伍,在北府兵名将刘牢之手下做参军。在镇压孙恩领导的农民起义的过程中,因功被封为建武将军。元兴元年(402 年),镇守荆州的东晋将领桓玄发动叛乱,攻下建康,削夺刘牢之的兵权,刘牢之自杀,刘裕暂投桓玄麾下,但却暗中与各地将领联络,图谋推翻桓玄。两年后,刘裕首先向桓玄发难,各地纷纷响应。桓玄自知不敌,乃挟持晋安帝逃向江陵。刘裕进入建康,指挥各路人马追击桓玄。桓玄逃至西川后被杀,刘裕迎还安帝。刘裕逐渐掌握了东晋军权。

450 年

宋文帝刘义隆派兵数路攻伐北魏,为魏军所败。宋文帝年号为元嘉,故称"元嘉北伐"。

义熙五年(409 年),南燕军队肆虐淮北,掳掠百姓,刘裕为提高自己的威望,上书请求北伐南燕。三月,领兵北进,一举攻克临朐,直逼南燕国都广固(今山东青州市),次年克之,俘南燕主慕容超,遂灭南燕。刘裕进封为太尉,掌握朝政。义熙十二年(416 年)八月,刘裕再度率兵北伐后秦,十月攻克洛阳,而后挥师西进,次年八月攻下长安,后秦主姚泓投降,后秦灭亡。这时,刘裕害怕朝中有变,乃于九月返回建康。不久长安又被夏国攻取。经过两次北伐,东晋占有了黄河以南、淮河以北及汉水上游的广大地区。义熙十四年(418 年),刘裕受封为相国、宋公,位在诸侯王之上。此后,刘裕加紧筹划夺取帝位之事。

479 年

萧道成代宋,建立齐,史称南齐。

据说,当时有谶语说"昌明之后有二帝",是说晋孝武帝司马曜(字昌明)之后晋朝还要再传两任皇帝。刘裕认为,等两任皇帝自然死去,不知要到何年何月。义熙十四年十二月,他派人缢杀了 37 岁的晋安帝。晋安帝没有子嗣,刘裕立他的弟弟司马德文,是为晋恭帝。

刘裕希望晋恭帝实行禅让,将帝位传给自己,却又难以开口,于是召集文武大臣,设宴饮酒,让他们替自己说话。刘裕假意说自己地位太高了,想辞去官职,回京师养老。大臣们纷纷称颂他的功劳,极力挽留,没有人明白他真正的意图。酒席散后,中书令傅亮突然醒悟,连夜求见刘裕,表示自己愿去京师,游说皇帝。刘裕心中十分高兴。

永初元年(420年),傅亮到了建康,暗示恭帝把帝位禅让给刘裕,后来草拟了退位诏书,呈给恭帝。恭帝没有其他选择,只得应允。

六月十四日,刘裕在南郊设坛,即皇帝位,尊晋恭帝司马德文为零陵王。当时刘裕年将六旬,他的儿子刘义符才16岁,而司马德文三十五六岁。他想,一旦自己去世,那正当盛年的废帝会不会东山再起?刘裕决心要斩草除根,他把一罐毒酒交给琅邪郎中张伟,让他毒死司马德文。张伟叹气说:"毒死君主以求荣,还不如死!"于是自己把毒酒喝了。到了九月,刘裕干脆派兵士前往,直接把毒药交给司马德文,司马德文不肯喝,士兵们用被子捂住他的头,将他闷死了。

刘裕称帝后,注意稳定政治,发展经济,减轻赋税,赦免奴客士兵,国家逐渐强盛起来。他当了不到三年皇帝即病死,年59岁。

知识链接

南北朝的更替

南北朝是南朝和北朝的合称。

南朝包括宋、齐、梁、陈四朝,均以建康(今江苏南京)为都城(梁元帝建都江陵三年除外)。宋(420—479)统治时间最长,疆域最大,国力也较强盛。南齐(479—502)国祚短,社会动荡,国势渐衰。梁(502—557)武帝在位近半个世纪,前期国力足以与北魏抗衡,但晚年佞佛,武备不修,侯景之乱后,梁武帝死,国家分裂。陈(557—589)朝承梁朝衰败之势,版图小,人口少,国力最为单薄,最终为北方政权所吞并。

北朝包括北魏、东魏、西魏、北齐、北周五朝。北魏乃鲜卑族拓跋氏所建,初建时称代。经过几代人经营,国力强盛,乃向南扩张。孝文帝在位时,国家进入鼎盛时期。之后开始衰落,不久分裂为东魏和西魏。二者虽然都是拓跋氏所建,但大权分别为高欢和宇文泰所控制。后来,宇文泰之子宇文觉废西魏皇帝自立,建立周,史称北周;高欢之子高洋杀东魏皇帝,建立齐,史称北齐。它们分别继承了西魏、东魏的版图。这个时期,北强南弱的形势越来越明显,国家重新统一的曙光显露了出来。

皇帝做和尚

在中国历史上,信仰佛教的皇帝为数不少,但不顾大臣们劝阻,三番五次出家当和尚的,恐怕只有南朝梁武帝一人。

天监元年(502 年)四月,萧衍在建康代齐自立为帝,建立梁朝,是为梁武帝。梁武帝即位之初,常以宋齐亡国的教训提醒自己,兢兢业业,为政勤勉,颇有一番除旧布新、奋发图强的气象。他下令将齐朝诸帝收罗在后宫、乐府等处的美女歌姬统统放还回家。本人身着布衣,被褥衣服用旧了才换,居室里除一张床外,没有其他摆设。平时只吃蔬菜,肉食之类从不入口。在生活简朴方面,梁武帝可以算得上中国皇帝中的第一人了。他采取了一些有利于社会经济发展的措施,如招揽流民还乡,恢复他们的田宅;实行屯田,解决军粮问题等。在政治方面,他选择良吏,惩办贪官,改革选官制度,实行考试取才。他还是一个多才多艺、知识渊博的学者,在经学、史学、佛学研究和文学创作方面都有突出的成就,他的音乐休养、围棋水平当时也是很少有人可与之相匹敌的。他在位期间,南朝文化事业的发展取得了前所未有的成就。如果不是晚年痴迷于佛教,演出一幕幕荒唐的闹剧,说不定还真能成为中国历史上颇有作为的皇帝。

梁武帝即位之初,便开始信仰佛教,但当时政局不稳,连年征伐,使他没有时间和精力从事佛教活动。梁朝稳定后,他开始醉心于佛学。大通元年(527 年),他下令在皇宫旁边修建同泰寺,又在皇宫与同泰寺相对的地方开了个大通门,以方便他往来于皇宫与寺庙之间。这年三月,他对文武大臣说,自己已经看破红尘,要入同泰寺当和尚。于是脱去龙袍,穿上袈裟,剃了光头,到同泰寺出家了。在那里,他睡的是普通人的床铺,餐具都是瓦器,每天念诵经文,打扫佛殿,与其他和尚没什么两样。大臣们可急坏了,纷纷来到同泰

502 年
萧衍代齐,建立梁。

549 年
侯景发动叛乱。次年,攻陷建康,梁武帝被困,饿死。

557 年
宇文觉废恭帝元廓自立为帝,建周,史称北周。西魏遂为北周所取代。
陈霸先代梁称帝,建陈。

梁武帝像

南京鸡鸣寺（即南朝时同泰寺）

玉树后庭花

　　陈叔宝是南朝陈的末代君主。生活奢侈，沉湎声色，不理国事，每日在宫中与张贵妃、孔贵妃及近侍弄臣们，嬉戏游宴，诗酒唱和。当时，北方隋朝崛起，灭掉北齐，虎视江南，陈朝根本不作防备。陈叔宝将古乐府中的曲子"玉树后庭花"填上新词，令宫女演唱。在"玉树后庭花"这靡靡歌声中，隋军攻入建康，陈叔宝被俘，后病死于洛阳。杜牧《泊秦淮》中"商女不知亡国恨，隔江犹唱后庭花"，便是借吟诵陈朝奢靡而亡的史事，表达作者对晚唐时政的忧虑。

寺，跪在地上央求他回宫，可他说什么也不答应。过了四天，大臣们揣摩他的心理，想出了办法，拿一亿万钱布施同泰寺，把他"赎"了出来。

　　大概头一次当和尚没有过瘾，刚刚过了两年，他又到同泰寺，穿上袈裟，亲自主持佛教盛大法会——四部（和尚、尼姑、善男、信女）无遮大会，向来自四面八方的僧众共5万人宣讲《涅槃经》。讲了经，拜了佛，他打发大臣们回家，自己又留在寺院当起和尚来。大臣们没有办法，只得像上一次那样跪求他。可是不管大臣怎么说，他硬是不回宫。日子久了，看着大臣们求得没了劲头，他才放出话来，说要积大德、做善事，他才回宫。大臣们一听明白了，还是要捐钱呀，于是只好又拿来一亿万钱送给寺院，他才恋恋不舍地回到了皇宫，这次他在寺院里足足住了一个月。

　　15年以后，梁武帝第三次舍身同泰寺，这次仍是皇太子以下至百官奉赎，他才回到宫中。

　　太清元年（547年），84岁高龄的梁武帝最后一次舍身同泰寺。他再也玩不出什么新花样了，无非是做和尚的功课，向大家讲佛家的经文。当然大臣们也是照旧章程办理，又交一亿万钱把他赎回来。

　　梁武帝企图用佛教巩固自己的统治，奉佛教为国教，大建佛寺，鼓励人们舍身就佛，当时仅建康城里就有佛寺500余所，僧尼10余万人。他四次舍身佛寺，每次都要向佛寺施舍一亿万钱赎身，致使梁朝大量财富、人口归入佛寺，造成了社会财富与劳动力的匮乏，国力由此衰败。就在他第四次从同泰寺回到皇宫的当晚，寺院里发生火灾，烧毁了佛塔。梁武帝解释说，道愈高，魔愈盛，要造更高的佛塔镇住魔怪。于是举行更盛大的法事，花费更多的钱财，动工修建一座12层的宝塔。但塔还没修好，他便被身边的魔怪侯景给拘禁了起来，最后连一口素斋也吃不上，活活给饿死了。

侯景之乱

　　侯景是北魏怀朔镇鲜卑化的羯族人，原为军镇士兵，后归北魏大将尔朱荣，继而归东魏高欢，为镇守河南的大将。东魏武定五年(547年)高欢死，其子高澄即位，以侯景狡猾多变，欲夺其兵权。景乃转投西魏宇文泰。宇文泰亦知其为人，虽答应受其降，但却如临大敌。景不得已以所制河南13州南投梁朝。梁武帝欣然接受，且封侯景为大将军、河南王。次年，侯景与梁宗室萧正德勾结，发动叛乱，迅即兵临建康，进围皇宫台城。太清三年(549年)攻陷台城，自称大丞相、录尚书事，囚禁梁武帝萧衍。五月，梁武帝饿死于台城。侯景立武帝太子萧纲为傀儡皇帝，即简文帝。后又废简文帝，立萧栋为帝。大宝二年(551年)自立为帝，国号汉，大杀萧梁宗室，又派兵攻掠江南各郡，所到之处，烧杀焚掠，昔日富庶的三吴地区，田园荒芜，死者狼藉。次年，梁将陈霸先、王僧辨等兵临建康，大败侯景，侯景率百余骑逃跑，途中为部下所杀。侯景之乱对江南社会经济破坏严重，加快了南朝的衰落。

冯太后与孝文帝

鲜卑族拓跋氏入主中原建立北魏以后,进行了一次全面彻底的政治经济改革,人们称这次改革为"孝文帝改革"。改革是孝文帝在位期间完成的,但实际上改革的决策者、主持者首先却是孝文帝的祖母冯太后,然后才是孝文帝拓跋宏。

冯太后也称文明太后,祖上是建立过北燕的汉族人冯跋。出生不久,父亲因事被杀,她被充入后宫,14 岁的时候被即位不久的文成帝拓跋浚选为贵人,第二年被立为皇后。和平六年(465 年)26 岁的文成帝死去,长子拓跋弘即位,是为献文帝。按北魏的制度,只要被立为太子,其生母就要自尽,以免将来干预国家政治。冯太后没有生儿子,所以逃过了这一劫。献文帝的生母早已自杀,冯太后坦然地登上了太后的宝座。当时拓跋弘 12 岁,没有能力处理政务,谁来掌握朝廷大权呢?

车骑大将军乙浑以为太后年轻,没有政治经验,全不把她放到眼里,专横跋扈,杀戮异己,想夺取朝廷大权。岂知这冯太后并非等闲女子,她秘密部署筹划,天安元年(466 年)二月,突然指示拓跋丕告发乙浑谋反,出其不意,拘捕乙浑,随即将其处死。冯太后的做法深得人心,朝廷大臣对她都刮目相看,没人再敢打专权的主意,于是大权归入她的手中。

又过了一年,献文帝的长子拓跋宏降生了,冯太后对他倍加呵护,亲自抚养。拓跋宏 3 岁的时候,被立为皇太子。献文帝既然有了儿子,冯太后不便直接当政,便还政于他。冯太后毕竟才二十几岁,忍受不住宫中的寂寞,就养了几个情人。献文帝为人刚毅聪慧,怎能容下这样的事情,于是杀死了冯太后最喜欢的一个内宠。冯太后大为恼火,皇兴五年(471 年),以刑罚残酷、施政不当为由逼献文帝退位。献文帝当时 18 岁,年纪轻轻,不是太后的对手,只好把皇位让给儿子,自己做了太上皇。这可是中国历史上最年轻的太上皇了。献文帝年仅 5 岁的儿子拓跋宏即位,他就是孝文帝。年轻的太上皇手中还有一定的军权,时常干预朝政。延兴六年(476 年),冯太后将献文帝毒死,以太皇太后的名义,临朝听政。当年冯太后对拓跋宏管教甚严,曾经用棍子锤打过他,又曾经在一个冬天把他关在空屋中,三天没给饭吃。孝文帝对这个严厉的祖母十分敬畏,但又十分孝顺,小心翼翼服侍她,事无大小,都由她来决断。

冯太后性情猜忌残忍,但为人却精明果断,有胆有识。她重用宦官,让他们掌握朝中大权;同时她驾驭君臣,执法甚严,内宠犯法,也不宽贷,左右之人有了小错,也会受到锤打,有时一打就是上百下。朝廷官员及宫中内侍都惧她三分,所以人人都能尽心供职。太后又是个性情大度的人,犯错之人只要改过,便待之如初,因此有才能的人愿意在她手下做官,左右也乐于为她效力。

当时,北方连年战争,大量难民流离失所,地方豪强乘机兼并土地,官吏贪腐成风,北魏国库空虚。面对这种状况,冯太后广开言路,重用贤才,接受大臣李冲等人的建议,突破重重阻力,于太和八年(484年)到太和十年相继推行俸禄制、均田制、三长制等改革措施,加快了北方游牧民族的汉化进程,北魏国力迅速增强,民族融合的步伐加快。

太和十四年(490年),执政30多年的冯太后死去,24岁的孝文帝开始亲理朝政。孝文帝虽然没有冯太后的血统,但在执政风格上却与她一脉相承。他认为要巩固北魏的统治,一定要继续改革,除去鲜卑族落后的习俗,吸收先进的中原文化。

太和十七年(493年),孝文帝突然召集群臣,宣布集合军队,大举南征。任城王拓跋澄觉得没做任何准备就出征大国,过于仓促,带领文武百官一齐劝阻。退朝之后,孝文帝单独把他留下,将自己的意图告说了他,拓跋澄这才猛然醒悟,表示支持他的决定。于是孝文帝亲率步骑兵30万南行,文武百官,全部随驾前往。一行人马渡过黄河,进驻洛阳。

那么,孝文帝真的是要南征吗?如果南征,为什么要带文官们同行?原来南征只是他搞的一个小计谋。

550年
高欢之子高洋废元修自立为帝,建齐,史称北齐。东魏遂为北齐取代。

557年
宇文泰之子宇文觉废魏自立,建立北周。

北魏孝文帝像

573 年
北周武帝下令没收寺院财产，僧、道还俗，史称"周武帝灭佛"。

577 年
北周灭北齐，统一了北方。

他认为，要摆脱旧贵族守旧势力的影响，加强对中原地区的控制，必须把国都从平城（今山西大同市东北）迁到南方黄河流域。但鲜卑族世代居住北方，定都平城也有了好几代，要他们迁往南方，那些贵族高官肯定不同意。几十年前，他的祖上有几次想迁都到南方，都因遭到反对而未果。于是，他便假借南征为由，把文武百官及军队都带到洛阳去。

转眼已是九月了，秋雨连绵，道路泥泞，无法行军，大臣们决定全力劝谏孝文帝撤军。可孝文帝不但不撤军，反而披挂上马，下令大军即刻向南进发。大臣穆泰急忙赶上前去，跪在孝文帝马前，叩头谏止，文武大臣们顾不上满地泥水，纷纷跟着跪下，请求皇帝回军。孝文帝故作愤怒道："我们大举出兵，天下皆知，你们劝我无功而返，岂不是故意让天下人耻笑我？谁再阻止，杀无赦。"早知孝文帝迁都意图的大臣王肃出来打圆场说："现在的确不能南进，但也不能坏了皇上的名声啊，不如告谕天下，说陛下此行乃是为了迁都洛阳，过些时候，再说班师回平城的事。"孝文帝马上改换口气说："这次兴师动众南下，不能劳而无功，或者南征，或者定都于此，这两条路你们来选吧！"

北魏 武士陶俑

王公大臣本来都不愿意迁都洛阳，但他们更不愿意南征送死，只好作出让步，选择了迁都。次年，北魏正式迁都洛阳。孝文帝迁都后，大力推行汉化政策，进行政治文化方面的改革。

对于反对改革的旧势力，孝文帝坚决予以镇压。太子拓跋恂企图从洛阳逃回平城叛乱，孝文帝大义灭亲，毅然将其处死。后来穆泰逃回平城反叛，也被镇压。他对改革措施实施严格督察。一次在街上看见一妇女仍穿着鲜卑服装，便在朝廷上公开责备任城王拓跋澄，指令史官把他督察不严的事记录下来。

太和二十三年（499 年），孝文帝病死在南征的路上，时年 33 岁。人们叹惜他的英年早逝，也更敬重他在推行改革，促进民族融合方面的胆识和魄力。

知识链接

孝文帝改革

　　孝文帝在位的时候,北魏政府为了稳固在北方及中原地区的统治,在政治、经济、文化方面进行了一系列改革,主要内容是:整顿吏治,参照魏晋官制设置官职,实行俸禄制度,加强对官吏的监督与考察;推行均田制和租调制,规定了丁男、妇女、奴婢的受田(政府授予土地)数量。同时规定一夫一妇每年缴纳租粟、调帛的数量,减轻了农民的负担,稳定了政府的收入;实行三长制,建立邻、里、党三级基层组织,加强对地方的控制和管理。以上改革措施是冯太后临朝主政时制订实行的。孝文帝亲政后,进一步改革政治,迁都洛阳,禁胡服、改穿汉服,禁北语、改说汉话,变姓氏、改从汉姓,革婚俗、胡汉通婚。改革官制,修订法律,尊孔崇儒,兴立学校,在国家体制和思想文化方面全面接受汉族的制度和传统。这些改革,顺应了历史发展的趋势,对巩固统一和加强民族融合起了重要的推动作用。

附：十六国年表

国名	创建者	民族	都城	起止年	亡于何国
成汉	李雄	氐	成都	304—347	东晋
汉（前赵）	刘渊	匈奴	平阳（山西临汾）后迁,长安	304—329	后赵
前凉	张寔	汉	姑臧（甘肃武威）	314—376	前秦
代	拓跋猗卢	鲜卑	平城	315—376	前秦
后赵	石勒	羯	襄国（河北邢台）,后迁邺（河北临漳西南）	319—350	冉魏
前燕	慕容皝(huàng)	鲜卑	龙城（辽宁辽阳）,后迁邺	337—370	前秦
冉魏	冉闵	汉	邺	350—352	前燕
前秦	苻健	氐	长安	351—394	后秦
后燕	慕容垂	鲜卑	中山（河北定州）	384—407	北燕
西燕	慕容泓	鲜卑	长安,后迁长子（山西长子）	384—394	后燕
后秦	姚苌	羌	长安	384—417	东晋
西秦	乞伏国仁	鲜卑	苑川（甘肃榆中）	385—431	夏
后凉	吕光	氐	姑臧（甘肃武威）	386—403	后秦
南凉	秃发乌孤	鲜卑	廉川堡（青海乐都）,后迁西平（青海西宁）	397—414	西秦
北凉	沮渠蒙逊	匈奴	张掖	397—436	北魏
南燕	慕容德	鲜卑	广固（山东青州）	398—410	东晋
西凉	李暠	汉	敦煌,后迁酒泉	400—421	北凉
夏	赫连勃勃	匈奴	统万（陕西横山西北）	407—431	吐谷浑
北燕	冯跋	汉	龙城（辽宁朝阳）	407—436	北魏

隋、唐、五代十国

　　隋朝（581—618）是一个继往开来的朝代,它结束了东晋十六国以来270余年的分裂割据局面,实现了中国历史上的又一次大统一,为中国统一的多民族国家的发展奠定了基础。它所创立的三省六部制、科举制等政治制度为后来的皇朝所沿袭,为国家统一和经济文化发展起到了积极的推动作用。隋初政治安定,经济出现繁荣景象,后来隋炀帝荒淫暴虐,激化了社会矛盾,隋的统治被农民起义的烈火所吞噬。

　　唐朝（618—907）是中国古代历史上最辉煌的时期之一,完备的政治体制、繁荣的社会经济、发达的文化,不仅在中国历史上,而且在人类文明史上都具有重要的地位。唐前期的“贞观之治”为唐朝的强盛奠定了基础;随后武则天执政,虽然出现了政治动荡,但国家一直保持着统一和强盛;到玄宗开元年间,社会安定,国富民殷,是唐朝的鼎盛时期。“安史之乱”后,唐由盛转衰。此后,藩镇割据,宦官专权,朋党争斗,外族入侵,盛极一时的唐朝逐步衰落,最终在黄巢起义的冲击下灭亡。

　　五代十国（907—979）是唐后期藩镇割据混战的继续。唐朝灭亡后,北方经历了5个前后相承的朝代,称作“五代”。南方及今山西中部出现了10个割据的政权,称作“十国”。北方政权乍兴乍灭,战争连年不断,而南方战争相对较少,社会比较安定。所以南方经济发展速度比北方快,文化也比北方兴盛繁荣。

唐三彩骆驼载乐俑

　　唐三彩是唐代陶器中的精品,因其基本釉色是绿、赭、蓝三色,故称"唐三彩"。唐三彩样式繁多,有人物、家具、建筑等,再现了唐代社会生活的各个方面,被誉为唐代社会的"百科全书"。

国丈登基

　　杨坚有个女儿叫杨丽华,她十几岁的时候,就嫁给了周武帝的儿子、太子宇文赟(yūn)。建德七年(578年),周武帝英年早逝,年方20多岁的宇文赟即位,他就是周宣帝。宣帝登基后,杨丽华被立为皇后,这样,37岁的杨坚当上了国丈。

　　杨坚是弘农华阴(今陕西华阴)人。杨家是北方的名门望族,世代有人任高官。杨坚的父亲杨忠是北周的开国将领,官至柱国大将军、大司空,封随国公。受父亲的荫泽,杨坚14岁就步入政坛,15岁被封为散骑常侍、车骑将军,19岁任随州刺史,进位大将军。后来,鲜卑大贵族、柱国大将军独孤信认为杨坚前途无量,便把自己14岁的女儿独孤伽罗嫁给了他。独孤伽罗的姐姐是周明帝的皇后,于是杨坚便成了皇帝的连襟。后来杨坚承袭了父亲随国公的爵号,进封柱国,出任过定州总管、亳州总管。年轻的杨坚没有赫赫战功,但官位却是扶摇直上,许多高官及贵族都嫉恨他。杨坚把漂亮聪明的女儿嫁给了太子,当上了国丈,地位更加巩固了。

　　再说周宣帝宇文赟从小就很不安分,当了太子,更是耽于玩乐,肆意而为。他当皇帝后做的第一件事,就是报复曾在父亲面前说过自己坏话的人,那些忠心耿耿的老臣,一个个被他用棍棒活活打死在朝堂上。年轻的皇帝给这种野蛮的刑法取了个好听的名字,叫"天杖"。那些善于逢迎拍马的小人,个个平步青云,在这些人的怂恿下,他随意修改前朝典制礼仪,把祖庙里的礼器搬进宫中当餐具,又把庄严的朝堂涂抹成五颜六色。他不准人用天、高、大、上几个字取名,把姓高的一律改为姓姜。他一下子立了5位皇后,这在中国历史上是独一无二的。

　　周宣帝虽然是个昏君,但对杨坚势力的发展还是有所警觉的。他经常对着杨丽华发泄不满,动辄骂道:"朕要诛灭你家族!"有一次,他宣召杨坚进宫,吩咐身边的卫士说:"他若表情有异,就立即杀掉!"杨坚入宫,神情自若,宣帝又怀疑起自己的判断力来了:杨坚没有二心啊,是不是自己搞错了?他犹疑不定,放过了杨坚。

　　对宣帝的猜忌,杨坚甚感不安,他权衡再三,决定到地方上避避风头。大象二年(580年)五月,宣帝心血来潮,要南伐陈朝,令杨坚带

581年
北周大臣、外戚杨坚废北周皇帝,自立为帝,建立隋。

582年
在长安城东南营建新的都城——大兴城(今西安市位置)。

589年
隋南下灭陈,全国统一。

兵出征,这正合了杨坚的心意。可是大军还没出发,宣帝就病倒了。他自知不久于人世,可儿子宇文阐(原名宇文衍)才8岁,怎么能驾驭大权在握的杨坚呢?他急忙宣召大臣刘昉、颜之仪进宫,欲托以后事。两人赶到时,宣帝已不能说话。刘昉是个识时务的人,他知道宣帝的用意,但自己辅佐小皇帝,是无法控制杨坚的,为了自己的前程,他下定决心投靠杨坚。于是他找来郑译,两人一同草拟了诏书,声称宣帝遗嘱让杨坚辅政,刘昉要颜之仪签字,颜之仪说诏书有诈,断然拒绝。刘昉便替他签了字。

宣帝驾崩后,刘昉、郑译秘不发丧。先是颁发假诏,任命杨坚都督中外诸军事,总理朝政。待杨坚接管了权力之后,才公布了宣帝的死讯。这时,宣帝已死了3天。

隋文帝像

杨坚掌握大权后,便开始在朝中培植自己的心腹党羽,网罗了高颎(jiǒng)等一批有真才实学且死心塌地为其效力的心腹。当时宇文阐的叔父宇文赟官居上柱国、右大丞相,与杨坚平起平坐。杨坚让刘昉说服他不要过问朝政,而且把下一任皇帝的位置许给了他,这个不到20岁的年轻人确也天真,听了天花乱坠的一番假话,竟然心动,放弃了大权,高高兴兴地回家等着做皇帝去了。

宇文赟好骗,而拥有兵权的几个藩王却不好对付。赵王宇文招、陈王宇文纯、越王宇文盛、代王宇文达、滕王宇文迪,身居王位,握有重兵。杨坚知道,他们才是自己代周而立的最大障碍。在宣帝死讯未公布时,杨坚便假借千金公主出嫁突厥的名义,召他们入京。一个月后,五王到了长安,立即被收缴了兵符。等他们知道中计时,为时已晚。

地方上拥兵驻守的将领们对于杨坚专权也作出了强烈的反应。尉迟迥在相州(今河南安阳)起兵,传檄天下,讨伐杨坚。王谦、司马消难等纷纷响应。京师长安城中,五王也蠢蠢欲动。杨坚马上派出军队,分头出击,但行至中途,他的军队有些迟疑,不再前进。这时,高颎自告奋勇,前往督战。到达前线后,他调整战术,督军进攻,大败敌军。

　　眼看军事行动失败,五王决定铤而走险,刺杀杨坚。由赵王宇文招出面,设下"鸿门宴",准备在宴席上杀死杨坚。杨坚在宴席上坐下后,随从元胄听到后堂有披挂盔甲的声音,急忙拉杨坚离开,宇文招等带人快步追来,被元胄挡在门口。杨坚回到了相府,以谋反的罪名杀了宇文招等人。

　　这样一来,朝廷上下,再没有一个人能与杨坚对抗,年幼的周静帝完全成了他的傀儡。接着,他便开始导演"禅让"的闹剧了。先是由静帝颁诏,让他建天子旌旗,享受皇帝的礼制待遇,杨坚假意辞让,前后三次,才"无可奈何"地接受。接着,便派人为静帝写好退位诏书,盛誉杨坚功德,诚恳地要求杨坚接受帝位。百官再三恳求,杨坚才"勉为其难"地接诏。最后,他穿上早已准备好的皇服,在百官簇拥下入宫,登上帝位。周静帝北面称臣,被封为介国公。

　　杨坚起初承嗣了父亲随国公的爵位,后又晋封为随王,所以称帝后定国号为"随"。但他觉得"随"字有含"辶"(走)字,很不吉利,于是改"随"为"隋",仍以长安为国都,立独孤伽罗为皇后,长子杨勇为皇太子,改元"开皇",大赦天下。这年是公元 581 年,杨坚时年 40 岁。

知识链接

隋文帝统一南北

　　北魏灭亡后,北方出现了东魏、西魏两个政权,而后分别为北齐、北周所取代。西魏、北周改革吏治,发展经济,建立府兵,国力日益强盛,北周武帝灭北齐,统一了北方。武帝死后,权力落入外戚杨坚之手,581 年,杨坚夺取皇位,建立了隋朝,是为隋文帝。

　　隋文帝即位以后,值南方陈朝陈后主(陈叔宝)在位。他极度荒淫奢侈,只知喝酒赋诗,互相唱和,宠爱贵妃,尽情享乐,不懂国事,不理朝政,唯小人是用,政治日益腐败。他大兴土木,修建宫殿楼阁,刻剥百姓,弄得民不聊生,国家积贫积弱。其辖地在南方四朝中最小,人口只有 200 万。隋朝建立后,国力日益强大。隋文帝每年秋季在陈边境集结军队,佯作攻陈,使得陈朝人心惶惶,庄稼无法收割,士气大为低落。开皇八年(588 年)三月,隋文帝下伐陈诏,开列陈后主 20 条罪状,抄写 30 万份,散发江南各地。十月,命杨广率军 50 余万,分路伐陈。陈后主自恃长江天险,不做防备,各地守将不断告急,他仍与宠姬饮酒嬉戏。次年正月,隋军逼近建康。陈后主无力抵抗,束手就擒,被送至长安。随后,隋派大将杨素消灭了陈的残余势力,南北归于统一。

仁寿宫之变

仁寿四年（604年），身患重病的隋文帝驾崩于仁寿宫，当时只有杨广的亲信张衡一人在场，于是有人说是张衡用药毒死了文帝，有人说是张衡拉扯文帝撞到屏风上致死。文帝到底是怎么死的，已经成了难解的谜团，但有一点可以确信，他的死与杨广有直接的关系。

独孤皇后共生有5个儿子，长子杨勇和次子杨广最有出息。杨坚称帝后，杨勇以嫡长子身份被立为太子，杨广被封为晋王。杨勇参与军国大事，很有建树，但他率真任性，生活奢侈，宠幸姬妾。有一次，他私自接受百官的朝贺，杨坚和独孤皇后很不高兴，逐渐对他有些不信任了。杨广容貌俊美，举止优雅，性情机敏深沉，工于心计，把自己伪装成一个谦虚、勤奋、节俭、不爱声色犬马的正人君子，颇得父母欢心。他率兵平定南方陈朝，捞到了足够的政治资本。

为了达到取代杨勇的目的，杨广重赂私交大臣杨素等人以为外援，且令其亲信大修甲兵，阴养死士，做拥兵割据的准备，反过来却诬陷杨勇谋反。独孤皇后、杨素等极力鼓动文帝废掉太子。杨广又收买太子的部下，告发太子言行狂悖，文帝下令逮捕太子亲党。开皇二十年（600年），杨坚穿上战袍，陈列兵士，集合百官，以不仁不孝、任用奸佞等罪名废杨勇为庶人，立杨广为太子。

仁寿四年，隋文帝在仁寿宫避暑，患了重病，乃召太子杨广入宫居住。杨广认为文帝不久于人世，便与杨素书信往来，密谋后事。结果宫人错把杨素的密信送到了文帝寝宫，文帝看了十分恼火。就在这时，又发生了一件让文帝更为恼怒的事情。当时独孤皇后已死，陈夫人得宠。陈夫人长得闭月羞花，杨广对她早已垂涎三尺。一次，杨广遇到她，强行与之亲热，陈极力抗拒才得以脱身。回到寝宫，文帝见她神色异常，再三追问，陈夫人流泪说出杨广相逼的事实。

文帝终于认清了杨广的真实面目，知道自己错怪了大儿子杨勇，埋怨独孤皇后误了国家大事。他拍打着床大骂杨广，并令柳述、元岩把杨勇召来，欲复立其为太子。二人出了寝宫，便起草诏书。杨素听

604年

隋文帝病死于仁寿宫，隋炀帝即位。一说文帝病重时被炀帝毒死，史称"仁寿宫之变"。

三省六部

隋文帝在中央设置五省，其中的三省为中枢权力机构：中书省（隋称内史省）是最高决策机构，负责草拟和颁发诏书政令；门下省是审议机构，负责审核政令；尚书省是行政机构，负责执行重要政令。同时设置六部：吏部负责官员的任免考核；户部掌管土地、户口、财赋；礼部负责学校贡举、祭祀典礼；兵部掌管军务军需；刑部负责法律刑狱；工部掌管各种工程及水利交通等。隋炀帝时，"三省六部"制度完善并确立下来，对后世影响深远。

到消息，赶紧告诉杨广。杨广立即假借文帝的名义，下达诏令，逮捕柳述、元岩，关进监狱。然后命东宫士兵迅速包围仁寿宫，派亲信张衡入文帝的寝宫侍候，太监宫女全被赶了出去。不久，文帝死了，朝廷内外议论纷纷。

没过几天，杨广便在仁寿宫即皇帝位，是为炀帝。随后，杨广伪造了文帝的遗诏，将杨勇绞死。

炀帝即位之初，在文帝改革的基础上，对田制、官制、兵制、赋役制度、仓储、郡县、度量衡等都进行了改革，三省六部制与科举制最终确立下来。但后来，随着政局日益紊乱，这些改革大都成了一纸空文，没有收到实际的效果。

 知识链接

隋初的改革

隋朝建立后，文帝总结魏晋以来政治经济制度的得失，进行了很多重大改革，隋炀帝即位之初，这些制度进一步得到完善。首先是改革官制，在中央废除了西魏、北周依据"周礼"制定的官制，建立起三省六部制；在地方将州、郡、县三级制，改为州、县两级制，裁汰冗官。炀帝大业初年，这些制度已趋于完善。其次，创立开科取士的科举制，文帝开皇年间开秀才、明经等科目考选官吏，炀帝大业二年（606年）开进士科，标志着科举制度确立了下来。再次，改革府兵制，使之更好地与均田制相结合；减轻赋役，规定了以实物代替力役的制度；整顿户籍，使大量农民脱离豪强地主的控制，成为国家的编户。另外，在地方设置义仓，统一钱币度量衡，兴修水利工程，农业、手工业和商业都有了较大发展。隋初的改革，加强了中央集权，促进国家的统一和经济的繁荣。尤其是三省六部制与科举制的创立，对后代产生了极其深远的影响。

隋炀帝三幸江都

605 年

隋炀帝征调大量民工开挖通济渠（自洛阳向南，沟通黄河与淮河）、邗沟（沟通淮河与长江）。

令杨素、宇文恺营建东都洛阳。

李春修建赵州桥。

606 年

开进士科取士，科举制创立。一说开科取士创立于大业三年（607 年）。

科举制

隋朝废除世家大族垄断的九品中正选官制度，用设科考试的办法选拔官吏，因系分科取士，故名科举。唐代在进士科之外，又设秀才、明法、明书、明算等科，其中以进士科最为重要。武则天时设武举。宋以后科举用经义，明清规定科举的内容为四书、五经，文章格式为八股文。清光绪三十一年（1905年）推行学校教育，科举制度被废除。

历史上不少人指责隋炀帝开挖大运河，唐代诗人皮日休对此提出相反的意见，他在诗中写道："尽道隋亡为此河，至今千里赖通波。若无水殿龙舟事，共禹论功不较多。"应该说，在开挖运河方面，隋炀帝的功绩是可以肯定的，但他荒淫奢侈，滥用民力，引起经济破败，政治动荡，这是他的历史罪责。

隋炀帝是个风流才子，写得一手好诗文，又精通音乐。每当风清月朗的时候，就会到苑中游玩赏月。他在马上弹奏自己谱成的《清夜游曲》，身后跟随上千美女，其乐也何如！不过，时间一长，隋炀帝就玩腻了，便想着到外地巡游。江都是他早年镇守的地方，气候宜人，风景秀丽。故地重游，别有一番情趣，所以他决定去那里巡游。

由陆路去江都，旷日持久，车马颠簸，十分困难。炀帝即位后，便下令开挖通济渠。为尽快通航，他派人严加督责，民工劳累而死的甚多，运尸体的车子相望于道。在修渠的同时，他派人修造供南游使用的各种船只，共造了好几万艘。大业元年（605 年）八月渠成，隋炀帝自洛阳启程，浩浩荡荡向梦牵魂绕的江都进发了。船队由西苑经过谷水、洛水，进入黄河，由黄河入汴水，经泗水，入淮水，不用起陆，一直到达江都。运河的岸上修筑了宽阔的御道，种上柳树，从长安到江都，建起 40 多处行宫，供隋炀帝中途歇息玩乐。

隋炀帝乘坐的龙舟高 4 层，上层是正殿、内殿与东西朝堂；中间两层是百官办公的场所；下层供宦官居住。整座龙舟金碧辉煌，就是一座水上宫殿。陪同南游的萧皇后乘坐的船，虽然比龙舟小些，但装饰得与龙舟一样豪华气派。另外还有 9 艘名叫"浮景"的大船，也如宫殿一般。其他名目的中小船只足有好几千艘，供后宫、诸王、百官、僧尼、道士及外国客人乘坐，装载随行人员使用的各种器具。巡游的船队用人力牵引，8 万多名挽船夫统一穿着锦衣绣袍，称作"殿脚"。护驾的卫兵们也乘着几千艘船，由兵士们轮流牵引前进。庞大的船队绵延 200 多里，华光异彩。到了晚上，船上灯火辉煌，从远处看灿若繁星。河两岸还有众多护驾的骑兵，旌旗飘扬，布满原野，十分壮观。

隋炀帝令沿河 500 里以内的州县供应食物,地方官为讨好皇上,竞相进献美味佳肴,有的州进献的食物装满上百辆大车,炀帝吃不完,就把它扔掉。隋炀帝一路悠悠行进,纵情享乐,经过两三个月的时间,终于在冬天到达了江都。次年三月,隋炀帝自江都返回洛阳。

大业六年(610 年),隋炀帝第二次南游江都,那盛况比第一次毫不逊色。

隋炀帝建东都,开运河,筑长城,征辽东,无休止的劳役和日益加重的赋税,把百姓逼到了死亡的边缘。但是,隋炀帝的荒淫腐朽却甚一日。他嫌晚上挑灯夜游太没情趣,于是叫人捕捉萤火虫,夜里游山时放出来,亮如白昼。

不过,他也知道当时民怨沸腾,心里充满了恐惧。一天,大业殿起火,炀帝以为有人造反,赶忙逃往西苑,藏在草丛中,直到火灭了才回来。夜里睡觉,他时常惊醒,必须由几个宫女摇抚才能入睡。这担惊受怕的日子什么时候到头啊,炀帝决定还是到南方去避一避。

大业十二年(616 年),中原大地已经烽火遍地,隋炀帝乘龙舟开始了他的第三次江都之行。有人上表劝谏,炀帝盛怒之下,把他们给杀了。到了江都,他命扬州总管王世充选择江淮美女送到宫中,计有 100 多房。他每日与各房美女轮流作乐,沉湎于酒色之中。一天,隋炀帝对着镜子说:"这么好的一个脑袋,不知谁会把他砍下来呢?"萧皇后听罢,脸色大变,忙问:"为什么说这样不吉利的话?"炀帝笑着说:"贵贱苦乐,互相更替,这有什么可伤感的!"炀帝预感自己好景不长,随时都有可能死于非命。

北方大地战火纷飞,群雄并起,炀帝的卫士们个个挂念家乡,但这时炀帝已无法返回洛阳。大业十四年(618 年)三月十七日,右屯卫将军宇文化及利用卫士们的躁动情绪,发动兵变,没受到任何阻拦,

608 年
隋炀帝开挖永济渠,从洛阳附近通于涿郡(今北京市)。

611 年
开江南河,自京口(今镇江市)至余杭(今杭州市)。

隋炀帝游幸江都图

便冲进炀帝行宫。兵变者用绸布将炀帝勒死,他的儿子和孙子也没能幸免。祸国殃民的一代昏君葬身于他所耽于玩乐的地方,也葬送了隋的一统江山。

知识链接

开凿大运河

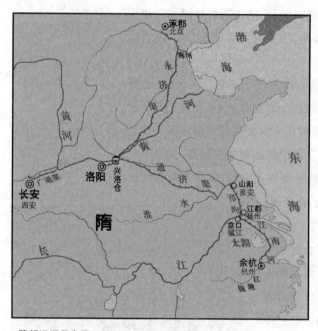

隋朝运河示意图

早在春秋战国时期,古人就开挖了邗沟、鸿沟等人工运河,以后历代均有兴修,但始终没有形成纵贯南北的水道。隋代大规模开挖运河,前后施工6次,其中文帝开挖2次,炀帝开挖4次。就工程量而言,炀帝所开运河远远大于文帝,尤其是京杭大运河的贯通,几乎全赖于炀帝。

开皇四年(584年),文帝下诏开挖自大兴城(今西安市)至潼关的广通渠。开皇七年(587年),修山阳渎(邗沟),以通江淮水运。大业元年(605年),隋炀帝下令征发河南、淮北各地百姓100多万人,开挖通济渠,自洛阳西苑至盱眙入淮,沟通了黄河与淮河。同年征发淮南百姓10多万人,在山阳渎的基础上开挖新的运道,称邗沟,自山阳(今江苏淮安)至长江北岸的江都(今江苏扬州),连通了淮河与长江。大业四年(608年),诏河北男女百万开挖永济渠,自洛阳黄河北岸至涿郡(今北京市)。大业六年(610年),诏修江南河800余里,自江都对岸的京口(今江苏镇江)到余杭(今浙江杭州)。

京杭运河全长1700多公里,沟通了黄河、淮河、长江、海河、钱塘江五大水系,成为我国古代南北交通的大动脉,直到今天,仍是世界上最长的人工运河。运河的开挖,对于维护国家统一和南北经济文化交流具有重要的意义,产生了深远的历史影响。

李密和瓦岗军

大业七年（611 年）的一天，瓦岗寨门口来了个衣衫褴褛的人。他自称名叫李密，前来投靠瓦岗寨（今河南滑县东南）。李密出身贵族家庭，父亲是隋朝名将，本人是隋军将领，现在他为什么要来投靠起义军呢？

原来李密是杨玄感手下的将官，杨玄感造反被炀帝打败，李密也被捉住，在押往京城的路上，他逃脱了。在外面流浪了两年，官府到处追捕他，无奈之下，他来到了瓦岗寨。

瓦岗寨的首领名叫翟让，原来是隋朝的东郡法曹，因犯罪下狱，狱吏黄君汉私自放走了他。他逃到瓦岗寨，听说山东王薄起义已成气候，于是也拉起了义旗，同郡的单雄信、徐世勣（jì）都参加了进来。起义群众大都是渔民、猎手，善使长枪，作战勇敢，他们在永济渠沿岸劫夺来往漕船，不但自己资用充足，还能够接济周围的穷人，所以归附的人越来越多，很快达到了上万人。

李密是个很有才干的人，他政治斗争的经验和指挥作战的本领比瓦岗寨农民强得多。他见瓦岗军力量越来越大，只是袭击来往官兵、抢劫运河上运货的船只，没有远大志向，于是向翟让献策，定下灭隋取天下的战略目标。他说服了王当仁、王伯当、周文举、李公逸等部，将他们并入了瓦岗军。瓦岗军越来越壮大，成为一股强大的反隋力量。

不久，瓦岗军攻克了金堤关（今河南荥阳东北）及荥阳诸县，朝野震动。炀帝急命张须陀为荥阳通守，率兵 2 万进攻瓦岗军。张须陀是隋朝的悍将，阴险狡猾，他镇压了王薄领导的农民起义，也曾几次打败过翟让军，所以翟让听到消息，十分紧张。可李密听了，镇定自若。他率义军主力埋伏在荥阳大海寺北边的丛林中，徐世勣和王伯当分别埋伏在大海寺的两侧，摆成口袋形的阵势，而后令翟让带领一支队伍，佯战张须陀。翟让按照计划行动，边战边退，把张须陀引入埋伏圈。号令一响，左边的徐世勣，右边的王伯当，背后的李密，一起杀出，把张须陀团团围住。张须陀急令撤退，可后路早被截断。隋军乱成一团，被瓦岗军杀得尸横遍野，张须陀也送了命。此役，瓦岗军

616 年
农民起义队伍达上百支、几百万人，其中瓦岗军、河北义军、江淮义军力量最大。

三征高句丽

隋建立之初，我国东北地区分布着几个少数民族政权，其中高句丽最强大，经常袭扰北部边疆。隋文帝曾派 30 万大军北征，后因粮草运输困难而撤兵。隋炀帝即位后，大业四年（608 年）永济渠开通，解决了军粮北运问题。大业八年乃集兵力百万于涿郡，水陆并进，讨伐高句丽。结果，水军在平壤附近溃败，陆军也在青川江受阻。次年，隋再次出兵讨伐，因国内杨玄感谋反，只得回军。大业十年，隋再次出兵攻打高句丽，同样遇到顽强抵抗，后双方讲和，隋军撤回。战争耗费了隋朝大量人力物力，激化了社会矛盾，隋由盛转衰，最终在农民起义的大潮中走向了灭亡。

名声大振。

大业十三年（617年）春，瓦岗军攻下了隋朝设在洛阳附近最大粮食——兴洛仓，开仓赈济贫民，招募军队。人们奔走相告，纷纷参加起义军。

翟让见李密有政治眼光，又屡建战功，便把瓦岗军的领袖职位让给了他。此后李密称魏公，封翟让为司徒，改年号为永平。将兴洛仓扩建为洛口城，作为政权的所在地。

隋炀帝夜游图

瓦岗军建立政权后，南北起义军纷纷归附，江淮以北及河南各部起义军孟让、郝孝德等部先后投在瓦岗军麾下。瓦岗军一下子发展到几十万人，成为全国最大的一支农民起义军。

同年三月，李密率部攻占了隋朝的另一粮仓——回洛仓（今河南偃师北）。隋东都留守段达、元文都等率兵7万，企图夺回粮仓。早有准备的李密在仓北将其击败。接着，李密让祖君彦撰写檄文，历数隋炀帝十大罪状，"罄南山之竹，书罪无穷；决东海之波，流恶难尽"（把南山上的竹子都做成书册，也书写不完炀帝的罪行；决开东海的波涛，也冲刷不净炀帝的恶迹），对隋展开了政治舆论攻势。檄文中的许多话成了千古传唱的名句。

起义军又攻下了黎阳仓（今河南浚县）、金墉城（今河南洛阳东）、偃师等地，进逼东都。东都越王杨侗派人向炀帝求救，炀帝派大将王世充率兵5000增援。双方在洛口和回洛之间展开激战，互有胜负。

在这关键的时候，瓦岗军内部发生了分裂。李密军权日大，引起瓦岗旧部不满，他们劝翟让重新夺回大权，翟让不同意。李密在其心腹的挑唆下，以饮酒为名，将翟让与其兄翟弘等人召至魏公府第杀死。翟旧部惊恐不安，李密单骑入翟让营，安抚其部属，又令徐世勣、单雄信和王伯当等翟让部将分领其众，制止了更大的流血冲突，但从此以后,瓦岗军内部出现了离心离德的趋势。

大业十四年(618年)三月,隋将宇文化及在江都缢杀炀帝,带领10万士兵北归。李密亲率2万步骑迎击,双方在黎阳相遇。这时,隋留守东都的太府监元文都、武卫将军皇甫无逸等拥越王杨侗即帝位,派人给李密送来了太尉、尚书令、魏国公等头衔,让他阻击宇文化及,许以平定化及之后,入朝辅政。李密贪图富贵,听不进部将的劝告,与宇文化及展开决战。结果,宇文化及兵败逃窜,李密也遭受重创。正当李密准备到洛阳任职时,王世充杀死了元文都和皇甫无逸,掌握了洛阳的军政大权。九月,王世充亲率精兵北上,进攻瓦岗军。李密轻敌,被前后夹击,损失惨重,乃丢下据守黎阳的20万义军,率数十骑逃往关中,投降了李渊。后来,黎阳义军将领徐世勣也接受了李渊的招抚。横扫中原大地的瓦岗军起义失败了。

知识链接

隋末农民起义

隋炀帝在位期间,无休止地征发徭役、兵役和赋税,致使农稼失时,田地荒芜,"黄河以北则千里无烟,江淮之间则鞠为茂草",农民破产流亡,走投无路,终于引发了大规模的起义。

炀帝三次大规模出兵攻打高丽,山东是筹备东征的基地,兵役、力役最为沉重。大业七年(611年),这一地区遭受水灾,农民生路断绝,起义的战火首先从这里燃起。两年之后,隋朝权臣杨素的儿子杨玄感起兵反隋,造成统治集团内部分裂,农民起义也从局部地区迅速蔓延至全国。他们攻陷城池,称王称帝,对隋朝统治构成致命威胁。大业十二年(616年),全国的农民起义逐渐汇合成三支主力军:占据河南威震全国的李密领导的瓦岗军、雄据河北的窦建德领导的夏军、自淮南转移至江南的杜伏威领导的吴军。起义军摧毁了隋朝的腐朽统治。唐朝建立后,三支农民起义军分别被镇压或瓦解。

李渊晋阳起兵

在历史上，唐朝政权开创者李渊的声名一直被他儿子李世民"贞观之治"的耀眼光环所笼罩。其实，李渊是一位胆识超群、足智多谋的政治家。他不失时机起兵反隋，仅仅用了一年的时间便雄居关中，建国称帝，奠定了大唐帝国的基业，显示出超越他人的政治才能。

617 年
李渊父子在太原起兵，攻占长安。

李渊出身于世代高官的贵族家庭。他的祖父曾任北魏太尉，死后追封唐国公；父亲北周时任柱国大将军，是最高军事将领之一。李渊 7 岁继承唐国公的爵位，他母亲和隋文帝的独孤皇后是同胞姐妹。隋朝建立后，李渊成为皇亲国戚，很受重用。但后来他的官运并不怎么亨通，做了好几任郡太守。大业十三年（617 年），他 51 岁时，隋朝已处风雨飘摇之中，炀帝才任命他做了太原留守，成为当地的最高军政长官。但炀帝对他并不放心，另派自己的心腹王威、高君雅做副留守监视他。李渊早有自己的打算，但不动声色，假装沉湎于酒色，昏昏噩噩；暗地里却花重金收买朝中重臣，培植私人势力。

618 年
隋炀帝在江都被部下宇文化及所杀。李渊称帝，建立唐朝。

李渊将他的长子李建成、四子李元吉留在河东（今山西永济蒲州镇）结交英雄豪杰；将次子李世民留在身边，让他秘密网罗人才，寻找机会，起兵反隋。当时各地官僚、豪杰为了逃避出征辽东和农民起义的风潮，纷纷来到太原。李渊广为结交，引为部属，委以重任。

晋阳县令刘文静很有才能，李世民与他交往密切。后来刘文静受瓦岗军首领李密的牵连被关进监狱。李世民借着探监的名义，在狱中与他拟定了招募士兵、进军关中、直捣长安以成帝业的计划，和他们一同谋划的还有隋朝的晋阳宫副监裴寂。

同年二月，马邑人刘武周杀太守王仁恭，起兵造反，率众南下，进据汾阳宫，大有兵临太原之势。于是，李渊便以抵抗突厥为名，大肆招募军队，10 天之内，就有上万人应募。副留守王威和高君雅心中犯疑，打算逮捕应募入军的逃犯长孙顺德和刘弘基等，从他们口中探听李渊募兵的真实意图，必要时将李渊除掉。李渊闻讯，即令李世民在太原城内部署兵力，以备不测。第二天，李渊便导演了一出计杀王、高二人的好戏：他以商议军政大事的名义将王、高二人请来，二人刚刚坐下,刘文静手持表状走了进来,揭发王、高二人勾引突厥入侵太原的"罪状"。不容分说,立即将王、高逮捕入狱。说来也巧,两天以后,突厥果然兵临城下。李渊一面命令裴寂等人整顿军队,做好战斗准备;一面打开太原所有的城门,迷惑敌人。突厥兵不知实情,以为太原早有防备,在城外逗留了两天,便匆匆撤去。太原军民都认为是王威和高君雅引来了突厥兵,一致要求将其处死。李渊顺水推舟,将二人斩首示众,并清除了他们的党羽。

第二天,正是五月的甲子日,李渊在太原开大将军府,自称大将军,以裴寂为长史,刘文静为司马,李建成和李世民分任左、右领军大都督,将兵士编为三军,号为义师,正式树起了反隋的旗帜。为解除后顾之忧,李渊还接受刘文静的建议,主动结好突厥。

不久,建成、元吉和李渊的女婿柴绍相继抵达太原。太原附近的西河郡拒不接受李渊的命令,而这里是南下入关的必经之路,于是李渊命李建成、李世民率众讨伐,结果大获全胜,斩郡丞高德儒。

七月,李渊以李元吉留守太原,亲自与建成、世民率领 3 万大军誓师南下。隋将宋老生率 2 万精兵据守霍邑(今山西霍县)险关,阻击李渊。当时正值秋雨连绵,李渊军队不能前进,军需供应不上,又有传言说突厥将偷袭太原,人心不稳。李渊乃欲撤军北归,建成、世民极力劝止。双方相持月余,建成、世民用计引宋老生出城,大败隋军。九月,李渊率军到达河东,为隋将屈突通所阻,李渊用裴寂、世民二人所献之策,留偏师围河东,主力绕道渡过黄河,突入关中。而后,以李建成等屯兵永丰仓,守潼关,命李世民率兵直指长安。

十月,李渊与建成、世民分率三军共 20 万人,进至长安城下,大战 10 余日,长安城破,关中平定。李渊进入长安后,立炀帝之孙代王杨侑(yòu)为帝,改元义宁,遥尊炀帝为太上皇。李渊自称大丞相,进封唐王,执掌军政大权。义宁二年(618 年)五月,隋炀帝在江都被杀的消息传到长安后,李渊逼杨侑退位,自己登基称帝,正式建立起唐朝。

唐高祖像

知识链接

突厥的兴衰

突厥石人

突厥是继匈奴、鲜卑、柔然以后,活跃在中国西北与北方草原地区的一个游牧民族。6世纪初,其族活动在天山与阿尔泰山之间,始称突厥,常南下与中国接触。6世纪中叶,在漠北建立突厥汗国,创制文字,制定官制、刑法、税法等。旋攻灭柔然,逐渐占有大兴安岭到咸海之间的广大区域。隋朝曾与突厥发生战争,突厥大败。隋开皇二年(582年)突厥分裂成以阿尔泰山为界的东、西两部。西突厥控制今新疆和中亚大部地区,唐高宗时曾进扰中原,657年被唐攻灭。东突厥控制东起兴安岭、西至阿尔泰山的广大地区,唐初不断进扰关中,630年颉利可汗被俘,东突厥灭亡。后再度兴起,为回纥所灭。

玄武门之变

　　相传李世民做了皇帝以后，患上了心悸失眠的病症，他常常听到寝宫门外有恶鬼号叫，终夜不得安宁。他怀疑是哥哥建成和弟弟元吉的冤魂在作怪，于是让秦琼和尉迟恭（敬德）两位猛将夜晚立于宫门两侧，果然平安无事了。将两人的画像贴在宫门上，亦有效。后来民间纷纷效仿，在门上贴其画像，这样两人就成了门神。李世民为什么要杀死他的哥哥和弟弟？为什么让秦琼和尉迟恭镇压鬼魂？这都与玄武门之变有关系。

　　李渊称帝后，立长子李建成为太子，封次子李世民为秦王。李世民是太原起兵的谋划者，他才能出众，战功显赫，威望甚高，手下聚集了大批猛将谋士，形成了强大的势力集团，逐渐显露出夺取最高统治权的政治野心，对李建成的皇位继承权造成很大威胁。为了让建成在大臣和诸子中树立威望，李渊让他参与处理军国大事，每次临朝，都让他坐在自己身边，参加各种问题的讨论，遇到不太重要的事情，便让他自己处理。

　　武德三年（620年），李世民奉李渊之命平定刘武周，收复了并州、汾阳广大地区。次年，消灭了河北窦建德和洛阳王世充两大劲敌。这年七月，当李世民胜利返回长安时，城中鼓乐喧天，人声鼎沸，李渊和文武大臣隆重出迎，平民百姓争睹他的风采。建成由羡生妒，与世民嫌隙更深。

　　建成虽非等闲之辈，但与世民相比，其行政能力和军事才能就大为逊色了。武德四年（621年），建成统率10万大军征讨北方胡人，以"恐有变乱"为由，坑杀降众数千人，引起了胡族的强烈不满，北方边境不得安宁，李渊对此很不满意。

　　世民威信日益提高，建成深感不安，便联合齐王李元吉，串通宫中张婕妤、尹德妃，

624年

李世民平定江淮辅公祏（shí）、山东徐元朗，唐统一全国。

626年

李世民发动"玄武门之变"。

八月，李渊被迫让位给李世民。次年改元"贞观"。

武功赫赫文德详详
比连汤武庶养成康

唐太宗

唐太宗像

一起对付李世民。他极力拉拢收买世民的下属，不成便诬陷治罪。秦王府中有些人人自危了。

面对这种情况，李渊也难以处置：一方面，由于统一战争和防御北方突厥的需要，他不能损害李世民的军事地位；另一方面，他又不能背弃正统的嫡长子继承皇位的制度，另立世民为太子。时间长了，朝廷中形成了秦王、太子两个势不两立的派别。

武德九年（626年）突厥入侵，李建成推荐李元吉督率各军北征。并征调李世民手下大将尉迟敬德、程咬金等，挑选秦王军中的精锐士兵，统归元吉指挥。且准备趁李世民为元吉饯行的时候，埋伏武士刺杀他。李世民得知此讯，与长孙无忌、尉迟敬德、房玄龄、杜如晦等人商议，决定先发制人，诛杀李建成和李元吉。

李世民向李渊密奏，称建成和元吉与后宫嫔妃淫乱，他们串通一气，陷害贤才，且妄图杀害自己。李渊心生疑惑，决定第二天上朝审理。

张婕妤得知，急忙将此事告诉了李建成。建成把元吉叫来商量。元吉建议以生病为借口，拒绝上朝，静观时变。建成认为内有张婕妤、尹德妃照应，外有自己的部下常何把守玄武门，入朝不会有什么危险。可是他判断错了！

原来，建成收买世民的部下，他着力于其心腹大将，这些人是世民的死党，不管用什么样的手段引诱，他们都不会背叛世民，所以建成这一招失败了。李世民也收买建成的部下，他收买的只是一般将领，所以容易成功，常何便是被世民成功收买者之一。

六月四日，李世民在常何的帮助下，率领长孙无忌、尉迟敬德等10员大将，埋伏在大臣们上朝必须经过的玄武门（长安太极宫北面正门）内。

建成和元吉骑着马，悠然自得地向玄武门走去，来到临湖殿边时，忽然发现气氛有些反常，心中不免犹疑，于是掉转马头，准备返回。就在这时，只听有人大叫："太子慢走！"二人回头看时，世民已带领部下冲出玄武门。元吉知道不妙，急忙取弓搭箭，向李世民连发三箭，但都没有射中。李世民早有准备，对着建成一箭射去，建成应声落马，顿时气绝。元吉慌忙逃跑，尉迟敬德赶上去一箭将其射落马下。

凌烟阁功臣

贞观十七年（643年），为了表彰纪念属下功臣，李世民在长安城皇宫内的三清殿旁修建了一座小楼，取名凌烟阁。令著名书法家褚遂良题写阁名。令著名画家阎立本将房玄龄、杜如晦、长孙无忌、魏征、尉迟敬德等24位功臣的像画于阁内，并亲自写作赞语。这种用建阁画像的办法褒奖功臣的做法为后代所继承，凌烟阁也逐渐成为功勋名臣的代名词。

听说玄武门有变,太子手下大将冯立、齐王府的薛万彻带领着精兵2000多人,前来救援。世民的军队早有准备,双方厮杀起来。世民一面组织抵抗,一面派尉迟敬德进宫面见李渊。李渊正与妃子们在宫中戏玩,忽然看见尉迟敬德全副披挂,杀气腾腾地赶来,知道一定是出了大事。尉迟敬德报告说,太子和齐王作乱,已被杀死,秦王派我来护驾。李渊听后,一时目瞪口呆,不知如何是好。过了不长时间,整个京城就被世民的军队控制了。

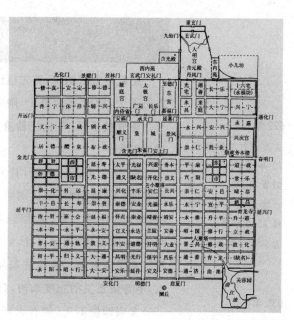

唐长安城平面图

宰相萧瑀等人听说后,急忙向李渊献策说:"建成、元吉本来没有什么功劳,且妒忌秦王,施用奸计。秦王消灭他们,是件好事。陛下把政权交给秦王,天下也就太平了。"李渊没有其他办法,只得照他们说的办。

玄武门之变后的第三天,李渊宣布立秦王世民为太子,全权处理国家一切政务。这一年八月,李渊退位,称太上皇,李世民在东宫显德殿即位,是为唐太宗。次年正月改元为"贞观",唐朝进入了安定兴盛的时期。

知识链接

唐长安城

唐长安城是在隋大兴城基础上建成的,增修了一些宫殿。自隋文帝开皇二年(582年)开始兴建,至唐高宗永徽五年(654年)基本就绪,历时72年。

建筑规模宏大,布局严谨。面积达84平方千米,有东西向大街14条,南北向大街11条,街道笔直。在城的北部,有皇帝居住的宫城,有中央官员办公的皇城,此外为坊(居住区)和市(商业区)。市内店铺繁多,有茶馆、酒店、旅馆、工艺作坊等。总人口达百万以上,其中有很多少数民族和外国人。

唐太宗纳谏

说起唐太宗纳谏，首先应该提到的就是魏征。魏征少时孤贫，但志向远大，曾出家为道士，隋末入瓦岗军，后归唐，为太子建成的谋士。建成被杀后，李世民器重其才能，引为近侍之臣，经常向他询问政治得失。

有一次，太宗问魏征，君主怎样做能"明"，怎样做是"暗"？魏征回答说："兼听则明，偏信则暗。"他列举了历史上圣君的例子加以说明，特别举出秦二世、梁武帝、隋炀帝这些昏君的例子，指出他们深居宫中，不听劝谏，疏远百姓，结果是天下崩溃、百姓背叛。魏征的话深深打动了唐太宗。他执政期间，虚心纳谏，鼓励犯颜直谏，不管什么人，不管提意见的态度如何，只要意见正确，他都虚心接受。

太宗即位不久，便有大臣建议，不满 18 岁的男子，只要身材高大，也可征为兵士，这样兵源就扩大了。太宗同意并下发了诏书。但是诏书到了魏征手里却被扣住了。太宗催了几次，魏征根本不理。太宗大发雷霆。魏征说："朝廷明文规定男子 18 岁以上才服兵役，现在不到 18 岁也得应征，这叫不讲信用。"魏征还指出，朝廷曾下令免除百姓的部分租赋劳役，也都没有兑现，因而无法取信于民。太宗知道取信于民乃行政之根本，于是重新下诏书，免征不到 18 岁的男子。从这以后，唐太宗更加信任魏征。

有一次，唐太宗从长安到洛阳，中途在昭仁宫（今河南寿安）休息，因对膳食不满意而大发脾气。魏征当面劝谏太宗说："隋炀帝就是因为奢侈淫逸，遭到百姓反对而灭亡的，应该从中吸取教训。"唐太宗听后顿时消了怒气，对大臣们说："要不是魏征，我可能又要犯错误了。"

濮州刺史庞相寿因贪污被罢官。他跑到太宗那里，说自己多年在秦王府东征西讨，如今天下已定，竟落得这样的下场。唐太宗念及旧情，打算恢复他的官职。魏征知道以后坚决反对。他提醒唐太宗，秦王府的旧人现官居要职的很多，如果他们都仗着老关系而为非作歹，您将如何向天下交代。太宗接受了魏征的意见，对庞相寿说："过去我做秦王，不过是秦王府的主人；现在我做了君主，就是天下的主人了，不能再偏袒秦王府的老朋友。"

　　贞观中期以后,唐朝经济繁荣,政治安定,朝廷大臣无不歌功颂德,称颂太平。魏征向太宗上了《十渐不克终书》,列举 10 个方面的事实,指出存在的问题,提醒他保持贞观初年的作风。唐太宗心悦诚服,把奏章写在屏风上,以自警。

　　由于魏征犯颜直谏,对皇帝丝毫不留情面,以至于使太宗达到了惧怕的地步。有一次,太宗得到了一只十分漂亮的鹞鹰,爱不释手,把它放在臂上逗着玩。不料魏征走了进来,太宗猛然想起魏征说的君主不可玩物丧志的话,赶忙把鹞鹰藏在怀里。魏征早已看见,却故作不知。大讲起古代帝王追求逸乐而误国的事情,讽喻太宗。唐太宗不敢打断魏征的话。结果,鹞鹰被闷死在怀中。

　　魏征说话一点不留面子,一般人对此都难于接受,更何况是一国之君呢?有一天,太宗退朝回到宫中,怒气冲冲地说:"总有一天,我要杀了这个乡下佬!"长孙皇后问要杀谁。唐太宗说:"魏征常常当众顶撞我,使我下不了台,可恶之极!"长孙皇后赶快穿上礼服,恭恭敬敬地向唐太宗道贺,弄得太宗丈二和尚摸不着头脑。长孙皇后说:"我听说,君主圣明,臣子才敢直言进谏。今天魏征敢直言,就是因为陛下圣明,我怎么能不向陛下道贺呢?"唐太宗听后,马上心平气和了。

　　由于太宗鼓励犯颜直谏,所以不光是魏征等朝廷大臣,即便是普通官员,也都敢于强谏。有一次,唐太宗下令把洛阳破败了的乾元殿修饰一下,备作外地的行宫。这本来是一桩小事,可是有一个小官张玄素却偏偏不识趣,上了一道奏折,痛陈此举不妥。而且举出隋炀帝大修宫殿亡国的例子,说当今百废待兴,如果役使饱受战乱之苦的百姓,耗费钱财,大兴土木的话,和以前的昏君没有什么两样。一个小官,因为一件小

641 年
文成公主入藏与松赞干布成婚。

文成公主入藏

　　唐初,松赞干布统一了吐蕃各部,定都拉萨,多次遣使入唐,请求和亲。太宗答应以文成公主嫁之。文成公主入藏时带去了大量丝织品、生活用品和工艺品,其后中原地区的先进生产工具和技术也不断传入,促进了唐与吐蕃之间的经济文化交流。

唐　阎立本《步辇图》(描绘唐太宗会见迎娶文成公主使者的场景)

事，竟敢把当今皇上比作昏庸残暴的秦始皇和隋炀帝，真有些冒天下之大不韪了，满朝文武都为他捏一把汗。但是，唐太宗不仅没有怪罪张玄素，反而下令召见他。他还想进一步试一试臣下是否敢于冒犯龙颜，于是问张玄素道："你说我不如隋炀帝，那么，我和夏桀、商纣相比怎么样呢？"张玄素毫不迟疑地答道："如果皇上真的修了乾元殿，那就和夏桀、商纣一样昏乱。"唐太宗听了，不仅没有发怒，反而被他的勇气深深地打动。他想，一个小官，敢于冒死直谏，能够为江山社稷着想，这是应该提倡的呀。于是，唐太宗收回了谕旨，停止重修乾元殿，并且表扬张玄素，赏给他500匹绢。对此事一直关注的魏征，见到这个完满的结局，颇有感触地说："张公论事，有回天之力，这都是因为有明君的缘故呀！"

地方官员也敢于直接向皇帝提出意见。栎阳县丞刘仁轨是个小小的八品官，他反对唐太宗在秋收季节出去打猎，要求改在冬天进行。唐太宗采纳了他的意见，还提升了他的官职。

唐太宗说过这样一句名言："人以铜为镜，可以正衣冠；以史为镜，可以知兴衰；以人为镜，可以明得失。"正因为唐太宗善于总结历史经验，善于接受臣属的意见，所以他在位期间，唐朝出现了"贞观之治"的盛世景象。

知识链接

贞观之治

唐太宗李世民亲历隋末的社会大动荡，他注意总结历史经验，特别注意吸取隋朝二世而亡的教训，折节为政，励精图治。在政治上，他用人不问出身，不计宿仇，任人唯贤，致使朝廷上下，人才济济；他深知"兼听则明，偏听则暗"的道理，鼓励臣下犯颜直谏，善于听从不同意见；重视吏治，进一步完善三省六部制、府兵制和科举制度。在经济上，采取轻徭薄赋、与民休养的政策，较好地推行了均田制和租庸调制，使经济得到较快的恢复和发展。他在征服东突厥，战胜西突厥、薛延陀和高昌，巩固了边境之后，注意改善与边疆各民族的关系，许多少数民族将领受到重用，促进了民族之间的经济文化交流，消除了北方的边患，缓和了民族矛盾，被北方各族尊为"天可汗"；远嫁文成公主到吐蕃，为汉藏两族间的友好交往开了先河。唐太宗当政期间，出现了中国古代少有的太平盛世，史称"贞观之治"。

请君入瓮治周兴

天授二年(691年),也就是武则天改唐为周的第二年,著名的酷吏来俊臣被处死。那一天,许多人拥进刑场,争着咬来俊臣的肉以泄愤。不一会儿,肉被咬尽了,人们还不解恨,又挖出他的眼珠,剥下面皮,掏取心肝,把尸骸踏成了泥浆。老百姓互相道贺说:"从今以后,可以安心睡觉了!"人们对来俊臣为什么如此痛恨呢?

自从光宅元年(684年)徐敬业叛乱以后,武则天总是疑神疑鬼,对唐朝宗室和元老大臣不放心,怎样对付自己不放心的人?她的办法是严刑峻法、任用酷吏。

垂拱二年(686年),有个叫鱼保家的人设计了一个收集天下告密信的铜匦(guǐ),进献给武则天。铜匦分成4格,分别接受各个方面的密信,密信只要投进去就拿不出来。武则天很满意,下令把铜匦分别放在城门前和朝堂上,对于投信告密的人,任何人不得干涉。边远地方有人告密,地方官须提供车马,帮助他到京城来。告密属实者可获奖励;告密不实者也不问罪。有时候,武则天还亲自召见告密者,给他们封官晋爵。铜匦设立后,可以直接了解民情,听从民众的建议,但告密之风也随之盛行起来。

周兴和来俊臣本来都是小官,因为善于编造罪名,制造冤狱,陷害好人,很快便升为高官。两个人豢养了几百名流氓无赖,专搞告密活动。他们想陷害谁,就派几个人在各地同时告密,所告的情节内容完全一样,然后,下令把被告逮捕,严刑拷打。被告往往屈打成招,含冤而死。来俊臣写了一本《罗织经》,教他的党徒怎样去罗织罪名,使被告无法申辩。

周兴、来俊臣使用的刑罚名目繁多,十分残酷。让犯人跪着,手捧木枷,枷上放瓦罐,叫"仙人献果";让犯人站在高木上面,脖子上挂巨石,叫"玉女登梯";用铁圈梏住犯人的头,再往圈里钉木楔,直到把犯人钉得脑裂髓出;此外还有用竹签刺入指甲,用热醋灌鼻等。往往不等上刑,犯人就已吓得魂飞天外,宁可承认罪名,求得快死。

武则天的侄子武承嗣想当太子,豫王李旦成了他的绊脚石。武承嗣先派人告密,杀了豫王的两个妃子,之后又诬告豫王谋反。武则

651年
大食国派使者来唐,伊斯兰教传入。

657年
唐灭西突厥,加强了对天山南北路的管理。

661年
唐在西域设立州、府,隶属于安西都护府。

664年
武则天垂帘听政,与唐高宗并称"二圣"。

668年
唐派大军征高丽,攻克平壤,高丽亡,置安东都护府于平壤。

天派来俊臣处理。来俊臣把豫王身边的人全都抓来审问。开始这些人都替豫王辩解。来俊臣下令上刑,没过半个时辰,一个个血肉模糊,奄奄一息,只好按着来俊臣的要求胡说一气。他们刚要在纸上画押,只见一个人闯了进来,大声喊道:"豫王根本没有反心,为什么硬逼他们乱说? 我是乐工安全藏,我可以剖心作证。"说完拿出刀来,照胸前一划,血流如注,五脏都露了出来。这件事太突然,来俊臣也惊慌失措了。武则天听说以后,叫人把安全藏抬进宫去治疗,并下令停止审讯,把抓来的人全部释放,一场大冤案才算避免了。

酷吏的横行,引起了人们极大不满。武则天看到群情激愤,想杀几个酷吏,缓和一下矛盾。天授二年,有人告发周兴曾参与杀害废太子李贤,武则天让来俊臣负责审问他。一天,来俊臣假装去拜访周兴,两人边吃饭边聊天,兴致很高。突然,来俊臣对周兴说:"现在的犯人狡猾得狠,他们大都不肯轻易认罪,你有什么好办法吗?"周兴说:"这有什么难的,取一个大瓮架起来,四周用炭火烧,然后把犯人放进瓮中,还怕他不认罪吗?"来俊臣听完,马上吩咐手下人抬来一个大瓮,四周架上炭火,眼看把大瓮烧得烫热,来俊臣站起来对周兴拱了拱手,说:"皇上让我来审讯老兄,请君入瓮吧。"周兴愣了愣神,如梦初醒,慌忙低头认罪。来俊臣按规定判了周兴死刑,武则天出面干预,改成了流刑,结果在流放的路上被人杀死了。

周兴死后,来俊臣并没有收敛,他的野心越来越大。想用诬告的办法除掉武承嗣、武三思和武则天的女儿太平公主,自己独掌大权。武承嗣等人知道来俊臣手段毒辣,便先发制人,把他抓了起来。武则天也想赦免他,无奈许多大臣上

武则天《升仙太子碑》(局部)

书,要求处死他,武则天只得下令把他处死了。

 知识链接

武则天改唐为周

唐太宗死后,高宗李治即位。高宗体弱多病,在其执政后期的 20 年中,武则天以皇后的身份垂帘听政,与高宗一起处理国事。弘道元年(683 年)高宗死去,武则天废中宗李显,立睿宗李旦,使之居于别殿,不得参与政事,自己临朝称制。垂拱四年(688 年),加尊号为"圣母神皇"。天授元年(690 年),其亲信进呈《大云经》,说武则天乃弥勒降世,应该做人间之主。九月,侍御史傅游艺率 900 人上表,请改国号为周,赐皇帝武姓。武则天假装不许,但升傅游艺为给事中。百官及帝室宗戚、百姓、四夷酋长、沙门、道士 6 万余人又上书请改唐为周,睿宗皇帝亦不得不上表请改武姓。九月九日,武则天像历史上改朝换代的帝王一样,举行隆重的新王朝成立仪式,宣布改

武则天像

唐为周,建年号为天授,定洛阳为神都,长安为副都,追尊武氏先祖为皇帝。神龙元年(705 年),82 岁的武则天得了重病,宰相张柬之等人乘机发动政变,逼迫她传位给太子李显,复国号为唐。武则天的周朝历时 14 年,至此结束。不久,武则天病死。

武则天广开言路,注意纳谏,善于用人,重视发展农业,继续推行轻徭薄赋、与民休息的政策,贞观时期政治经济得以延续下来,使唐朝沿着富强的道路继续向前迈进。但她任用酷吏,滥杀无辜,放手任官,生活腐化,历来受到史家的批评。

救时宰相姚崇

有一次，姚崇问一位叫齐浣的官员说："我做宰相，可以和古代什么人相比？"齐浣说："您虽然赶不上管仲、晏婴那样的古代名相，但也可以算得上是救时宰相了。"所谓"救时"，就是"匡救时弊"的意思。从此姚崇便赢得了"救时宰相"的佳名。

姚崇是陕州硖石（今河南三门峡）人，本名元崇，避"开元"年号，改名崇。姚崇在武则天执政时就担任过宰相，后因得罪权贵，被贬为地方官。睿宗即位后，姚崇再次被任为宰相，不久又因得罪太平公主被贬为州刺史。

玄宗即位后，百废待兴，很需要一个有经验、有才能的人出任宰相，匡救时弊。玄宗马上想到了姚崇，于是召他入朝。姚崇来到长安的时候，唐玄宗正在外打猎，玄宗让他参加进来，姚崇箭无虚发。玄宗非常高兴，约他到行宫谈论天下大事。姚崇谈古论今，讲得头头是道。唐玄宗听得入神，几乎忘记了吃饭。玄宗当即请姚崇做宰相，姚崇婉言拒绝，玄宗感到奇怪。姚崇说："我有十条建议，您如果做得到，这宰相我便做。"这十条建议是：第一，废除严刑酷法，施行仁政；第二，不可穷兵黩武，十年之内不要在边境作战；第三，宦官不得干政；第四，皇亲宗室不能担任高官显职；第五，亲近宠臣犯法以法处治；第六，取消租税以外的一切额外征收；第七，停止营造佛寺宫殿；第八，对臣下以礼相待；第九，允许群臣对朝政提出批评建议；第十，严禁外戚干政。玄宗十分诚恳地表示完全可以做到。姚崇马上叩头谢恩，接受宰相之职。

姚崇不害怕有权势的人，不逃避风险，很得玄宗信任。薛王李业的舅舅王仙童，因为抢夺百姓的财物，被告到朝廷。王仙童通过李业，请玄宗赦免。玄宗派姚崇处理，姚崇依法惩办了王仙童，使得肆意横行的豪强贵族有所收敛。

当朝达官贵族纷纷营建寺庙，抑制寺院经济的发展，姚崇提出裁减僧尼、减少寺院的建议，唐玄宗马

712年

李隆基即位为帝，是为玄宗。次年改元"开元"，唐进入全盛的时期，史称"开元之治"。

724年

僧一行实测子午线。

姚崇像

上下令,让3万多和尚尼姑还俗,禁止百官和僧尼、道士来往,停建寺院。

　　豪强富户往往利用出家当和尚,逃避赋役,加重了百姓的负担,减少了政府的收入。为了开元四年(716年),山东闹蝗灾,庄稼大量被毁,地方官员和百姓大都迷信蝗灾乃上天所为,不敢捕杀蝗虫,玄宗也犹豫不决。姚崇严令地方官员带领百姓灭蝗,且派御史到各地督察。有个地方官叫倪若水,不组织百姓灭蝗,却写奏章给玄宗,说蝗虫是天灾,非人力能够灭除,皇上多做有德行的事感动上天,上天就会把蝗虫收回去。姚崇看了非常生气,提笔给倪若水写了封信,说:"你管的地方蝗虫那么多,你肯定是个没有德行的人了!眼看庄稼被吃,百姓闹饥荒却不管,这能叫做善事吗?千万不能延误时机,否则唯你是问!"倪若水接到信后,不敢违抗命令,几天工夫,就发动百姓控制了蝗灾。各地捕杀蝗虫的数目报到京城里,有个叫卢怀慎的官员劝姚崇不要得罪上天。姚崇说:"如果灭蝗会招来灾祸,我一个人承担就是了。"由于姚崇态度坚决,措施得力,蝗灾终被消灭,山东避免了大灾荒。

　　过了不久,姚崇因为祖护犯了罪的部属引起玄宗的不满,他请求辞去了宰相的职务。后来玄宗遇疑难事情还常和他商量。开元五年,关中歉收,为了减轻运粮的压力,玄宗想去东都洛阳。就在这时,太庙的房屋突然倒塌了。这在当时是一件不得了的大事,而且玄宗正为父亲守丧,三年之期未满。宰相宋璟等力劝玄宗不要东行,玄宗也没了主意,派人征求姚崇的意见。姚崇说:"时间久了,山都会发生变化,太庙木朽而屋坏,不足为怪,与皇上东行有什么关系?关中歉收,从东部运粮费用很高,到东都去是为百姓着想,且东都已做了准备,不可失信于

742 年

鉴真首次东渡。

鉴真东渡

　　鉴真俗姓淳于,扬州人。早年出家,研习佛法,颇有造诣,乃律宗高僧。唐玄宗天宝元年(742年)应日本来华学问僧之邀,东渡日本传教讲经。五渡均为风浪所阻,至双目失明。天宝十二年(753年),终于与弟子二三百人东渡成功。至日本后,为天皇、皇后及僧侣500人受戒,创建唐招提寺,律宗在日本正式传播开来,同时把唐朝先进的文化科学知识传到了日本。

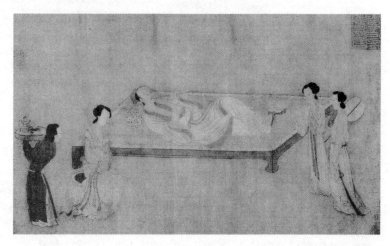

唐　张萱《明皇合乐图》

天下。"玄宗听了很高兴,下定了东行的决心。他令姚崇五日一朝,仍像过去任宰相时一样入阁供奉,遇有大事,还要向他咨询。

开元九年(721年),姚崇去世,终年72岁。

知识链接

开元盛世

唐玄宗即位后,结束了武则天死后中宗、睿宗时期的社会动荡局面。开元年间,他励精图治,对武则天后期以来的弊政进行了改革。在政治上,起用贤才,先后任用姚崇、宋璟、张嘉贞、韩休、张九龄为相,他们或忠直敢言,或守法不阿,或长于吏治;精简官僚机构,裁汰冗官,对官吏循名责实,对地方官加强监督,吏治逐渐趋向清明。在经济上,大力兴修水利,发展农业生产,改革食封制度,禁抑奢侈之风,政府财政收入增加,人民负担有所减轻。从而出现了赋役轻平,刑罚宽简,政治安定,社会经济空前繁荣的景象。杜甫在《忆昔》诗中写道:"忆昔开元全盛日,小邑犹藏万家室。稻米流脂粟米白,公私仓廪俱丰实。九州道路无豺虎,远行不劳吉日出。齐纨鲁缟车班班,男耕女桑不相失。"史家称之为"开元之治"或"开元盛世"。

杨贵妃命丧马嵬驿

安史之乱爆发后,叛军势如破竹,很快攻下洛阳,直逼潼关。潼关是京城长安的门户,形势险要,道路狭窄。唐玄宗派大将哥舒翰带领重兵把守。叛军屯兵半年,没有攻破。

宰相杨国忠怕哥舒翰握有重兵,立了大功,对自己的地位构成威胁。于是对玄宗说,潼关外的叛军已经不堪一击,哥舒翰在潼关按兵不动,岂不丧失歼灭叛军的时机?玄宗听信杨国忠的话,接二连三派使者到潼关,逼哥舒翰带兵出关。

哥舒翰知道出关后凶多吉少,但是圣旨不能违抗,他痛哭了一场,只好带兵出关。关外的叛将养精蓄锐,以逸待劳,派精兵埋伏在灵宝(在今河南西部)西面的山谷里。哥舒翰20万大军中了埋伏,几乎全军覆没。叛军乘胜打进潼关,哥舒翰被俘。这一天是天宝十五年(756年)的六月九日。

潼关失守,长安城完全暴露在叛军兵锋之下,沿线地方官员和守兵,纷纷弃城逃跑。玄宗这才感到形势危急,要杨国忠想办法。杨国忠把文武百官召集起来商量,可谁也没有好主意。杨国忠不想留在长安等死,便劝玄宗到自己的家乡蜀地避难。

六月十三日晚上,唐玄宗带着杨贵妃姊妹、后宫嫔妃、皇子皇孙及杨国忠、高力士等,在龙武大将军陈玄礼和禁军的护送下,悄悄打开宫门,逃出长安。他们派宦官打前站,通知沿途地方官员准备接待,哪知道派出的宦官和地方官员统统跑得踪影全无。玄宗一行人走了半天没吃上饭。随行太监好不容易找到当地百姓,向他们讨要些粮食。平时养尊处优的皇子皇孙埋怨说饭食无法下咽,但兵士们连这样粗粝的食物也吃不上。

沿途百姓说,安

745 年
杨玉环被册封为贵妃,其从兄杨国忠任宰相。

755 年
安禄山、史思明在范阳率部众 15 万起兵反唐,史称"安史之乱"。

清　李育《贵妃出浴图》

禄山想造反,已经不是一天两天了。可朝廷大臣,一个个只会奉承拍马,都不向皇上报告实情。饥饿难耐的将士们听了更加气愤。

一路上走走停停,第三天才到了距长安一百多里的马嵬(wéi)驿。随行的将士又饿又累,实在不想前进了。他们认为,这全是杨国忠惹的祸,应该找他算账。陈玄礼找到了太子宫中的宦官李辅国,他们一起去见太子,商议怎样除掉杨国忠。这个时候,正好有二十几个随行的吐蕃使者拦住杨国忠的马,向他要饭吃。忽然有人大叫道:"杨国忠与胡人谋反!"军士们一面叫喊,一面拥了上来。杨国忠见势头不妙,慌忙逃跑,几个兵士赶上去,把他的头砍了下来,身体也被砍成了几块。

兵士们杀了杨国忠,情绪更加激昂,他们将杨国忠的头高高挑起,把玄宗住的驿馆包围了起来。玄宗听到外面吵闹,问是怎么回事,太监把杨国忠被杀的事告诉了他。玄宗大吃一惊,不得不走出去安抚兵士。兵士们仍吵吵嚷嚷,不肯离去。玄宗把陈玄礼找来,让他把兵士们带走。这事正是陈玄礼策划的,他怎么肯罢休。他对玄宗说:"杨国忠专权误国,祸根在杨贵妃那里,要想安抚士兵们,必须杀掉杨贵妃!"

杨贵妃天生丽质,出身官宦之家,有一定的文化修养,通音律,擅歌舞,善弹琵琶,最受玄宗宠爱,玄宗离开了她寝食难安,对她是有求必应。贵妃本蜀人,喜欢吃荔枝,玄宗便命人以快马接力,从南海飞驰运来,一路被累死的马不可计数,杜牧有诗曰"长安回望绣城堆,山顶千门次第开。一骑红尘妃子笑,无人知是荔枝来",就是写的这件事。兵士们指名要杀杨贵妃,玄宗极力辩解说杨国忠谋反,与贵妃无关,但这无力的辩白怎能浇灭愤怒的烈火。高力士知道不杀杨贵妃,不能平息将士们的气愤,于是对玄宗说:"贵妃是没有罪,

《明皇幸蜀图》(局部)

但将士们杀了杨国忠，如果留着贵妃，他们哪会心安。当今之计最重要的是使将士心安，以保陛下安全。"

面对着丢命与割爱两种选择，玄宗权衡再三，觉得还是先保命再说，他狠了狠心，让高力士把杨贵妃带到一个佛堂里，逼她自缢。杨国忠的儿子，杨贵妃的姊妹韩国夫人、虢国夫人、秦国夫人也都被杀死。

将士们以为杨国忠的老家在蜀地，不愿继续西行到那里去。李辅国和太子李亨的两个儿子向太子献计，请求分玄宗手下之兵，北上以图恢复。玄宗无奈，只得把后军2000人交给太子，急急忙忙逃到了成都。李亨带兵北上，七月到达了灵武（今宁夏灵武西南），即位称帝，是为肃宗，遥尊玄宗为太上皇。

对于杨贵妃的死，后人有的认为是罪有应得，有的表示惋惜。清朝人袁枚写《马嵬》诗道："莫唱当年长恨歌，人间亦自有银河。石壕村里夫妻别，泪比长生殿上多。"杨贵妃的死与安史之乱中千万百姓的苦难相比，可以算是不值一提的小事了。

 知识链接

安史之乱

玄宗统治后期，边防战事频繁，府兵制被募兵制取代，节度使制度形成，出现外重内轻的局面。玄宗骄奢淫逸，挥霍无度，深居宫中，专以声色自娱，培养出李林甫、杨国忠、安禄山等掘墓人。历史书上评价说，开元年间任用姚崇、宋璟而治，天宝年间任用李林甫、杨国忠而乱，是很有道理的。天宝十四年（755年）十一月，身兼平卢、范阳、河东三镇节度使的安禄山与平卢兵马使史思明，率15万大军，以讨杨国忠为名，自范阳（今北京市）起兵，迅速攻占了洛阳。次年正月，安禄山在洛阳称大燕皇帝。唐朝大将郭子仪、李光弼等率军顽强抵抗，又得到回纥、于阗及西域诸国的援助。至德二年（757年）正月，安禄山被长子安庆绪所杀，其部将史思明降唐后又起兵造反称帝，后被其子史朝义所杀。宝应元年（762年）十月，唐借回纥兵收复洛阳。次年正月，史朝义自杀，安史之乱至此始告平定。安史之乱是唐朝由盛而衰的转折点，此后唐朝国力大为削弱，造成了藩镇割据的局面。

刘禹锡写诗致祸

805 年

王叔文等主持政治经济改革,时为唐顺宗永贞元年,故史称"永贞革新"。

南衙北司之争

唐代中期以后,宦官势大,朝臣的权力被侵夺,于是双方展开了激烈争斗。在都城长安中,朝臣的衙署位于南部的皇城中,故称"南衙";宦官机构均设在北部宫城内,故称"北司"。北司专断朝政,控制禁军,危及皇权,造成政治腐败,行政运转机制紊乱。朝臣谋求剪除北司势力,顺宗时有"永贞革新",文宗时有"甘露之变",均以朝臣的失败告终。后朱温率兵入宫,尽诛宦官,唐朝也随之灭亡。

808 年

以牛僧孺为首的"牛党"与李德裕为首的"李党"互相攻讦,后更互执政,相互倾轧。

"山不在高,有仙则名;水不在深,有龙则灵",《陋室铭》因字字珠玑而流传千古,刘禹锡也因才华横溢而为后人所景仰。他因写诗而名重一时,也因写诗而招致祸端。

刘禹锡精于古文,尤擅作诗。19 岁游学长安,上书朝廷。21 岁时与柳宗元同榜考中进士,后又考中博学宏辞(词)科。王叔文十分器重刘禹锡,认为他有宰相之才。永贞革新失败后,刘禹锡被贬为朗州(治所在今湖南常德)司马。

朗州地近西南夷,风俗僻陋,言语不通,但刘禹锡没有因此而沉沦,他以积极乐观的精神学习民歌,创作了《采菱行》等仿民歌体诗歌。后来看到当地居民祭祀巫神,高唱俚歌,载歌载舞,欢声雷动,便仿屈原《九歌》之体,创作了《竹枝辞》十多篇,并教唱新辞以祭巫神。后来朗州附近的俚歌中多杂有他的文辞。

唐宪宗元和十五年(820 年),僻居朗州 15 年的刘禹锡被召还京师,准备出任尚书省官员。当初刘禹锡在长安时经常到崇业坊玄都观游览,这次回到京师,他再次来到这里,触景生情,当即写下《戏赠看花诸君子》一诗:"紫陌红尘拂面来,无人不道看花回。玄都观里桃千树,尽是刘郎去后栽。"此诗传出后,有人说他心怀不满,借题发挥,讽刺朝廷,于是又被贬为播州(治所在今贵州遵义)刺史。刘禹锡老母已 80 多岁,播州路途遥远,母亲必不能相随,此去必是母子生离死别。诏书颁布后,御史中丞裴度上奏替他说情,说这有伤皇上提倡的孝道之风。宪宗遂把刘禹锡改贬为连州(今广东连县)刺史。后又调任夔州(今重庆奉节)、和州(今安徽和县)刺史。

唐文宗太和二年(828 年),刘禹锡从和州入京任主客郎中。不久,他再次来到玄都观,一时诗兴大发,又作《再游玄都观》一诗:"百亩庭中半是苔,桃花落尽菜花开。种桃道士归何处,前度刘郎今又来。"诗中隐隐透出对永贞革新的怀念和对现实政治的不满。新诗传出以后,有人称赞他的才华,也有人说他行为太不检点。宰相裴度深知他的才能,推荐他任礼部郎中,集贤院学士。裴度罢相后,刘禹锡又被贬为苏州刺史。

　　当时苏州发生水灾,百姓困苦不堪。刘禹锡上任以后开仓赈饥,免赋减役,使人民度过了灾荒,过上了安居乐业的生活。苏州人民爱戴他,把他与在那里担任过刺史的韦应物、白居易合称为"三杰",建立了三贤堂。

　　刘禹锡晚年回到洛阳,任太子宾客,与朋友交游赋诗,生活闲适,死后被追赠为户部尚书。

知识链接

永贞革新

　　自唐玄宗任用高力士开始,唐朝出现宦官干政的现象。肃宗时宦官李辅国掌握军权,宦官权力开始凌驾于百官之上,乃至干预皇权的施行,引起了皇帝和官僚士大夫的强烈不满。

　　永贞元年(805年),唐顺宗李诵即位。李诵做太子时,便关心朝政,了解民间疾苦,深知朝廷积弊,即位后决心革除弊端。顺宗得过中风病,深居宫中,很难与大臣见面交流,于是起用自己做太子时的老师王叔文、王伾(pī),任他们为翰林学士与翰林待诏,主持政务。二王引荐韦执谊为宰相,以柳宗元、刘禹锡等人为援,秉承顺宗旨意进行改革,主要是废除扰民的弊政,打击宦官,削弱藩镇势力等。他们准备剥夺宦官的兵权,以俱文珍为首的宦官操纵神策军拒不接受命令,联合藩镇节度使共同反对改革。三月,俱文珍等人发动政变,幽禁顺宗,拥立太子李纯。八月,顺宗被迫退位,后被宦官毒杀。李纯即位,是为宪宗。王叔文被贬为渝州司户,次年被赐死;王伾被贬为开州司马;柳宗元、刘禹锡、韩泰、陈谏、韩晔、凌准、程异及韦执谊等8人均被贬为边州司马。史称"二王八司马"事件,亦称永贞革新。改革历时百余日,以失败而告终。

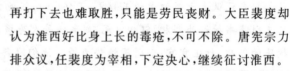

李愬雪夜入蔡州

817 年
李愬雪夜攻取蔡州，
平定淮西镇。

819 年
唐宪宗迎佛骨入宫，
供奉 3 日，后封存于
法门寺地官中。

唐宪宗即位后，把恢复"贞观""开元"盛世，平定藩镇，重振国威作为奋斗目标，他在中央建立起神策军，国家的军事、经济实力逐渐增强，陆续讨平了西川、夏绥、镇海节度使，魏博节度使田弘正、成德镇王承宗也都被迫归命朝廷，只有淮西节度使吴元济不肯归附。

淮西军阀割据由来甚久，从德宗建中四年（783 年）淮西节度使李希烈自称大元帅开始，中间经过吴少诚、吴少阳，拥兵割据 30 余年，唐朝中央政府始终拿它没有办法。元和九年（814 年），淮西节度使吴少阳死去，他的儿子蔡州刺史吴元济秘不发丧，自领军务，四出侵扰焚掠，关东为之震动。唐宪宗派人前去吊祭，吴元济理都不理。次年正月，朝廷下令削夺吴元济的官爵，令宣武等 16 道出兵征讨。由于各路军队不相协调，号令不一，且有宦官监军，干涉将帅行动，连续几次进兵都无功而返，弄得民困兵乏，耗费巨大。

对是否继续平定淮西，朝廷内部产生了分歧。大多数官员认为再打下去也难取胜，只能是劳民丧财。大臣裴度却认为淮西好比身上长的毒疮，不可不除。唐宪宗力排众议，任裴度为宰相，下定决心，继续征讨淮西。

元和十一年（816 年），朝廷任李愬（sù）为随、邓节度使，李愬到唐州（治今河南汝南）后，通过淮西降将，摸清了淮西的内部虚实，拟定了突袭吴元济老巢蔡州的计划。李愬虽是将门虎子，但从未带兵打过仗，将士们认为他不会出兵攻淮西，李愬对作战的事也只字不提。这样一来，蔡州的吴元济以为李愬胆小怕事，不会打仗，逐渐放松了戒备。后来双方交锋，吴元济连连取胜，他认为李愬不堪一击，更不把防备放在心上了。

第二年，宰相裴度亲自前来淮西督战，李愬把袭取蔡州的计划告诉了他，裴度当即表示支持。为了使李愬能够独立行事，裴度奏请唐宪宗，把宦官监阵的权力撤销了。

裴度像

这一年十月的一个晚上，寒风怒吼，大雪纷飞。李愬命令淮西降将李祐、李忠义带领精兵三千充当先锋，唐州刺史李进城率三千人马殿后，自己引三千人马为中军，从驻地文城栅（今河南遂平）出发，除了几个高级将领外，谁也不知道要去哪里。赶了 60 里地，到了张柴村。守在此处的淮西兵毫无防备，被李祐带的先锋部队全部消灭。李愬留下一批兵士守张柴村，以截断通往洄曲的道路，大部队则继续东进。兵士们心里更加迷惑，不知道李愬到底要做什么。又走一段路，李愬才向大家宣布，攻入蔡州，捉拿吴元济！

那些在吴元济手下吃过败仗的唐军官兵，听到这个命令，吓得脸色都变了。监军的宦官急得哭了起来，连说中了李祐的奸计。李愬平日治军很严，虽然他们暗中叫苦，但谁也不敢违抗军令。

唐军踏着厚厚的积雪，又赶了 70 里路，才到了蔡州城边。李愬严令保持肃静，但是由于人马嘈杂，仍然发出很大的响声。正好城边有一个水池，里面鹅鸭成群，李愬派了一些士兵拿棍子去打搅鹅鸭。兵士们心怀疑虑：主帅还嫌军队的嘈杂声太小吗？可一看李愬坚定的目光，他们只好照办了。结果，鹅鸭的阵阵叫声，把人马的嘈杂声掩盖了下去。将士们这才知道李愬是个勇敢而又机智的统帅。

蔡州戒备本来就很松弛，又碰上这样的天气，所以守城兵士根本没做打仗的准备。李祐、李忠义对蔡州的城防十分熟悉，吩咐兵士在城墙上挖出一道道坎儿，很快翻墙入城，把守城门的兵士杀死，派人伪装更夫继续巡逻。接着，打开城门，迎接李愬大军进城。一座蔡州城就这样神不知鬼不觉地被李愬占领了。

天刚蒙蒙亮，雪也止了。唐军占领了吴元济的外院，吴元济此时还在里屋睡觉。忽然，有个淮西兵士发现了唐军，急忙报告给吴元济。吴元济懒洋洋地起身站在楼上向外望，只见满城都是唐军，这才从梦中醒来，急忙召集侍卫亲兵，试图作最后一搏。

李愬命令将士强攻内院，砸烂了外门，占领了军械库。蔡州的百姓们受够了吴元济的压制，扛来柴草烧穿了南门。吴元济见大势已去，只好弃械投降。

淮西的申、光二州守军 2 万多人，见蔡州已破，不战而降。李愬取得了全胜，用囚车把吴元济押送到长安。

822 年

唐穆宗派使者去吐蕃会盟，双方确定甥（吐蕃赞普）舅（唐朝皇帝）关系，次年立"唐蕃会盟碑"。

835 年

唐文宗以观看"甘露"为名，欲诛宦官，事情败露，反为宦官所制，史称"甘露之变"。

845 年

唐武宗灭佛，下令毁掉寺院，僧侣还俗。

裴度、李愬平定淮西活捉吴元济的消息传到河北,河北藩镇大为震动,纷纷表示归附中央,历史上称此为"元和中兴"。但宪宗没能从根本上解决藩镇问题,他死后不久,许多藩镇发生变乱,藩镇割据称雄的局面又出现了。

 知识链接

藩镇割据

唐玄宗在位后期,为了防止周边各族进犯,大力扩充防戍军镇,设立节度使,赋予他们军事统领、财政支配及监察管内州县的权力,共设立了 9 个节度使和 1 个经略使。安史之乱爆发后,为了抵御叛军进攻,军镇制度扩展到内地,大州设节度使,小州设观察处置使,他们所辖之地被称作藩镇,亦称方镇。其中河朔三镇(平卢、成德、魏博)一直不受朝命,不输贡赋,割据一方;今山东、河南、湖北、山西曾长期存在这样的藩镇;其他地区也有一些倚仗实力对中央跋扈不驯、作乱犯上的短期割据者。9 世纪初,全国藩镇多达 40 多个,他们或互相攻伐,或联合对抗中央,中央政府屡次采取措施削弱藩镇,但收效甚微,藩镇势力呈逐渐增强的趋势,此局面延续了近两个世纪,到北宋初才结束。后代史家把这种局面称为"藩镇割据"。

冲天大将军黄巢

　　中国古代的科举考试,为统治集团选拔了不少人才,但也把不少有政治抱负和才能的人挡在了官僚队伍之外,这激发了他们的反叛情绪,进而成为专制皇朝的掘墓人。唐朝末年农民起义领袖黄巢就是因科举不第而反叛,最后成为动摇唐朝统治根基的人。

　　黄巢曾多次赴京城参加科举考试,但却一次次名落孙山。入仕为官报效皇家的愿望彻底破灭了,用另外的方式实施政治抱负的愿望却油然而生。他最后一次走出考场的时候,挥笔写下这样一首诗:"待到秋来九月八,我花开后百花杀。冲天香阵透长安,满城尽带黄金甲。"这就是后来广为流传的《不第后赋菊诗》。

　　乾符二年(875年)二月,黄巢率众起义,到广明元年(880年),黄巢的大军已有60万人,这年年底,义军攻占洛阳,接着挥师西进,兵抵唐朝京城的东面门户潼关。唐僖宗派去守关的兵士早吓破了胆,没怎么抵抗就各自逃命去了。

　　听说潼关失守,长安城中乱作一团。当时关中虽然还有些军队,但一时难以调集。仓猝之下,僖宗只得带着皇亲嫔妃们,在五百神策军保护下,向四川逃走。起义军没有遇到什么抵抗,日夜兼程,于十二月八日傍晚进入了长安城。唐朝在京的文武百官大都没来得及逃脱,于是很多人赶到城东的霸上,跪迎黄巢进城。可是黄巢对前来投降的官员乃至城中居民却进行了报复性的大屠杀,使长安城中百姓大失所望,对义军产生了敌视情绪。

　　十二月十三日,黄巢在长安大明宫含元殿举行登基大典。战士们抬来数百只战鼓,拿起长剑大刀列成卫队,在隆隆战鼓声和闪亮耀眼的刀光剑影中,黄巢登上了皇帝的宝座。因为黄巢率众起事的地方古代属于齐地,所以他为新政权取名"大齐"。同时希望新政权固若金

874 年
王仙芝在长垣起义。次年,黄巢在冤句率众响应。

880 年
黄巢军攻破唐都城长安,次年称帝,国号大齐。

黄巢像

882 年
起义军大将朱温叛
变降唐,后被唐封为
梁王。

884 年
黄巢败退至山东,自
刎于狼虎谷。

汤,永远保持天下一统,所以定了年号叫做"金统"。

黄巢当了皇帝,封他的妻子做皇后,设置百官,任命手下将领当了太尉、中书令、左右仆射、枢密使等官职。同时改变刚入城时的屠杀政策,宣布:旧官员三品以上者一律停职,四品以下的仍旧任用。他下令旧官僚到大齐宰相处登记,然后官复原职。可是几天过去了,没有一人前去登记。于是黄巢下令在全城搜索,皇亲国戚及高官显宦一旦被搜出,便予处死。同时下令没收王室贵族、富豪巨商的全部财产,将他们扫地出门。这些人变得一贫如洗,纷纷逃往南北各地。黄巢实现"满城尽带黄金甲"的夙愿,每天听着百官宫女们高呼万岁,乐滋滋地当起皇帝来。

黄巢只会打仗,不会管理经济。占领长安后,并未有效地组织生产、管理财政,面对关中地主的坚壁清野,大齐政权陷入经济困境。当时唐朝在关中的军队尚有数万人,分驻于各地;关东的藩镇虽受到起义军打击,但还都处于军事割据状态。黄巢没有抓住时机,进行军事征讨,而是拿出皇帝的派头,发出一道道檄文,无非是声讨僖宗,催促各藩镇投降。这时,以凤翔节度使郑畋为首的唐军将领一面假装归降,一面秘密联络各藩镇,训练士兵,修筑城池,打造武器,招兵买马。有的倾其家产,犒赏士兵,积极做向农民政权反攻的准备。等到郑畋杀死大齐派来监军的将领,攻杀大齐千余名运粮兵士之后,黄巢才决定派兵征讨。一番激战,队列不整的五万农民军惨死近半。

这一仗的胜利使唐朝军队大为振奋。僖宗遥发号令,各地军镇纷纷呼应。他们又请沙陀族李克用出兵助战,招降了黄巢的部下、同州(今陕西大荔)防御使朱温。唐朝各路兵马分别屯驻沙苑(今陕西大荔南)、渭桥(今长安西北)、武功(今陕西武功)等地,对长安形成合围

上刻"其年黄巢坐长安"字样的王府君墓志铭(拓片)

之势。

　　这时候,农民将领还沉浸在胜利的喜悦中,根本没把唐军放在眼里,主张来一次大决战。黄巢认为,敌众我寡,严峻形势,决定撤离长安,向东开拔,再一次走上了游击作战的道路。

知识链接

黄巢起义

　　唐朝末年,土地高度集中,赋役十分繁重,阶级矛盾异常尖锐,各地不断爆发农民起义。乾符元年(874年),王仙芝率数千人在长垣(今属河南)起义。次年,曹州冤句(今山东菏泽西南)人黄巢聚众呼应,众至数万人。乾符三年,黄巢反对王仙芝求降,乃与之分兵,独自转战于今河南、山东、安徽、湖北、江西间。乾符五年,王仙芝战败被唐军所杀,余部归依黄巢,并推黄巢为首领。黄巢号称冲天大将军,年号王霸,众至10多万人。乃南下渡淮河、长江,经江西进军浙东,攻克福建诸州郡。次年进军岭南,克广州,众达百万。稍作休整后,移师北伐,进入湖南。沿湘江而下,渡长江、淮河,进入淮北,改称天补大将军。广明元年(880年)进入河南,攻克东都洛阳。旋挥师西进,同年十二月攻克长安,建大齐政权,年号金统。金统四年(883年)撤出长安,进围陈州(今河南淮阳),屡战失利。次年退至泰山狼虎谷(今山东莱芜境内),再战失利,乃自刎而死。这次起义,参加的农民达上百万人,历时10年之久,转战今12个省区,沉重打击了唐朝的统治,从此唐朝分崩离析,名存实亡。

朱温叛唐

朱温是宋州砀山（今安徽砀山）人，从小不事产业，游手好闲，后赶上黄巢起义军从这里经过，他便参加了进去。起义军攻占长安建立大齐政权后，朱温成了独当一面的将领，率军先后负责长安东南、东北防备。后来见唐军调集各地兵力合围长安，起义军难以抵抗，朱温于是举兵降唐，反过来镇压农民起义，捞够了政治资本，扩充了军事实力，被封为梁王。黄巢起义失败后，朱温即投身于藩镇之间的混战。经过几年的时间，打败了其他军阀，吞并了他们的军队和地盘，成为一个拥有强大军队、占据广大地区、举足轻重的新军阀。

882年
起义军大将朱温叛变降唐，后被唐封为梁王。

904年
朱温胁迫唐朝廷东迁洛阳，杀唐昭宗。

唐昭宗光化四年（901年），宰相崔胤痛恨宦官专权，乃招朱温进京。结果是引狼入室，宦官势力虽被清除，但朱温却盘踞朝堂，皇帝的权力更加削弱了。不久，朱温把崔胤杀死，自己独揽大权。从此，这个无赖出身的野心家便开始打起取代唐朝的算盘来。

天祐元年（904年），朱温想学曹操"挟天子以令诸侯"的办法，向唐昭宗提出把京城从长安迁往洛阳。昭宗是个傀儡，哪敢说半个不字。于是朱温下达命令，不仅皇室、朝中官员要随皇帝迁徙，长安百姓也须东行。此后的一个多月里，从长安到洛阳的路上，东迁人群络绎不绝。朱温还下令把长安城中的宫殿、王公府第和民房拆毁，长安城成了废墟。拆下来的材料，顺着渭水、黄河漂到洛阳。同时，从全国各地征收大量钱财物资，调集几万工匠，在洛阳营建宫室。

唐昭宗走到半路，身边的几个官员和200多个侍从便被朱温杀光了。到了洛阳以后，朱温派心腹把持守卫京城和皇宫的一切军事要职，并准备向皇帝下手。他让亲信大将蒋玄晖等人想办法杀死昭宗，自己回到大梁，坐等消息。

这年八月的一天晚上，唐昭宗已经睡了。蒋玄晖带领百余名军士，突然闯进内宫，杀死女

朱温像

官裴贞一。昭宗惊醒，起来逃命，被军士追上去，一刀砍死。

第二天，蒋玄晖宣布：唐昭宗被宫中女官李渐荣、裴贞一所杀。三天以后，昭宗13岁的儿子李柷（chù）即皇帝位，就是唐哀帝。

朱温从大梁来到洛阳，趴在唐昭宗的棺材上，假意痛哭了一番，然后下令把蒋玄晖的两个助手处死，想用两个替死鬼掩盖他的丑恶行径。他让蒋玄晖把昭宗的9个儿子都召到九曲池饮酒，乘机将他们逮捕，当场全部绞死，把尸体丢进九曲池中。

宰相柳璨（càn）为人奸诈卑鄙，他忌恨同僚大臣，经常给朱温出坏主意。朱温的谋士李振因为屡次考不中进士，对朝廷官员恨之入骨，与柳璨狼狈为奸，必欲尽除朝臣而后快。不久，朱温以紊乱纲纪为名，贬逐大批朝官，朝中缙绅为之一空。柳璨、李振想斩草除根，于是说服朱温，于天祐二年（905年）六月将被贬的30多个大臣集中到白马驿（今河南滑县东），统统杀死，将尸体投入黄河。李振还觉得不解恨，愤愤说道："你们这帮人平常自称清流，今天我就把你们变成浊流！"

朱温日夜都想着坐上皇帝的宝座，但周围还有不少拥有军队、占据地盘的藩镇，朱温怕他们站出来反对，于是便装一次斯文，学着前人玩起"禅让"的把戏来。他一方面要蒋玄晖逼哀帝搞禅让，一方面在大梁城里修建宫室，准备登基。既然要搞禅让，就要按历史上传禅的礼仪一步一步地进行。经过几番虚情假意的推让之后，朱温不耐烦了，他嫌这样做太慢，对蒋玄晖十分不满。有人挑拨说，蒋玄晖有意拖延，不想让唐朝灭亡。朱温一听，怒气冲天，当即把这个参与了他全部罪恶勾当的心腹大将杀死，将他的尸体放在洛阳城门外示众。

天祐四年（907年）三月，唐哀帝亲笔写下传禅的"御札"，捧着皇帝的传国大印，到大梁向朱温"禅位"。四月，朱温把唐朝皇帝赐给他的名字"全忠"改为"晃"，登基称帝，国号梁。中国历史上又一个大分裂的时期开始了。

907年
四月，朱温废唐帝自立，国号梁，史称后梁，都大梁（今河南开封）。

923年
晋王李存勖在魏州称帝，国号唐，史称后唐，后移都洛阳。同年灭后梁。

知识链接

伶人皇帝李存勖

李存勖是沙陀族（西突厥别部）人。父李克用唐末为河东节度使，后被封为晋王。李存勖幼时学习《春秋》,善骑射,有胆略,喜欢乐舞,尤好作伶人(演员)。开平二年(908年),李存勖袭晋王位。当时潞州(今山西长治)为梁军围困,李存勖率军自晋阳出发,直取上党,突袭潞州梁军,大获全胜。此后,军威大振,河北之地渐为李存勖控制。923年灭梁,统一北方。四月,在魏州(今河北大名西)称帝,国号唐,年号同光,不久迁都洛阳。

李存勖善于带兵而不善治国。他以为中原已定,大功告成,于是不理政事,专事享乐,经常粉墨登场,演戏取乐。爱屋及乌,故宠信伶人,不少伶人被任为高官。他们出入宫廷,傲视大臣。正直的大臣敢怒而不敢言,奸佞之辈则逢迎伶人,重金行贿,以保富贵。伶人借机干预朝政,陷害文武大臣,又与贪官污吏勾结,败坏朝政,鱼肉百姓。926年,李存勖冤杀大将郭崇韬,李的养子、战功卓著的李嗣源也险遭杀害。三月,李嗣源率军入京,李存勖急忙集合军队抵抗。伶人出身的指挥使郭从谦利用军队的不满情绪,突然发动兵变,火烧宫门,乘机杀入宫中。李存勖正用早餐,慌忙带领侍卫抵抗,结果被乱箭射死。李嗣源派人在灰烬中找到了李存勖的零星尸骨,草草安葬后,自己登上了皇位。

儿皇帝石敬瑭

在中国古代历史上，后晋皇帝石敬瑭的名字总是与"儿皇帝"的骂名紧密相连，尽管历史记载中说他谋略过人，作战勇敢，为政廉洁，礼贤下士，很有政治才干，但这些都不能洗刷他的卑劣无耻。

石敬瑭是沙陀人（也有人说他是汉人）。父亲叫臬捩（liè）鸡，李克用的部将，官至刺史。石敬瑭觉得父亲的名字不像是汉人，于是自取名字叫石敬瑭。石敬瑭自幼喜读兵书，志向远大，立誓要成为战国李牧及汉朝周亚夫那样的名将。代州刺史李嗣源十分赏识他，引以为心腹，后来干脆把女儿嫁给了他。李嗣源是李克用的养子，也就是后唐的第二代皇帝唐明宗。

后唐明宗死后，他的儿子李从厚继位，是为愍帝。愍帝在位仅四个月，皇位就被明宗的养子李从珂夺了去，是为末帝。末帝即位后，任石敬瑭为太原留守、太原节度使。石敬瑭生活俭朴，不近声色，不设宴会，办公结束后，常召幕僚谈论民间疾苦和为政得失。他办案精明果断，不会被假相所迷惑，作出的判决大都令人心悦诚服。由此深得人心，声誉日隆。

皇帝的养子竟然做起皇帝来，这让身为驸马的石敬瑭心理很不平衡。太原是北方重镇，石敬瑭赴任后，一边主持对契丹的防务，打理民政，一边以太原为根据地，积聚钱粮，扩充军队，准备取代这个来路不正的皇帝。后来双方真的是兵戎相见，而石敬瑭几次都吃了败仗，被围困于晋阳。

为了当上皇帝，石敬瑭甘愿忍受任何耻辱，付出任何代价。他决定向原本与自己为敌的契丹求援。契

916 年
契丹族首领耶律阿保机建立契丹国。

936 年
沙陀人石敬瑭对契丹国称"儿皇帝"，取得其支持。攻入洛阳，灭后唐，称帝，迁都大梁，国号晋，史称后晋。

还猎图（描绘了契丹族骑射的装束）

丹是居住在我国北方的少数民族,公元 907 年,阿保机统一各部后,建立了政权。阿保机死后,耶律德光继位,势力更加强大,屡屡向南侵扰中原王朝的北部边境。石敬瑭与其部下桑维翰、刘知远共同筹划,请求契丹为援。但契丹不会轻易答应援助石敬瑭,双方几经讨价还价,石敬瑭终于答应了契丹人开出的大价码:石敬瑭称臣于契丹,行父子之礼;事成之后割让卢龙一道及雁门关以北诸州的土地。刘知远劝石敬瑭说:"称臣就可以了,行父子之礼太过分;多给一些钱物就可让契丹出兵帮助,而割让土地,恐怕将来会成祸患。"但石敬瑭称帝心切,哪里还顾得上这些。

清泰三年(936 年)九月,耶律德光亲自率 5 万骑兵自雁门关南下,援助石敬瑭,当天就打败唐兵,包围了晋安寨。卢龙节度使赵德钧领兵解救,他没与契丹开战,而是以大量金帛送给辽军,而后与契丹搞起了秘密交易:他请求耶律德光立自己为皇帝,率兵攻占洛阳,与契丹约为兄弟之国。这个条件比石敬瑭的开价差得多,尽管如此,耶律德光孤军深入,怕被赵德钧切断退路,所以还是答应了他的请求。石敬瑭听说这一消息,惊惧万分,忙派桑维翰到契丹军营,跪在耶律德光帐前,从早到晚,哭哭啼啼,最后耶律德光拒绝了赵德钧的请求。

十一月十二日,耶律德光册封石敬瑭为晋帝,约定双方永为父子之邦。晋每年向契丹交纳帛 30 万匹,把今北京市与今河北、山西北部的"燕云十六州"割让给契丹。接着,耶律德光和石敬瑭一道向南进军,赵德钧父子战败投降。石敬瑭继续向洛阳前进,后唐军队溃败,末帝与曹太后、刘皇后等人携传国玺登上玄武楼自焚。石敬瑭顺利进入洛阳。

不过这"儿皇帝"确也不好当,石敬瑭受尽了窝囊气。石敬瑭已 45 岁,却要称 34 岁的耶律德光为父;每次契丹使者到来,石敬瑭都要拜受诏敕;每年输送给契丹的金帛宝物不计其数。契丹人稍不如意便派使者来指责,石敬瑭只有卑躬屈膝道歉的份。无论朝中还是民间都认为这是莫大的耻辱。但石敬瑭深知"儿皇帝"的位子来之不易,不肯与契丹父皇帝反目。

天福七年(942 年),在耻笑与唾骂声中当了 7 年儿皇帝的石敬

燕云十六州

燕云十六州又称幽云十六州,指幽州(今北京市、古燕地)、顺州(今北京顺义)、儒州(今北京延庆)、檀州(今北京密云)、蓟州(今天津蓟县)、涿州(今河北涿州)、瀛州(今河北河间)、莫州(今河北任丘附近)、新州(今河北涿鹿)、妫州(今河北怀来)、武州(今河北宣化)、蔚州(今河北蔚县)、应州(今山西应县)、寰州(今山西朔州东)、朔州(今山西朔州)、云州(今山西大同)。大致包括今北京、天津、河北北部、山西北部地区。唐、五代时地方实行州县制,州为一级行政机构,下辖数县。

瑭,背负着万世骂名,结束了他罪恶的人生。他的侄子石重贵接着做了4年儿皇帝,这个由契丹扶持起来的儿皇朝便被契丹人攻灭。

知识链接

耶律阿保机建辽

唐代晚期,东胡族系中的契丹部强大起来,耶律阿保机乘唐内乱,统一了契丹各部,即可汗位,916年建立契丹国,918年定都临潢府(今内蒙古赤峰市巴林左旗南波罗城)。936年,出兵中原,攻灭后晋,改国号"大辽"。辽朝全盛时,疆域北起外兴安岭,南到今河北省中部,西抵阿尔泰山脉,东到日本海。辽朝吸收中原、西域地区文化,政治体制完备、农业牧业共同发展。

后来,辽长期与宋、夏争战,曾迫使西夏纳贡称臣。女真人崛起后,于1114年起兵攻辽。1125年辽天祚帝被俘,辽亡。天祚帝被俘前后,契丹贵族又曾建立西辽、东辽,先后为蒙古攻灭。

辽三彩印牡丹纹方碟

长乐老冯道

五代十国时期,政权更替十分频繁,正所谓"皇帝轮流做,明年到我家"。有一个人历五朝八姓十一帝,终不离将、相、三公高位,最后全身而退,成了官场上的"常青树",他就是被后人称为"不倒翁"的冯道。

冯道,字可道,自号"长乐老",瀛州景城(今河北交河)人。他性格沉稳,生活简朴,好读书,写得一手好字。年轻时,割据河北的刘守光把他召至麾下,做了文职官员。刘守光自恃实力雄厚,不断派兵攻城略地。有一次去攻打定州,冯道以为不妥,直言相谏,惹得刘守光大怒,把他关进大牢,幸得人相救,才化险为夷。他开始琢磨为官之道,渐渐练就了左右逢源的本事,不介入任何政治纷争,不行任何过激之事,不和任何人交恶。从此在官场里如鱼得水,游刃有余。

刘守光被李存勖击灭后,冯道便投靠李存勖当了掌书记。李非常欣赏他的文才,当上皇帝之后,提升他为户部侍郎、翰林院学士。

冯道随军出征,和士兵们同甘共苦,从不搞特殊化。有一个旧时的朋友,想观瞻这位高官的华居,可看到的却是一座破败不堪的茅草庵。朋友感觉奇怪,推门进去一看,更是大吃一惊:靠墙的地方有堆干草,上面放着一床破烂棉被,简直和穷苦百姓的住所没什么差别。

父亲去世后,冯道回家守孝,期满回到京城,已换了明宗李嗣源做皇帝。唐明宗欣赏他的才华,任他为相。明宗是五代时候少有的明君,而冯道确有经世治国之才,在这一时期,后唐的政治大有改观。冯道选拔出身寒微却有真才实学的人做官,而对那些出身高贵的"草包",无论如何也不重用他们。看到唐明宗安于现状,他委婉地规劝说要居安思危。他十分注重规劝的技巧,说:有一次随军出征,开始时道路非常艰险,于是非常小心,惟恐出现什么差池,结果平安无事。可到了平坦地带后,放松了警惕,却从马上摔了下来,差点要了命。接着他话锋一转,说治理国家也

冯道像

是这样，一定要居安思危，来不得丝毫懈怠。有一次，明宗得到了一个玉杯，上刻"传国宝万岁杯"一行字。明宗爱不释手，常常向冯道炫耀。冯道说这算不上什么宝贝，帝王应有一种无形之宝，那就是仁义。然后又讲了一番大道理，明宗听了很是佩服。

李嗣源死后，李从厚继位，冯道安居宰相之位。李从珂起兵夺得帝位后，他率领百官迎接。李从珂不大喜欢处世圆滑的人，让他到地方去做官。

石敬瑭勾结契丹灭了后唐，建立后晋。为稳定政局，又请冯道出来当了宰相。契丹人对冯道的大名早有耳闻，点名要他前去会谈。契丹乃虎狼之师，此去凶多吉少，石敬瑭不让他去，但冯道却不以为然。随从的人听说契丹二字，脸色变了，手也发抖，冯道却镇静自如，写下"道去"两个字，扬长而去，大家看了无不流眼泪。

契丹人见冯道宽厚，也没怎么为难他。得到赏赐，冯道便换成薪炭。别人感到奇怪，他回答说："北方太冷，自己年老体弱，为了过冬，要早做准备。"见冯道有久留之意，契丹国王倒是受了感动，决定放他回去。冯道再三请求留下来，契丹国王执意让他回去。冯道在驿馆住了一个月后，慢慢启程，两个月才走出契丹边界。左右随从不解，冯道说："走得再快，也没有契丹人的马快，快逃肯定逃不掉，慢慢走反倒安全。"大家听了，无不叹服。

出使契丹顺利归来后，石敬瑭更加重用冯道。后晋不设枢密使，其职权归入了中书省，由冯道主持，政务不管大小，石敬瑭都问冯道如何处理。

冯道懂得急流勇退的道理，在这个儿皇帝手下当官，可能也觉得不体面，于是提出退休。石敬瑭不准，连他的奏章也不看，让人告诉他，如果再不上朝，就要亲自去请他，冯道只好再出来任职。

石敬瑭死后，石重贵继位。石重贵不想再做儿皇帝，于是契丹人两次出兵中原，最终攻入开封，石重贵做了俘虏。契丹军队在中原烧杀掠夺，引起中原军民大反抗，众将士推举冯道为帅，冯道坚辞不就。看见被掠夺的中原妇女十分可怜，他便变卖财产，派人将她们一一送回家去。

后来冯道又历后汉、后周两朝，均被拜为太师。周世宗显德元年

磨穿铁砚

洛阳人桑维翰，身短面长，长相丑陋，但志向远大。他多次参加科举，因为姓桑（桑音同丧）而未得录取。他始终不肯放弃科举入仕这条路，乃自铸铁砚，并对人说：如果磨穿铁砚，还是考不取，我就改行！后唐同光三年（925年）果然考中了进士。后来他投靠石敬瑭，赞同石敬瑭勾结契丹，割地求荣。石敬瑭称帝后，他两度出任宰相，权倾朝野。他帮助石敬瑭建立国家机构，选拔才智之士，务农桑，通商贾，表现出非凡的政治才能。石敬瑭死后，桑维翰失宠被贬，契丹灭晋后，为投降契丹的张彦泽缢杀。

(954 年)因病去世,年 73 岁。

在大是大非问题上,冯道从不提早表明自己的立场,而是察言观色、随机应变,谁当权就给谁做帮手。所以不少史家批评他有亏臣节。但冯道处世立志向"圣人"标准看齐,一生勤俭,为人宽厚,不贪色,不贪财,爱护百姓,在那个天翻地覆的年代里,具有这样的品行难能可贵。

 知识链接

五代更替

黄巢起义后,唐朝名存实亡,在黄河流域,叛变农民起义的朱温和沙陀人李克用展开了激烈的争战。907 年,朱温废唐哀帝自立,建国号梁,都开封,史称后梁。后梁不断向南北进行掠夺性战争,激起了各地民众的愤恨,农民起义遍及各地,梁政权受到沉重打击,在与李克用之子李存勖的战争中渐处劣势,923 年被李存勖推翻。当年,李存勖称帝,国号唐,都洛阳,史称后唐。后唐不仅占有了后梁的全部国土,而且攻灭前蜀,占有四川之地。后来统治集团内部矛盾加剧,国势转衰。936 年,占据太原的石敬瑭以出卖燕云十六州为代价,取得了契丹人的支持,推翻后唐,称帝于开封,国号晋,史称后晋。不久契丹出兵南下,于 946 年攻陷开封,耶律德光于此称帝,改国号为辽,在中原各地大肆抢掠搜刮,各地农民纷纷起义,契丹人无法立足,只好于次年退回北方。占据太原的后晋河东节度使刘知远乘机称帝,国号汉,后迁都开封,史称后汉。950 年,郭威举兵进入开封,推翻后汉,第二年建国号周,史称后周。在刘知远建立后汉以前,其弟刘崇因与郭威争权产生嫌隙,后以留守太原防备契丹的名义扩充实力。郭威称帝时,刘崇也称帝于太原,国号汉,史称北汉,这是十国当中唯一在北方建立的国家。

孤儿成帝业

在中国历史上，以孤儿开创帝业者，后周太祖郭威乃第一人也。

据说郭威本姓常，儿时丧父，母亲王氏改嫁郭简，故改姓郭。郭简曾经在后晋当过刺史，后来被刘仁恭所杀。不久母亲过世，郭威成了孤儿，姨母韩氏把他抚养成人。18 岁的时候他到潞州投奔故人常氏。

当时，后唐的大将李继韬在潞州（治今山西长治）割据，大肆招兵买马，郭威应征入伍。

郭威身材魁梧，勇力过人，好打抱不平。一天到街上闲逛，遇一屠户欺行霸市，人们都惧怕他，惟恐躲闪不及。但郭威硬是不服气，故意走上前去找茬骂他。屠户见郭威一脸杀气，起初尚且忍耐，但接着就耍起无赖，指着自己的肚子让郭威刺。郭威抄起刀来猛地刺去，屠户一命呜呼。郭威因此被抓进了监狱。李继韬佩服他的勇气和胆量，很快把他放了出来。

几度世事变迁，郭威投到了后汉河东节度刘知远部下。经过几年的磨练，他渐渐了解了社会，知道光凭蛮力难成大事，于是闲来便读书识字。略通文墨的李琼见他爱读书，便将自己读过的兵书给他看。郭威见了兵书，爱不释手，读后颇有心得，明白了"以正守国，以奇用兵"的道理。后来他做了军事将领，作战时身先士卒，与大家同甘共苦，关心兵士，待人宽厚和气，上级赏赐的钱财，全都分给部众。所以他所守必固，所攻能克。刘知远很喜欢他，视为心腹，让他督率亲军。

郭威临事很有计谋。那时候吐谷浑部居太原，骁勇能战，富有财物。刘知远担心他们反叛，但对他们的财物又垂涎三尺。郭威替他出主意说：找个罪名除掉其首领，然后将财物和军队收纳，不但能除掉心腹之患，而且能补充军需。刘知远照计行事，如愿以偿，扩充了自己的实力。

后来，契丹灭掉后晋，中原无主，郭威和史弘肇等人拥刘知远称帝于太原，后迁都开封。郭威成了后汉的开国功臣，被授予枢密副使、检校太保之职。刘知远称帝的第二年死去，郭威作为顾命大臣，

950 年
后汉勋臣郭威发动兵变。次年称帝，改国号为周，史称后周。

954 年
后周世宗柴荣在高平（今属山西）打败北汉军队。

959 年
柴荣攻辽，收复瀛、莫二州。不久病死军中。

960 年
后周为宋所取代，五代结束。

"三武一宗"灭佛

佛教自两汉之际传入中国。南北朝和唐代中后期，最为兴盛，寺院随处可见，僧侣享有特权，寺产规模庞大，民间信徒众多。佛教对政治规范的游离、对社会资源的侵占及与中国传统文化的冲突，几度激化为反佛运动，即所谓"三武一宗"灭佛。

"三武"是指北魏太武帝、北周武帝和唐武宗，一宗是指后周世宗。他们灭佛的原因各有不同，灭佛的具体做法大体为：拆毁佛寺、毁坏佛像、焚烧佛经、没收寺产、迫令僧侣还俗等。灭佛活动对中国佛教打击沉重，但这种极端的做法历时短暂，其后继者执政以后，马上调整政策，佛教很快得以复兴。

辅佐刘知远的儿子隐帝刘承祐即位，出任枢密使加检校太尉。

乾祐元年（948年），河中李守贞、凤翔王景崇、永兴赵思绾见国家初建，幼主新立，乃乘机联兵谋反。朝廷派白文珂等人平叛，结果大败而归。奸相苏逢吉想借刀杀人，置其于死地，于是奏请皇帝，派郭威前去平叛。郭威采用攻城和攻心双管齐下的战术，将士用命，作战英勇，所以没过多久，三地叛乱一一平定，凯旋而归。隐帝重赏郭威，但郭威把赏赐的财物全都分给了众人。

因北方契丹屡屡犯边，乾祐三年（950年），郭威又被加上了邺都留守、天雄军节度使的头衔，统管河北诸州军事、政治与财政，抵御契丹。

隐帝怠于政事，嬉游无度，身边逐渐聚集了一帮无赖小人。他们教唆隐帝，以谋反为名杀死王章、史弘肇等元老旧臣。当时郭威不在京城，便把他的妻子、儿子全都杀死，然后密诏屯兵邺城的将领诛杀郭威。

郭威得到消息后，假造诏书，说隐帝密令让他诛杀众将。众将全被激怒，群情激昂。郭威见时机成熟，便留养子郭荣（原姓柴，郭威内侄）守邺城，自领大军以诛杀奸臣为名直奔京城。皇太后建议与郭威议和，隐帝没有采纳，领兵亲征，结果被乱兵杀死。

郭威像

皇帝死了，精明的郭威并没有立即称帝，而是让太后主持大事，以安人心。同时，严禁士兵掠夺骚扰京城，恢复了京城的治安秩序，然后派人迎接刘知远的养子刘赟继承皇位。局势稳定之后，郭威开始实施称帝的计谋：让手下将领发假情报，说契丹南下进犯。接着便奉太后之命领兵出城。到了澶州,数千将士哗变,拥立郭威为帝。

郭威一生坎坷,目睹乱世带来的人间悲剧,决心脱民于水火之中。他厉行节俭,选用贤能,废除了苛捐杂税和严刑酷法。没过几年,天下已现清平之象。可惜他只当了 4 年皇帝,就因病去世了。他临死留下遗嘱:务必薄葬,不要役使民力、伤人性命,也不要石马石人,只需立一石碑,上面镌刻这样的文字——"大周天子临晏驾,与嗣帝约,缘平生好俭素,只令著瓦棺、纸衣葬"。

 知识链接

周世宗改革

郭威建立北周后,即着手于改革内政,整顿吏治。显德元年(954 年)郭威卒,他的养子柴荣即位,是为周世宗。世宗在位期间,在政治、经济、军事方面进行了广泛的改革。任用贤才,裁减冗官,加强对官吏的监督、控制。清查土地,防止豪强地主将田租转嫁给农民;把官田分给农民耕种,招揽流民开垦无主荒地;兴修水利,治理黄河,疏通黄河与长江间的运河。严明军纪,整顿禁军,创建水军,扭转外强内弱的军事格局,致力于国家统一。此后,后周国力大增,大败北汉,西征后蜀,三伐南唐,北伐契丹,疆土大大拓展,为国家统一奠定了基础。

附:五代年表

朝代名	创建者	都城	起止年	亡于何朝何国
后梁	朱温	开封	907—923	后唐
后唐	李存勖	洛阳	923—936	后晋
后晋	石敬瑭	开封	936—946	契丹
后汉	刘知远	开封	947—950	后周
后周	郭威	开封	951—960	北宋

附:十国年表

朝代名	创建者	都城	起止年	亡于何朝何国
吴	杨行密	广陵	892—937	南唐
吴越	钱镠	杭州	893—978	北宋
楚	马殷	长沙	896—951	南唐
闽	王审知	福州	897—945	南唐
前蜀	王建	成都	907—925	后唐
南平	高季兴	江陵	907—963	北宋
南汉	刘龑(yǎn)	广州	917—971	北宋
后蜀	孟知祥	成都	925—965	北宋
南唐	李昇	金陵	937—975	北宋
北汉	刘崇	太原	951—979	北宋

宋、辽、西夏、金

宋朝（960—1279）是在后周的基础上建立起来的。初都汴京（今河南开封），称北宋；1127年高宗赵构在临安（今浙江杭州市）重建宋朝，称为南宋。北宋结束了五代十国的分裂割据局面，实现了中原与南方的统一。北宋初年强化君主专制，推行"强干弱枝"战略，消除了地方武装割据因素，但军队的战斗力也大大削弱，在与辽、西夏的战争中，负多胜少，于是不得不以财物换和平，形成了"积贫积弱"的局面。南宋是北宋腐朽统治的继续和发展，在与金朝对峙期间，奉行妥协退让、赔款求和的政策。当时出现了继西晋之后的第二次人口南迁高潮，促使中国古代经济重心最终转移到了东南地区。农业、手工业空前进步，城市繁荣、纸币使用、海外贸易开辟，商业达到了前所未有的水平。指南针用于航海、活字印刷、火药使用，是我国人民对世界文明作出的巨大贡献。辽朝（916—1125）是契丹贵族在我国北方地区建立的政权。西夏（1038—1227）是以党项族为主体，联合其他民族在我国西北地区建立的政权，它先后与辽、北宋及金、南宋鼎足而立，或战或和，联系比较密切。金朝（1115—1234）是女真族在我国东北地区建立的政权，后来势力逐渐向南拓展，占据了淮河以北的广大地区，与南宋、西夏长期对峙，军事冲突频繁而剧烈。金占据黄河流域以后，接受了当地先进的汉文化，在文学艺术及科学技术方面都有突出的成就。

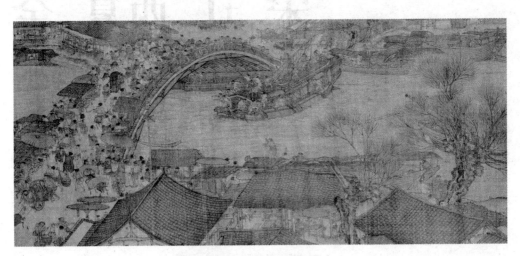

宋　张择端《清明上河图》(局部)

　　该图以精致的笔法描绘了北宋京城汴梁(今河南开封)以及汴河两岸的繁华景象和自然风光,再现了当时的社会风貌。图中选取的是虹桥部分,主要呈现了繁忙的汴河码头景象。

陈 桥 驿 兵 变

显德七年(960年)正月初一,后周的文武官员正在向周恭帝祝贺新年,忽然有人前来报告,说辽国和北汉联合出兵,大举南下侵周。年仅8岁的小皇帝不知如何是好,整个朝廷乱作一团,宰相范质、王溥连忙命赵匡胤带领大军,北上应战。

赵匡胤跟随周世宗南征北战,立下不少战功。周世宗在世的时候,十分信任他,让他做殿前都点检,统率禁军中最精锐的部队殿前军。显德六年(959年),周世宗北伐契丹时身染重病,回京师后不久去世。这年他才39岁,他的儿子年方7岁。起初,北周太祖郭威的子孙亲属都被后汉隐帝杀光,所以才把皇位传给了养子柴荣,而柴荣只身投奔郭威,也没有多少同族亲戚。后周无宗室大臣辅政,而军权又掌握在赵匡胤手中,这不能不使赵匡胤萌生取代后周称帝的野心。

赵匡胤的弟弟赵光义、幕僚赵普等都是耍手腕、搞阴谋的高手,他们暗自盘算,赵匡胤当上皇帝,自己不就可以平步青云了吗?于是他们谎报契丹与北汉来攻的军情,以便让赵匡胤集结军队,搞军事政变。

正月初三,赵匡胤调兵点将,率领大队人马浩浩荡荡从开封出发了。天黑的时候,大军到了汴京东北40里的陈桥驿。赵匡胤故意把军中的事情交给赵光义和赵普处理,自己进入帐内饮酒,醉卧榻上。当天晚上,赵匡胤的亲信便散布舆论说,如今皇上年幼无知,我们这些人为国拼死杀敌,将来谁给我们赏赐?不如先立赵匡胤做皇帝,然后再北征。士兵的情绪很快就被煽动起来,于是推举一名将军去见赵光义和赵普。赵光义和赵普听了,心里暗暗高兴,命令诸将分布四周,见机行事,同时派人连夜赶回汴京,送信给镇守京城的禁军将领石守

960年
陈桥兵变,赵匡胤"黄袍加身",建立宋,史称北宋。

"宋太祖黄袍加身处"碑(在今河南封丘陈桥乡)

信和王审琦，要他们做内应。

第二天清晨，陈桥驿四面突然响起呼喊声，一群身披铠甲、手执刀枪的将领，拥挤在赵匡胤的营帐外。赵匡胤刚走出帐门，诸将便一拥而上，把一件皇帝登基穿的黄袍披到他身上，并拜于庭下，高呼"万岁"。赵匡胤却装出茫然和恐惧的样子，问这是干什么？诸将说明来意，他"严词"拒绝，说后周待他不薄，他不能辜负周世宗，等等。双方僵持了一阵子，他才问诸将士以后是否听从他的命令，众人异口同声表示同意。于是，他当众宣布了几条严厉的军纪：太后和皇上有恩于我，不能侵犯他们；后周的公卿曾和我一块共事，不能欺负他们；朝廷的府库，百姓的家园，均不得骚扰。服从命令者有赏，违反命令者严惩。将士们欣然接受。

赵匡胤带领大军回转开封，石守信、王审琦早已打开城门迎候。侍卫亲军副都指挥使韩通想集结军队阻止赵匡胤，被王彦升察觉，韩通及其家人全部被杀死。

范质、王溥等一帮后周大臣来见赵匡胤。没等这些人说话，赵匡胤便抱头痛哭，说他愧对周世宗的厚爱，当皇帝并不是自己的本意，受将士们的逼迫，才做出这样的事来。范质刚想问话，一名军官拔剑上前，大声说道："我们一定要都点检做皇帝！"二人见木已成舟，只好屈身退到台阶下，带领大臣们列队朝拜。

正月初五日，赵匡胤在崇元殿召集百官，举行称帝仪式。一位官员拿出了事先以周恭帝名义写的诏书，宣布把皇位禅让给赵匡胤。因为赵匡胤曾担任过宋州归德军节度使，所以他把国号定为宋，仍以东京（当时又称汴京，今河南开封）作京城，历史上称为北宋。

与历史上其他篡权称帝者不同的是，赵匡胤的谋士们别出心裁地策划了一场兵变，为赵匡胤开脱了篡权逼位的责任，避免了大臣们及反对派的过多指责。在北宋取代后周的过程中，赵匡胤注意严肃军纪，没有出现社会动荡，因而得到朝廷官员和广大百姓的支持。对于后周小皇帝、皇室成员及元老大臣也采取了比较宽容的政策，没有放逐杀戮。所以除了少数方镇武将，如昭义节度使李筠和淮南节度使李重进起兵反抗外，大部分握有重兵的将领，如慕容延钊、韩令坤等都顺应了形势，表示拥护赵匡胤称帝。赵匡胤窃国篡位没有受到

二李反宋

李筠历仕后唐、后晋、后汉、后周各朝，后周时战功卓著，任昭义军（治潞州，今山西长治）节度使。赵匡胤称帝后，封以高官，优礼相待。李筠骄横自大，于960年起兵反叛。赵匡胤率军亲征，李筠连遭败绩，退还泽州，城破自焚。

时任淮南节度使的李重进闻知李筠反宋，以为天赐良机，准备同时起兵。乃使幕僚北上联络李筠，可幕僚却前往汴京告密，赵匡胤让其回淮南，设法拖延李重进出兵的时间。李重进志大才疏，听信幕僚之言，按兵未动。赵匡胤平定李筠叛乱后，亲率大军，全力进击李重进。历时月余，叛乱被平定，李重进自杀身亡。

后人激烈的抨击,原因也在于此。

北宋的建立

960 年赵匡胤发动"陈桥兵变",取代后周,建国号宋,改元建隆,史称北宋。依据"先南后北"的战略,自乾德元年(963 年)开始,北宋先后削平了荆南、南汉、南唐、吴越等国,最后于太平兴国四年(979 年)灭掉北汉,结束了五代十国的分裂割据局面,实现了内地的统一。

为了改变唐末五代以来"方镇太重,君弱臣强"的局面,宋太祖赵匡胤根据宰相赵普的建议,采取"稍夺其权,制其钱谷,收其精兵"的方针,加强对各级官吏及地方势力的控制。首

宋太祖蹴鞠图

先,采取兵将分离、内外相维、强干弱枝的政策,将军权集中到中央,直接掌握在皇帝手中。其次,采取分化事权的办法,削弱相权,使宰相掌行政,枢密使掌军政,三司使掌财政,审刑院掌司法,并各设副贰官,与部门长官互相制约。另外在各路设转运使,将所属州县的财赋,除去留下少量应付日常开支外,悉数运送中央,上交国库,消除了地方割据的经济基础。实行上述措施的结果,诚如朱熹所说"兵也收了,财也收了,赏罚刑政一切收了",使专制主义中央集权大大加强。但是"冗官""冗兵""冗费"却与日俱增,使国家很快陷入了积贫积弱的局面。

杯酒释兵权

欢歌宴饮之间，令诸多久经战场的大将交出兵权，初听起来有些像是演绎杜撰的故事，但这确是历史的事实，导演这场好戏的正是北宋太祖赵匡胤。

平定后周大将李筠及李重进叛乱后，宋太祖问赵普："为什么唐末以来，数十年间帝王换了八姓，争战不止，生灵涂炭？怎样才能息天下之兵，使国家长治久安，让百姓永享太平？"赵普一听，喜上眉梢，连连称赞宋太祖说，这问题提得好，实在是百姓之福！然后他告诉太祖，原因在于"方镇太重，君弱臣强"，根治的办法就是要将分散于地方及臣僚手中的政、兵、财权统统收归中央。赵匡胤心领神会，他知道在各种权力中，最先要收回的是兵权。

建隆二年（961年），太祖的皇帝宝座刚刚坐稳，就着手削夺军事将领的权力了。他撤销了殿前都点检、镇宁军节度使慕容延钊的职务，改任他为山南东道节度使。因为皇帝曾任过殿前都点检，所以这个职务从此不再设置。用这个堂而皇之的理由，赵匡胤将禁军的统帅权收归自己掌握。接着他把侍卫亲军都指挥使韩令坤罢为成德节度使，由自己的亲信石守信接替他，任侍卫马步军都指挥使。太祖以为石守信等是自己的故友，十分倚重，可赵普不这样认为，他多次提醒赵匡胤，可别忘记陈桥兵变啊！

后来，宋太祖令大将符彦卿执掌禁军，赵普坚决反对，但太祖硬是下达了诏令。赵普接到诏令后，把它揣在怀里，入宫见太祖。太祖说："我待符彦卿不薄，他不会辜负我。"赵普毫不客气，当即反问道："周世宗待你怎么样？你不也辜负了他吗？"太祖满脸通红，半天都没说出话来。最后终于下定决心，收缴将领们的兵权。

这些军事将领中，不少人与赵匡胤亲如兄弟，他们出生入死，才有了今天的权力，岂肯轻易交出。怎么样才能让他们体面地交出权力，又不致发生流血冲突？赵匡胤绞尽脑汁，煞费苦心，终于想出了办法。

这年七月的一天晚上，太祖设宴招待石守信、高怀德等禁军高级将领，众人推杯换盏，酒意正浓的时候，太祖突然屏退侍从，连连叹息。众人惊问何故，太祖边叹气边说："没有你们，我做不了皇帝，但做了皇帝觉都睡不安稳，还不如做节度使快乐呢！"石守信等更觉吃惊。太祖说："你们谁不想做皇帝？我这是害怕才睡不安稳呀！"众人连忙叩头，说现在天下归心，谁还敢有异心？太祖又长叹一声道："你们当然没有异心，可如果你们的手下贪图富贵，有一天把黄袍披到你们身上，即使你们不想当皇帝，但也身不由己呀！"众人惊恐万状，不知所措，个个痛哭流涕，恳请给他们指条生路。

太祖见时机已到，劝说大家道："人生在世，如白驹过隙，无非是想多聚金钱，好好享乐，使子孙后代免于贫困。我看你们最好是辞去职务，到地方去，多置良田美宅，为子孙留下产业。再买些歌妓舞女，饮酒相欢，以终天年，君臣无猜，上下相安，这样才能保证永世富贵呀！"石守信等人终于听明白了太祖的意思，再三叩头谢恩，感谢眷顾。

第二天，石守信、高怀德、王审琦、张令铎等人都说是得病了，不能上朝，并请求辞去军中职务。大臣们个个纳闷，可太祖欣然同意，当即免去他们禁军的职务，全都下放到地方任节度使去了。这就是历史上有名的"杯酒释兵权"。后来，太祖把守寡的妹妹嫁给了高怀德，女儿分别嫁给石守信、王审琦的儿子，张令铎的女儿则嫁给太祖三弟赵光美。这些人成了皇亲国戚，个个对宋太祖感恩戴德。

此后，太祖对禁军制度进行改革，设殿前都指挥司、侍卫马军都指挥司和侍卫步军都指挥司三个部门，分领禁军，禁军将领均由资历浅、个人威望不高的人担任。

开宝二年(969年)，宋太祖再次设宴盛情款待藩镇节度使王彦超、武行德、郭从义、白重赞、杨廷璋等人。席间，太祖漫不经心地对众人说："节度使是个费心费力的职位，你们任这个职务的时间不短了，让国家重臣如此劳累，我真不忍心啊！"王彦超立刻听出弦外之音，即上前奏请解甲归田，享受天伦之乐。武行德等人一时回不过神来，竭力陈说自己昔日的功劳。

"烛影斧声"

据说是夜赵光义入宫后，太祖屏退内侍宫女，兄弟置酒对饮。过了一会，立在门外的内侍隐隐约约地看见，烛影之下，赵光义不时离席，好像是不胜酒力的样子。又听到太祖以柱斧击打积雪的声音，且对赵光义说："好自为之，好自为之。"不久，太祖解衣就寝，鼻息如雷。赵光义留宿宫中相伴，其他人不许入内。天色微明，赵光义匆匆奔出，说太祖已经驾崩。后来赵光义根据太祖"遗诏"，于灵柩前即皇帝位，是为宋太宗。

有关"杯酒释兵权"的记载

太祖淡淡地说:"从前那些事,还提它干什么!"第二天,太祖下令,罢免王彦超、武行德等一批藩镇节度使,取消其兵权,另授其他虚衔。这样,太祖又一次以和平赎买的方式,收缴了地方藩镇的兵权,有效地防止和避免地方割据局面的再度形成。

知识链接

宋太祖集中军权的措施

开封城墙

靠"杯酒释兵权",宋太祖收回禁军的统帅权,后来,又设枢密院分割禁军三司的兵权。三司负责统兵而无权调兵,枢密院负责调兵却无权统兵,二者相互牵制,大权集中在皇帝一人手中。同时将藩镇军中骁勇善战者选入中央禁军,以削弱地方军事力量。实行"更戍法",军队的将帅一二年变更一次,兵无常将,将无专兵,将兵间无法结党营私,有效防止了兵变的发生。

通过上述措施,北宋政府将全国的兵权全部集中于中央,禁军的实力大大增强,形成内重外轻的格局,从根本上消除了分裂割据的隐患,巩固了中央集权的统治,军阀混战从此结束。然而,这种"强干弱枝""守内虚外"的做法,削弱了边防的力量,同时"更戍法"使兵将处于分离状态,导致作战不相协调,战斗力严重下降,这是宋与辽、西夏交战屡遭败绩的重要原因。

杨 家 将 抗 辽

　　杨家将的故事在中国可谓是家喻户晓，人人皆知，其中杨继业、杨延昭、杨文广祖孙三代确有其人，都是抗辽的英雄。

　　杨业原名重贵，麟州新秦（今陕西神木）人，其父杨信后汉时任麟州刺史。杨业起初为后汉河东节度使刘崇的部属。刘崇称帝建立北汉后，提拔杨业为建雄军（今山西代县）节度使，负责镇守北方重镇代州，捍御辽兵。杨业每战必捷，屡立战功，被人称作"杨无敌"。

　　太平兴国四年（979 年），宋太宗率大军亲征北汉，兵围太原，杨业随北汉皇帝刘继元出城降宋。太宗早闻杨业大名，其归降后，便委以重任，令其为代州（今山西代县）刺史，驻守北方，抗辽防边。从此，杨业一直带兵驰骋在北方的抗辽战场上。

　　太平兴国五年三月，辽景宗发兵 10 万攻雁门，当时杨业只有数百名骑兵，无法与辽军硬拼，他出奇兵抄小路绕到雁门关以北，从辽兵背后杀出，与潘美前后夹击，大败辽兵，杀死辽朝驸马侍中肖咄李，活捉马步军都指挥使李重海，杨业因此被提升为云州（今山西大同）观察使。

　　雍熙三年（986 年），宋分兵三路大举攻辽。其中西路以潘美为主帅，杨业为副帅。杨业所属先锋部队进展神速，连克云、应（今山西应县）、朔（今山西朔县）、寰（今山西朔县东北）四州。辽国境内受压迫的汉族百姓热情很高，纷纷组织起来偷袭辽军。杨业下令招募壮士，扩大军队，军威大震。

山西雁门关

　　曹彬等率领的东路军进攻幽州失利，宋太宗令西路军同时撤退，并把云、应、朔、寰四州民众迁往宋境。当潘美、杨业撤军至朔州南面的狼牙村时，辽兵已攻陷寰州，杨业见辽兵势盛，主张绕道而行，避开正面强敌。潘美的部将王诜

979 年
宋灭北汉，十国割据的局面结束。宋与辽在高梁河（北京附近）作战，宋败。

980 年
杨业在雁门关大败辽兵，号"杨无敌"，威震边关。

元昊建西夏

唐中后期，党项族（古羌族的后裔）的一支迁居陕北一带，因平乱有功被封为夏州节度使，并赐姓李。后臣服于五代诸朝、北宋及辽朝。1058 年，李元昊正式建国，号大夏，史称西夏。夏与宋、辽鼎足而立，时而冲突，时而议和。金朝兴起后，辽、北宋先后被攻灭，夏为金朝附庸。蒙古国崛起后，六次攻夏，1227 年夏亡于蒙古军铁蹄之下。

(shēn)深受太宗宠爱，他嫉妒杨业屡立战功，于是讽刺挖苦杨业，说他领数万精兵却畏敌退让，贪生怕死，空有无敌的称号，并诋毁杨业故意不战，怀有异心。潘美亦未加阻止。作为一个从北汉归降的将领，杨业最忌讳别人诽谤他对宋朝怀有二心。他万般无奈，只好出战。临行前，杨业料定凶多吉少，乃请求潘美在陈家谷口（今山西朔县南）设伏兵救援，并再三提醒潘美，如果不设援兵，自己所率之军队必全部覆没。潘美答应了杨业的请求，在陈家谷口布下了阵，以备救援。

王诜见杨业迟迟没有回来，以为他已击败辽兵，一心想着赶快回去与他争功劳，便擅自领兵离开谷口，潘美也跟着离开了。走出 20 里远的时候，听到了杨业兵败的消息，他们不仅没去求援，反而各自逃跑。

杨业遭到辽军的伏击，自正午战到傍晚，辗转退至陈家谷口，不见潘美的援军，仰天长叹道："此番焉能生还？"将士们无不抱头痛哭。当时，辽兵蜂拥而至，宋军仅存 100 多名兵将，杨业觉得再战无益，于是令他们化整为零，各自逃跑。众将士皆愿死战，不肯离去。最后，杨业的儿子杨延玉及将士们皆力战而死。杨业孤身一人，身负重创数十处，仍奋力杀敌，手刃辽兵数十人。杨业的坐骑受了重伤不能前进，他从马上坠落下来，为辽兵所俘。这位威震敌胆的沙场老将，绝食三天后，死于被解往燕京的途中。

得知杨业父子战死，太宗深表痛惜，追赠杨业为太尉、大同节度使，依照恩荫制度，他的其他几个儿子延朗（后改名延昭）、延浦、延训、延环、延贵、延彬都得到相应的升迁。与他一同作战的主帅和监军均受处罚，潘美降官三级，王诜和刘文裕发配边疆。

杨业共有 7 个儿子，其中杨延昭最负盛名。真宗咸平二年（999年），辽军攻宋，九月，包围了杨延昭守卫的遂城（今河北徐水县东）。河北大将傅潜畏敌不敢出兵支援，杨延昭孤军奋战。辽军一次又一次被打退。后来辽国萧太后亲临城下督战。城中守军不满 3000 人，众人畏惧，延昭却从容自若，组织丁壮，披甲执械，日夜护守，坚持月余。当时正值初冬，寒潮来临，气温骤降，延昭命军民挑水淋浇城墙，一夜之间城墙变得坚固光滑，辽军无法攀登，只好退去。后来真宗特意召他询问边策,称赞他"治兵护塞有父风"。景德元年(1004年),辽兵再次南侵,兵抵澶州(今河南濮阳)。杨延昭上书,建议乘辽兵大举南下之际,出兵取幽、易等州,真宗根本没有战胜辽军的信心,故未纳他的建议。杨延昭遇敌必身先士卒,胜而不居功,深受将士爱戴,前后守卫边地20多年,辽兵畏其威名,称其为"杨六郎"。

杨延昭之子杨文广也是一员武将,北宋中期曾在陕西对西夏作战,又曾随狄青到南方讨伐侬智高,屡立战功。后来守卫定州,也是一位抗辽戍边的名将。

明清以后的剧本小说中,杨家将英雄谱中又多出了佘太君、穆桂英、杨宗保、杨排风等人,尽管他们都是虚构塑造出来的人物,但确能反映出杨家将作战英勇、杀身报国的品德,所以世世代代受到人们的爱戴和称颂。

1041年

元昊大败宋军于好水川(今甘肃静宁东),宋将士死者上万人,从此对夏取守势。

1044年

宋与西夏达成和议,夏对宋称臣,宋每年送给西夏银、绢、茶等物。此后宋夏之间没有发生大规模战争。

 知识链接

宋与辽、夏间的和战

太平兴国四年(979年),北宋灭北汉统一了全国,宋太宗乘胜北伐辽国,欲收复燕云十六州,宋辽战争由此开始,太宗大败而归。后辽兵频繁南下侵扰,宋以潘美为统帅、杨业为副帅伐辽,亦告失败。此后宋对辽由进攻转为守势。景德元年(1004年),辽军大举南下,兵临澶州城下,宋真宗御驾亲征,在形势有利的情况下,却签订了屈辱的和约——澶渊之盟。此后宋辽边境处于相对安定的局面,双方在边境上设立榷场,相互贸易,使者往来亦甚为频繁。

宋初,党项族首领李继迁率众依辽抗宋,与宋朝的战争连年不断。其子李德明继位后,与宋修好,签订和约,双方近20年无大战。元昊称帝后,建立大夏国(宋人称其为西夏),大力对外扩张,宋、夏战争趋于激烈。康定二年(1041年)的好水川之战与次年的建宁砦(今陕西府谷西南)之战,宋军损失惨重。后双方达成和议(庆历和议),夏向宋称臣,但宋每年赐给西夏银、绢、茶等大量财物,恢复边境贸易。此后宋夏关系进入以友好交往为主的时期。

在宋辽和议、宋夏和议中,北宋损失了大量财物,但是赢得了和平的发展环境,开通了相互贸易,对于区域文化交流和民族融合起到了重要的作用。

寇 准 参 政

997 年

宋太宗死,真宗即位,后王钦若等 5 人相互勾结,奸邪乱政,史称"五鬼用事"。

1004 年

萧太后、辽圣宗率辽军南侵。宋与辽战于澶州(今河南濮阳),双方签订"澶渊之盟"。

萧太后摄政

萧太后名绰,小字燕燕,辽景宗之皇后。982 年辽景宗死,其年方 12 岁的儿子即位,萧太后临朝摄政。她起用贤才,整顿吏治,平理刑狱,减轻徭役,使辽朝出现中兴局面。在与北宋的战争中,她每战必亲自谋划,有时亲临前线,披甲督战,宋将多惧之。

在杨家将的故事里,经常对杨家提供支持帮助的朝廷大臣有两个,一个是八贤王赵德芳,一个是寇莱公寇准。赵德芳确是赵匡胤的儿子,但他二十出头就病死了,与杨家没有多大干系,故事中的须发斑白、德高望重的赵德芳完全是文学作品中塑造出来的舞台人物形象。而寇准活跃在北宋政治舞台上 40 余年,有胆有识,正直敢言,干出过许多惊天动地的大事业。

寇准是华州下邽(今陕西渭南北)人。宋太宗取进士,往往选壮年持重者。于是有人劝年方 19 岁的寇准增报年龄,参加科考,他断然拒绝。结果这年寇准还是考取了进士,从此走上了仕途。

寇准初授官大理评事,当即表现出非凡的政治才能,他直言进谏,往往切中时弊。宋太宗曾将自己任用寇准与唐太宗任用魏征相比,足见寇准的识胆谋略非同寻常。

有一次,寇准向太宗奏事,因言语过激,太宗龙颜大怒,拂衣而起,宣布退朝。寇准走上前去,拉住太宗的衣角,要他继续听下去,直到太宗作出决定,才算罢休。事情过后,太宗仔细想想,觉得寇准犯颜直谏,是真正的忠良之臣,值得大臣学习,于是把自己视为珍宝的两条用通天犀制作的玉带赐给了他一条。

淳化二年(991 年),年方 30 岁的寇准被任命为同知枢密院事(相当于副宰相)。寇准正直敢言,血气方刚,难免得罪人,朝廷中不少人对他心存芥蒂。他与知院事张逊争论多次,从此结怨。后来两人在太宗面前唇枪舌剑,互相揭发隐私。太宗觉得有失大臣体面,一气之下把他们都贬为地方官,寇准被贬官去了青州。

寇准走后,太宗一直放心不下。有一天,他问身边的人寇准在青州过得怎么样? 他周围的一帮小人忌恨寇准,便说青州是个好地方,寇准在那里过得很好。没过几天太宗又问起这事,手下人揣测太宗还想起用寇准,于是说:"寇准在青州悠闲自在,天天烂醉如泥,皇上倒是没忘记他,不知道他是不是也想念皇上?"太宗听了默不作声,但第二年,他还是把寇准召回京城,任命为参知政事。

宋真宗即位后,寇准任同中书门下平章事。景德元年(1004 年),

辽兵不断骚扰河北一带,往来徘徊,飘忽不定,没有作战的意思。寇准说:"辽兵在麻痹我们,大战即将来临,必须做好准备。"果然,这年冬天,辽圣宗和萧太后亲率20万大兵大规模入侵,兵临澶州城下。报告军情的紧急文书一夜送来了5封,寇准并不开封,饮酒谈笑一如平日。第二天,同僚把这件事报告了真宗。真宗大惊,询问寇准。寇准说:"陛下亲临澶州,定可取胜。"真宗感到为难,于是召来其他大臣商议。不料,这帮大臣们不提抗敌之事,却在争论向哪里逃跑,将都城迁往何处。副宰相王钦若是江南人,请求皇帝到金陵去;陈尧叟是蜀地人,请求皇帝到成都去。真宗又拿不定主意了,只得再把寇准找来征求意见。寇准知道是王、陈二人在捣鬼,但假装不知道,对真宗说:"如今陛下神明威武,文武大臣精诚团结,陛下亲征,自然旗开得胜。我们有必胜的把握,为什么要抛弃社庙,到边远的地方去呢? 如果陛下退避,人心就会崩溃,敌人乘势而入,江南恐怕也难守了。"最后寇准厉声说道:"谁再言迁都逃避,动摇军心,就先砍了谁的头!"寇准据理力争,真宗决定御驾亲征。

寇准像

　　宋代的澶州城,夹黄河而筑,分成南北二城,中间有一座浮桥相连。真宗到了澶州,契丹军队气势正盛,大家都请求皇帝暂留南城,观察敌情。寇准说:"陛下不过黄河,人心自然恐惧,军威不能振作,敌人气势会更盛,如何能够获胜? 我们各路兵马都已占据要地,敌人已是强弩之末,还有什么可犹豫的呢?"真宗于是渡过黄河,坐临澶州北城门楼上。士兵看见皇帝车上的伞盖,跳跃欢呼,声音传到几十里以外。辽兵听到欢呼声,惊愕不已,连队列都乱了。

　　辽军在澶州城外与宋军相持了十多天,没有占到任何便宜,士气日益低落,孤军深入而不能速战速决,犯了兵家之大忌,不得不提出讲和。寇准不同意,但真宗与大臣们还是胆怯,于是双方在澶州城下签订了和约。

　　寇准立下大功,声望日高,朝中权贵大臣更加嫉恨他了。王钦若对真宗说："当时寇准把您当成赌注，孤注一掷，想想真是危险啊！"真宗也一直有些后怕，由此逐步疏远寇准。其他人也乘机陷害他，结果寇准的官职被一贬再贬，又去做了地方官。

宋仁宗天圣元年（1023 年），寇准被贬为雷州司户参军，不久死在了那里。11 年后朝廷回想起他的功绩，才又追赠他为中书令、莱国公，所以后人称他为寇莱公。

 知识链接

澶渊之盟

景德元年（1004 年），萧太后、辽圣宗率大军南侵，纵兵深入，围瀛州（治今河北河间），直逼贝州（治今河北清河）、魏州（治今河北冀县），宋朝上下震恐。参知政事王钦若等畏敌，密请宋真宗放弃汴京南逃。新任宰相寇准力排众议，促使宋真宗御驾亲征，宋军士气大振。辽兵孤军深入犯了兵家大忌，而宋朝君臣厌战者最多，双方都有议和的意图，于是在澶州城下签订和约。和约规定：宋每年交辽绢 20 万匹、银 10 万两；双方各守边界，不相侵扰。历史上称此为"澶渊之盟"。对宋朝来说这是一个屈辱妥协的和约，但是它结束了宋辽长达数十年的战争，为双方的和平交往创造了条件。

范仲淹实行新政

《岳阳楼记》是范仲淹散文中的名篇,文中的"先天下之忧而忧,后天下之乐而乐"更是千古传唱的名句。

范仲淹,字希文,吴县(今江苏省苏州市)人。两岁的时候,父亲去世,家境十分贫寒。母亲带着他改嫁到长山(今山东邹平长山镇)一个姓朱的人家。大中祥符四年(1011年),范仲淹拜别母亲,到应天府书院求学。

大中祥符八年(1015年),27岁的范仲淹考中进士,被派到广德军(今安徽广德一带)当了个审理案件的九品小官。后来调任集庆军(今安徽亳州一带)、泰州海陵西溪镇(今江苏东台县附近)做官。在泰州时,他曾带领数万民夫修筑了几百里长的防御海潮的大堤,后人称为"范公堤"。后虽多次调任中央政府官职,但因与当政者意见相左,又屡次被贬出朝廷。

范仲淹不管任何官职,总以关心民间疾苦,为民兴利除弊为要务。同时对国家政治深感忧虑,多次上书指斥官场积弊,提出革新政治的建议。

随着宋、夏关系的日益紧张,西夏军队不断向宋发动袭击。范仲淹主动请求到西北去抗击西夏,宋仁宗就派他到延州一带指挥作战。在诸路宋军连吃败仗的情况下,延州沿边一带防御不断巩固。他统率宋军,屡挫夏军的侵犯,表现出超群的军事才能。

景祐三年(1036年),范仲淹连上四篇奏章,批评宰相吕夷简政治腐败,滥用私人。吕则指责范结为朋党,离间君臣。范仲淹及其"同党"连同那些为他们说过好话的人统统被贬为地方官。范仲淹走出京城大门的时候,已是孤身一人,形影相吊,没人敢来送行了。忽然,一个叫王质的人载酒而来,说自己虽然抱病在身,但还要前来送行,因为您这次离京,是甚为光耀的事情。范仲淹听了说:我已是"三光"了,如果下次您再来为我送行,就带一只整羊来作为祭品吧!

康定元年(1040年),52岁的范仲淹被调任陕西与西夏作战,他积极训练军队,度量敌人众寡,适时出战。筑青涧、大顺城,修胡卢、

1043年
范仲淹推行新政。

1056年
包拯知开封府,人称"包青天"。

包青天

包拯,字希仁,北宋庐州合肥(今属安徽)人,初任县、州行政长官,后迁监察御史、三司户部判官、知谏院。仁宗嘉祐元年(1056年)十二月权知开封府。他执法不阿权贵,不避亲党,贵戚显宦,均畏其威严。当时京中高官大家多跨惠民河建园林水榭,以致壅塞河道,引起水灾,包拯全部予以拆毁。他为官清廉,虽为高官,但衣食如同平民,日常拒收私人书信,亲戚友人皆杜绝往来。所以京城流传"关节不到,有阎罗包老"的民谣,人皆称其为"包青天"。

细腰砦(zhài)，边防得以巩固。连西夏人都十分敬重他，说他"腹中自有数万甲兵"。

仁宗庆历初年，内忧外患交织在一起，宰相吕夷简束手无策，改革政治的呼声日益高涨。庆历三年(1043年)，仁宗罢吕夷简相职，任命范仲淹为参知政事，韩琦、富弼为枢密副使，欧阳修、余靖、蔡襄等人为谏官。仁宗对范仲淹、富弼礼遇有加，多次催促他们制出一个能使天下太平的方案来。九月，范仲淹以《上十事疏》进呈仁宗，提出了10项改革方案，"庆历新政"出台了。

当时反对派的势力很强大，他们纷纷攻击范仲淹结成朋党，欺罔皇上，独揽朝纲。欧阳修写《朋党论》，范仲淹给皇帝上奏疏，都指出君子有朋有党，朋党有好有坏，对反对派的议论进行回击。仁宗施行新政的决心本来就不怎么坚定，经不住反对派的蛊惑，对范仲淹和富弼逐渐失去信任。后来，他终于宣布罢去范仲淹参知政事的职务，将他贬去边地做了知州，施行不久的新法全被废止。

岳阳楼

庆历五年，范仲淹被调任邓州(今河南省邓州市)。次年，他的朋友滕子京来信告诉他，自己已经将岳阳楼修茸一新，请他写一篇纪念性的文章。九月十六日晚上，范仲淹将朋友送来的岳阳楼图高高挂起，仿佛看到了洞庭湖的波澜壮阔，不禁忆起自己政治生涯的跌宕起伏，于是挥毫写下了一篇融叙事、写景、抒怀、议论为一体的千古美文，抒写了自己的行为准则与政治情操：在朝廷做高官为百姓担忧，在偏僻的地方做小官为君主担忧；在天下人忧愁之前便已忧愁，在天下人快乐之后才快乐。这是何等高尚的品德，何等广阔的胸怀！

64岁的时候，范仲淹死于去颍州赴任的路上。

知识链接

庆历新政

　　北宋中期，土地兼并现象严重，财政入不敷出，阶级矛盾和民族矛盾日趋尖锐。庆历三年（1043年），宋仁宗罢免吕夷简的宰相职务，任命范仲淹为参知政事，富弼和韩琦等为枢密副使，推行改革。改革措施共有10项：明黜陟、抑侥幸、精贡举、择长官、均公田、厚农桑、修武备、减徭役、覃恩信、重命令。内容涉及政治、经济、军事、教育、科举等各个方面，重点是整顿吏治。除"修武备"一项外，其他各项均由仁宗颁诏全国施行，称作"新政"。

　　新政触犯了宗室勋贵和大官僚们的特权及切身利益，引起了他们的强烈反对。仅过了一年时间，范仲淹、富弼等人就因更张纲纪、纷扰国经等罪名遭到贬黜，朝中支持新政的官员大都被贬官到地方任职，已经颁行的新法也被宣布作废。

苏轼身陷"文字狱"

在王安石变法的反对派中,有些人是思想守旧的既得利益者,也有些人是在中国历史上有建树的思想家、政治家,除司马光、文彦博等人之外,还有大名鼎鼎的文学家苏轼。

苏轼字子瞻,号东坡居士,眉州眉山(今四川眉山)人,他的父亲苏洵、弟弟苏辙都是北宋有名的文学家。唐宋八大家中,苏氏父子占了三席,号称"三苏"。

宋仁宗嘉祐元年(1056年),父亲带着苏轼和弟弟苏辙一起来到京城,第二年春参加了科举考试。主考官欧阳修本拟取苏轼为第一名,但当时乃匿名评卷,欧阳修以为除其门生曾巩外,开封再无如此饱学之人,故怀疑乃曾巩之试卷,怕人说偏袒自己的学生,于是抑为第二。第二年,苏轼、苏辙兄弟双双及第,苏洵呈所著文章22篇于欧阳修,欧阳修乃刮目相看,礼为上宾,士大夫争相传阅,三苏之名轰动京师。

苏轼在中央做了几年小官,便赶上了王安石变法。王安石对苏氏兄弟颇为器重,希望得到他们的支持。但苏轼了解民间疾苦,看到了新法推行后带来的不便,认为变法急于求成,肯定会出问题,于是告诫神宗不要操之过急。王安石对他很不满意,外放苏轼做了杭州通判。后来苏轼又做过密州(今山东诸城)、徐州(今江苏徐州)等地的地方官,每到一地,均有善政。

苏轼对时政不满,议论与牢骚很多,常常写诗讥刺。古人遣词造句十分讲究,看似普通的词语,却常常隐含特别的意义,而读者也养成一种习惯,本能地寻求字里行间的寓意。苏轼作《湖州谢上表》,其中有几句牢骚话,大意是说:皇上知道我愚钝且不合时宜,难以追随陪伴那些"新进"的官员,看我年老不生事,便让我做了地方官。他把自己和"新进"对立,说自己不"生事",便是暗示"新进"们好"生事"了。当初司马光曾批评王安石等人变法"生事",因此变法派很忌讳别人用这样的字眼评价他们。那些"新进"的官员们十分气恼,设法对苏轼进行报复。元丰二年(1079年),几个监察御史上书皇帝,说苏轼"愚弄朝廷,妄自尊大"。他们弹劾苏轼,说他在诗文中歪曲事实,

1069年
宋神宗用王安石主持变法。

1077年
黄河在澶州决口,北流断绝,南流河道南移,分为二流,一由南清河夺淮入海,一由北清河入海。

1079年
御史中丞李定等弹劾苏轼作诗诽谤朝廷,很多人受牵连贬官,史称"乌台诗案"。

1085年
神宗死,哲宗即位,起用司马光等,废除王安石所行新法。史称"元祐更化"。

诽谤朝廷，如果放任他的诗词在社会上传播，对新政的推行会很不利。

经神宗默许，苏轼被御史台逮捕，一关就是四个月。御史们每天逼他交代诽谤朝廷的事实，一一说出每篇诗文的写作目的和其中典故的出处。

御史李定、何正臣、舒亶等人，把苏轼的诗文全找了来，进行了一番认真"研究"，终于在他的《杭州纪事诗》里找到了玩弄朝廷、讥嘲政治的罪证。如"读书万卷不读律，致君尧舜知无术"一句，本来苏轼是说自己没有把法律一类的书读通，所以辅佐君主时就没有什么办法，但御史们硬说苏轼讽刺皇帝没能以法律教导、监督官吏。又如"东海若知明主意，应教斥卤变桑田"一句，御史们说，这是苏轼指责兴修水利，反对农田水利法的罪证。其实苏轼做地方官时兴修了很多水利工程，他怎会反对呢？再如"岂是闻韶忘解味，迩来三月食无盐"一句，被拿来当做苏轼讽刺反对盐法的证据。御史们从苏轼的诗词中找出许多字句，断章取义，牵强附会，对号入座，上纲上线。当然在有些诗词中，苏轼确实有批评新政的意思，对此他自己也坦然承认。

1102 年

徽宗用蔡京为右相。蔡京以推行新法为名，排斥异己，专政擅权。

十月十五日，御史台申报苏轼诗案的审理情况，辑集数万字的材料，提交了收藏苏轼讥讽文章的人物名单，计有司马光、范镇、张方平、王诜、苏辙、黄庭坚等二十几位大臣名士。他们认定苏轼讥讽皇上和宰相，罪大恶极，应该处死。

苏轼的词与书法

神宗虽然讨厌苏轼，但听说要处死他，还是难下决心，因为太祖早有誓约，除叛逆谋反罪外，一概不杀士大夫。当时正直人士纷纷仗义相救，翰林学士章惇从中调解，退居金陵的王安石也为苏轼讲情。后来太皇太后高氏出面干涉，要求神宗在大赦时放了苏轼。最后神宗决定，把苏轼贬为黄州团练副使，受到牵连的二十几人，有的被贬官，有的受到经济处罚。

诗案总算了结了。苏轼出狱当天又写了两首诗,其中有几句说:"平生文字为吾累,此去声名不厌低。塞上纵归他日马,城东不斗少年鸡。"假如御史台的新进们检查起来,苏轼又会遇到麻烦:最后一句中的"少年鸡"是个典故,说的是贾昌年少时因斗鸡受唐玄宗宠爱,被选入宫中为宠臣。在这里,"少年鸡"是指那些不学无术、靠旁门左道受皇帝宠幸的小人,肯定也包括新进的御史们。苏轼说,你们这帮斗鸡小儿,我再不与你们共事了!这不又在诽谤朝廷大臣么!这就是苏轼,清高、自负,宁死也不改变自己的操守。

汉代御史府中多柏树,常有乌鸦数千栖宿其上,从此以后,人们便称御史府为乌府或乌台。苏轼的这桩文字狱案,是由御史们制造出来的,所以称之为"乌台诗案"。

 知识链接

王安石变法

庆历新政虽然失败了,但却有更多的人认识到政治革新的重要性,不少官员提出了种种改变旧法、革除弊政的主张。熙宁二年(1069 年),即位不久的宋神宗因欣赏王安石《上仁宗皇帝言事书》中提出的政治主张,任其为参知政事,主持变法。围绕富国强兵这一目标,王安石相继推行了均输法和市易法,青苗法、农田水利法、募役法和方田均税法,将兵法和保甲法等新法。同时对科举和教育进行了改革。变法在一定程度上缓和了阶级矛盾,增加了政府的财政收入。但是,新法的推行触犯了官僚贵族的既得利益,遭到他们的强烈反对。新法本身也存在不少弊端,王安石等未能及时纠正;再加上用人不当,新法在执行过程中出现了危害百姓的现象。因此,也引起了下层民众的不满。反对派不断向神宗施加压力,使得王安石两次辞去宰相之职。由于神宗变法态度坚决,反对派大臣如司马光、富弼、文彦博等纷纷遭到贬官等惩处,变法派一直占据着优势。元丰八年(1085 年)神宗去世后,司马光等人入朝执政,变法官员全被罢黜,新法也全部废弃了。

李纲保卫开封

　　"耕犁千亩实千箱，力尽筋疲谁复伤？但得众生皆得饱，不辞羸病卧残阳。"这首诗是南宋高宗绍兴二年（1132年）李纲在鄂州所作，距离开封保卫战已有六年时间。在这几年里，因为力主抗金，李纲一次次被贬谪，已经是心力交瘁，疲病不堪了。诗中那耕犁千亩、力尽筋疲、无人可怜但却不辞羸病、志在众生的老牛，正是李纲本人的写照。

　　宣和七年（1125年）十一月，金兵分两路南下，西路从云中府（今山西大同）进攻太原府。东路由平州（今河北卢龙）进取燕山府。西路军在太原城遭到宋军顽强抵抗，相持不下。东路军进展顺利，攻下燕山府，长驱直入，向东京开封进军。北宋君臣惊惶失措。十二月，宋徽宗一面下"罪己诏"，罢"花石纲"、内外制作局，下令各地起兵勤王；一面安排太子监国，自己准备南逃。前方传来战报，金兵距开封只有10天路程，形势十分危机。当时任太常少卿的李纲与门下侍郎吴敏等人商议，要想组织抗金，保住东京，必须迫使徽宗退位。大臣们上奏徽宗，但他死活不表态。看大臣们不依不饶，二十三日这天，徽宗假装得病，昏倒在地，随后索要纸笔，写下了"皇太子可即皇帝位"一行字。吴敏马上起草诏书，拥立太子赵桓即位，是为钦宗。第二年即靖康元年（1126年）正月初三日，金兵渡过黄河。次日深夜，徽宗带着几个亲信，偷

李纲像

1115年

女真族首领完颜阿骨打称帝，建立女真国，都会宁（今黑龙江阿城南），后改称金。

金朝建立

　　金朝是女真族建立的。女真族，商周时称肃慎，汉晋称挹娄，南北朝称勿吉，隋唐称黑水靺鞨，后来有了女直、女真之称。起初，女真人臣服于辽朝，有几十个不相统属的部落。在辽朝扶持下，其中的完颜部强大起来，逐渐征服了其他部落。辽朝视女真人为奴仆，横征暴敛，肆意勒索，女真民众的仇恨情绪日益增强。1113年，完颜阿骨打继任首领后，探得辽国朝政混乱，外强中干，出兵攻辽。初战告捷，再战再胜，占据辽的大片土地。1115年，阿骨打称帝，建女真国，后改国号大金。

1119 年
宋江聚众 36 人起义,活动于今山东、河北至安徽一带。

1120 年
宋派使臣渡海赴金,签订"海上之盟",议共同灭辽。

方腊在浙江青溪(今浙江淳安)领导农民起义。

偷逃出开封,直奔南京(今河南商丘),而后一路奔逃,到了京口(今江苏镇江)才敢停下来喘息。

奸臣当道,国破家亡,朝野上下,群情汹汹。钦宗即位后,迫于公议,将蔡京、童贯等"六贼"贬谪乃至处死。李纲上"御戎五策",力主抵抗,被任命为兵部侍郎。面对如狼似虎的金兵,朝廷中主和派同主战派发生了争执。主和派主张钦宗南渡大江或西逃关中,以避开敌人兵锋。主战派则要求坚守东京以待援兵。李纲提出钦宗应御驾亲征,以攻为守。这位年轻皇帝没有继承徽宗的艺术天赋,却完全秉承了他政治低能、猥琐怯懦的遗传,一听有人主张外出避难,即任命李纲为尚书右丞、东京留守,自己准备开溜。李纲坚决反对钦宗离京。钦宗无奈,只得再任他为亲征行营使,抗金之事让他全权办理。

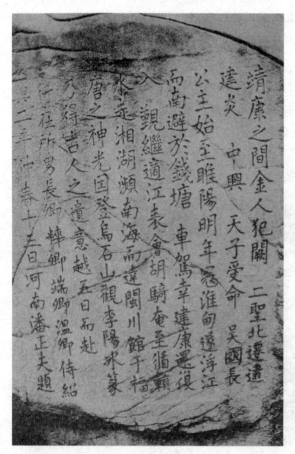

记述靖康之难的福建鼓山石刻

李纲动员军民打造战守工具,几天工夫便已齐备。又以禁军为主,厢兵、保甲兵为辅,组织了共 4.5 万人的军队,日夜操练,分头把守军事要塞。一月八日,金兵合围开封,李纲组织军民坚守城池,多次击退金兵。金人见一时难以灭宋,提出议和。钦宗马上来了精神,急忙派使者去金营。金人提出宋须交金 500 万两,银 5000 万两,牛马骡各 1 万头匹,驼 1000 头,杂色缎 100 万匹,割让太原、中山(今河北定县)、河间三镇,尊金帝为伯父,以宋亲王、宰相作人质,送金军北渡黄河,才许议和。钦宗全盘答应了金人的要求,下令在开封全城刮借金银运送给金军。李纲坚决反对,钦宗置之不理。李纲无奈,愤而提出辞职。钦宗知道暂时离不开他,于是一面从中调和,说议和之事慢慢商量,一面派使者去金营,不断向金人运送金币。这时,四方勤王之师陆续前来,有人夜袭金营。金人派使者诘责钦宗违背和约。钦宗急忙解释说,用兵非朝廷本意,乃李纲所为。接着把李纲免职,以此讨好金人。

宋钦宗的做法激起了开封军民的极大愤怒。太学生陈东等在宣德门上书,要求复用李纲,罢免主张和议的李邦彦、张邦昌等人。几万人不约而同来到皇宫前,声援支持陈东,要求宋钦宗接见,并砸碎登闻鼓,打死宦官几十人。眼看要发生民变,宋钦宗只得宣布再用李纲主持京城防御。这时各路勤王的军队都来到了开封,总共有 20 万人。金兵看形势不妙,于二月撤兵北去。

金人一撤兵,宋钦宗便以为太平无事了,老将种师道被罢官,各路勤王兵全被遣还。太上皇赵佶在江南避过了风头,也返回了开封。李纲屡言备边之策,钦宗不耐烦,主和派更把他视为眼中钉,不断在钦宗面前诋毁诬陷李纲。于是钦宗以"大臣专权,浸不可长"为由,任李纲为河东、河北宣抚使,派他去了太原。过了不长时间,又令李纲停止进兵,给他加了个丧师费财的罪名,罢免了官职。

这年八月,金兵卷土重来,进围开封。钦宗又想起了李纲,任命他为资政殿大学士,领开封府事,但为时已晚,当李纲组织军队前往开封勤王的时候,开封早被金兵攻破,徽宗、钦宗已被金兵俘虏北去。

1125 年

金灭辽。而后分兵两路大举攻宋,徽宗大惧,下"罪己诏",传位给太子赵桓,是为钦宗。

1126 年

十一月,金兵攻陷汴京(今河南开封),钦宗投降。次年,金兵掳走宋徽宗、钦宗。钦宗的年号为靖康,故史称"靖康之难",北宋灭亡。

 知识链接

靖康之难

靖康元年(1126 年)八月,金兵又分二路侵宋,十一月合围开封,各地勤王军均已遣返,防御工事也被拆除,城内兵力有限,士气不振。钦宗信任流氓神汉郭京,网罗 7777 个市井无赖组织成"六甲神兵",结果刚一出城,就被金兵打得溃不成列,金兵蜂拥入城,开封失守。钦宗率领大臣赶到金营,交了降表,秉承金人意旨,下令各路勤王兵停止向开封进发,严令自发组织起来抵抗的民众放下武器。接着,金军查封府库金银财物,钦宗又派官员帮金兵在皇亲国戚、官吏富家查抄 20 余天,金银财宝搜刮净尽,连同珍宝古物、全国州府地图档案等一并载归金营。靖康二年(1127 年)四月初一,金兵把钦宗父子、后妃、宗室、朝官 3000 多人俘虏北去,北宋王朝覆灭。这件事情发生于钦宗靖康年间,所以历史上称为"靖康之难"。

岳飞精忠报国

1127 年

五月，宋徽宗的第九子赵构即帝位，史称南宋。

赵构建南宋

赵构是宋徽宗第九子，曾被封为康王。1126年金兵南侵，他奉命出使金营求和，被宗泽劝阻留下。金兵包围开封，受命为兵马大元帅，屯兵大名府（今河北大名），后移师东平。徽宗、钦宗被金人掳去后，赵构在南京应天府（今河南商丘）即帝位，改元建炎。建炎三年（1129 年），南逃扬州，金兵来袭，狼狈渡江。金兵穷追不舍，赵构则步步南逃，直至明州定海（今浙江舟山）。次年，金兵退走，才又回到临安府（今浙江杭州），并定为都城。

1130 年

金兀术率兵南下攻宋，抵江西境，犯湖南。退兵时，在镇江金山遭韩世宗截击。岳飞出兵进击，大获全胜。

二月，湖南爆发钟相、杨么起义。

绍兴十一年十二月二十九日（1142 年 1 月 27 日），宋高宗和秦桧以"莫须有"的罪名将岳飞赐死。岳飞手书"天日昭昭，天日昭昭"后，将他们送来的毒酒一饮而尽。这位抗金英雄死时只有 39 岁。岳飞抗金屡建奇功，收复北方故土指日可待，南宋当政者们为什么却要杀害他？这真令后人感到不解，更感到气愤。

崇宁二年（1103 年），岳飞生于相州汤阴（今河南汤阴）一个农民家庭，出生时有大鸟飞鸣掠过屋顶，故取名飞，字鹏举。岳飞少时家贫，白天耕田割草，晚上以柴照明念书习字，尤喜读兵书。他寡言淳厚，刚直义气，体魄强健，勇力过人，枪法出众。

南宋初年，岳飞曾随王彦渡过黄河到河北一带抗金。后投东京留守宗泽麾下，参加了开封保卫战，为宗泽所赏识。不久岳飞升任独当一面的将领。他治军严谨，纪律严明，"冻死不拆屋，饿死不掳掠"，人们称他率领的军队为"岳家军"。

建炎四年（1130 年），金朝兀术率大军南侵，南宋在江淮之间设防，派岳飞防守江州（今江西九江）至江陵（今湖北江陵）一线。

绍兴四年（1134 年），岳飞率军从江州出征，击溃了金朝扶植的伪齐刘豫的主力军队。仅 3 个月时间便顺利收复襄阳六郡，打通了通往川陕的道路，扭转了宋与金作战的被动局面。此后，32 岁的岳飞被破格提升为清远节度使，进封武昌郡开国侯，享受与韩世忠、张俊同等的殊荣。由于高宗严令不得越界追敌扩大事态，岳飞只得率军回鄂州（今湖北武昌）驻防。年底，金、齐联军进逼庐州（今安徽合肥），高宗令岳飞东下解围。牛皋等 13 骑飞驰而至，略展"岳"字旗帜，敌军心便已动摇，援军赶到，追杀敌军 30 余里，百里外的兀术大军闻风北逃。

次年夏，岳飞率军镇压了洞庭湖地区杨么起义，被封为开国公。岳家军收编义军队伍，人数猛增。绍兴六年（1136）年，岳飞第二次北征，收复了洛阳西南险要之地，饮马黄河，虎视河北。但因朝廷不供军粮，故功亏一篑。此后他虽升职太尉，但壮志难酬，心中忿懑不平，于是书《满江红》以抒怀："怒发冲冠，凭栏处、潇潇雨歇。抬望眼，仰天长啸,壮怀激烈。三十功名尘与土,八千里路云和月。莫等闲、白了少年头,空悲切。　靖康耻,犹未雪;臣子恨,何时灭!驾长车,踏破贺兰山缺。壮志饥餐胡虏肉,笑谈渴饮匈奴血。待从头、收拾旧山河,朝天阙。"

绍兴七年(1137年),金废伪齐刘豫,以归还河南、陕西为条件诱使南宋称臣纳贡,朝中大臣纷纷上书反对议和,高宗与秦桧置之不理。绍兴九年元旦,秦桧代替高宗向金使跪拜称臣、接受金朝皇帝诏书,达成和议。高宗为消除抗金将领的不满情绪,给他们加官晋爵,岳飞四次上书,拒不接受封赏给他的官衔,秦桧十分忌恨他。

绍兴十年(1140年)金人撕毁和约,四路伐宋。高宗大惊失色,不得不下令各军分别抵抗。岳飞令所部一支进攻河南,一支重返河北,自己率主力从正面向汴京推进。历40余天,先后收复陈州(今河南淮阳)等重镇,形成

岳飞像

了对汴京的三面包围。兀术进军至城北20里处与岳家军相遇,兀术知道这是一场恶战,于是拿出他的王牌军"铁塔兵""拐子马"。"铁塔兵"是兀术的侍卫亲军,由头戴双层铁盔、身披重甲的3000多骑兵组成,正面冲锋时,犹如一道铁墙。"拐子马"是左右两翼配备的轻骑兵,共1.5万名,常在战斗最激烈时突然出击。大战开始后,岳飞指挥经过专门训练的步兵手持"麻扎刀"和大斧专砍马腿,敌军人仰马翻,不得前进。从午后直战至天黑,金军大败。接着,岳飞在郾城附近连战连捷,在颍昌(今河南许昌)杀退兀术的10万步兵和3万骑兵。金军全线崩溃,副帅毙命,兀术败逃。岳飞上书高宗请求乘胜追击,并亲率岳家军进抵朱仙镇(今河南开封西南),与义军配合,将兀术围困在汴京。兀术自起兵南侵以来从未遭此大败,遂哀叹道:"撼山易,撼岳家军难。"岳飞发出"直捣黄龙府,与诸君痛饮"的誓言,随时准备渡过黄河,收复河北。中原地区金人大为震恐,打算收兵

1134年
岳飞收复襄阳六郡。

1140年
金兵大举南下,岳飞率军抵抗,大败金兵,乘胜收复陈州、郑州、洛阳,进抵开封附近的朱仙镇。

1141年
南宋与金签订称臣、割地、纳贡的屈辱性条约,此年为绍兴十一年,故史称"绍兴和议"。

1142年
在秦桧的策划下,岳飞以"莫须有"的罪名被杀害。

1161年
金主完颜亮大举南侵。

1162年
六月,高宗禅位于孝宗。十月,岳飞冤狱平反。

北逃。

宋高宗得了他父亲徽宗的遗传,天生是个软骨头,从不以天下国家为念,能够偏居南方做上个小皇帝是他最大的心愿。而秦桧受过金人的奴化教育,专门帮高宗出投降称臣的坏主意。不管形势对自己多么有利,他们都决意要停止对金人的反攻。高宗接连发出十二道金牌,强令岳飞退兵。"十年之功,废于一旦!"岳飞涕泪交流,痛心疾首,但君命不可违,他只好将军队撤退到鄂州,中原之地得而复失。

为了表示对金人称臣的诚意,高宗居然下令解除了岳飞、韩世忠等大将的兵权。这时兀术在淮西连败于宋军,意识到对宋作战难以取胜,于是表示愿意与宋议和,但议和的条件是先杀死岳飞。高宗怕岳飞功高震主,威胁自己的皇位;秦桧怕岳飞兵权在握,打乱他的投降梦,影响他专权卖国。两人狼狈为奸,不谋而合,于是下令将岳飞父子及部将张宪全都逮捕下狱。不久他们便签订了丧权卖国的"绍兴和议"。绍兴十一年十二月二十九日,一代名将死于高宗与秦桧两个卖国贼之手。

岳飞死后,他的五个儿子除岳霖被人收养外,其余或被充军岭南,或逃往湖广。其下属也被株连罢免或处死。直至高宗死后,孝宗为鼓士气,平民愤,才追复岳飞官职,将其遗骸迁葬于西湖栖霞岭下。宁宗时,追封岳飞为"鄂王",立岳王庙。后来人们在杭州岳飞墓前铸造了秦桧夫妇等四个铁像,双手反绑,跪向岳坟。

据说清朝乾隆壬申科状元秦大士与袁枚一起游岳王庙,在岳王坟前联句,袁联为"人从宋后少名桧",秦对曰"我到坟前愧姓秦",足以说明人们对秦桧之痛恨。不过如果秦桧在地狱中有知的话,他也许会叫屈,说高宗赵构才是杀害岳飞的主谋!

岳飞墓

绍兴和议

　　南宋初年,金兵多次南侵,均未能取胜。宋高宗害怕激怒金人,也害怕抗金将领权大而威胁他的统治,于是起用既善讲和投降、又会枉杀忠臣良将的秦桧任宰相,不久解除了韩世忠、岳飞等大将的兵权,扫除对金乞和的障碍。绍兴十一年(1141 年),双方达成和约:宋向金称臣,金册封赵构为皇帝,世世代代,遵守臣节;划定疆界,东以淮河中流为界,西以大散关(今陕西宝鸡西南)为界,以南属宋,以北属金;宋每年向金纳贡银 25 万两、绢 25 万匹,自绍兴十二年开始,每年春季搬送至泗州交纳。这个屈辱性的和约被称为"绍兴和议",它确定了宋金之间政治上的不平等关系,形成了南北对峙的局面。

陆 游 临 终 留 诗

陆游是南宋著名的诗人,又是一位坚定的爱国者和主战派。他出身于官宦家庭,受父亲陆宰爱国思想和民族气节的影响,很早就立下"上马击狂胡,下马草军书"的雄心壮志。

绍兴二十三年(1153 年),陆游赴南宋首都临安(今杭州)应试,名列第一,因名次居于秦桧孙子秦埙(xūn)之前,又因他不忘国耻,"喜论恢复",复试时竟被除名。秦桧死后,他才被授予福州宁德县主簿。宋孝宗即位后特意召见他,并赐他进士出身,升任枢密院编修。

宋孝宗很想做一番恢复中原的大事业。隆兴元年(1163 年),张浚出兵北伐,请朝廷发布诏书鼓舞士气,这份诏书便是陆游起草的。张浚缺乏指挥才能,手下大将不和,北伐旋即失败,张浚被排挤出朝廷,陆游也罢官回山阴老家去了。

差不多过了十年,负责川陕一带军事防御的将领王炎听说陆游的名声,把他请到汉中做幕僚。陆游提出恢复中原一定要先收复长安,要王炎在汉中积蓄军粮,训练队伍,做好准备,伺机进攻。但是,当时中央政府主和,川陕一带将领大多骄横腐败,王炎对他们难以约束控制,于是陆游的计划全落空了。

不久,陆游又到了成都,在安抚使范成大部下当参议官。他常常与范推杯换盏,对饮赋诗,抒发爱国之情。有人说他与上司对坐饮酒,漫无礼法。陆游听说后,索性给自己起了"放翁"的别号。

宁宗即位后,韩侂(tuō)胄发起大规模北伐,这使陆游十分兴奋。他将恢复的希望寄托于此举,所以表示全力支持。韩侂胄被杀后,史弥远当政,陆游因接受韩侂胄的请求,写过《南园阅古泉记》,因而受到不少人的攻击,处境格外艰难。

陆游渴望收复失地、统一祖国的强烈愿望始终无法实现,他只有用诗歌表达对祖国的热爱和对民族的忧虑。他一生辛勤创作,一共留下了 9000 多首诗。在我国历代诗人中,他的作品是最丰富的。

嘉定三年(1210 年),86 岁的陆游病重。临终的时候,他念念不忘恢复中原,把儿孙们叫到床边,吟诵了最后一首感人肺腑的《示儿》诗:"死去原知万事空,但悲不见九州同。王师北定中原日,家祭无忘告乃翁。"然后便与世长辞。令人遗憾的是,六七十年之后,"九州同"的局面倒是出现了,但"定中原"的不是南宋王师,而是蒙古人的铁骑。

开禧北伐

宋宁宗时,金朝国势已趋衰落,军事实力有所减弱,于是南宋朝野上下,北伐之议纷起。当时韩侂胄任宰相,掌握大权,力主抗金,以巩固自己的政治地位。辛弃疾、陆游、叶适等抗战派早有北伐之议,故表支持。开禧二年(1206年),韩侂胄未做充分准备,便贸然发兵,分路北进。金军早有防备,刚一开战,各路兵马便纷纷溃败,金人乘势反攻,分路南下,进逼长江北岸。北伐受挫后,韩侂胄转而向金朝求和,但金人提出惩治首谋,故议和未成。次年,礼部侍郎史弥远等与杨皇后、杨次山等勾结,将一批抗金将领相继逐出朝廷,杀韩侂胄,将其首级献于金人,双方罢兵议和。

文 天 祥 抗 元

1259 年
忽必烈围鄂州,权相贾似道乞和,忽必烈为争汗位同意撤兵。

贾似道误国

贾似道曾做过地方小官,后因姊入宫为妃,当上了宰相。忽必烈与宋军相持于鄂州,后准备退兵回国争夺汗位。贾似道闻知,急忙派人求和,答应割长江以北土地给蒙古,纳贡称臣。忽必烈欣然接受,大军北撤。贾似道突然袭杀其殿后的士兵,慌称取得鄂州大捷。又行"公田法",将浙西官民逾限的土地,三分之一充作公田,以解决财政危机。宋度宗即位后,认为他有定策之功,尊其为"师臣"。1267 年,蒙古大军南下,襄樊官军多次求援,贾似道置若罔闻。襄樊城破,元军顺江而下,形势危急,贾似道被迫出兵,但却不敢迎战。宋军随即溃败,贾似道逃至扬州,后被治罪,流放途中被杀。

公元 1278 年底,文天祥在海丰北五坡岭遭突然袭击,兵败被元军所俘,囚于珠江口的零丁洋中。元军统帅张弘范前来劝降,软硬兼施,屡屡催逼,文天祥拿出《过零丁洋》诗交给他看,诗的末句是"人生自古谁无死,留取丹心照汗青"。意思是说,自古以来有谁能够长生不死?我要留下一片爱国的丹心光照于史册。张弘范本宋将之降元者,见此诗后,羞愧难当,再也不敢前来相劝。

文天祥字宋瑞,号文山,吉州庐陵(今江西吉安)人,18 岁时获庐陵乡试第一名,20 岁入吉州白鹭洲书院读书,同年被吉州举为贡士,随父前往临安应试。殿试时,作"御试策"切中时弊,提出改革方案,表述政治抱负,被主考官誉为"忠君爱国之心坚如铁石",由理宗皇帝亲自定为状元。

宋开庆元年(1259 年),蒙古军两路攻宋,蒙哥率西路军入川。忽必烈率东路军,越长江天险与自云南北上潭州(今长沙)的另一支蒙古军合围鄂州(今武昌)。京师朝野震惊,宦官董宋臣提请避兵迁都四明(今宁波),以便理宗随时逃往海上。文天祥上书直言:"陛下为中国主,则当守中国;为百姓父母,则当卫百姓",请斩董宋臣以安人心。后蒙哥病死,忽必烈欲北归争夺汗位,同意议和。南宋派右丞相贾似道负责议和事宜,贾似道私下对蒙古叩头称臣,蒙古撤军。贾似道返回后欺瞒朝廷,说各路大捷,被加封卫国公,大权独揽。不久度宗即位,耽于酒色,贾似道欺上瞒下,国事益乱。文天祥上疏无人理睬,只被派一闲差。

忽必烈建立元朝后,发 20 万大军水陆并进,直取临安。南宋政权一片混乱,度宗死,年仅 4 岁的赵㬎(xiǎn)即位,为恭帝。谢太后临朝,要各地起兵"勤王"。任赣州(今江西赣州)知州的文天祥散尽家资招兵买马,数月内组织义军 3 万人,几经阻挠入卫临安。不久又出任平江(今江苏吴县)知府,奉命驰援常州。这年冬天,文天祥奉命增援临安门户独松关,未到目的地,关已失守。于是急返临安,准备死战,却见满朝文武纷纷弃官而逃,文班官员仅剩数人。

德祐二年(1276 年)正月,谢太后执意投降,丞相陈宜中连夜遁逃,文天祥被任为右丞相兼枢密使,出使议和。谈判中,文天祥不畏元军武力,痛斥伯颜,慨然表示要抗战到底,遂被扣留,又被押乘船北上,文天祥初以绝食抗议,后在镇江虎口脱险。由于元军施反间计,诬说文天祥已降元,因而文天祥屡遭猜疑戒备,颠沛流离,两个月方辗转抵温州。这时,朝廷已奉表投降,恭帝被押往大都(今北京),陆秀夫等拥立 7 岁的宋端宗赵昰(shì)在福州即位。文天祥奉诏入福州,任枢密使,都督诸路军马,往南剑州(今福建南平)建立督府,派人赴各地募兵筹饷,号召各地起兵杀敌。秋天,元军攻入福建,端宗逃往海上,在广东一带乘船漂泊。

次年,文天祥率军移驻龙岩、梅州(今广东梅县),挺进江西。在雩都(今江西南部)大败元军,攻取兴国,收复赣州 10 县、吉州 4 县,人心大振,江西各地响应。元军主力来攻,文天祥寡不敌众率军北撤,败退庐陵、河州(今福建长汀),损失惨重,妻子儿女也被元军掳走。

第二年春末,端宗病死,陆秀夫等再拥立 6 岁的赵昺(bǐng)为帝,朝廷迁至距广东新会县 50 多里海中的厓山,加封文天祥为信国公。冬天,文天祥率军进驻潮州潮阳县,欲凭山海之险屯粮招兵,寻机再起。元军水陆并进,发起猛攻,文天祥遭张弘范偷袭被俘。

文天祥被押解到大都,安排到接待投降者的"会同馆"中,有华贵的住房,有佳肴美酒。接着留梦炎来劝降了,此人也是南宋状元,官至丞相,临安危急时弃官逃走,降元后任礼部尚书。文天祥厉声斥骂,留梦炎窘然退下。元人知道一般人难以劝降他,于是把南宋亡国之君 9 岁的赵㬎派了来,没等他开口,文天祥连说几声"圣驾请回",把他挡了回去。元朝专横跋扈的阿合马想逼文天祥就范,但除了暴跳如雷之外,也毫无办法。

一个月后,文天祥被带到枢密院,见元

1276 年

元军攻陷临安,谢太后率恭帝投降,被俘北去。南宋皇族南逃。

1278 年

文天祥被俘,3 年后英勇就义。

1279 年

元军攻厓山(今属广东新会),张世杰力战兵溃,陆秀夫负宋帝赵昺投海而死,南宋亡。

文天祥像

丞相孛罗。文天祥泰然自若，拒不跪下，元朝吏卒拳脚相加，文天祥拼死坐在地下，始终没有屈服。

元统治者将他投入恶牢，囚禁折磨达 3 年之久。他已降元的弟弟来狱中探望，给他带来正在元宫中充当女仆的被俘妻女的信。文天祥经受了前所未有的精神压力，在亲情和忠义二者之间，他选择了后者。

忽必烈亲自劝降，得到的回答是"一死之外，无可为者"。至元十九年十二月初九日（1283 年 1 月 9 日），文天祥从容就义，时年 47 岁。

知识链接

南宋灭亡

陆秀夫负帝投海图

宋蒙联合灭掉金朝后，蒙古军一面大举西征，一面对宋发起了全面进攻。双方经过近 40 年的大战。德祐元年（1275 年）三月，元军攻入建康，而后分兵三路向临安进军。十二月中旬进围临安。宋廷许以称侄纳币，求为小国，元军概不接受。次年正月，皇太后带领宋恭帝奉上传国玉玺，出城投降，被俘北去。陆秀夫、文天祥等拥立益王赵昰在福州称帝，改元景炎，坚持在今福建、广东一带继续抗元。六月，元军大举来攻，广州等城市相继陷落。十一月，赵昰由张世杰、陆秀夫护卫，逃往澳门、广州附近海中，因惊吓过度患病死亡。张、陆又拥立卫王赵昺为帝，改元祥兴，后迁往今广东新会一带海中的崖山。元军数路并进，宋军战败，文天祥兵败海丰被俘。祥兴二年（1279 年）二月，陆秀夫看大势已去，背负 8 岁的小皇帝赵昺投海而死，张世杰等人遭遇飓风，船翻溺水而死，南宋灭亡。

元朝

元朝(1206—1368)是蒙古族建立的全国性统一政权,在中国历史上具有重要的地位。它结束了五代以来数百年的分裂割据和南北对峙局面,实现了全国大统一,为明清时期的长期统一奠定了基础。它是我国历史上第一个少数民族建立的全国性统一政权,推动了全国范围内的民族交流与民族融合;它疆域广大,与西部、北部边疆各族在政治、经济、文化等方面联系密切,使边疆得到有效开发。当然,由于元朝统治者在政治、经济方面推行了不少落后政策,阻碍了社会的正常发展,导致阶级矛盾和民族矛盾尖锐,最终引发了农民大起义,元朝政权被推翻。自成吉思汗建立蒙古汗国,到元顺帝撤出大都,习惯上通称作元朝。

元　刘贯道《元世祖出猎图》

图中骑黑马、穿白裘的，应为元世祖，与世祖并驾的妇女，似为帝后，其余应是侍从。图中人物衣着、马骑装备皆刻画精细，表情神态自然生动。

铁木真统一蒙古

唐代我国北方的室韦部落中,有一个部族居住在建河(今额尔古纳河)的东边,被称作"蒙兀室韦",他们是蒙古族的直系祖先。后来迁移到斡难河(今蒙古鄂嫩河)上游地区,到宋代,往往和其他部族一起被称为鞑靼,有时也译作萌古、朦骨、萌古斯或蒙古。12世纪时,蒙古族中乞颜—孛儿只斤家族力量最为强大,被称为"黄金家族"。1162年,这个家族的领袖也速该与塔塔儿部激战,俘获了塔塔尔部首领铁木真兀格,大胜而归。当他刚刚走进家门的时候,他的儿子呱呱坠地了。也速该十分高兴,于是给刚刚出生的儿子取名叫"铁木真"。

成吉思汗像

1170年,也速该误食了塔塔儿人下了毒的食物,不久死去。也速该的遗孀月伦领着9岁的铁木真和他的几个弟弟,几度迁徙,历尽艰险,厄运连连。少年时期的艰险经历,使铁木真养成了坚毅勇敢的性格。

忽都刺汗死后,蒙古部众大都在札木合控制之下,铁木真也投靠了札木合,随他游牧。但铁木真不断招买人马,扩大自己的力量。1189年,乞颜部贵族推举铁木真为可汗。札木合不想让乞颜部壮大起来,于是率领13个部族进攻乞颜部。铁木真兵分13翼迎战,因实力不敌而败退。战后,很多部族不堪忍受札木合的残暴,转而投靠了铁木真,铁木真的队伍反而壮大起来。

1196年,铁木真和克烈部脱里汗出兵助金,在斡里札河(今蒙古东方省乌勒吉河)打败了塔塔儿部。金朝授予铁木真以察兀忽鲁(部族长官)官职,封脱里汗为王(脱里从此称王罕)。铁木真与王罕联兵攻打乃蛮部,王罕见敌势盛,不告而退,把铁木真留在乃蛮兵锋之下。铁木真发觉后,迅速撤兵,反而把王罕暴露在敌前。王罕大败。铁木真怕王罕部众被乃蛮吞并,对自己不利,于是派兵援救王罕,击退乃

1206年
蒙古各部推铁木真为成吉思汗,建立蒙古汗国。

1219年
成吉思汗率军西征,进攻中亚,后越过高加索山,进入顿河流域,打败突厥与俄罗斯联军。

1226 年

蒙古军进攻西夏,次年成吉思汗病死,不久西夏灭亡。

1234 年

蒙古军灭金朝。宋、蒙战争开始。

1259 年

蒙古军围合州钓鱼城,蒙哥亲自督战,受伤而死。

1260 年

忽必烈即位于开平。

1271 年

忽必烈建国号"大元",都燕京,改其名为大都。

1274 年

元军进攻日本,遇大风退回。

蛮。1201 年以后,铁木真和王罕联兵,打败札木合联盟(塔塔儿、乃蛮等部落联盟),札木合投降王罕;消灭了四部塔塔儿,占领了呼伦贝尔草原。1203 年,王罕对铁木真发起突然袭击,铁木真败退到哈勒哈河以北。不久,铁木真乘王汗不备,奇袭王汗牙帐,灭亡了克烈部。同年,汪古部归附铁木真。1204 年,铁木真消灭了乃蛮太阳汗,成为蒙古草原势力最大的统治者。

　　1206 年,铁木真在斡难河源召开忽里台(大会),即蒙古国大汗位。铁木真知道,海洋比草原更加广阔,于是号"成吉思(海洋)汗",说明自己具有像海洋那样广阔无比的权力,也反映出他君临海内的雄心。

　　蒙古国建立后,成吉思汗打破部落氏族结构,建立起千户、百户制度。把蒙古牧民划分 95 个千户。千户下设百户、十户。千户那颜都是成吉思汗的封臣,其属下牧民对那颜有人身隶属关系,不能随意离开千户组织。成吉思汗把一部分千户作为领民分给诸弟诸子,把怯薛(禁卫军)扩充到一万人,征调千户那颜、百户长、十户长的子弟充当怯薛,以此控制全国。设札鲁忽赤掌管户籍、词讼等行政、司法事务。成吉思汗的汗廷已经由传统的草原贵族斡鲁朵发展成为国家机构。不久,邻近的吉利吉思、畏兀儿、哈剌鲁等部都归附了他。

　　1219 年,成吉思汗率 20 万大军西征,向中亚地区的花剌子模发动进攻。他几路进兵,分割包围了各战略重镇,各个击破,所到之处,大肆屠杀,夷平城市,给中亚人民带来沉重的灾难。

　　成吉思汗曾六次大举进攻西夏,最终灭亡了西夏。就在这一年,公元 1227 年 8 月 25 日,成吉思汗病死。临终前,他要求子孙们

蒙古骑兵作战图

联宋灭金,开启了蒙古人入主中原的历史进程。

知识链接

忽必烈建立元朝

　　成吉思汗死后,先是由他的幼子拖雷监国,后由他的第三子窝阔台继承汗位,建都和林(今蒙古哈尔和林)。窝阔台死后,其子贵由称汗,不久汗位归于拖雷之子蒙哥之手。蒙哥侵宋时战死,其弟忽必烈夺得汗位,于1260年3月在开平称汗。此前,蒙古一直用族名作为国名,称大蒙古国。随着征宋战争的顺利进行,蒙古人逐步效法中原地区汉族统治方式,建立国家政权,至元八年(1271年)十一月,忽必烈根据刘秉忠、王鹗等儒臣的建议,取《易经》"大哉乾元"的意思,正式建国号为"大元"。次年二月,将中都(燕京,即今北京市)改称大都,正式定为元朝都城。

忽必烈像

"治天下匠"耶律楚材

1190 年,在金朝为官的辽太祖阿保机的八世孙耶律履生了个儿子,这年他已经 60 岁了。老来得子,自然是件高兴的事了,但眼看着金朝就要被蒙古人所灭,他又生出许多感慨来,叹了口气对人说:"这孩子是我们家的千里驹啊,将来必成了不起的人物,只可惜要为异国所用了。"他借用《左传》中"楚虽有才,晋实用之"的典故,为孩子取名耶律楚材。

耶律楚材 3 岁的时候,父亲死了,母亲把他抚养成人。他博览群书,旁通天文、地理、律历、术数及佛家道家、医学占卜等学问,是一个难得的人才。

蒙古大军压境,金宣宗被迫迁都,耶律楚材留守燕京,任左右司员外郎。1215 年,元军攻破燕京,楚材无路可走,只好到报恩寺避难。成吉思汗想利用契丹人对金的复仇情绪,打击金朝残余势力,所以攻占中都以后,四处求访契丹宗室。当成吉思汗听说耶律楚材的名声后,马上把他召至漠北,说要授予他官职,为他报亡国之仇,希望他为蒙古效劳。耶律楚材回答说:"我的祖父和父亲都在金朝做官,报仇之说何从谈起?"成吉思汗赞赏他的直率,把他留在身边,并亲切地称他"吾图撒合理"(长髯人)。

耶律楚材经常向成吉思汗讲述天文、地理知识,诊治疾病,很得成吉思汗信任。成吉思汗每次出征,都要带上他。成吉思汗手下有个制弓匠,骄傲蛮横,经常说:"国家需要的是兵将,像耶律楚材这样的文人有什么用?"耶律楚材反驳说:"治弓尚且需请弓匠,治天下哪能不用治天下的人才?"成吉思汗听说后,越发尊重他。

窝阔台汗即位后,耶律楚材倡立朝仪,劝亲王察合台等人行君臣礼,以尊汗权,从此更受重用。为使新征服的中原地区有法可循,他制定《便宜一十八事》,设立州郡长官,使军民分治;制定初步法令,反对改汉地为牧场;建立赋税制度,设置燕京等处十路征收课税所。窝阔台汗三年(1231 年),他出任中书令(宰相)。此后,他大力提倡文治,逐步实施"以儒治国"的方案,定制度、议礼乐、立宗庙、建宫室、创学校、设科举、拔隐逸、访遗老、举贤良、劝农桑、抑游惰、省刑罚、薄赋

营建大都

至元元年(1264 年),元改燕京为中都。四年,开始在金中都旧城东北修建新城。五年十月,宫城成。八年,开始修筑宫殿。九年二月,改中都为大都,其后宫殿陆续建成。大都城周长约为 28600 米,坐北朝南呈矩形,共有 11 座城门,城内规划井井有条,宫城内主要建筑物以丽正门、承天门为中轴对称排列。大都人口众多,交通发达,商业繁荣,是当时世界上著名的都城之一。

敛、尚名节、斥纵横、去冗员、黜酷吏、崇孝悌、赈困穷。在他的劝说下,窝阔台废除了屠城旧制,成千上万的人因此而免于被杀。耶律楚材殚精竭虑,在政治、经济、文化各方面创举颇多,使新兴的蒙古贵族逐渐放弃了落后的游牧生活方式,采用汉族以儒教为中心的传统思想和制度来治理中原,使先进的中原农业文明得以保存和继续发展,为以后忽必烈建立元朝奠定了基础。

耶律楚材在成吉思汗、窝阔台汗两朝任事近三十年,多有襄助之功。后来脱列哥那称制时,因屡次弹劾皇后宠信的佞臣奥都剌合蛮,楚材渐被排挤,1244 年 5 月 14 日悲愤而死。消息传出,举国悲哀,国中数日不闻乐声。许多蒙古人都哭了,如同失去了自己的亲人;汉族士大夫更是流着眼泪凭吊这位功勋卓著的契丹政治家。元世祖中统二年(1261 年),忽必烈遵耶律楚材的遗愿,将他的遗骸移葬于故乡玉泉以东的瓮山,即今北京颐和园的万寿山。卒后追封广宁王,谥号文正。

知识链接

推行汉法

蒙古族是个游牧民族,政治经济文化相对落后,他们向中原拓进以后,面临着用什么样的办法统治汉族居住区的问题。早在窝阔台在位的时候,耶律楚材就依照中原皇朝的传统,制定君臣之礼,确立五户丝制度(每五户合缴丝一斤给受封者,另外,每二户出丝一斤作为国税给政府),依照中原的法律原则提出了《便宜一十八事》作为临时法律。组织儒生参加考试,通过者为儒户,有的则选为议事官。在燕京设置编修所、在平阳设置经籍所,编印儒学典籍,为太子及大臣子弟讲授经义。灭金入主中原以后,忽必烈总结父祖辈所行政策的利弊,大力推行汉法。他下达命令,停止掠杀政策,保护汉族民众的耕地。把蒙古贵族夺取汉族良田后设立的牧场重新还作农田,用租佃的方式招募农民耕种,或退还给农民。设立司农司、营田司,专门负责农业生产和兴修水利,使蒙古贵族最终放弃了在中原地区推行落后的游牧经济和剥削方式的企图。同时废除原来的裂土分封制度,改为赐田制,使蒙古贵族变成一般地方富家,政治权力大大削弱,加强了中央集权。

吐蕃归附

公元1244年,从青藏高原上走来一伙人,老的年逾花甲,小的不过十来岁,风餐露宿,跋山涉水,穿过茫茫草原,越过荒无人烟的戈壁,历经两年,到达了凉州(今甘肃武威)。

这个老人是吐蕃萨斯迦派首领萨斯迦班智达(萨班),小孩是他的侄子八思巴。他们是来商议西藏归顺蒙古的重要事情。

唐代后期,吐蕃发生分裂,后来宗教势力和政治集团结合,形成了噶丹派、噶举派、萨斯迦派、伯木古鲁派、搽八里派等,它们各据一方,互相征伐,持续了400多年。

八思巴像

早在窝阔台进攻南宋四川的时候,蒙古军就进入了吐蕃东北部地区,征服了一些部落。1240年,朵儿达率军进入乌思藏,不久退回,他向窝阔台的儿子阔端报告了乌思藏的情况,建议任命宗教首领管理其地。四年之后,阔端再遣朵儿达入藏,召请最有影响的宗教首领之一萨斯迦派首领萨班。于是萨班携侄子八思巴等人来到凉州。这时,阔端正在和林参加贵由即位大典,次年回到凉州,遂与萨班议定归附条款。萨班书写了《萨迦班智达致蕃人书》,送达吐蕃各地僧俗首领,宣扬蒙古军威和对归降者的优待政策,并传达阔端指令:吐蕃各地世俗首领官仍原职;任命萨斯迦首领为达鲁花赤(蒙古管理军民事务的高级行政官职),赐金、银符;各地编出籍册,开列官员姓名、俗众人数和贡赋定额,由朝廷遣官与萨斯迦官员共同征收国赋。协议签订后,萨班等人继续留居凉州。1251年,萨班病死。

在萨斯迦派的带动下,乌思、藏、纳里诸地归附了蒙古。其他地方仍散布着不少未降服的部落,因此蒙古继续出兵征服。1252年秋,忽必烈南征大理,取道于今四川西部的吐蕃之地,渡过大渡河,直抵金沙江,收服了这一带的许多吐蕃部落。其后,蒙古军不断进兵朵思麻、朵甘思地区,先后把这一带零星部落收归治下。

1283年

是年前后,行省演变为地方最高行政机构。

忽必烈出征大理的时候,驻兵六盘山,蒙古军护送八思巴谒见忽必烈。八思巴知识渊博,佛法造诣很深,深受忽必烈的喜爱,于是厚加赏赐,将他留在藩邸。忽必烈及诸妃、王子20人接受八思巴密法灌顶。后来忽必烈颁布藏文诏书,肯定八思巴宗教上师的地位,重申自己皈依佛法。蒙古承认并支持萨迦派在吐蕃的领袖地位并以佛教为国教,而萨迦派则承认蒙古对吐蕃的统治并接受蒙古的管辖。吐蕃的其他教派势力,也相继向蒙古统治者表示忠诚,以取得蒙古朝廷的支持。

忽必烈建立元朝后,在中央设置宣政院(初名总制院),掌握全国佛教事务及吐蕃地区军政,以萨迦教派领袖八思巴为帝师(初名国师),兼领宣政院事。这一方面正式确立了八思巴宗教领袖的地位,另一方面说明西藏已经成为元朝领土的一部分。在藏族聚集的地区,元朝设立了宣慰使司都元帅府,处理和管辖今西藏地区的军政事务。宣慰使司下辖管理民政的万户府、千户所。1268年、1287年和1334年,元朝三次派官员到西藏清查户口,在那里设立了15个驿站。

元朝时期,西藏地区成为中央政府直接管理的行政区域,正式纳入了中国的版图。

 知识链接

设立行省

元世祖即位后,在中央设中书省,领六部,总理全国政务。在地方设十路宣抚司。宣抚司没有处理军务之权,难以应付民变、叛乱及社会治安方面的突发事件,于是改置行中书省,作为中央政府的派出机构,简称行省。行省设丞相一人、平章二人,凡钱粮、兵甲、屯种、漕运等地方军政大事,无不统领。至元二十年(1283年)前后,行省演变成了地方最高行政机构。比较稳定的行省有10个,即岭北、辽阳、河南、陕西、四川、甘肃、云南、江浙、江西、湖广等。行省下设路,路之下设府,府之下设州、县。路、府、州、县除按常规设置总管、知府、知州、知县外,还设置由蒙古人或色目人担任的达鲁花赤(意为"镇民官""亲民官"),掌管并监察地方行政。除此之外,河北、山东、山西离京城较近,直属中书省管辖,称作"腹里"(中央直辖区)。吐蕃地区直属宣政院统辖,不置行省。这样,元朝本土划分为12个一级政区,即腹里、十行省及吐蕃宣政院辖区。明朝建立后,罢行省,改为承宣布政使司,但习惯上仍称行省,或简称省。如今省的建制大致渊源于此。

马可·波罗东游

1260年，尼古拉·波罗和玛赛·波罗兄弟二人到东方做生意，无意中遇到了元朝的使节，于是跟随他们一起来到了中国。忽必烈接见了波罗兄弟，向他们详细询问了欧洲的情况，临行时让他们带去写给罗马教皇的信。1269年，兄弟二人回到了威尼斯。

尼古拉·波罗有个可爱的儿子，名叫马可·波罗。他回到威尼斯那年，小波罗已经是15岁的少年了。波罗兄弟经常讲起有关中国的见闻，说得眉飞色舞，津津有味，好些都是西方人前所未闻的内容。小波罗听得简直入了迷，整天缠着父亲带他到中国去看看。

又过了两年，马可·波罗17岁了，波罗兄弟决定带他到东方去。教皇听说这个消息后，特地派了两名传教士随同他们去中国。刚走到小亚细亚，两个传教士受不了旅途的艰辛，不想前行。后来又听说沿途经常发生战争，便把公文和礼品交给了波罗父子，打道回府了。波罗父子三人一路风餐露宿，沿着古老的丝绸之路，穿越波斯全境，走过渺无人烟的中亚沙漠，翻越冰天雪地的帕米尔高原，终于到了喀什，在那里稍作休整，又继续前进。大概用了一个多月的时间，他们来到了荒无人烟的罗布泊，过了塔克拉玛干沙漠，到达沙州（今甘肃敦煌），瞻仰了举世闻名的佛教雕像，再到玉门关，看到了令人震惊的万里长城。他们在河西走廊停留了大概一年的时间，然后折向东北方，沿着黄河，穿越广阔的蒙古草原，到达了元朝的上都（今内蒙古多伦）。这时，他们离开家乡已经四个寒暑。

忽必烈又一次隆重地接待了他们。见到马可·波罗活泼聪明、举止文雅，忽必烈把他留在身边当了侍从。

马可·波罗很快学会了中国的语言，熟悉了中国的礼仪、风俗。忽必烈常派他到各地办理公务。他走遍了中国的山山水水，经由河北、山西，越过黄河后进入关中，然后达到四川，经西藏抵云南到达缅

马可·波罗东行图

1275年

意大利人马可·波罗来到元上都，受到忽必烈的接见，后在元朝任官达17年。

1280年

郭守敬编成《授时历》，测定一年为365.2425天。

甸等东南亚国家。后来,他又沿京杭大运河南下,经过河北、山东的许多城市,到了扬州、南京、苏州、杭州及福州、泉州等地。马可·波罗每到一处,都满怀好奇地观看询问,考察风俗人情。除在京城供职、外出游历之外,他还曾在扬州做过三年地方官。

17个年头过去了,马可·波罗越来越思念自己的家乡。恰好这时候,伊尔汗国国王派使者至大都求亲,元世祖把皇族女子阔阔真公主嫁给他做王妃。至元二十九年(1292年)春天,马可·波罗的父亲、叔父受忽必烈的委托,护送公主西行。他们提出顺便回国探亲的请求,忽必烈同意他们带马可·波罗一起回乡。

波罗父子带着大汗致教皇、法兰西及西班牙国王的信件,护送着公主,一行600人登上大船,从福建泉州出发,在海上航行了两年多时间,终于到达波斯。完成护送任务后,马可·波罗等继续西行,于1295年冬天回到了阔别已久的家乡。这时,他们离开威尼斯已经20多年,亲友们从来没有听到过他们的消息,以为已经客死他乡。看到他们穿着奇装异服,带回许多珍珠宝石,个个感到神奇。后来人们把马可·波罗叫做"百万家产的马可"。

1296年,马可·波罗参加了威尼斯与热那亚的战争,不幸被俘。在狱中,他遇到了一个名叫鲁思梯谦的作家,马可·波罗讲述东方见闻给他听,他一一记录下来,成书后取名《东方见闻录》,后来改称《马可·波罗游记》。1299年夏,马可·波罗获释回乡,于1324年去世。

1281年
开济州河,从济州(今山东济宁)至须城安民山(今山东梁山县小安山)。

1289年
开会通河,由安山至临清入御河(今卫运河)。

1292年
采纳郭守敬的建议,开通惠河,由大都至通州。至此北京到杭州间的运河全线贯通。

1295年
马可·波罗返回威尼斯。

 知识链接

元代大运河

当时,京城所需粮食等生活物资均需南方补给。但大运河多淤塞不通,海运北上风险甚大,陆运成本则过高。于是,元政府在整修旧河道的同时,又尝试开挖新河道。自北向南,分别新开通惠河(由京师至通州)、疏通潞河(通州至直沽)、整修卫河(天津到临清)、新开会通河(临清至济宁南)、疏通淮扬运河、整修江南运河。从此,中国运河重新贯通,较之隋唐大运河,航程缩短上千里,奠定了明清运河的基本格局。不过,元代会通河水量不足,开挖修治规格偏低,加上黄河决口,侵淤运河,所以运河能力不高,每年通过运河运送大都的漕粮,不及总量的十分之一。

南 坡 之 变

至治三年(1323 年)八月初五日,元英宗自上都返回大都(今北京),当晚住在上都西南三十里的南坡店。夜深人静的时候,随行的大臣诸王等人突然发动政变,率兵闯入内幄,杀死英宗。历史上称这件事为南坡之变。是谁策划了这场政变?他们为什么要杀死英宗?

延祐七年(1320 年)三月,元仁宗死去,他的儿子硕德八剌即位,是为英宗。这已是忽必烈之后元朝的第五代皇帝了。英宗自幼接受儒家文化教育,面对阶级矛盾、民族矛盾尖锐的局面,很想改革政治,开创一番大事业。可是他即位后的第三天,太皇太后答己便出面干政,任命被仁宗罢免的贪赃枉法、恃势暴虐的权臣铁木迭儿出任右丞相,并阴谋废立。随后,他们又罢免、拘捕、杀害主张推行汉法的朝廷大臣,在朝中安插自己的亲信,并公然要求英宗大规模更换朝臣。英宗一面安抚铁木迭儿,加封他为开府仪同三司、上柱国、太师,下诏禁止官员说他的坏话;一面以先帝旧臣不宜轻动为由,拒绝更换朝臣。同时断然采取强硬措施,以"谋废立"的罪名杀死了太后和铁木迭儿的几个亲信。四月,英宗提升功臣木华黎的后裔、有"蒙古儒者"之称的拜住任左丞相,以限制铁木迭儿的权力。

至治二年(1322 年)八月,铁木迭儿死去。一个月以后,太皇太后答己也一命归阴。政敌已去,英宗可以施展自己的抱负了。十月,他升任拜住为中书右丞相,宣布不再设左丞相,以示其尊荣。拜住协助英宗革除积弊,推行新政。新政的主要内容是起用汉族官僚及儒臣,裁汰冗官;减轻赋役,推行助役之法;颁行《大元通制》,限制蒙古、色目贵族的特权。

答己、铁木迭儿死后,他们的余党势力还很强大,对此英宗一直放不下心来。这一年十二月,他先以贪赃枉法罪处死铁木迭儿之子、宣徽院使八思吉思,接着于次年下诏追夺铁木迭儿官爵,抄没其家产,并要进一步追查惩治追随铁木迭儿祸乱

1320 年
元英宗起用汉族官僚,进行政治经济改革,史称"英宗新政"。

1323 年
御史大夫铁失等发动南坡政变,英宗被杀。

1340 年
元顺帝贬伯颜,任用脱脱为右丞相,废伯颜旧制,进行了恢复科举等多项改革。史称"脱脱更化"。

答己太后像

朝政的人。铁木迭儿的余党惶恐不安,他们以为,与其坐以待毙,不如拼死一搏。铁木迭儿的义子、御史大夫铁失成了这帮人的首领,在他的周围,很快集合起了一批反对新政的蒙古官僚及王公大臣。

至治三年(1323年)八月初五日,英宗与拜住等人离开上都南返,走到南坡店时,天色已晚,于是住了下来。当天夜晚,铁失令自己控制的卫兵值夜,并密告铁木迭儿的儿子锁南、知枢密院事也先帖木儿、大司农失秃儿及王公等,共16人,当夜发动政变。探得英宗已经就寝入睡,他们率领兵士突入拜住帐中,拜住没有任何防备,束手被杀。而后叛军入英宗帐幄,杀了英宗。接着,铁失等人迎立驻军漠北的晋王也孙铁木儿(忽必烈的长孙甘麻刺的长子)即位,是为泰定帝。泰定帝预先与铁失等叛党有过秘密往来,即位后大封参与政变之人。可叛乱者们刚刚过了一个月的好日子,泰定帝便大开杀戒,数月之内,铁失等参与叛乱者全部被杀。

知识链接

元后期帝位之争

泰定帝也孙铁木儿在位五年,于致和元年(1328年)死去之后,元朝中央的权力之争愈演愈烈,五年之间换了五位皇帝。他的儿子阿速吉八(天顺帝)在上都称帝,元朝第三代皇帝武宗海山的儿子图贴睦尔(文宗)则在大都称帝,二人为争夺皇位展开大战,史称"两都之战"。图贴睦尔获胜后,将皇位让给了其兄和世㻋,是为明宗。数月之后,文宗图贴睦尔又将明宗毒死,复位称帝。文宗对此一直感到不安,于至顺三年(1332年)临死前诏立明宗长子为帝。文宗死后,因权臣阻挠,乃改立明宗次子、年仅7岁的懿璘质班为帝,是为宁宗。宁宗在位43天死去,在文宗皇后的干预下,妥懽帖睦尔(顺帝)登上元朝末代皇帝的宝座。他利用权臣之间的矛盾,维持了三十多年的统治。

朱元璋起兵反元

至正十二年(1352年)二月,郭子兴等率农民起义军攻克濠州(今安徽凤阳),军势大振。一天,来了一个衣衫褴褛的小和尚,要求参加义军。人们告诉郭子兴,这小和尚是朱五四的儿子朱重八,聪明能干,性格刚强,说不定以后会有出息。郭子兴见他虽然面黄肌瘦,但身材高大,双目炯炯有神,便收留了他,让他做了自己的亲兵,并给他取了个十分雅致的名字——朱元璋。

朱五四是个贫苦农民,以种地兼卖豆腐为生,后来家乡钟离(今安徽凤阳东)瘟疫流行,朱五四和他的妻子、大儿子相继死去,小儿子朱重八成了孤儿,生计断绝,只好出家做了和尚。他在外云游化缘三四年时间,听说家乡来了起义军,赶忙回来参加。

第二年,朱元璋回到家乡,招募徐达、周德兴等700多人入伍,他也因此被提升为镇抚。又过了一年,朱元璋见郭子兴受制于人,于是带领徐达、汤和等人向南发展,几个月的时间,队伍就发展到几万人。

至元十五年(1355年)三月,郭子兴病死。当时,红巾军首领刘福通已拥立韩山童的儿子韩林儿为帝,建国号宋,改元龙凤。宋政权任命郭子兴的儿子郭天叙为都元帅,郭子兴的妻弟张天佑为右副元帅,朱元璋为左副元帅。志存高远的朱元璋岂能受制于人,就领兵南进,得巢湖水师舟船上千艘。六月,朱元璋率军渡过长江,攻下太平路(今安徽当涂),设太平兴国翼元帅府,自任元帅。后来,郭天叙、张天佑攻集庆(今江苏南京)失败被杀,他们的军队全部归附了朱元璋。

至元十六年二月,朱元璋于采石(今安徽马鞍山东北)大败元军。三月攻下集庆,后取"上应天命"之意,将集庆改名为应天府,并向外拓展,相继攻占镇江、宁国、江阴、徽州、池州、扬州,逐渐开辟了以应天府为中心的根据地。

应该怎样经营根据地,怎样处理与其他军事集团的关系?这是摆在朱元璋面前的头等大事,但对这些问题,朱元璋并没有明确的思路和决策。一天,有个叫邓愈的人告诉他,徽州有个叫朱升的儒士,此人做过池州路儒学正,人称枫林先生,隐居在家,这人学问渊博,见识高远,可以向他询问求教。朱元璋马上赶到朱升的家,求问大计。

1351 年
刘福通在河北永年领导农民起义,起义军头裹红巾,故称红巾军。徐寿辉在蕲州起义,称帝。

1352 年
郭子兴在濠州起义。

1353 年
张士诚领导农民起义,攻占高邮。

1355 年
郭子兴死,朱元璋统率其部众。

1356 年
朱元璋攻破集庆(今南京市),改其名为应天府,建立起政权。

朱升见朱元璋是个能成大事的人,向他进献了三条对策,归结为九个字,叫做"高筑墙,广积粮,缓称王"。朱元璋大喜。他着手加强应天府的建设,健全政治机构;积极恢复和发展生产,分遣儒士赴所辖州县劝课农桑,设置民兵万户府,广泛开展屯田;接受韩林儿任命的东南等处行中书省平章的官职(两年后升任行省左丞相),不急于独树一帜,不称王称帝。

经过几年苦心经营,朱元璋的势力继续壮大,逐渐引起了其他军事集团的警觉,西部的陈友谅、徐寿辉,东南部的张士诚、方国珍都想称王称霸,都把朱元璋当做劲敌。其中陈友谅野心最大,他挟持徐寿辉东下,一直攻到采石,杀徐寿辉,自立为帝,国号大汉,改元大义。他又派人约张士诚共同进攻朱元璋的根据地应天府。

面对来势汹汹的敌人,应天府文官武将们都慌了神,有主张投降的,有提议逃跑的,当然也有人主张出兵迎击。朱元璋乃一代枭雄,他自然不肯退缩逃跑,但怎么才能克敌制胜,心里也没有把握。刘基向他献策说,诱敌深入,险处设伏,以逸待劳,定能取胜。朱元璋依计而行。不久,陈友谅大军来到应天府城外,朱元璋指挥将士从四面杀出,陈友谅大败而逃。之后,朱元璋于江州(今江西九江)又一次大败陈友谅军,陈友谅沿江逃至武昌。

至正二十三年(1363年),陈友谅趁朱元璋北上救援刘福通之机,赶制大船数百艘,领兵60万,顺流而下,大有一举消灭朱元璋的气势。后来双方在鄱阳湖展开决战。陈友谅一方是大船,朱元璋乘的是小船,双方直接冲突,朱元璋吃了亏,差点被箭射中。后来,朱元璋采用部下的建议,采用火攻,命常遇春用渔船装载芦苇、火药,当东北风吹起时,一同点着,冲向陈友谅的大船。由于陈友谅的大船相互连在一起,无法挣脱。结果,火烧赤壁的悲惨一幕于千年之后再次上演。陈友谅的士兵几乎全部被烧死或淹死。他带领残兵败将逃走,但退路早已被堵住,无奈之下,只好冒死强突,身中流矢,倒地身亡。看来,陈友谅和身边的谋士大概没有读过史书,否则,曹操兵败赤壁的教训怎么会不知道呢?但曹操总算保住了性命,而陈友谅,兵没了,命也没了。

朱元璋打败了陈友谅,搬走了前进道路上最大的一块绊脚石,剩

1363年
朱元璋与陈友谅大战于鄱阳湖,陈友谅战死。

1367年
朱元璋部将徐达、常遇春率兵攻陷平江,俘张士诚。继而统兵北征,次年兵临大都,元顺帝逃往上都(今内蒙古正蓝旗东),元朝灭亡。

下的几个割据势力，对他的威胁就不大了。李善长、徐达等人都劝他称王，朱元璋大概一直没忘记朱升"缓称王"的话，没有答应。但大臣们每天都来劝他，朱元璋最后只好答应下来。至正二十四年(1364年)正月，朱元璋称吴王，建置百官，以李善长为右相国，徐达为左相国，常遇春、俞通海为平章政事，立长子朱标为世子。在随后的几年里，朱元璋相继灭掉了张士诚、方国珍等人，江南地区大部为其所有。

至正二十八年(1368年)正月，朱元璋于应天府即皇帝位，国号大明，建元洪武。这年八月，徐达、常遇春率领的北伐大军，占领元大都，元朝灭亡。

 知识链接

红巾军大起义

元朝后期，官吏贪污，纲纪废弛，民不聊生，自然灾害频繁，加剧了社会危机和政治动荡。至正十一年(1351年)，韩山童、刘福通利用政府组织治理黄河之机，发动以白莲教徒为主的3000人在颍州(今安徽阜阳)颍上县起义。韩山童是河北栾城人，其家世代传习白莲教，教徒遍布河南、江淮等地。刘福通是颍州人，韩山童之徒，也是白莲教的重要首领。后来韩山童被捕杀，刘福通领兵继续战斗，队伍很快扩大到几十万人。起义军以头裹红色头巾作为标志，所以称作红巾军。不久，江北邳县芝麻李、凤阳郭子兴率众起义，自称红巾军；江南蕲州(今湖北蕲春南)徐寿辉起兵，也称红巾军。又有张士诚起兵于高邮，方国珍起兵于高岩(今属浙江)。各地义军风起云涌，席卷大半个中国。在这些起义队伍中，刘福通军力量最强，至正十五年(1355年)，刘福通攻占了亳州，拥立韩山童的儿子韩林儿为小明王，国号大宋，刘福通为丞相。起义军西入潼关，后为元军所败；东路入山东，克济南后，直逼大都，后亦被元军镇压；中路过太行山入山西，原拟北上攻取元上都，后亦战败。义军元气大丧。至正二十三年(1365年)，刘福通被张士诚攻杀。次年，朱元璋派人迎韩林儿于滁州，中途将其沉入江中淹死。几年之间，朱元璋攻杀陈友谅，俘杀张士诚，降伏方国珍，并于至正二十七年(1367年)派兵渡江北上，次年攻入元大都，元顺帝北逃，元朝灭亡。

明朝

明朝(1368—1644)是我国古代社会后期一个十分重要的朝代。在这个时期,专制主义中央集权发展到登峰造极的地步,废除丞相制度,利用军事机构和特务机构加强对各级官员的督察,利用户口土地登记制度和基层组织机构加强对人民的控制。明初实行有利于生产发展的政策,出现了经济繁荣的景象;中叶以后,政治腐败,民穷财竭,有见识的政治家们改革经济制度,缓和了政府的财政危机,社会经济又有了恢复和发展。在江南、东南沿海和运河沿岸,出现了商业繁荣的城镇,商品经济活跃起来。与以前的朝代相比,明代的社会矛盾更加尖锐复杂,统治集团内部的皇位之争、党派之争更为惨烈,阶级之间的对抗也更为剧烈,许多地方发生抗粮抗租斗争,城市平民反矿监、税使的斗争等,明末农民起义提出"均田免粮"的口号,已经直接触及土地所有制。这些都反映了古代社会后期社会矛盾的多样性和深刻性。

明 《宪宗元宵行乐图卷》(局部)

　　明宪宗朱见深是明朝的第八位皇帝,年号成化(1465—1487)。他平庸无能,生活奢靡。该图描绘了他正月十五在宫中行乐的种种情趣。

明太祖诛戮功臣

明朝建立之后,朱元璋大肆诛杀功臣,一般官员也会受到牵连,大狱一起,被杀者往往多达万人。其中胡惟庸案被杀者3万多人,蓝玉案被杀者1.5万人。在京官员无不提心吊胆,不少人每天早晨入朝前都要与妻儿告别,交代后事。如果晚上平安回家,亲人们便欢天喜地,举家庆贺。朱元璋为什么要大肆杀戮功臣?我们先从胡惟庸案说起。

胡惟庸是安徽定远人,李善长的亲戚,龙凤元年(1355年)投奔朱元璋于和州(今安徽和县),任帅府奏差。后历任主簿、知县、通判、佥事、太常寺卿等官职,洪武三年(1370年)任中书省参知政事,洪武六年升右丞相,进左丞相。胡惟庸担任左丞相后,身居一人之下,万人之上,有些忘乎所以了。他树立党羽,专政擅权,官员的生杀迁降,有时不上奏便施行;各部门官员写给皇帝的奏疏,他一定要先过目,对自己不利的便留下来;接受各地贿赂的钱物不可胜数。朱元璋自然不会容忍他。

洪武十二年(1379年)九月,占城(今越南)派人来朝贡,胡惟庸没有上奏皇帝,后来宦官见到使者,才告诉了朱元璋。朱元璋揪住胡惟庸的小辫子,追究此事的责任。胡惟庸把责任推给了礼部,礼部又推给胡惟庸。朱元璋下令把与这一事件有关的官员都逮起来,严加审讯。胡惟庸知道自己的处境有些危险,于是便和吉安侯陆仲亨、平凉侯费聚、御史大夫陈宁、中丞涂节等人私下往来,图谋不轨。洪武十三年正月,涂节和中书省的官吏告发胡惟庸谋反,明太祖勃然大怒,马上以擅权枉法的罪名杀了胡惟庸及陈宁、涂节等,株连三族,党羽连坐,受牵连被杀的达1.5万人。

胡惟庸案发生后,朱元璋对身边的功臣宿将猜忌之心大起,见了谁都觉得不放心,于是

1368年
朱元璋称帝,国号明,年号洪武,建都应天府(今南京市)。
徐达北伐,七月,元顺帝北逃。明军占领大都,改称北平府。

1369年
明将常遇春攻取元上都开平(今内蒙古正蓝旗东),沉重打击了元残余势力。

朱元璋像

不断有大臣被杀。徐达是朱元璋儿时的伙伴，后来又跟随他出生入死，战功赫赫。朱元璋见了他，便觉得心里不踏实：徐达德高望重，年富力强，以后要是由他辅佐新皇帝的话，岂不是要取而代之？朱元璋决心除去他，但又找不到他的过错。洪武十八年（1385 年）初，徐达背上生了恶痈，接连几天都没能入朝，朱元璋专门派太监给他送去了食品。别人还以为是皇帝关心这位老朋友呢，可徐达打开一看，顿时大惊，原来皇帝派人送来的是蒸鹅。徐达知道自己这病如果吃了蒸鹅，必死无疑，现在皇帝专门让人送来蒸鹅，这明明是想让自己死啊！他含着泪吃了下去，没过几天就死去了。

洪武二十三年（1390 年），胡惟庸被处死 10 年之后，朱元璋又借题发挥，再兴大狱，以伙同胡惟庸共谋不轨的罪名，处死了韩国公李善长、吉安侯陆仲亨、延安侯唐胜宗、平凉侯费聚等多人。只胡惟庸一案，前后株连被杀的就有 3 万多人。

胡惟庸案的硝烟还未散尽，大臣们惊魂未定，朱元璋又制造了蓝玉案。蓝玉早年投奔朱元璋，隶常遇春麾下，杀敌勇敢，所向披靡。明朝建立后，徐达、常遇春相继死去，蓝玉统领大军，南征云南，北战蒙古，屡立战功，官至大都督府佥事、大将军、凉国公等。此后，他居功自傲，横行霸道。强占东昌民田，御史追查这一事件，蓝玉竟然捶挞御史。北征归来，深夜到喜峰关前，守关之吏没有及时打开关门，蓝玉纵兵毁关而入。在军中，他随意任免将校，违背皇帝诏令出师。与皇帝宴饮，无人臣之礼。朱元璋对此甚为不满，曾严厉警告他，但蓝玉仍我行我素，不知悔改。

洪武二十六年（1393 年）二月，锦衣卫告发蓝玉谋反，朱元璋一听，马上把他抓起来，砍了头，并抄斩三族。凡和该案有牵连的人、和蓝玉有来往的人，统统被抄家问斩。前后又杀了 1.5 万人，其中包括数十名能征惯战的将领和很多高级文官。

太子朱标实在看不下去了，他劝父亲不要杀这么多人。朱元璋默不作声。第二天，他故意在地上丢了一根棘杖，让朱标拿起来，朱标不敢拿。朱元璋一语双关："你怕刺，不敢拿，我现在替你把刺全拔掉，然后再交给你，岂不更好！"真可谓一语道破天机啊！

知识链接

明代的特务政治

明代的特务机构统称"厂卫"。厂，指东厂、西厂、内行厂；卫，指锦衣卫。

洪武十五年（1382年）朱元璋将亲军都尉府改为锦衣卫。锦衣卫直接听命于皇帝，具有不经过司法部门而直接进行刑讯、判罪和行刑的权力。明永乐十八年（1420年）明成祖朱棣迁都北京后，在东安门北设东厂，由宦官担任"提督"，权力在锦衣卫之上。宪宗成化年间，宦官汪直用事，设西厂，活动范围遍及京城及各省，三品以上大臣皆可逮捕以后再上奏皇帝，权势又在东厂之上。明武宗正德年间，又设内行厂，由宦官刘瑾把持，东西两厂及锦衣卫亦受其监视，属下特务之专横、用刑之残酷，甚于东西两厂。

锦衣卫木印

厂与卫均属皇帝掌握的特务机构，其职权性质相同，但锦衣卫为外官，厂为内官，故厂的势力大于卫。锦衣卫侦缉官民，东西厂侦缉官民和锦衣卫，内行厂则监视官民和厂卫，从而构成一整套互不统属、层层监察的特务机构体系。厂卫特务不仅遍布京城，且分驻各省及重要城镇，同时经常临时派员赴各地缉察，致使朝野上下，人人自危。

方孝孺被灭"十族"

中国历史上,曾有过夷三族、诛九族的残酷刑罚,但被诛灭十族的,大概只有明初大儒方孝孺一人了。

方孝孺是明初散文大家,曾师事宋濂,文章学问为宋濂诸弟子之首。洪武二十五年(1392年)任陕西汉中府学教授。惠帝即位后,孝孺应召入京,先后任翰林侍讲及翰林学士。惠帝读书时遇有疑难即向他请教,处理国家大事也会征求他的意见,有时还会让他批复群臣的奏章,《太祖实录》等书皆由他总裁。惠帝对方孝孺有知遇之恩,方孝孺十分感激,决心竭尽全力辅助惠帝治理天下。惠帝建文元年(1399年),燕王朱棣发动争夺皇位的战争。惠帝在朝廷上和大臣们商议讨伐,讨伐的诏书就出于方孝孺之手。因为燕军骁勇善战,而中央军中能征善战的大将被朱元璋诛杀殆尽,最终燕王取得了胜利。

朱棣起兵时,谋士姚广孝恳请他说:"您取得胜利后,方孝孺肯定不会投降,但您万万不能杀他,否则天下读书的种子将会灭绝,对陛下的英明也有所损害。"朱棣笑了笑,点头答应。燕军攻破南京后,朱棣急着登极做皇帝,谁来起草即位的诏书?若论才学文笔,那就只有方孝孺了。朱棣也想借此机会降服方孝孺。于是他专门驾临奉天殿,召集文武大臣,想让他们看看这一代名儒是怎样拥戴自己的。不一会儿,锦衣卫带着身穿孝服的方孝孺走入大殿。朱棣的脸马上沉了下来,不过他还是强忍怒火,劝说方孝孺归顺。方孝孺硬是不说话。朱棣命刽子手把另一个不肯归降的大臣练子宁拉来,割了他的舌头,砍掉他的双手,想以此恐吓方孝孺。但方孝孺不为所动,朱棣只好命人把他关进监狱。

朱棣一心想说服方孝孺归降,但方孝孺坚决不从。朱棣派方孝孺的学生廖镛、廖铭二人前去劝说,结果被方孝孺痛斥一顿。过了些天,朱棣派人强行押解方孝孺上殿,满脸赔笑地劝说方孝孺,并辩解说自己入京是为了铲除皇帝身边的奸臣,不料皇帝自焚,他的儿子年幼,不能承担治理国家的重任,为稳定局势,只好自己登极了。方孝孺听了只是冷冷一笑。宦官把纸笔放在他的面前,逼他起草朱棣即位的诏书。方孝孺拿起笔来,使劲扔在地上,一边哭一边骂道:"要杀

建州三卫

永乐元年(1403年),明在今吉林省吉林市东南一带女真人居住的地区设建州卫。十年,又于今吉林珲春至朝鲜庆源、会宁一带设建州左卫。正统七年(1442年)复设建州右卫于今辽宁新宾附近。史称建州三卫。三卫首领世袭,但必须得到明朝的任命,替朝廷管理女真部众。

就杀,我就是不写!"

朱棣气急败坏,他恶狠狠地说:"难道你不怕我灭你九族!"方孝孺大义凛然,答道:"你灭我十族又能怎样!"朱棣勃然大怒,下令将方孝孺凌迟处死。方孝孺的家人知道他不会屈从朱棣,他的妻子和两个儿子自缢而死,他的两个女儿投秦淮河自尽了。朱棣将方孝孺九族诛尽,还不解恨,又把他的门生和朋友,一并处死。被杀者 873 人,投入监狱和流放

南京明皇城午朝门遗址

充军者多达数千人。后来,朱棣想起这事来就恼火,又下令:凡是藏有方孝孺文字的,一经发现,便论死罪。一百多年以后,明神宗褒录建文朝忠臣,在南京建立表忠祠,方孝孺被列为第二位祭祀于祠中。

知识链接

靖难之役

洪武三十一年(1398 年),太祖朱元璋去世,其长子早死,故由其长孙朱允炆继位,是为惠帝,年号建文,故亦称其为建文帝。当时诸王以叔父之尊,拥有重兵,其中燕王朱棣势力最大。为改变尾大不掉的状况,惠帝下令削藩,先后废除周、齐、湘、代、岷五王,渐指燕王。建文元年(1399 年)七月,朱棣以讨伐齐泰、黄子澄以清君侧的名义,于北平(今北京)起兵,号称"靖难",所以历史上称这次战争为"靖难之役"。十月,朱棣进据大宁(今内蒙古宁城西),与宁王朱权联合,大败李景隆率领的中央军。后遭山东参政铁铉的抵抗,退还北平。建文三年,燕王率兵南下,败盛庸于夹河,焚烧粮船万艘。十二月,燕王再次出兵,直指金陵(今南京)。建文四年,燕军先后在灵璧(今属安徽)等地大败官军。六月渡江,攻下镇江,直逼京师。守将李景隆等见大势已去,乃开城门投降。当时宫中起火,或曰惠帝自焚而死,或曰自地道出亡,流落西南为僧,成为一个历史之谜。历时四年的靖难之役以朱棣的胜利宣告结束。嗣后,燕王即位于京城应天府,是为明成祖,年号永乐。永乐十九年(1421 年)成祖正式下诏,迁都于北京。

郑和勇擒锡兰山王

郑和是著名的航海家,也是一位智勇双全的军事将领。在航海的过程中,他清剿了长期在南海地区称霸的海盗船队,平定了苏门答腊国的内乱。他以少胜多,勇擒锡兰山国王,更显示出非凡的政治智慧和军事才能。

在印度半岛东南,有个很大的海岛叫锡兰山(今斯里兰卡),又叫狮子国,是郑和船队前往西洋的必经之地。据说释迦牟尼曾在那里传教,建有规模很大的佛寺,里面供奉着佛牙舍利,凡信佛教的人,无不向往去那里祈福拜佛。郑和信仰佛教,航海又十分艰险,所以他每次经过这里,都要前去进行佛事活动,祈求平安。第一次出使西洋的时候,郑和就曾来此礼佛,布施了大量礼品。第二次出使西洋,奉送的礼品更多,计有金 1000 钱,银 5000 钱,丝帛 50 匹,其他礼品甚多。赠送大量供品,说明郑和对佛教信仰的虔诚,但更重要的原因是为了增进中国与锡兰山国之间的友谊,以免船队遭到抢劫。

谁会抢劫郑和的船队呢?原来,锡兰山国王名叫阿烈苦奈儿,他不信佛教,经常亵渎佛牙,而且凶暴狂悖,不讲信义,不关心国人疾苦,对邻国也不友好,经常抢劫往来使臣,弄得邻国叫苦不迭。郑和第一次经过这里,就曾委婉地劝说,希望他改邪归正。但国王怒形于色,郑和怕他生出歹意,只好赶快离开了。第二次出航又见了国王,那国王还是十分蛮横傲慢,一点也不友好。郑和把这一情况向明成祖作了汇报,成祖支持他再往锡兰山,并带去皇帝亲自下达的敕谕,要锡兰王安分循理,不可欺寡凌弱。

永乐七年(1409 年)十二月,郑和第三次远航来到锡兰山国。这次国王主动派人请郑和一行到国中,可是照样傲慢无礼。郑和仍然对其进行赏赐,并宣读了成祖的诏书,同时对他好言相劝,但他根本听不进去,又让儿子

郑和一号宝船(模型)

向郑和索要财物,郑和断然拒绝。"国王这样不友好,为什么还要请我们来他国中?"郑和觉得有些奇怪。他让部下想法打听清楚。国王的一个下属透露说,国王想杀害你们,抢劫船只财物,已经派了 5 万人,砍伐大树,堵塞道路,然后到你们船上去抢劫。郑和闻言大惊,急忙返回,但道路已被阻断。形势十分危急,但郑和临危不乱,他分析当时形势,认为必须用武力解决问题,于是果断地对部下说:"现在他们率众出动,国中必然空虚,而且他们认为我们远道而来,孤军胆怯,不敢轻举妄动。我们出其不意,攻其老巢,定可取胜。"他令小部官兵悄悄赶回船队,和船员们一起抵御抢劫,而自己则率领 3000 人,夜里从小道攻下王城,进入王宫,活捉了国王。前去劫船的番兵听说了,会合其他地方番兵从四面赶来,把王城围了好几重。第六天凌晨,郑和押解着番王,伐木开道,一边战斗一边前进,走了二十多里,傍晚回到了船上。

榜葛剌(今孟加拉)进麒麟图

永乐九年(1411 年)六月,郑和返回到北京,献上所俘获的锡兰山国王阿烈苦奈儿及其家属,大臣们主张将国王处死,成祖以为他们愚昧无知,于是采取宽大政策,让他们暂时住在中国。同时让礼部在阿烈苦奈儿的亲属中选择敦厚贤能的人立为新国王。次年,成祖派使者带着诏书及印信前往锡兰山,封耶巴乃那为国王,阿烈苦奈儿同时被送回国。

以前锡兰山一带海盗很多,他们或者与阿烈苦奈儿有联系,或者是被他逼得走投无路做了海盗。阿烈苦奈儿被废后,人们安居乐业,海道从此安宁。海外诸国佩服明朝的威德,纷纷派使者前来朝贡。

锡兰山之战是在郑和船队受到抢劫侵犯时所作的自卫反击,此后东南亚沿海出现了和平安定的局面,中国和亚非各国之间的海上"丝绸之路"完全畅通了。

郑和下西洋

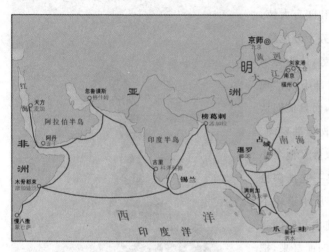

郑和下西洋航线图

永乐三年（1405年），明成祖派宦官郑和率官兵、水手等2.78万多人，分乘62艘宝船出使西洋（当时以马六甲以西的洋面为西洋）。宝船大者长44丈，宽18丈，可容上千人。船队从苏州刘家港（今江苏太仓东浏河镇）出发，历占城（今越南南部）、爪哇、暹（xiān）罗（今泰国），过马六甲海峡，继续向西航行至锡兰（今斯里兰卡）、经印度西海岸折返，至永乐五年回国。此后，郑和又分别于永乐五年到七年、七年到九年、十年到十三年、十四年到十七年、十九年到二十年、宣德五年（1430年）到八年6次远航西洋。前后28年，经历30余国，行踪遍及东南亚、印度洋沿岸，最远到达非洲东海岸、红海和伊斯兰圣地麦加。其船队规模之大，航程之远，在世界航海史上都是空前的。

　　郑和每到一地，都以瓷器、金银、丝绸、茶叶、铁器、农具等物，换回当地特产象牙、香料、宝石及珍禽异兽等，且与各国国王互赠礼品，以示友好，不少国家都派使者跟随郑和来华，建立邦交，进行贸易。随行人员马欢著有《瀛涯胜览》，费信著有《星槎胜览》，巩珍著有《西洋番国志》，介绍西洋各国的情况，增进了明朝人对海外各国的了解和认识。

永 乐 迁 都

永乐十九年（1421 年）四月，明成祖正沉浸在新都北京刚刚建成的喜悦之中，没想到一个风雨交加的夜晚，一阵阵迅雷过后，内侍急急来报，说奉天、华盖、谨身三个大殿遭雷击起火，成祖站在大雨中，眼睁睁看着新修的宫殿化为灰烬。第二天，面对三大殿的断壁残垣，明成祖心中顿生疑惧：是不是我做错了什么事，上天用这种办法警示我？于是他下了一道诏令，让大臣们谈谈其中的缘由及补救办法。没过多久，一道道奏疏送到了他面前。成祖拿来翻看，越看越不高兴。当看到礼部主事萧仪的奏疏后，不禁脸色铁青，拍案大怒，当即下令把萧仪抓进大牢，不作审讯，便将萧仪处死。萧仪在奏疏里说了些什么话？成祖为什么这样恼火？这还要从明朝迁都的事情说起。

朱元璋称帝后，以应天（今江苏南京）为都城，称南京，汴梁（今河南开封）称北京。很多大臣不同意以南京为都城，有的主张建都关中，有的提出建都洛阳或开封，也有人提出建都于北平（今北京）。朱元璋以为新建都城，耗费太大，所以不予采纳。不过他对于建都南京也不太满意，于是把自己的老家临濠（后改称凤阳）定为中都，兴工营建。临濠根本不适合做首都，大臣刘基等极力反对，大规模营建工程被迫停止。不久，朱元璋又派太子朱标到关中、中原地区考察。朱标巡察后认为，建都洛阳最合适。后来朱标死去，这事就此作罢。但大臣们仍不时提起迁都的话题。

成祖夺得帝位，进入南京后，面对建文帝坐朝起居的地方，左看右看都不顺眼，迁都之意遂决。将都城迁到何处呢？几个聪明的大臣们早已看出他的心思。永乐元年（1403 年）正月，礼部尚书李至刚等人说："自古以来帝王平定天下，由外藩入承大统，对其起事发迹之地都是格外重视，北平乃陛下承运兴王之地，应该遵从太祖皇帝营建中都的制度，立北平为京都。"成祖听了，连声说好，马上下诏，将北平改作顺天府，建为北京。因为成祖常住在那里，所以又称作"行在"。

经过元末的长期战争，北平一带经济凋敝，人口稀少。怎么样让这里尽快繁荣起来呢？成祖下令将那些判处流放以下刑罚的人迁到北平附近，开垦荒田。把苏、松、常、镇等十几个府和浙江、江西、湖广

1409 年
将黑龙江入海口处的"奴尔干都卫"改为"奴尔干都司"，管辖东北女真族居住的地区。

1411 年
宋礼治理会通河，大运河南北贯通，成为交通动脉。

1420 年
明设"东厂"，由宦官主持。后又设"西厂"，与明初设立的"锦衣卫"，均为特务组织。

1421 年
明迁都于北京。

等九个省的富民迁到这里，五年之内减免差役。又多次从山西太原、平阳等地迁徙民众数万户，招揽各地游民十几万户，安置在北平附近，免费为他们提供农具、种子。对于迁来北平的大批工匠，给予更多的优惠政策。没过几年，北平人口大增，经济也繁荣了起来。

北平曾是辽朝的陪都，后称南京。金朝也曾迁都于此，称中都。元代称大都，成为全国的政治文化中心。经过几朝的营建，北平的城市规模已相当可观，只是宫殿建筑等均已破败不堪。永乐四年（1406年）闰七月，成祖下令在元大都的基础上，参酌南京城池宫殿规制，分宫城、皇城、内城和外城四个部分，重新扩建北京城。永乐七年（1409年）至十五年（1417年），成祖三次巡察北京，为迁都做准备。

北京宫城图（图中站立者蒯祥曾参与故宫设计）

在筹划迁都的过程中，成祖最担心的是北京缺粮的问题。中央官僚机构要迁来这里，还要部署大批军队驻守，而当时的粮食主要产地在南方特别是东南地区，要把南方的粮食及其他物资运来北京，陆路运输是不行的，成本太高，且没有保障。永乐九年，成祖令宋礼主持开挖疏浚元朝的运河。宋礼重开会通河，解决了山东段运河的水源问题。十三年，陈瑄开凿淮安附近的清江浦。此后漕运畅通无阻，南粮北运的问题解决了。至此，北京作为京城的条件完全具备，成祖也就常住北京，让太子住南京监国。

一天，成祖视察北京城，负责营建的臣工上奏说："北京这地方，有山有河，土地肥沃，民俗淳朴，物产丰富，可真是天府之国。现在河道疏通，漕运无阻，商货辐辏，财货充足，真是建都的好地方。"六部大臣们也都上疏说："北京乃圣上龙兴之地，北枕居庸关，西峙太行山，东连山海，南俯中原，沃壤千里，山川形胜，足以控制四夷而制服天下,真是帝王万世之都。当年太祖高皇帝削平海宇,把这个地方分封给陛下,期待的就是这一天啊。"成祖迁都北京的重要目的是抵御蒙古族,加强对北方各民族的控制。大臣们的这些话,正好说到了他的心里。成祖听了,乐不自胜,下令抓紧营建,尽快迁都。

永乐十八年,北京的郊庙、宫殿均已落成,成祖见时机成熟,乃下诏以北京为京师。可万万没有想到,第二年,耗费巨资修建多年方才完成的皇帝坐朝和举行大典的奉天、华盖、谨身三殿却被一场大火烧毁。这真让朱棣心烦。这时,大臣们又议论纷纷,把这事和迁都联系在了一起。萧仪更公然说北京偏远,不宜建为京城,而且营建北京,劳民伤财,引起上天震怒。成祖营建北京十余年,且已公开宣布以此为都城,大臣们还敢公开反对,一怒之下,把萧仪下狱处死,并训斥那些反对迁都的人说:"当初确定北京为都城时,我已和大臣们反复商议,很久才下定了决心,并非轻率之举。你们反对建都北京,乃是书生之见,哪里懂得英雄的谋略呢!"就在这一年,永乐十九年,成祖宣布定都北京,将原来的京城改称为南京。从此,北京成为明朝的都城,迁都的议论也就慢慢停息了。

知识链接

北京故宫

北京故宫又称紫禁城,是明清时期的皇宫,占地72万平方米,外有4个大门:午门(南门)、东华门、西华门和神武门。其建筑结构全为木质,顶盖琉璃瓦,底铺青白石,沿南北中轴线排列,两旁对称展开。故宫以乾清门为界分为两大部分。南半部分称外朝,主体建筑是三大殿:太和殿,皇帝举行大典的宫殿;中和殿,皇帝临时休息习礼的宫殿;保和殿,皇帝宴请外藩王公、举行殿试的宫殿。北半部分称内廷,是皇帝处理日常政务及嫔妃居住生活的区域,中轴线上是乾清宫、交泰殿、坤宁宫,两边是一个个院落,其中有花园、书斋、馆榭等。故宫建筑既有对称之美,又高低参差,富有变化,是我国现存最具代表性的、规模最大的古建筑群。

土木之变

1449 年
明英宗亲率大军出征
瓦剌，在土木堡被俘，
史称"土木之变"。
英宗弟朱祁钰即位，
是为代宗(景帝)，尊
英宗为太上皇。
也先率军攻北京，被
于谦击退。

　　明朝前期，国势强盛，蒙古人退居漠北，势力大不如前，但明成祖四次亲征，终不能使之降服。后来，明英宗亲自率兵与之作战，竟然做了蒙古人的俘虏。这是明朝宦官专权引发出的大祸乱，专权的宦官名叫王振。

　　王振年少时入宫，在东宫侍奉太子朱祁镇。王振做事机灵，又很会拍马屁，深得朱祁镇喜欢。宣德十年(1435 年)，明宣宗去世，年方 9 岁的朱祁镇当了皇帝，是为英宗，由大学士杨荣、杨士奇等五大臣辅政。太皇太后张氏以为王振行为多不合礼法，想把他处死。英宗和大臣们再三请求，才赦免了他。

　　正统七年(1442 年)十月，太皇太后病死，辅政大臣杨荣也已死去，杨士奇因故家居不出，其他人或老或病，不能治事，王振乃肆无忌惮，专横跋扈，逐渐把大权握在了自己手中。他广植私党，打击异己，陷害忠良，但英宗对他却越来越信任，把军国大事全交给了他，且从来不叫他的名字，而尊称其为"先生"，公侯勋贵们自然还要低上一辈，叫他"翁父"。

　　明朝初年，蒙古族分裂为鞑靼、瓦剌及兀良哈三部。英宗在位时，瓦剌部逐渐强大起来，其首领也先野心勃勃，不断在边境制造事端。也先每年派人到明朝入贡，朝廷给予丰厚的赏赐。开始，使者不过 50 人，后来为了获得更多赏赐，竟增加到 2000 多人，并屡屡索要贵重物品，稍不如意，便寻衅闹事，且贿赂王振，冒领赏赐。正统十四年(1449 年)二月，也先遣使 2000 余人献马，诡称 3000 人，王振削减了马价，按实际人数给赏。也先大怒，分兵四路进犯明朝边境，并亲率 2 万骑兵攻大同。由于王振专权，政治腐败，边防废弛，边将无法有效防御也先的侵扰。

土木堡城门

王振的老家是蔚州（今河北蔚县），他想在家乡人面前抖抖威风，顺便建立军功，巩固自己的地位，于是极力怂恿英宗御驾亲征。英宗没做什么准备便下旨出兵。大臣们听说后，个个震惊，冒死劝阻，但除了王振，英宗谁的话都听不进去。

这年的七月，英宗命弟弟朱祁钰留守京师，由太监金英辅佐，兵部侍郎于谦掌军务，自己和王振率领 50 万大军亲征，英国公张辅、内阁学士曹鼐等文武官员随军护驾。

匆忙出兵，军心不稳，将士心存疑惧，加上阴雨连绵，道路泥泞，军粮不足，很多人身染疾病。好不容易到了大同东北的阳和（今山西阳高县），军士疲惫不堪，没有心思作战。就在十几天前，大同总督宋瑛刚在这里与也先打了一仗，明军监军太监郭敬胡乱指挥，以致全军覆没。横尸遍野，惨不忍睹，明军看了，士气更为低落。

英宗从未经历过战争，见此情景，惊恐万状，王振更是吓得失魂落魄，他怂恿英宗立刻撤军。也先闻讯，即率瓦剌军突入长城，跟踪追击。大同总兵郭登主张迅速撤入紫荆关，而王振还是想着回家乡炫耀一番，执意邀英宗到蔚州。军队往前走了 40 里路，王振忽然想起，几十万大军过境，肯定会踩踏他家的庄稼，便下令改道而行。绕来绕去，军队行至土木堡（今河北怀来东南），离怀来只有 20 里路。众将见天色尚早，建议入怀来城过夜。王振不听，以辎重未至为由，下令就地安营扎寨。不久，也先的大队人马便赶了上来。

土木堡地势高，掘井 2 丈亦不见水，南边 15 里有一小河，乃当地唯一的水源。也先的兵马占据了小河，且将明军包围起来。明军被围了两天，人马滴水皆无，饥渴难忍。也先遣使议和，然后佯装撤退。王振立即下令移营就水，明军争相取水，乱作一团。也先乘机发动进攻，明军自相践踏，溃不成军。英宗乘马突围不得出，遂下马盘膝面南而坐。瓦剌士兵见他衣甲鲜亮，拉着去见也先之弟，经明朝使者辨认，竟是英宗。也先大喜，俘之而去。随行大臣将领折损殆尽，50 万大军死亡过半。历史上称此为"土木之变"。

混战当中，王振顾不得主子的死活，拼命逃跑，护卫将军樊忠赶了上来，抢起大铁锤，把他的脑袋击得粉碎。

也先把英宗关押起来，据为奇货，想大大地敲一记竹杠。这时

1457 年

明英宗重新夺取皇位，杀抗击瓦剌有功的兵部尚书于谦，史称"夺门之变"。

南宫复辟

景泰八年（1457年）景帝得病，宦官曹吉祥与武清侯石亨、副都御史徐有贞、都督张轨（yuè）等人密谋拥立英宗。正月十六日夜，徐有贞等率兵发动政变，请英宗复位。英宗在众人簇拥下至东华门，大呼曰："我太上皇也！"守门者不敢阻挡。英宗入奉天门升座。次日晨，召集百官入贺。乃废景帝为王，改元天顺，徐有贞等人皆因此升官，而抗击瓦剌有功的兵部尚书于谦则被处死。英宗曾居南宫，故历史上把这件事称作"南宫复辟"。又因英宗夺东华门而入为帝，所以也称为"夺门之变"。

候,朝廷留守大臣于谦等人已拥立英宗的弟弟朱祁钰为帝,坚守北京。也先的如意算盘落空了,只得把英宗放了回来。后来又引起了英宗兄弟二人的皇位之争,英宗复辟后,抗击瓦剌有功的兵部尚书于谦等均遭残害。

 知识链接

北京之战

英宗被俘的消息传到京城,朝野慌恐,有大臣主张弃城南逃。于谦坚决反对,乃临危受命,任兵部尚书,拥朱祁钰即帝位,改元景泰。也先以英宗要挟明廷,计未得逞,遂于当年十月大举进犯北京,十一日兵临北京城,列阵西直门外。十三日,于谦、石亨率军战瓦剌于德胜门外,瓦剌军大败。后又败瓦剌于西直门。瓦剌军复于彰义门大举攻城,明军佯装失利,瓦剌军追到土城,潜伏在民居内的明军火枪手突出阻击,瓦剌军死伤无数。十一月八日,瓦剌军久攻北京不下,只好退回塞外。

张 居 正 改 革

土木之变是明朝由盛到衰的转折点,此后吏治腐败、财政拮据、农民反抗斗争此起彼落,边防危机,险象丛生,整个明朝已露出日薄西山的气息。不过,16世纪后半期,暮霭沉沉的明王朝也曾出现过短暂的政治清明、经济繁荣的迹象,给明朝带来这一线光明的就是杰出政治家张居正。

张居正字叔大,号太岳,湖广江陵(今属湖北省)人。自幼聪明好学,胸怀大志。12岁考中秀才,13岁参加举人考试,虽因年龄太小未被录取,但他的才学名声由此远播全国。

嘉靖十九年(1540年),16岁的张居正再一次参加乡试并考中举人。时任湖广巡抚的顾璘说他有治国安邦之才,将来必成大器,亲自接见他并解犀带相赠。张居正23岁的时候考中进士,改庶吉士(在翰林院供职的后备官员),从此开始了他的政治生涯。

隆庆元年(1567年),张居正晋升为吏部左侍郎兼东阁大学士,入内阁,参与大政。他入阁后做的第一件大事,就是和首辅徐阶共同起草世宗遗诏,纠正了嘉靖时期奸相严嵩专权及世宗崇道修炼、大兴土木造成的诸多弊政,一时好评如潮。第二年,张居正再次呈上洋洋数千言的《陈六事疏》,提出了省议论、振纪纲、重诏令、核名实、固邦本、饬武备等六项政治主张,条条切中时弊。但穆宗毕竟不是英明之主,加上首辅李春芳不思进取,只求无过,张居正的改革计划搁浅了。

隆庆六年(1572年),穆宗去世,神宗朱翊钧即位,张居正联络宦官冯保,让两宫太后下达谕旨,将内阁首辅高拱赶回了老家,张居正登上了内阁首辅的宝座。这时神宗年方10岁,朝政全都委托张居正处理。张居正慨然以天下兴亡为己任,大刀阔斧进行改革。

张居正认为,吏治的好坏,直接影响到国家机器能否正常运转。他制定了考成法,严格考核政令的

张居正像

海瑞罢官

海瑞,字汝贤,号
刚峰,广东琼山人,回
族。为官清正,不事权
贵,屡遭排挤。嘉靖四
十五年(1566 年),海
瑞上《治安疏》,指斥嘉
靖帝迷信道教,滥兴土
木,官吏贪污,民不聊
生。嘉靖帝大怒,将其
逮捕入狱。嘉靖死后,
海瑞复出为官,仍抨击
权贵,惩抑豪强,深受
百姓爱戴。

执行情况,以提高行政效率。万历二年(1574 年),张居正奏请推行内外官久任法,规定知府、知县六年一迁;各省布政使、按察使三年一迁;中央科、道、部、曹六年一迁。

张居正严格执法,赏罚分明。黔国公沐朝弼多次违反法令,朝廷上下无可奈何他,张居正掌政后,擢用沐朝弼的儿子,同时逮捕沐朝弼,囚禁于南京。明初规定,有军国大事才能凭"勘合"(盖有印信的双方各执一半的文书)使用驿站。万历八年(1580 年),张居正之弟张居敬病重回乡,保定巡抚发给他勘合,张居正认为违反规定,即予没收。

为了解决黄、淮水患,张居正建议统一事权,由一人兼任河道总督和漕运总督。他推荐有治河经验的水利专家潘季驯以工部左侍郎兼右都御史衔,总理河漕。在张居正的大力支持下,潘季驯排除了各种干扰,大胆地执行既定计划,最终改变了黄、淮两河经常决口,漕运不通的状况。

万历六年(1578 年),张居正下令清丈全国各种类型的土地,经过3 年的努力,共丈得天下土田 700 余万顷,比弘治时超出 300 万亩。在此基础上,把嘉靖初年已在福建、江浙等局部地区施行的一条鞭法予以推广,下令在全国范围实行。

张居正积极整饬边防。隆庆年间,促成了明与蒙古俺答汗之间的通贡与互市。万历年间,支持戚继光整顿蓟镇防务,起用名将李成梁镇守辽东,使西部、北部边境得到安宁。在东南沿海,重用戚继光等抗倭将领,分段设寨,整修兵船,加强戒备,巡弋近海,给倭寇以毁灭性的打击。

万历十年(1582 年)六月,张居正积劳成疾,撒手人寰。张居正的改革损害了大官僚、大地主的利益,而张居正在用人上也存在很大的失误,神宗皇帝虽然一直尊张居正为师,但是独占最高权力的心态使他逐渐把张居正视为胸中块垒,所有这些,不仅导致改革"人亡而政息",也造成了张居正本人的悲惨结局。张居正死后不几天,言官们就弹劾他推荐的内阁首辅潘晟(shèng),结果潘氏内阁首辅的位子还没坐热,就被迫离职。内阁首辅的继任者张四维、申时行本来都是张居正的助手、亲信,理应继续他的事业,但他们或是品行不端的小人,或是柔而多欲的伪君子,他们大量起用被张居正罢免的官员,宣布一概废弃改革的法令,并给张居正加上"诬蔑亲藩""专权乱政""谋国不忠"的罪名。到了这年十二月,言官们开始向张居正发难,神宗下令抄了他的家,削夺其官秩,收回所赐玺书、四代诰命,公布其罪状于天下,惩处之严厉,只剩下剖棺戮尸了。他的家属 10 余人被饿死,其他人或自杀,或被流放,或逃亡。凡与张居正关系较好的官员,全被削职。朝廷政治一一恢复旧观。更为可悲的是,整个神宗朝,竟没有一人为张居正说句公道话。直到天启二年(1622 年),明熹宗为激励臣下有所作为,才想起锐意改革的张居正,给他恢复了官荫谥号。

 知识链接

推行一条鞭法

明中期以后,赋役不均的现象十分严重,造成阶级矛盾激化,政府财政困难。嘉靖九年(1530 年),大学士桂萼曾奏请试行"一条鞭法"。万历九年(1581 年),内阁首辅张居正在全国范围内推广。其主要内容是:田赋和各种名目的徭役合并在一起征收,每年把应征收之数额下帖告诉民众,此外不再征收额外赋税;各种项目,一概征银;废除由粮长、里长办理赋税征收的办法,改为由地方政府直接收储解运;把丁役的一半或一半以上摊入田亩,赋役征收由以丁为主改为以田为主;农民可以出钱代役,差役由政府雇人承担。

一条鞭法的实行,增加了政府的财政收入,更重要的是削弱了农民对国家的依附关系,减轻了他们的负担,使他们比较容易离开土地,从事其他经济活动,有利于商品经济的发展。

戚 继 光 抗 倭

1559 年
戚继光在浙江组织
民军抗击倭寇。

1592 年
日本丰臣秀吉带兵
侵略朝鲜，明派兵
援朝。

"封侯非我意，但愿海波平"，这是戚继光在台州抗倭时写下的豪迈诗句。

戚继光字元敬，号南塘，山东登州（今山东蓬莱）人，出身于武将世家，自幼胸怀大志，勤奋好学。嘉靖二十三年（1544 年），其父戚景通死去，17 岁的戚继光承袭了登州卫指挥佥事的官职，担负起防御倭寇的重任。嘉靖二十七年（1548 年），明朝为抵御蒙古鞑靼部南侵，由山东、河南抽调官兵戍防蓟州（今天津蓟县）到山海关一线。戚继光率本部人马到此守边五年。嘉靖三十二年（1553 年），戚继光升任署都指挥佥事，统率 3 营 25 卫所，督山东抗倭之事。两年后，调往浙江，镇守宁波、绍兴、台州 3 府。

戚继光指挥作战灵活多变，不拘泥于成法。他根据江南地区多山岭、沼泽，道路狭窄曲折，兵力不易展开的地形特点，针对倭寇善于设伏冲锋、擅长短兵相接的惯技，创制了有名的"鸳鸯阵"法，以 12 人为一战斗单位，分持长短武器，各尽其能，互相配合，大大提高了战斗力。经过认真的训练，他带领的队伍熟练掌握了阵法，提高了作战能力，被人们称为"戚家军"。此后，他统领这支队伍转战于福建、浙江、广东等沿海各地，取得了一次又一次胜利。

嘉靖四十年（1561 年），倭寇大举进犯台州，戚继光率众前往，双方激战一个多月，戚继光在台州附近先后作战 9 次，连战连捷，斩倭寇 1400 多人，烧死、溺死者不计其数，给倭寇以歼灭性打击。

倭寇在浙江难以生存，于是南下福建，攻占了宁德城。朝廷即派戚继光赶往福建。戚继光得知倭寇的巢穴在宁德城外数十里的横屿岛，决定捣毁它。横屿岛是海边孤岛，地势险要，易守难攻。涨潮时汪洋一片，退潮时淤泥塞路，涉海或乘船进攻都十分困难。戚家军兵分两路，在涨潮时出发，一路攻侧面以扰乱敌人，另一路由戚继光亲自带领攻正面。士兵们都带着稻草和木

戚继光像

抗倭图卷(局部)

板,退潮后立刻铺上稻草,稻草上放好木板,大军踏着木板顺利地攻上小岛。岛上倭寇仓皇应战,忽然后面燃起大火,传来阵阵喊杀声,原来另一路戚家军从侧面攻上了岛屿,倭寇无心恋战,争相逃命,陆上、海里到处是倭寇的尸体。倭寇的老窝被平,福建边境也逐渐安定下来。

戚继光治军非常严格,亲属犯法,与普通士兵一样处置。一次,戚继光派儿子带领副将出战,结果大败而归。当戚继光得知战败的原因是主帅麻痹大意之后,即集合将士,当众宣布两人罪状,喝令依军法处死。官员们全都跪下求情,戚继光不为所动。夫人派人飞骑赶来,请求代儿子一死。但使者赶到校场时,他的儿子已经是人头落地了。

隆庆元年(1567 年),戚继光被张居正调到北方,镇守蓟州。在练兵、治械、阵图等方面多有创建;边备修饬,节制严明,军容为诸边之冠。万历年间,蒙古 3 次前来骚扰,均被击败。戚继光在蓟州镇守 16 年,张居正去世后受到排挤,改派镇守广东。万历十三年(1585 年)因病告退,两年后去世。

戚继光在东南沿海抗倭时写《马上作》一诗道:"南北驱驰报主情,江花边月笑平生。一年三百六十日,多是横刀马上行。"这正是他,一位抗倭名将、民族英雄戎马一生的真实写照。

1601 年
利玛窦定居北京,进见明神宗万历皇帝。

利玛窦来华

利玛窦是意大利人,19 岁加入耶稣会,29 岁时来华(1581年),先后在肇庆、南昌、南京等地传教。他身着儒服,熟习儒家经典,喜与士大夫交游,万历二十九年(1601年)定居北京,深受万历帝青睐,万历三十八病故于北京。他在传播基督教的同时,也把西方的科学文化知识带到了中国。

 知识链接

倭寇之患

　　元末明初，正值日本南北朝分裂时期，许多溃兵败将、逃避征敛或失去谋生手段的人，流亡海中岛上。南朝为北朝兼并后，一些封建武士、失意政客和浪人加入其中。他们勾结不法商人，侵扰中国沿海，历史上称他们为"倭寇"。

　　明初政治稳定，海防整饬，倭寇难以为患。正统之后，随着明朝的腐朽，沿海武备废弛，倭寇之患严重起来。嘉靖年间实行海禁，对防止倭寇侵扰没起到什么作用。当时朱纨在浙江整顿海防，擒杀倭首，但却被朝廷以擅杀罪惩治，朱纨忿而自杀，此后无人敢言海防之事。不久明廷宣布开海禁，权势之人、不法商人公然与倭寇勾结，倭寇之患更为酷烈。

　　倭寇的侵扰激起了民众的愤怒，他们纷纷自发组织起来，打击倭寇。地方官员与军事将领也组织军民抗倭，嘉靖三十四年(1555年)，张经率军在王江泾(今浙江嘉兴北)大败倭寇，歼敌2000余人。嘉靖四十年(1561年)，戚继光率戚家军抗倭，扫除了浙东及福建、广东一带的倭寇，东南沿海的倭寇之患得以解除。

魏忠贤专权

明朝末年,浙江巡抚潘汝桢首先倡议为一个专权的宦官建立"生祠",祠建于风景秀丽的西湖边上。明熹宗亲自题写了匾额曰"普德",并立碑记述其功德。从此,内外官僚纷纷效仿,除督抚、巡按外,上自宗室、勋戚、朝廷大臣,下至武夫、商贾及地方无赖等,都争先恐后地为他兴建生祠。一时间,生祠遍及天下,都城内外,连绵相望。有的建在官府旁,有的与文庙并立,南京朱元璋皇陵的旁边也矗立起一座生祠。朱元璋曾铸"内臣不得干政"的铁牌立于宫门外,现在宦官的生祠竟建到了他的陵墓旁,看来他们是要与这位瞧不起宦官的开国皇帝叫板了!建一座生祠的费用,多的用银几十万两,少的也要几万两。宦官党羽乘机刻剥百姓,贪污公款,伐人树木,毁坏民居,弄得天下沸腾。如果有人站出来反对建祠、或拒绝为之撰写文字、或进入生祠而不下拜,都要下狱论死。

这个宦官的作为真可谓空前绝后了,他是谁?他就是晚明以来人人唾骂的魏忠贤。

魏忠贤是河间肃宁(今河北肃宁)人,小时候便是一个无赖,20多岁时,赌博欠了一屁股债,为躲避债主追打,狠心自阉,神宗时混进宫中,改名进忠,成了一个宦官。

魏忠贤看到皇太孙朱由校非常依赖他的奶妈客氏,于是千方百计向客氏献殷勤。眉来眼去,时间久了,深受客氏宠爱。朱由校干脆把客氏许配给魏忠贤,结成"对食"(宦官和宫女结成名义上的夫妻)。明光宗即位后,朱由校做了太子,魏忠贤在太子东宫管膳食。光宗死,朱由校做了皇帝,是为熹宗,魏忠贤和客氏由此发达起来。不到一个月,客氏被封为奉圣夫人,魏忠贤升为司礼监秉笔太监,这是内廷中最显要的职务,负责审查管理大臣们的奏章。

中国历史上,不少皇帝有业余爱好,明熹宗的爱好最为奇特,那就是做木工活。他每天动手营造房屋,砍、锯、凿、削、刨,样样精通。涂文辅、葛九思都是魏忠贤的亲信,天天在一旁拍马赞赏,熹宗也自我陶醉一番,然后丢弃它,重新再建,乐此不疲。在他专心做木工活的时候,如有大臣奏事,他便会心不在焉地敷衍几句,打发出去。魏

1611 年
东林党争开始。

1615 年
男子张差持木棒闯进慈庆宫太子居所,"梃击案"发生。

1620 年
神宗卒,太子朱常洛即位,是为光宗。不久,"红丸案"发生。光宗卒,朱由校即位,是为熹宗。"移宫案"发生。

1623 年
魏忠贤掌管东厂。

1627 年
朱由检即位,是为思宗。诛杀附和魏忠贤的阉党。魏忠贤自缢。

明末三大案

万历四十三年（1615年）五月，一个叫张差的男子手持木棒闯进东华门，一路打到慈庆宫（太子居住的宫殿），被太监拿获。结果，张差被磔死，宦官、大臣有杖死、流放者。此即为"梃击案"。

万历四十八年（1620年）七月，太子朱常洛即位。光宗身体虚弱。八月，鸿胪寺丞李可灼进献红色药丸一颗，光宗服后病情稍缓。三日后又服一颗，次日暴毙。受牵连的大臣有的退休回乡，有的发配边疆，李可灼充军。这便是"红丸案"。

光宗死后，其宠妃李侍选找来太监魏忠贤密谋，欲得皇太后尊号，居乾清宫，挟将即位的皇帝朱由校以自重。东林党人大臣杨涟、左光斗等知李氏欲干预朝事，乃逼迫她移出了乾清宫。这就是所谓"移宫案"。

三大案是明末朝政混乱、权臣倾轧的反映，也是明朝衰亡的先兆。

忠贤见有空子可钻，于是每当熹宗引绳削木，全神贯注于木工活的时候，他便上前奏事。熹宗一开始还敷衍几句，后来干脆说："这样的事你看着办就行，不要再来禀报。"魏忠贤要的就是这句话，从此他便可以代替皇帝处理政务了。他掌管东厂，操纵生杀大权，朝廷内外，只知有宦官魏忠贤，不知有皇帝明熹宗。

魏忠贤专权，引起朝廷内外的极大不满。天启四年（1624年）初，东林党人群起而攻之，御史李应升、刘廷左，给事中霍守典等同时上书，弹劾魏忠贤。左副都御史杨涟上疏痛斥魏忠贤二十四大罪状，如自行拟旨，擅权乱政；斥逐直臣，重用私党；用人唯亲，滥施恩荫；利用东厂，陷害忠良；生活糜烂，穷奢极欲，等等。魏忠贤有些害怕了，他向熹宗哭诉，求客氏帮助说些好话。结果熹宗竟然下诏安慰魏忠贤，对杨涟严加责备，后下狱治罪。这事激起了公愤，先后有70多位大臣上书弹劾魏忠贤。魏忠贤以结党营私、把持朝政等罪名，把高攀龙、左光斗等人迫害致死。

为了把东林党人赶尽杀绝，阉党编造出黑名单，名曰《天鉴录》《同志录》《点将录》，以邹元标、顾宪成等人为党魁，反对魏忠贤的官员，统统列入其中，对不依附阉党的官员来了一次大清洗。为了钳制议论，魏忠贤又以剿灭东林党为名，在全国拆毁书院，禁止讲学。

与此同时，魏忠贤安插亲信于中央及地方政府部门。天启三年（1623年），其党羽魏广微、顾秉谦入主内阁。第二年，顾秉谦升至首辅。其亲信死党有所谓"五虎""五彪""十狗""十孩儿""四十孙"之称。朝廷内外，自内阁、六部至四方总督、巡抚，都是他的死党，内外大权，全归魏忠贤掌握。

魏忠贤权倾朝野，阉子阉孙们对他顶礼膜拜，极尽阿谀讨好之能事，称他为九千岁、九千九百九十岁，和皇帝只差十岁了。起初，魏广微以同姓称其为兄，后来自贬辈分而称其为叔。浙江巡抚潘汝桢最有"创新"精神，在西湖边上给他建了生祠，各地寡廉鲜耻的官吏群起效尤，惟恐落后。

魏忠贤和客氏的亲朋好友，无不青云直上，飞黄腾达，连咿呀学语的婴儿也被封为"侯"或"少师"，真是荒唐至极。

魏忠贤专权使明朝政治更加黑暗，统治危机空前加剧。天启七年(1627年),熹宗死,崇祯帝即位,大除阉党,魏忠贤被发配去凤阳,接着又下令逮捕惩治。魏忠贤自知罪孽深重,难逃一死,行至阜城(今河北阜城西)自缢而亡。崇祯帝下令磔(zhé)其尸,在其家乡河间悬首示众。同月,客氏也被答杀。

魏忠贤专权时间虽然不长,但对国家政治破坏力甚强,崇祯帝虽然改变了阉党专权的局面,却无力扭转国家败亡的趋势,这个时候的明朝真可谓"夕阳无限好,只是近黄昏"。

知识链接

东林党议

明万历年间,吏部郎中顾宪成被免官后回家乡无锡,与高攀龙、钱一本等人在东林书院讲学,他们品评人物,议论国政,受到部分官僚士大夫的支持,被称为"东林党"。东林党在政治上主张整顿吏治,重振纲纪,抨击宦官专权;在经济上主张减轻人民负担,反对矿监税使。后来在朝廷中与浙党、齐党、楚党、宣党、昆党及以宦官为

东林旧迹(位于江苏无锡)

首的"阉党"等产生了矛盾。熹宗天启年间,东林党人一度当政,他们严厉打击反对派,与以宦官魏忠贤为首的阉党展开了更为激烈斗争。魏忠贤严厉镇压东林党人,东林党人几乎被斩尽杀绝。崇祯帝即位后,魏忠贤自杀,东林党人被平反昭雪。此后,复社兴起,崇祯末年大有重组东林内阁之势。南明时,又遭阉党阮大铖打击。明朝灭亡后,不少复社成员参加了抗清斗争。

袁 崇 焕 之 死

袁崇焕像

1588 年
女真族首领努尔哈赤征服建州女真各部。

1614 年
努尔哈赤在原来四旗的基础上，又增建四旗，建成八旗军，后来又陆续建成"蒙古八旗""汉军八旗"，最初所建之八旗则称为"满洲八旗"。

1616 年
努尔哈赤称帝，建立"金"国，史称"后金"。

崇祯三年（1630 年），崇祯帝下令，将袁崇焕凌迟处死，北京城里的百姓听说这个消息，无不称赞崇祯帝英明。行刑那天，刽子手每割一块肉，百姓便付钱买去生吃，不一会肉已卖完，于是再开膛取出五脏，截成一寸长短，百姓买去，吃到嘴里，再喝口烧酒便吞了下去，不少人弄得血流齿颊。作为一代忠臣名将，袁崇焕真没想到会以这样的方式离开人世，后人读史至此，也无不生出莫名的悲哀。

袁崇焕字元素，号自如，广东东莞人，原来是个读书人，万历四十七年（1619 年）考取进士，授职福建邵武知县。天启二年（1622 年）正月入京，任兵部职方主事。当时明军大败于广宁（今辽宁北镇），十几万大军全部覆没，40 多座城池失守，边关岌岌可危。袁崇焕单骑出山海关考察地形，回京后自请镇守山海关。天启六年（1626 年）努尔哈赤率兵 13 万渡过辽河，攻打孤立无援的宁远（今辽宁兴城），袁崇焕以 1 万守军，打败了异常剽悍的后金大军，努尔哈赤也被明军的红夷大炮击伤。努尔哈赤纵横天下数十年，第一次遭此惨败，不久郁郁死去。

宁远之战后，袁崇焕升为辽东巡抚，关外防务，尽归其筹划。次年五月，皇太极率军来攻锦州，袁崇焕识破皇太极佯围锦州、实袭宁远的阴谋，坚守宁远不动，而派精骑四千绕到清军后面猛攻，致使清军两面受敌。皇太极攻锦州不成，便集中兵力强攻宁远，结果清军损伤惨重，只好退兵。皇太极也像他父亲一样，惨败在袁崇焕的手下。宁、锦大捷是袁崇焕部署指挥的结果，但魏忠贤却将功劳据为己有，封赏自己极厚，其爪牙也人人有奖，唯独袁崇焕，不仅无封赏，反而因不救锦州受到指责。袁崇焕一怒之下，辞官回乡。

崇祯帝即位之后，即召回袁崇焕，任其为兵部尚书兼右都御史，督师蓟、辽，兼督登、莱、天津军务。崇祯帝亲自召见他，商量平辽之事。袁崇焕提出五年收复辽疆的方略，崇祯帝喜出望外，许以封侯之赏。还赐给他尚方宝剑，准其先斩后奏。袁崇焕离京赴任之日，崇祯帝亲自前来送行，袁崇焕再次恳请皇上"任而勿贰，信而勿疑"，崇祯帝满口答应。袁崇焕到任后，正遇军士缺饷而欲哗变，他一面惩治贪虐的将领，一面奏请朝廷加饷。不久又擒杀不听调度的大将毛文龙。崇祯帝见他无寸功而先请饷，又擅杀大将，很不高兴。

崇祯二年（1629年）十月，决心为父雪耻的皇太极采用明朝降将高鸿中的建议，率八旗大军和蒙古骑兵，绕过袁崇焕镇守的关（山海关）、宁（宁远）、锦（锦州）防线，通过蒙古，突破长城，攻陷遵化，直抵北京城下。袁崇焕闻知，心焚胆裂，急点9000兵马，两昼夜急驰300余里赶到京城。袁崇焕向崇祯帝报告说人马疲惫，须进城小憩，然后与敌决战。崇祯帝拒绝了他的要求，袁崇焕没办法，只得转身与10多万清军决战。他身先士卒，率领援军，背依城墙，临阵督战，战士无不以一当十，奋力杀敌，先后在广渠门、左安门外，打退皇太极军队的猛烈进攻。袁崇焕拼死保住了北京城，可是京城附近的勋官贵戚因庄园财产受损，却抱怨袁崇焕没有将敌人挡在距离京城较远的地方，并向崇祯皇帝告了他的御状。

在广渠门之战中，皇太极俘虏了明朝两个太监杨春、王成德，把他们囚禁在德胜门外。一天夜里，两人听到隔壁有人小声谈话，好像提到了袁崇焕，他们马上靠在墙边侧耳细听，原来是说袁崇焕已与皇太极订下密约，由袁崇焕做内应，马上就可攻取北京城。两个太监如获至宝，恨不得马上向崇祯帝报告。没过了几天，他们趁着无人看守的机会逃了回去，报告了崇祯皇帝。崇祯帝是个十分偏执而猜忌心很强的人，当即决定召袁崇焕进城，理由是和他一起商议军饷的数量。

军队露宿城外，粮草缺乏，听到皇帝要议军饷，袁崇焕非常高兴。可他刚一入城，立即被锦衣卫逮捕，投入了大牢。八个月后，他被加上"通虏谋叛""擅主和议""专戮大帅"等罪名，处以凌迟之刑。

清军入关后，才透露出其中的秘密，所谓袁崇焕通敌，不过是皇太极的反间计，他编造了袁崇焕投降的谎言并故意让两个宦官听到，然后把他们放走。崇祯帝昏聩多疑，不仅使忠臣含恨九泉，而且断送了自己的江山。

1619年
萨尔浒之战，明军为后金所败。

1622年
荷兰殖民者入侵澳门。

1624年
荷兰殖民者侵占我国台湾南部。

1626年
明将袁崇焕在辽东大败后金，努尔哈赤受伤而死，其子皇太极即位。

1630年
皇太极行离间计，崇祯帝中计杀袁崇焕。

1641年
清军围困锦州，明军大败，被杀5万余人。次年，大将洪承畴被俘，降清。

知识链接

努尔哈赤建立后金

清太祖努尔哈赤像

明初女真人分为三大部,居住在黑龙江两岸和乌苏里江流域的称"野人女真",居住在开原以东和松花江中游的称"海西女真",居住在长白山北部、牡丹江和绥芬河流域的称"建州女真"。其中建州女真是奴尔干都司辖下的主要居民,社会经济最为发达,与明朝关系也最密切。明朝中期建州女真势力强大起来。

万历十一年(1583年),建州左卫都指挥使努尔哈赤以祖父、父亲在建州诸部内争中被杀而为其报仇为借口,正式起兵。他先出兵统一了建州三卫,而后夺取了长白山三部的统治权,逐渐统一了建州女真各部。此后,又向海西女真发动进攻,到万历四十七年(1619年),海西女真各部全被努尔哈赤所兼并。此后,他采用征抚并用,以抚为主的策略,到天启五年(1625年)统一了野人女真各部。在统一女真各部的过程中,逐步建立和完善了政治军事制度,万历四十四年(1616年),努尔哈赤于赫图阿拉(今辽宁新宾)称汗建国,建元天命,国号"金"(或"大金"),史称后金。1618年,努尔哈赤发布"七大恨"誓师,公开向明朝宣战。此后,与明朝展开了二十余年的征战。

闯 王 进 北 京

崇祯十七年(1644年)二月初一日,李自成亲率大顺军主力渡过黄河东进,初五便攻克了太原,山西各州县官望风而降。三月初一到达大同,明朝的守将投降,仅过了十来天,明朝守卫宣府和居庸关的将领便相继投降。北京西部的屏障全被打开,明朝危在旦夕。

崇祯皇帝见势不妙,准备向南方逃跑。可是大臣们报告说,刘芳亮率领的大顺军的另一支队伍进军鲁豫边界,控制了运河。接着又北上占领了真定(今河北正定),正准备进攻保定。这支部队与李自成的主力军队相呼应,形成了对北京的夹击之势。

三月十七日,李自成率领大军来到北京城下,城外驻扎着明朝三个大营的禁军,李自成准备与之血战一场,但这些禁军早被大顺军吓破了胆,还没交战便纷纷溃逃。随后,大顺军将北京城包围起来,同时对各城门展开猛攻。城中明军人数甚少,乃令百姓、太监登上城墙,帮助防守。十八日,李自成派投降的太监杜勋进城劝崇祯帝"禅位",崇祯帝拒绝。太监曹化淳打开彰义门(即广宁门,清朝改为广安门),迎接义军入城,当日德胜门、阜成门、宣武门、正阳门、朝阳门均被打开,起义军涌入北京城中。崇祯皇帝见城中四处喧嚣,急忙召集百官寻求对策,但连个人影都找不到了。崇祯帝知大势已去,徘徊许久,乃回到乾清宫,先派人送太子、永王、定王等外逃,然后逼周皇后自缢,用宝剑杀死幼女昭仁公主,砍伤长女乐安公主,自己走上煤山(今北京景山),自缢而死。十九日,李自成头戴白色毡笠,身穿蓝布箭衣,乘坐乌驳马,在众将簇拥下,由德胜门进入北京城。义军纪律严明,秋毫无犯,城中百姓焚香结彩,夹道欢迎。李自成由大明门进皇城,到承天门下,豪气大发,立马持弓,对准"承天之门"匾额一箭射去,恰中"天"字之下。属下认为是吉兆,预示李自成至少可得天下之半,李自成也沾沾自喜。

起义军占领北京后,明朝的残余势力还在各地负隅顽抗,镇守山海关的明朝宁远总兵吴三桂也在观望形势,伺机反扑。东北的清军已厉兵秣马,准备向关内进攻。大敌当前,义军却被胜利冲昏了头脑,滋长了骄傲情绪和享乐思想。当吴三桂与清军勾结起来,进攻起

1628年

陕西发生农民起义,揭开了明末农民战争的序幕。

1636年

李自成称闯王。后金皇太极称帝,改国号清。

1638年

李自成为洪承畴所败,入商洛山中。张献忠在湖北谷城受降,次年复起,再举义旗。

1644年

正月,李自成在西安建立大顺政权。三月十九日,入北京,崇祯帝自缢,明朝灭亡。四月二十九日,李自成即皇帝位,次日率众退出北京。张献忠在成都称帝,建大西国。

义军时,起义军仓促应战,大败于山海关。清军直逼北京,起义军进入北京 40 天以后,又被迫离开了他们浴血奋战 10 多年才攻取的这座与皇权紧密联系着的古老城市,并由此走向了败亡的道路。

 知识链接

明末农民起义

李自成墓碑(位于今湖北通山县)

明朝末年,政治腐败,土地集中,赋税沉重,小规模农民起义不断发生。崇祯元年(1628 年),陕西发生灾荒,但官府仍向贫民催逼租税,结果激起民变。七月,王二、王嘉胤等在陕西府谷等地首举义旗,后高迎祥、张献忠、李自成等先后起义,转战于陕、晋两省。崇祯六年(1633 年),起义军由陕西进入中原。崇祯八年(1635 年)初,义军十三家七十二营首领大会于荥阳,一致同意李自成提出的分兵定向的原则,分兵五路协同作战。次年高迎祥战死,李自成统率其部。后李自成战败,隐于山中。复出后,于崇祯十四年(1641 年)攻占洛阳,杀福王朱常洵。崇祯十六年,李自成在襄阳称新顺王,建立政权。张献忠攻克武昌后,称大西王,也建立了政权。不久李自成攻占西安,崇祯十七年(1644 年)正月在西安建国号为大顺。三月十九日李自成攻入北京,明朝灭亡。四月二十九日,李自成即皇帝位。次日退出北京。十一月,张献忠在四川成都建国号大西。次年四月,李自成在湖北通山县九宫山遭遇地方武装袭击战死。顺治三年(1646 年)秋,清军大举进攻大西政权,由于叛徒出卖,张献忠兵败被杀。李自成、张献忠死后,大顺军与大西军余部转入了抗清斗争。

清朝

　　清朝(1644—1911)是满洲贵族建立的中国历史上最后一个专制主义皇朝。当政者继承前代的统治政策,总结入主中原的少数民族的统治经验,继续强化中央集权和君主专制,拉拢汉族和其他民族上层建立以满洲贵族为核心的政权。清代各民族间的政治、经济、文化交流更加广泛深入,民族融合加强,统一的多民族国家进一步发展。康熙末年起实行摊丁入亩政策,将人口税全部摊入田亩,农民对国家的依附关系大大减弱。明中叶以后,西欧国家相继进入资本主义时代,中国开始从先进退入落后国家的行列,在对外关系方面,也由汉唐的开放政策变为"闭关锁国",清前期由于国力强盛,尚能有效抗击列强入侵,随着国势的衰落,逐渐处于被动挨打的境地。

清　宫廷画《康熙南巡图》(局部)

　　康熙帝一生中曾六下江南,后命人把其行踪绘制成画。《康熙南巡图》表现了康熙帝所到之处的风土人情及农业、商业等的繁荣景象。本图是其中之一,反映了康熙帝南巡途中的农耕场景。

吴 三 桂 开 关 降 清

　　清初诗人吴梅村写长诗《圆圆曲》，其中有"痛哭六军俱缟素，冲冠一怒为红颜"一句，讽刺吴三桂为小妾陈圆圆，转而降清。尽管吴三桂降清有多方面的原因，但陈圆圆被掠一事不失为起因之一。

　　吴三桂是明代辽东人，锦州总兵吴襄之子。天启末年曾带20余个家丁救其父于4万满洲军中，当时人称誉他"勇冠三军，孝闻九边"。崇祯四年（1631年）八月，皇太极在大凌河与明军作战，吴襄赴援时逃亡，导致全军覆没，故崇祯帝囚吴襄于狱而治其罪，同时提拔吴三桂为宁远总兵，镇守山海关。吴三桂所率部队士气高昂，作战勇敢，是明末最后一支颇有战斗力的队伍。吴三桂曾参加明军与清兵的松山大战，但败得很惨，后退守宁远，阻止了清军的进一步攻击。从那时起，皇太极便开始招降吴三桂，但吴三桂以明朝忠臣自许，死守孤城，决不投降。崇祯十七年（1644年），大顺军打到了大同，崇祯皇帝诏令吴三桂领军还卫京师。吴三桂知道大顺军厉害，心存顾忌，不敢贸然前进，当到达河北丰润时，传来李自成攻陷北京的消息，于是他引兵回到了山海关。

　　吴三桂手握重兵，扼守山海关，而山海关是清军入关的咽喉，战略位置十分重要。李自成知道关外清兵一直虎视中原，最怕清兵乘乱入关。而关外的清廷也密切关注着中原战局的变化，准备伺机而动。双方的目光同时落到了吴三桂身上。李自成进入北京时仅带了部分兵员，大量精锐部队留在了山西、陕西、湖北，准备取得北京、勘定北方之后一举平定南方。如果吴三桂倒向李自成，遏制清军南下，那么已取得中国北方半壁河山的李自成便可挥师南下、饮马长江，一统

1644 年
五月初二日，清军进入北京。
十月初一日，福临在北京即皇帝位，是为顺治，并以北京为都城。

1645 年
李自成进入中原作战，被杀于湖北通城九宫山。
清军南下，在扬州屠城，史有"扬州十日"之说；在嘉定三次大肆屠杀，史称"嘉定三屠"。史可法督师于扬州抗清，被俘后慷慨就义。

山海关关门旧影

1646 年
张献忠于四川西充
凤凰山遇袭身亡。

天下指日可待。当然,李自成也明白,如果吴三桂投降清兵,后果将不堪设想。

李自成占领北京后,马上让吴三桂的父亲吴襄写信劝吴三桂投降,同时派降将、原明朝居庸关总兵唐通带 4 万两白银去山海关,犒赏吴三桂的军队。吴三桂获悉不少明朝文官武将归附了大顺政权,而大顺也颇有一统天下之势。再说大顺政权毕竟是汉族人建立的政权,吴三桂长期与清廷作战,与大顺军没有直接恩怨,况且李自成占领北京后,包括吴三桂父亲在内的举家数十口人都落入李自成手中,这也不能不使吴三桂有所顾忌,所以吴三桂表现出明显的归顺大顺政权的倾向。但他还是暗中与清廷保持往来,做了与大顺政权对抗的准备。

为了表示自己归属大顺的诚意,吴三桂带兵缓缓向北京方向前进。沿途遇到从北京来的人,他便找来询问。起初听说父亲吴襄被抓,家产被抄,吴三桂恨恨不已,归降大顺之念消去了大半。后来又有人说他的爱妾陈圆圆已被李自成手下大将刘宗敏霸占。吴三桂闻言,怒发冲冠,立刻下令回军山海关,他要将士们一律换上白盔白甲,宣布要给死去的崇祯帝报仇。

几天后,大顺朝的使者带来吴襄的第二封劝降书信,吴三桂看都没看,便下令杀死使者。接着率兵击败大顺援军白广恩部,宣告与李自成彻底决裂。四月十九日,李自成带 10 万大军前往山海关,从三面猛烈围攻关内城镇山海城。同时派出两万人马,绕道山海关西一片石北面的出口,从城外进抵山海关城门,截断吴三桂逃往关外的通道。吴三桂有兵 5 万,自知不是大顺军的对手,于是急遣使出关,去见清摄政王多尔衮,请求入关援救。多尔衮立刻发兵,四月二十一日,在一片石击败了投降大顺的明将唐通的队伍。第二

陈圆圆像

天,吴三桂炮轰义军,乘机冲出包围,拜见多尔衮,正式向清廷投降。随后,吴三桂全军剃发,表示归顺清廷。李自成骑着高头大马,登上高岗,亲自指挥攻城,大顺军个个英勇,吴军渐渐抵挡不住。向远处眺望,李自成见一支队伍打着白旗,出现在吴军右侧,便令后军前去迎战。突然,尘埃开处,身披铠甲、头上留着发辫的清兵冲杀过来,大顺军没有思想准备,抵挡不住,一阵激战,大顺军溃败,尸横遍野,死者万人。二十二日,李自成撤回北京,二十九日匆匆登基,次日便率兵撤离了北京。

知识链接

清军入关

李自成率军向北京进发时,清摄政王多尔衮誓师南下,准备抢在大顺军之前占领北京,途中突然收到明山海关总兵吴三桂请求援助的书信,获悉明朝已被推翻,于是打出"吊民伐罪""复君父仇"的旗号,加速向山海关推进。李自成在向吴三桂劝降不成的情况下,率主力包围了山海关。吴三桂降清,多尔衮率领清军参战,大顺军猝不及防,战败退回北京。随后,清军迅速进入关内,进逼北京。在大军压境的情况下,李自成率领大顺军向陕西撤退。顺治元年(1644年)五月初二日,多尔衮率清军进入北京,采取一系列措施,稳定统治秩序。九月十九日,多尔衮迎福临进京。十月初一日,福临即皇帝位,宣布建都北京。

郑成功收复台湾

台湾设府

台湾起初被称为夷洲、琉球，明朝开始使用台湾这个名称。中国政府很早就对台湾进行有效的行政管理，宋代泉州晋江县的管辖范围已经到达澎湖，元、明两代，都在澎湖设置巡检司。郑成功收复台湾以后，设承天府；康熙统一台湾后，设台湾府，治东安坊(今台南市)，隶福建省，下辖台湾、凤山、诸罗三县，台湾府与厦门府合设分巡台厦兵备道。后来对台湾的管理逐渐加强，行政区划也进行了多次调整，由原来的一府三县发展为一府四县二厅、一府四县三厅，同治年间发展为二府八县四厅。1885 年，台湾正式设省，下辖三府一直隶州十一县三厅。

顺治十八年(1661 年)三月二十三日，金门料罗湾的海面上，帆樯林立，旌旗蔽日，为首的舰船上站着一位年轻的将领，他英姿飒爽，目光坚毅。他一声令下，只见几百艘战舰扬帆竞渡、浩浩荡荡驶进大海。这位将领就是民族英雄郑成功，他出兵的目的是收复被荷兰殖民者占据了几十年的宝岛台湾。

郑成功原名郑森，号大木，福建南安人。明朝灭亡后，唐王朱聿键在福州建立隆武政权，郑成功跟随父亲郑芝龙入仕为官，颇受唐王赏识，赐姓朱，改名成功，当时人敬称他为"国姓爷"。

顺治三年(1646 年)，郑芝龙不顾儿子郑成功的苦苦劝阻，投降了清朝。郑成功写信给父亲，断绝父子关系，率部至南澳(今属广东)，以金门、厦门为基地坚持抗清。

和清朝对峙了十几年，郑成功虽然取得了一些胜利，但总体上处于被动局面。根据地越来越狭小，士气越来越低落，处境也就越来越艰难。郑成功感到抗清大计必须从长计议，于是把目光投向了土地肥沃、物产丰富的台湾，打算在那里建立新的抗清根据地。

当时台湾已被荷兰人占领了几十年，他们在岛上修建了台湾城和赤嵌(kàn)城两个军事据点。台湾地势险要，易守难攻，荷兰殖民者善于海战，有"海上的马车夫"之称。要打败他们，谈何容易。

这时候，有一个在荷兰军队里当过翻译的名叫何廷斌的人，赶到厦门来见郑成功，讲述了荷兰人在台湾的暴行，台湾居民反抗残暴统治等情况，更重要的是，他献给郑成功一幅亲手绘制的台湾地图，详细说明了台湾的水路通道和荷兰人设防的情况。经过反复酝酿推敲，郑成功确定了完备的作战方案：首先收复澎湖作为前进基地，然后乘涨潮之机，通过鹿耳门港登陆，切断台湾城与赤嵌城两地荷军的联系，分别予以围歼，最后收复台湾全岛。一切准备就绪，郑成功率领 2.5 万名将士从料罗湾出发了。

顺治十八年三月二十四日晨，郑成功的船队到达澎湖列岛。次日，郑成功到各岛巡视，认为澎湖军事地位十分重要，遂令四位将领留守，自己率军继续东进。二十七日，郑成功率军驶抵柑橘屿(今东吉屿、西吉屿)海面,突然狂风大作,只好返回澎湖。大风不止,而郑军携带的粮食已所剩无几。郑成功力排众议,当机立断,决定强渡。

三十日晚,郑成功亲自率船队冒着暴风雨横渡台湾海峡。四月初一日拂晓行至鹿耳门港外。

荷军的据点台湾城、赤嵌城位于今台南市。这里海岸曲折,两城之间有一个内港,叫做台江。从外海进入台江有两条航路:南航道口宽水深,船容易驶入,但港口有敌舰防守,陆上有重炮瞰制,必经大战才能通过。北航道水浅道窄,涨潮时大船才能行驶,这条航道敌人没有派军防守。郑成功决定从敌人疏于防守的北线进军。四月初一日中午,鹿耳门海潮大涨,郑成功命令将士按原定路线迂回而进。大小战舰顺利通过鹿耳门,而后兵分两路:一路登上北线尾,一路驶入台江。台湾的汉族和高山族人民见祖国的大军到达,争先恐后,出来迎接,帮助他们登陆。

郑成功军队迅速包围了赤嵌城,割断了赤嵌城与台湾城之间的联系。赤嵌城的荷军较弱,郑军向他们发起猛烈攻击;台湾城荷军发兵支援,但被郑军阻挡。其守将派出两位代表前来谈判,郑成功严词拒绝。郑成功采纳当地居民建议,从上游堵塞赤嵌城水源,敦促荷军投降。四月初四日,弹尽粮绝、饥渴难耐的荷军见援兵无望,不得不挂起白旗。郑成功只用了4天时间就收复了赤嵌城。

郑成功派人前往台湾城劝降,但荷兰人拒绝了。台湾城是荷兰殖民者的统治中心,城堡坚固,防御设施完备,他们妄图凭借城堡顽抗,等待巴达维亚(今雅加达)的荷兰军队前来支援。郑成功发动了几次进攻,都没有成效。为了减少伤亡,郑成功改变战术,他一方面派遣提督马信率兵扎营台湾城外,围困荷军,一方面让兵士分驻各地屯垦。郑成功到高山族人聚居的地区巡视,受到当地人的

郑成功弈棋图

热烈欢迎。

五月初二日,郑军的后续部队 6000 人在黄安等将领率领下,乘船 20 艘抵达台湾。从五月初五日开始,郑成功令兵士在通向城堡的道路上筑起防栅,挖了很宽的壕沟,以围困荷军。

八月,郑成功率军打败从巴达维亚前来救援的荷兰军队。十二月初六日清晨,郑成功下令强攻台湾城,28 门巨炮的响声打破了长达 8 个月的僵持局面,2500 枚炮弹呼啸着飞向城外的乌特列支堡。占领了该堡后,郑军居高临下,建筑炮台,向台湾城猛烈轰击。荷兰人走投无路,只好投降。

顺治十八年十二月十三日(1662 年 2 月 1 日),荷兰驻台湾长官揆一签字投降后,带领残兵败将,携带私人财产,灰溜溜地走了。至此,荷兰侵略者在台湾 38 年的殖民统治宣告结束,宝岛台湾回到祖国的怀抱。

郑成功在台湾组织垦荒,兴办学校,设置官职,制定法律,促进了台湾地区经济文化的发展。

知识链接

康熙统一台湾

郑成功收复台湾后,当年病死,子郑经继位。康熙帝对台湾实行招抚为主、不事轻剿的态度,多次派使者赴台湾劝降,均遭拒绝。康熙二十年(1681 年)郑经死,郑氏集团发生内讧,部将冯锡范、刘国轩等杀郑经长子,另立其年方 12 岁的儿子郑克塽,以便专政擅权。时值连年灾荒,民不聊生。康熙帝平定三藩之后,社会安定,兵力增强。刘国轩等自度无力与清抗衡,乃与清议和,提出的条件是:称臣进贡,但不登岸,与清廷关系如同琉球、高丽。康熙帝断然拒绝,指出台湾民众多闽人,不能与琉球、高丽相比。康熙二十二年(1683 年)六月十四日,令台湾郑氏降将、富有海战经验的福建水师提督施琅率 2 万余兵士,乘 300 余艘战船,突袭澎湖。双方鏖战七日,郑军 1.2 万人被歼,守将刘国轩狼狈逃回台湾岛。台湾屏障既失,精锐丧失殆尽,无力继续抵抗,于是两次遣使议降。八月十一日,施琅自鹿耳门登陆,颁布告示,安定民心。郑克塽将印信簿册上缴施琅,奉表归降。次年,清廷在福建省下设台湾府,下辖三县,驻军屯守。自此,台湾在行政机构设置上与内地完全划一。

康熙帝智除鳌拜

康熙帝即位之初，鳌拜为辅政四大臣之一，他培植党羽，把持朝政，为所欲为，完全不把皇帝放到眼里。康熙亲政后加恩辅臣，仍命佐理政务。苏克萨哈知道自己斗不过鳌拜，便于皇上亲政之机上了一表，请求准许他去守护顺治帝的陵墓，以安度晚年。可蛮横的鳌拜硬是不放过他，他诬陷苏克萨哈心怀怨望，以守陵要挟皇上，不想交出辅政大权。没等康熙帝表态，鳌拜就让人将苏克萨哈治成死罪砍了头。鳌拜如此专横跋扈、滥杀大臣，康熙帝十分生气。可鳌拜在朝中经营多年，遍布党羽，如果操之过急，后果不堪设想，所以康熙帝决定做好准备，等机会成熟时再制服他。

1661 年
康熙帝即位，鳌拜等人辅政。

1669 年
康熙帝智除鳌拜。

过了些天，康熙帝从侍卫中挑选出几个身强体壮的年轻人，让他们到宫中来，练习"布库戏"。"布库"是满语，意思是相互决斗看谁的力气大，大约相当于现在的摔跤。康熙帝在一旁观赏。鳌拜的亲信报告说经常有几个年轻侍卫到宫中去，鳌拜还真有些紧张，但听说是康熙帝叫了去玩摔跤的游戏，只是傲慢地笑了笑，心想皇上毕竟是小孩子，胸无大志，只知玩耍。

布库图

过了两年，康熙帝 16 岁了。鳌拜的亲信、大学士班布尔善几次提醒鳌拜：皇上长大了，身边有一帮少年侍卫，可别做出什么对您不利的事来，我看不如趁早下手，把大权夺过来。鳌拜下不了这样的决心，但也加紧了对康熙帝的防范。这年初夏，鳌拜常常称自己有病，不去朝见皇帝。有一次，鳌拜又称病没有上朝，康熙帝决定亲自去看望他。进入鳌拜的卧室后，康熙帝的御前侍卫看他神色有些不对头，于是急忙走到他的床边，一掀床上的席子，立即露出一把闪闪发光的利刃。会见皇帝藏有凶器,这可是灭门的大罪啊,鳌拜大惊失色。可康熙呢,只见他神色自如,笑了笑说:"刀不离身,是咱满洲人的风俗,你到现在还保持这样的习俗啊!"鳌拜吓得半天才缓过神来,连忙点头称是。

回宫以后,康熙帝表面十分平静,但心里知道再不制服鳌拜,说不定哪天就会生出变故来。一天,康熙帝说是要下棋,让人把索额图召进宫来,棋摆好以后,康熙帝让侍从全都退下,二人秘密商议了大半天。

自从康熙帝来府探望之后,鳌拜一直放不下心来,想着皇上会不会将他治罪。等了几天,一点儿动静也没有。又过了几天,忽然接到皇上的诏书,将他从二等公提升为一等公。鳌拜大大松了一口气,心想皇上现在毕竟还不是自己的对手。

康熙八年(1669年)五月,康熙帝先把鳌拜的亲信派往外地,打发他们远离京城,又安排自己的亲信掌握了京师的军权。六月十四日一早,康熙帝又把在身边练习布库戏的少年侍卫们召了来,对他们说:"你们都是我的股肱近臣,你们是听我的,还是听鳌拜的?"大家齐声说:"听皇上调用!"康熙帝对他们作了周密的安排和交代,然后下令召鳌拜进宫议事。鳌拜没有觉察出这次召见与以往有什么不同,于是大大咧咧地走进了朝堂。刚一进门,康熙帝一声令下,年轻的摔跤手们一拥而上,鳌拜猝不及防,被摔倒在地,束手就擒。不可一世的鳌拜就这样戏剧性地败在一群

鳌拜像

少年手下。

与此同时,康熙帝派一批侍卫直奔鳌拜宅第,逮捕了他的儿子和死党。鳌拜多年来横行不法,朝臣敢怒而不敢言,如今被擒,他们纷纷控告鳌拜,最后归纳为"欺君罔上"等 30 条罪名,按照当时的刑律要处以死刑。鳌拜这才慌了神,再三要求面见康熙帝。见到康熙帝后,他"扑通"跪到地上,一把扯下自己的衣服,让皇上看他为救太宗皇帝而留下的伤疤。累累伤痕和赫赫战功,终于保全了他的性命。康熙帝以他屡立战功,亦无篡弑之谋,对他宽大处理,免死,禁锢。不久,鳌拜在禁所死去。

 知识链接

康熙帝亲政

顺治十八年(1661 年),清世祖福临病逝,其年仅 8 岁的儿子玄烨即位,改元康熙。鉴于多尔衮专权的教训,玄烨的祖母孝庄太后以顺治遗诏的名义,宣布由异姓大臣四人辅政。后来,四大臣中索尼病死,苏克萨哈、遏必隆软弱迁就,一切听从鳌拜摆布,给鳌拜以独擅大权的机会。他专横跋扈,独断专行,将康熙皇帝视为傀儡。由此引起了康熙帝尤其是孝庄太后的警觉与不满。清制,皇帝亲政以前无权颁布上谕,不能干预政治。大婚后方可亲政,而大婚一般是在 16 岁。康熙帝 12 岁那年,孝庄太后便让他举行了大婚礼,14 岁开始亲政。但鳌拜的嚣张气焰毫无收敛。两年后,康熙帝智擒鳌拜,将其革职拘禁。此后,

康熙帝朝服像

康熙帝平定了三藩之乱,统一台湾,粉碎噶尔丹叛乱,并抗击沙俄入侵、签订《尼布楚条约》,清代社会进入了鼎盛的时期。

平定"三藩"之乱

康熙亲政后，把"三藩""河务""漕运"看做国家三件大事，写下来挂在宫中的柱子上，以提醒自己切切莫忘。河务、漕运涉及国计民生，当然十分重要，而"三藩"为什么能成为国家大政，且居三件大事之首？

原来，在推翻明朝、镇压各地抗清力量的战争中，明朝降将吴三桂、耿仲明、尚可喜三人功劳最大，均受封为王。他们各自拥有强大的军队，是八旗以外的重要武装力量。其中，平西王吴三桂据守云南、贵州，靖南王耿精忠（耿仲明之子）据守福建，平南王尚可喜据守广东。这就是所谓三藩。三藩当中，吴三桂地位最高，地盘最大，实力也最强。他被封为平西亲王，是云南的土皇帝。吴三桂自行在辖区内选派官吏，称为"西选"。他还铸造钱币、广设关卡、征收赋税，聚敛财富、扩充军队。

三藩的存在，特别是平西王吴三桂势力的膨胀，已严重威胁到中央政权的完整。康熙帝决心撤除三藩，但又怕引起政治动荡，迟迟不敢动手。

康熙十二年（1673 年）三月，平南王尚可喜想回辽东老家养老，请求把爵位让儿子尚之信承袭。康熙帝见机会来了，马上答应了他回乡养老的请求，但不准他儿子接替爵位继续镇守广东。吴三桂、耿精忠感觉形势不妙，捉摸不透康熙帝的想法。这年七月，二人假意向朝廷提出"撤藩"请求，一来试探康熙的态度，二来向朝廷施加压力。

怎么给吴三桂他们答复？康熙帝也犯了难。他召集众臣商议。多数

吴三桂像

人认为吴三桂力量雄厚,撤藩请求非其本意,动了他必然导致叛乱。只有尚书米思翰和明珠主张就此撤藩。康熙帝经过慎重考虑,认为吴三桂反叛蓄谋已久,撤藩亦反,不撤亦反,与其被动受制,不如先发制人。他力排众议,断然发出同意撤藩的诏令。

吴三桂本以为皇上年轻怕事,不敢得罪他,没想到康熙帝动了真格,他恼羞成怒,立刻布置,起兵造反。吴三桂自称"天下都招讨兵马大元帅",以"兴明讨虏"为号召,传檄天下,派兵出击。清军准备不充分,被打了个措手不及,各个战场均处劣势,江南大部落入吴三桂手中。次年,耿精忠在福建、尚之信在广东起兵响应。陕西提督王辅臣也发动兵变,响应吴三桂。

三藩叛乱、江南失守的消息传到京城,朝廷上下一片惊慌,有人主张杀了主张撤藩的大臣,赶快求和。康熙帝严词批评他们的言论,面对作战的不利形势,决定采取剿抚并用、分化瓦解的策略。

对于吴三桂,康熙帝采取坚决打击、毫不退让的政策。战争一开始,康熙帝便下令捕杀吴三桂之子、额附吴应熊,以坚定平叛决心。康熙帝任命顺承王勒尔锦为宁南靖寇大将军,率军讨伐吴三桂;同时,起用绿营兵(清军入关后收编的明军和各省改编的队伍,用绿色军旗,故称绿营兵),以湖南为主要战场,阻击吴三桂军渡江。

对耿精忠、尚之信和王辅臣,康熙帝则采取软硬兼施,招抚劝降为主,军事打击为辅的两手政策。他下令停止撤消平南、靖南二藩,还多次下诏赦免耿、尚、王之罪,派他们在京城的亲朋好友前往福建、广东和陕西进行招抚,一再保证既往不咎。同时,派兵前往军事要地,保持对他们的军事压力。

康熙帝征抚并用的政策击垮了王辅臣、耿精忠和尚之信。王辅臣兵败降清,西部叛乱被平定。耿精忠力尽势穷,不得不请求投降。不久,尚之信也宣布投降,东南叛乱被平定。

同盟军相继降清,吴三桂知道大势已去。但他太想当皇帝了,于是决定在自己的有生之年圆一下皇帝梦,同时也给属下将士打打气。康熙十七年(1678年)三月初一日,吴三桂在湖南衡阳称帝,国号"大周"。可这皇帝当得太艰难了,他每日每夜都在战争失利的报告中遭受着煎熬。五个月后,他实在支撑不下去了,发病而死。他的孙子吴世璠继承皇位

《尼布楚条约》

清军在雅克萨重创俄军后,双方同意通过谈判解决边界争端。经过反复交涉,双方于康熙二十八年(1689年)七月二十四日签订《尼布楚条约》。条约共6款,主要是规定了中俄东段边界。条约规定:格尔必齐河和额尔古纳河以东至海,外兴安岭以南,整个黑龙江流域和乌苏里江流域(包括库页岛在内)的广大地区都是中国的领土;俄人撤出雅克萨,所筑城堡全部毁除;不得收容对方叛逃人员;双方侨民悉从旧居。这是中国历史上第一份与西方国家签订的平等条约。在此后近二百年的时间里,这段边界一直比较平静。

1712年

宣布实行"滋生人丁,永不加赋"。

1713年

清政府封西藏班禅呼图克图为"班禅额尔德尼"。

后,放弃衡阳,逃到了云南。康熙二十年九月,清军包围了昆明,吴世璠走投无路,服毒自杀。长达8年之久的"三藩"之乱至此结束。

　　在平定"三藩"之乱的过程中,康熙帝处事果断、临危不惧,表现出杰出的政治和军事才能。他正确的策略,出色的调度,避免了国家的混乱和分裂。吴三桂在不该降清时降清,又在不该反清时反清,出尔反尔,反复无常,成为千夫所指的历史罪人。

 知识链接

康熙帝南巡

　　康熙二十三年到康熙四十六年(1684—1707)间,康熙帝曾六次南下巡游视察,时间分别为1684年、1689年、1699年、1703年、1705年、1707年。其中,两次祭泰山,六次到扬州府,六次祭明孝陵,六次到苏州府,五次到杭州府。康熙南巡目的,在于巡察黄河工程及巡视运河和漕运。特别是后三次,正是康熙治河成功的时期。

　　康熙南巡"简约仪卫,卤簿不设,扈从者仅三百余人",但地方官员迎来送往,花费仍相当惊人。曹寅当时任江宁织造,曾与李煦四次接驾,以江宁织造署为行宫。康熙二十八年(1689年)第二次南巡,由曹寅之弟曹荃征召画家绘制《康熙南巡图》。康熙南巡是造成曹家大量亏空的重要原因。

马 嘎 尔 尼 使 团 来 华

公元 1792 年 9 月 26 日,从英国的普茨茅斯港驶出了三艘舰船——海军军舰"狮子"号、商船"印度斯坦"号和供应船"豺狼"号,这是英王乔治三世派遣的访华使团的船队。使团的专使是乔治·马嘎尔尼勋爵,副使是乔治·斯当东男爵,访华成员共 700 多人,船上装载着天文地理仪器、乐器、钟表、车辆、武器、舰船模型、毡毯等礼品。他们说,远渡重洋,前往古老的中国,为的是参加乾隆皇帝 83 岁寿诞的典礼。

在此之前,英国从来没派使团来过中国,乾隆皇帝得知遥遥数万里之外的英国人诚心向化,前来"进贡"祝寿,自然高兴万分,多次发布谕旨,要求沿海各省在使船泊岸时迎送犒劳,热情款待。

乾隆五十八年六月十八日(1793 年 7 月 25 日),使团的船队到达天津大沽,乾隆帝指派直隶总督梁肯堂负责接待,并派长芦盐政征瑞陪同使团来热河避暑山庄,接受皇帝的召见。使团成员在北京稍事休息,留下一部分人在圆明园安放"进贡"的仪器及礼品,其他人高高兴兴地赶赴热河。

眼看快到热河了,征瑞以为这些化外之人不懂中国礼仪,于是想教他们如何行三跪九叩之礼。马嘎尔尼一听,当即翻了脸,说自己是英王派来的"钦差",只能按英国的礼节向乾隆帝行鞠躬之礼,要跪下来叩头,那不是对英国的侮辱嘛!双方几经交涉,互不相让。征瑞没了办法,只得报告乾隆皇帝。乾隆帝从来没遇到这样"妄自骄矜"的"外藩"贡使,心中大为不快,即下令降低接待规格,所有赏赐之物也都取消,只差下驱逐令了。马嘎尔尼见这样僵持下去,肯定见不了乾隆皇帝,自己的使命也无法完成,只好妥协,答应按中国的礼节拜见皇帝。

八月十日,乾隆帝在避暑山庄的万树园宴请了马嘎尔尼等人。九月十七日,英国使团参加了在澹泊敬诚殿举行的庆寿大典,马嘎尔尼呈上了英王的国书和礼品清单,乾隆皇帝也向英王和马嘎尔尼等人回赠了礼物。此后,清廷将英国使团送回了北京,让他们在那里等待乾隆皇帝回复英王的敕书。

1723 年

开始推行"地丁合一""摊丁入亩"。

1727 年

中俄签订《恰克图条约》。

设驻藏大臣,加强对西藏地区的管理。

1732 年

雍正帝改"军机房"为"军机处",后权力日益增大,成为总理军国要务的机构。

军机处

清初承明制,设置内阁和六部。雍正时因长期对西北用兵,军政机密要事需及时处理,于雍正七年(1729 年)在宫中设军需房,雍正十年(1732 年)改称"军机处"。军机大臣从大学士、各部尚书侍郎中选任,皇帝通过军机处将谕旨直接寄送地方督抚,各督抚也将重要事项直接报送军机处,交皇帝审批,不再经过内阁。从此,皇帝真正做到了"朝纲独揽",君权大大加强。

1793 年
英国使臣马嘎尔尼
一行来到中国。

1816 年
英国政府又派阿美
士德使华。

　　清政府的官员们天真地认为，英使参加了庆寿大典，观瞻了华夏天国的威仪，接受了天子的恩赐礼品，自然该打道回府了。等把英王的国书翻译出来以后，才发现事情并不这么简单。原来英王的国书里提出了许多无理要求：允许英国商船在舟山、宁波、天津等港口自由贸易，且要在北京建立货栈，在各地自由传教，还要求清政府在舟山、广州附近各划出一块地方，供英国人存放货物和自由居住，由澳门运往广州的货物免税或减税，并且要派使节常驻北京。

　　乾隆帝听了，大为震怒，对英人的要求，一概拒绝，说天朝物产丰富，无所不有，用不着和你们互通有无。对他们提出割地居住的要求，尤其痛加批驳，说"天朝尺土，俱归版籍，疆址森然，即岛屿、沙洲，亦必划界分疆，各有专属"。他下令马上送英人回国，不准在北京逗留，指示沿途官员，只派人护送，不可接见，也不许他们上岸逗留。

　　马嘎尔尼带着几百人，历时一年多，好不容易见到乾隆皇帝，但最后一无所获，只好带着乾隆皇帝的一封"敕谕"，悻悻地回到了英国。敕谕上说：你们远在重洋，倾心向化，特意派使者来上表贺寿，并进献方物，足以说明你们恭顺之诚，实在令人嘉许。英王见了这样的国书，有些哭笑不得。马嘎尔尼使团要求与中国建立外交通商的目的未能达到，但却搜集到大量情报，为英国的侵华战争做了准备。

知识链接

阿美士德使团来华

　　马嘎尔尼使团来华二十多年以后，嘉庆二十一年（1816 年），英国政府再次派遣阿美士德为首的外交使团出使中国，以敦请中国政府多开商埠，与之进行自由贸易。二月九日，使团 600 多人乘英国皇家海军军舰"阿尔塞特"号起航，七月二十八日到达大沽，经天津前往北京。在觐见嘉庆皇帝的礼仪上，阿美士德表示可以脱帽三次或九次点头致意，中国官员则坚持说当年马嘎尔尼曾行过跪拜礼，因此阿美士德也要仿行，否则皇帝不会接见他们。阿美士德断然拒绝，使团因此而滞留于通州。经过十天的谈判，终无结果。阿美士德一行 75 人继续向北京进发，在觐见皇帝的日程上又与中国官员产生摩擦。他们上奏皇帝，斥责英国使者态度恶劣、妄自尊大。嘉庆帝立即决定终止使团的一切活动，阿美士德使团就此被驱逐出中国。

大 贪 官 和 珅

嘉庆四年(1799年)正月,乾隆帝死去。嘉庆帝亲政伊始,便宣布和珅的20条罪状,将其赐死,并查抄其家产。尽管人人都知道和珅的豪富,但抄家的结果,还是让人瞠目。据说他的田产有8000多顷,当铺75处,银号42处,古玩铺13处,花园楼台106处,另外还有大量金银珠宝、衣饰器皿、稀世古董,折合白银大约有8亿多两,相当于和珅当权20年中国家财政收入的一半,用富可敌国来形容他,真是一点都不过分。和珅到底是什么样的人物,他为什么能聚敛这样多的财富?

和珅原名善宝,字致斋,钮祜禄氏,满洲正红旗人,生于乾隆十五年(1750年)。他3岁丧母,10岁丧父,虽然出身于官宦之家,但幼年孤苦零丁,生活充满着坎坷与不幸,因此他做事勤勉,读书刻苦。18岁那年,官居正二品的内务府总管大臣英廉看中了他,将自己唯一的孙女嫁给了他。和珅时来运转,摆脱了早年的贫寒。20岁时,他承袭了祖上三等轻车都尉世职,以官学生任銮仪卫侍卫,有了接近乾隆帝的机会,洞悉人情世故的和珅也就有了施展才干的舞台。只过了两年,和珅便当上了官阶正五品的三等侍卫,随即充任经常随皇帝出巡的粘杆处侍卫。有一天,乾隆皇帝突然下令出宫巡视,侍卫们慌乱中怎么也找不到仪仗队用的黄盖。乾隆帝大为恼火,大声斥问侍卫官员。侍卫们面面相觑,没一个敢回答。这时,一位青年侍卫走上前去,从容不迫,应答自如。这人便是和珅。乾隆帝抬头一看,眼前的青年眉目清秀,温文尔雅,且言辞得体,处乱不惊,心里暗自高兴。他问了和珅的名字和家庭境况,让他做了御前侍卫。

据说和珅为官之初,倒也清廉,还曾经以清官自诩。但是逢迎拍马、纳贿行贿是升官道路上的通行证,和珅也深谙此道。他摸透了乾隆帝晚年志得意满、爱听谀言、以明君自居的心理,每日里尽是挑些

1751年
乾隆效法祖父康熙南巡江浙。先后亦六次南巡。

1757年
关闭各通商口岸,对外贸易仅限广州一地。

1758年
平定回部大和卓木与小和卓木叛乱,重新控制天山南路。

和珅像

乾隆内禅

　　乾隆帝 25 岁即位的时候,曾焚香告天,若得在位 60 年,当传位给嗣子,不敢上同于祖父康熙皇帝在位六十有零的年数。到了乾隆六十年(1795 年),乾隆帝乃召集王公大臣于勤政殿,宣布要了此夙愿,同时取出乾清宫"正大光明"匾额后面所藏立储密缄,宣示以皇十五子嘉亲王永琰(后改名颙琰)为太子。决定明年传位给太子,改元"嘉庆"。嘉庆元年(1796 年)正月初一日,乾隆帝在太和殿举行内禅大典,亲授太子御玺。颙琰遂即皇帝位,尊乾隆帝为太上皇帝。此后,乾隆帝仍操纵朝政。

乾隆帝爱听的话说,整天琢磨着怎么样敛财送给他。再加上他工于心计,做事干练,善于驾驭下属,所以不久,便受到乾隆帝宠信,成为心腹大臣。乾隆四十一年(1776 年),和珅升任户部侍郎、军机大臣。没过多久,又升任大学士兼户部尚书。后来,他的儿子丰绅殷德成为乾隆帝女儿和孝公主的额驸,他的弟弟和琳当上了四川总督,一门显赫,势倾朝野。

　　和珅博学多才,文武皆通,懂得用兵之道,通满汉文字,对蒙文、藏文也略知文意,喜好书法,在诗词方面也能与乾隆帝相应对。在乾隆皇帝看来,这样有学问、会说话、能干事的人,实在不可多得,和珅便成了乾隆帝晚年须臾不可离开的人物。当然,像和珅这样有能力的人比比皆是,但像和珅那样位极人臣,在皇帝面前,却比一般宦官还恭顺的人,实不多见。据说为了讨好乾隆帝,他亲自给太后抬轿子。有一次乾隆帝忽然咳了口痰,没等侍应宦官捧上痰盂,和珅便马上伸出双手,把痰接在了手里。

　　和珅身兼多职,掌有用人、理财、施刑、"抚夷"大权,朝中官员,争相依附。他广受贿赂,公开勒索;暗中贪污,明里掠夺。内自朝廷大员,外到督抚司道,不向和珅纳银献宝,就无法接近皇帝,无法升官。地方官员向皇帝进献贡品,也都要经过和珅之手。他把最精致的留下来,剩下的再送到宫中。乾隆帝一味听信和珅,根本不去查问。大臣们都知道和珅的威势,所以不仅没人告发他,反而是竞相效仿。从此以后,和珅贪污受贿变得肆无忌惮,大臣们亦步亦趋,弄得朝野上下,贪污成风,贿赂公行。

　　和珅不失时机地索贿受贿,更善于寻找机会敛财聚财。乾隆帝搞八十大寿庆典,和珅以为是个敛财的好机会,于是向乾隆帝奏道,这庆典不用动用国库和皇家一分一文,我自有办法操持。乾隆帝当然高兴,让和珅全权办理。和珅下令王公大臣按俸禄多少捐献,地方官员从养廉银中拿出四分之一上交,商人也须捐献银两。这些银钱统算起来,可是个天文数字。最后和珅拿出一半多点为乾隆帝办了寿诞庆典,其余的全归自己所有。

　　乾隆帝当了六十年皇帝,便把帝位传给了嘉庆帝。嘉庆帝忌恨和珅在乾隆帝面前得宠,对和珅受贿敛财的事情,更是一清二楚。看着和珅富比皇家的财产,他实在眼红得很。嘉庆帝表面上不露声色,私下里却下定决心除掉和珅。嘉庆四年(1799年)正月,乾隆帝驾崩,嘉庆帝马上处死了和珅,并查抄了他的家产。嘉庆帝把小部分财宝赏赐给亲信官员,其余统统收归己有。

解除了自己的心头之恨,得到了和珅的大部分财产,又落了个惩治贪污的美名,可谓是一石三鸟,嘉庆帝自然得意之极。民间流传着一句顺口溜,叫做"和珅跌倒,嘉庆吃饱"。

1813年

河北发生林清、李文成领导的"天理教"起义。

1827年

清政府出兵镇压了新疆地区的张格尔叛乱。

 知识链接

闭关政策

清初为防止郑成功抗清武装与沿海民众往来而颁布"禁海令",不许商民船只出海。康熙统一台湾后开海禁。为防止夷人滋事、煽动汉人反清情绪,乾隆时再次实行闭关政策。乾隆二十二年(1757年)下令,外国商船只能在广州停泊贸易,不得北上宁波及浙江海口,而且只能与政府控制的商行从事交易活动。两年后又颁布《防范夷商规条》,规定"防夷五条",包括禁止外国商船在广州过冬,不准外国商人雇用中国人,中国在外国商船停泊处驻军等等。嘉庆、道光年间,都曾颁布法令,继续推行闭关政策。这种政策严重影响了中国与世界各国的经济文化交流,阻碍了中国社会发展。

林则徐虎门销烟

三元里抗英

1841 年 5 月 29 日，英军窜至广州城北三元里一带抢劫，激愤的村民打死英军数人，余众逃回。三元里村民在古庙集会，决定邀集附近 103 乡民众，共同抗击侵略者。第二天，各乡群众数千人伴攻英军炮台，引英军出动，于牛栏岗设伏，将英军包围。下午风雨大作，英军多次突围无果，多有死伤。傍晚，四方炮台的英军赶来接应，被围英军才得逃脱。5 月 31 日，广州附近 400 余乡民众数万人围困四方炮台，广州知府前来说情，英军方得撤出。

1839 年 6 月（按使用习惯，以后纪年方式，均改为公元纪年），广州城东珠江口沙滩上一改往日的宁静，每天浓烟滚滚，直冲云霄，官员们前来视察，成千上万的百姓前来观看，这样的场面一直持续了 23 天。是什么冒起了浓烟？是一度残害过中国人民的毒品——鸦片。

从 18 世纪末叶起，英国向中国大量倾销鸦片，引起中国白银外流，物价飞涨。鸦片给中国社会带来的毒害更为严重：不少百姓染上了鸦片瘾闹得家破人亡，大量士兵抽上了鸦片无力打仗，官员财主们为了买鸦片加紧了对老百姓的搜刮。鸦片严重地摧残了中国人的身体健康，也严重戕害了中国人的精神品格。许多有识之士极力呼吁政府打击鸦片商人，禁止鸦片贸易，代表人物是著名政治家林则徐。1838 年 9 月，他在湖广总督任上向道光帝上了一份奏折，大声疾呼道："如果再不严禁鸦片，几十年以后中国几乎没有可以派出抵抗敌人的军队，没有可以发放军饷的白银，国家会被鸦片蛀空！"面对财政拮据、民不聊生的现状，听着朝野上下要求禁止鸦片的强烈呼声，清廷不能再坐视不管了。这年年底，清政府任命湖广总督林则徐为钦差大臣，派他到鸦片贸易最为猖獗的广东查禁鸦片。

林则徐像

林则徐到达广州禁烟的消息，像一阵风似的传开了，当地百姓无不拍手称快。两广总督邓廷桢和广东水师提督关天培，也都主张禁烟，对于林则徐的到来，他们深感高兴。在他们的帮助下，林则徐一面加紧整顿海防，严拿烟贩；一面限令外国烟商交出鸦片。他首先发通知给外国烟商，警告他们说："若鸦片一日未绝，本大臣一日不回。"外国烟贩及与之相勾结的中国商人，向来不把政府官员看在眼里,他们知道,是官都爱钱,只要花上银子,没有过不了的火焰山。对于林则徐的警告,他们当成了索贿前的敲诈,便派怡和洋行的老板伍绍荣为代表,求见林则徐,暗示贿赂的数目。但这回烟贩们的如意算盘打错了,林则徐没等他说完便拍案而起,怒斥道:"本大臣要的不是钱,是你的脑袋!"他再次警告所有鸦片贩子:三天以内必须把所带鸦片全部交官,并订立永远不夹带鸦片的保证书,有敢违令者,一经查实,货物充公,贩卖鸦片者处死。英国烟贩颠地,是外国鸦片商人的头目,手中拥有走私武装,慑于林则徐的威严,拿出1000箱鸦片交官。林则徐早已调查过海上的鸦片商船的情况,知道他弄虚作假,于是传讯他,并提出严厉警告。颠地回船后,故意拖延时间,并对缉私人员进行武力挑衅,林则徐决定逮捕他,杀一儆百。

1842 年

英军兵临南京城下,清政府与英方签订《南京条约》。

1844 年

美国逼迫清政府与之签订《中美望厦条约》,法国政府逼迫清政府与之签订《中法黄埔条约》。

颠地这次害怕了,他找到英国驻华商务监督义律,躲到了他的商馆里。义律拒不交出颠地,还以发动战争威胁林则徐。林则徐并不退让,派兵封锁了黄埔一带的江面,包围了义律的商馆。广州百姓自愿参加巡逻,防止颠地潜逃和内奸混

虎门销烟

入。慑于中国禁烟斗争的威力,义律和外国烟贩被迫交出 2 万多箱 20 余万斤鸦片。

1839 年 6 月 3 日,林则徐下令在虎门将鸦片公开销毁。他带领大小官员亲自前往监督,广州城的老百姓,纷纷赶来观看这壮观的场面。虎门海滩一时人山人海,万众欢腾。销烟开始了,一队队兵勇把箱子劈开,将鸦片倾倒在早已挖好的长宽各 15 米的两个大销烟池中,掺入海盐,把大量生石灰撒入池内,用力搅拌。一切准备就绪,士兵们决开水道,灌入海水,生石灰一遇海水,立刻产生高温,鸦片不烧自燃,滚滚黑烟冲天而起,霎时间弥漫了海滩的上空。经过 23 天时间,缴获的鸦片全部销毁。这就是著名的"虎门销烟"。

　　林则徐主持下的震惊世界的虎门销烟壮举,捍卫了中华民族的尊严,向全世界表明了中国人民反抗外来侵略的决心。

知识链接

鸦片战争

　　清朝中期以后,英国等西方国家在中国推销商品、占领中国市场的努力,受到了清政府闭关政策的限制,也受到了中国自给自足的自然经济结构的抵抗。在中外贸易中,中国始终处于出超的地位,这使西方列强不能忍受,特别是与中国贸易额最大的英国。英国政府用外交手段打开中国大门的尝试失败以后,便增派商船到中国沿海进行走私活动,后来竟用卑鄙的手段向中国输入鸦片。鸦片像瘟疫一样侵害着中国人,英、美等国的鸦片贩子从中获取了高额利润,造成中国白银大量外流,对外贸易由出超变为入超。清政府不得不采取措施,派林则徐赴广州收缴、销毁鸦片,实行全国范围内的禁烟,中英之间的矛盾急剧激化。

　　1840 年 6 月,英国派兵侵华。7 月,攻陷定海,北犯大沽。清政府派琦善赴广州与英议和。1841 年 1 月,英军单方面公布包括割让香港、赔款 600 万元在内的《穿鼻草约》。随后,英军侵占香港。道光帝又转向主战,派奕山赴广州,对英宣战。英军进攻广州,奕山恐慌,遂与英方签订《广州条约》。1841 年 5 月,广州三元里人民自发抗英,歼英军数百人。1842 年,英方再度发起战争,攻陷厦门、定海、镇海、宁波,清廷派耆英前往议和,英军又攻陷吴淞、镇江,抵南京江面。清政府大为恐慌,乃与英国签订《中英南京条约》,规定中国割让香港岛;赔款 2100 万元;广州、厦门、福州、宁波、上海五个口岸城市对外通商;英国享有协议关税权。这一条约严重损害了中国的主权。随后英国又通过《南京条约》补充文件《五口通商章程》和《虎门条约》,获得了领事裁判权、片面最惠国待遇等特权。不久,美国、法国接踵而至,先后胁迫清朝政府签订不平等条约。中国的主权和领土完整遭到破坏,开始丧失独立自主的地位。鸦片战争标志着中国近代史的开端。

洪秀全金田起义

　　1851年1月11日,广西桂平县金田村犀牛岭古营盘上人山人海,旌旗飘扬,高高的台阶上一位头裹红巾、身材魁梧的男子举起右手,在黄缎大旗下庄严宣布:拜上帝会正式起义了!这男子就是拜上帝会的创始人,太平天国农民起义领袖洪秀全。起义这天,正好是他38岁生日。

　　洪秀全生于嘉庆十九年(1814年),他家境贫寒,7岁时,父母节衣缩食供他入村塾读书。16岁失学后曾干过农活,18岁为本村塾师,此后在家乡教书多年。读书及教书期间曾几次赴广州应考秀才,均未考中。1837年第三次参加考试,仍未考中,他于"失意悲苦之中",大病了40天,病中精神异常,时有幻觉,曾经梦见一位头披金发、身穿黑袍的老人在天庭接见了他,并赠给他一把宝剑,让他斩除鬼魔。在病中他常自称是"太平天子",说"天下的粮食归我食,天下的百姓归我管"。显然,他是在借生病发泄对当时社会的不满,表达推翻旧世界的意愿。

　　洪秀全第二次应试时,曾在广州街头得到一本华人牧师梁发编写的基督教布道的小册子《劝世良言》,里面讲的是拜上帝、敬耶稣,反对崇拜偶像、神灵,鼓吹天堂永乐、地狱永苦等内容。1843年,他最后一次参加考试,可仍名落孙山。他回到家乡,决心不再求取功名,反复阅读《劝世良言》,从中受到启发。他决定用一种新的宗教信仰,清除种种社会弊端,拯救民众脱离苦海。洪秀全的主张得到族弟洪仁玕和好友冯云山的支持,他们共同组建了"拜上帝会",决心缔造人世间的公平社会。

　　第二年,洪秀全与冯云山等人离家到广东、广西各地传布拜上帝教。转眼又过了两年,但他们的宗教在群众中却没造成多大的影响,洪秀全意识到只凭西方人的"上帝",无法征服中国百姓,于是他下决心制造出自己的"上帝",写出简明易懂、百姓容易接受的传道书来。1845年,洪秀全回到家乡,用了两年的时间,写出《原道救世歌》《原道醒世训》《原道觉世训》,他把基督教教义和传统的儒家思想结合起来,把皇帝指作"阎罗妖",把官吏说成是阎罗妖的"妖徒鬼卒",认为

1851年

洪秀全在广西桂平金田村领导农民起义,建号"太平天国"。

1853年

太平军攻克南京,定此为都城,称天京。

《天朝田亩制度》

　　太平天国定都南京后,颁布了以解决土地问题为中心的社会改革方案,称《天朝田亩制度》,主要内容包括:提出按人口平均分配土地的原则和办法;制定"兵民合一"的社会组织和"守土官"制度,将民众按伍、两、卒、旅、师、军的体系加以编制,每家出一人为伍卒,有警则杀敌捕贼,无事则耕田务农。规定以户为生产单位,每户都须种桑织布,养殖家畜,副业收入扣除口粮后送缴国库,婚嫁丧葬等开支由国库发给。这个制度是对历代农民起义宣扬的"均贫富"思想的继承发展,但其平均主义的土地和财产分配方案,根本无法付诸实施。

上帝是宇宙间唯一真神，天下人都是上帝之子，要建立人人平等的社会，就必须铲除"阎罗妖"及他的走卒。后来，他与洪仁玕一起去广州拜见了美国传教士罗孝全，进一步研读了《圣经》，丰富了基督教宗教知识，发展了他的宗教政治思想。

在此期间，冯云山到了地处偏僻、生活贫困的桂平县紫荆山一带活动。经过两年多的艰苦工作，在那里建立起了有会众 3000 多人的拜上帝会组织，培养了杨秀清、萧朝贵等骨干力量。洪秀全听说后极为振奋，他来到这里，把《原道救世歌》等交给冯云山。随后，他们用贴近百姓生活的实例，通俗的语言，宣讲自己的主张，深得群众的拥护，参加拜上帝会的人越来越多，连富家出身的韦昌辉和石达开也参加了进来。洪秀全又与冯云山等人制定了拜上帝会的各种宗教仪式和"十款天条"，进一步发动组织群众。

拜上帝会规模一天天扩大，影响也越来越大，他们诋毁传统，破坏庙宇，到象州捣毁了甘王庙，由此引起了传统势力的恐惧和不安。1848 年，桂平县地主王作新调集团练，将冯云山逮捕下狱。洪秀全赶到广州，设法营救，冯云山被释放。当时广西全省到处发生天地会领导的群众反抗斗争，拜上帝会的力量乘机扩大了，其基本群众多是汉、壮、瑶族的贫苦农民，其次是矿工、运输工人，还有些小贩、挑夫及农村失意的知识分子。

1850 年 9 月初，洪秀全发布"团营"令，号召各地会众到金田村集合，整编队伍，准备举行武装起义。12 月，拜上帝会众在平南思旺圩打败清军，迎接洪秀全到金田村。次年元旦，他们又打败了前来围剿的清军，杀副将伊克坦布等 300 多人。

1851 年 1 月 11 日，冯云山、杨秀清等人率众前来为洪秀全祝寿，随后，会众云集金田村犀牛岭古营盘，举行隆重仪式，洪秀全乘机宣布起义，号召群众起来推翻清王朝。接着，他们蓄起头发，裹上红头巾，拿起武器，攻城略地，轰轰烈烈的太平天国运动从此开始了。

太平天国天王玺

知识链接

太平天国运动

鸦片战争以后,社会矛盾空前激化,农民起义风起云涌。1851年1月11日,洪秀全率领"拜上帝会"信徒在金田村起义,建国号"太平天国"。9月,太平军攻克永安,在此进行了军政建设。1853年1月,攻克武昌,而后顺流东下,占领九江,攻占安庆。3月19日,攻克江宁(今南京市)。洪秀全以两江总督衙门为天王府,改江宁为天京,定为都城,正式建立起农民政权。随后颁布《天朝田亩制度》,制订出一个带有浓厚空想色彩的平均主义分配方案,以解决土地问题为中心,内容涉及政治、军事、经济和文化等方面。5月,太平军分兵北伐和西征。经过将近三年的征战,太平天国地盘扩大,实力大增,军事上也达到了全盛。此后领导集团发生内讧,北王韦昌辉杀东王杨秀清,两万多将士死于非命。洪秀全召石达开入京辅政,韦昌辉被杀。后石达开受排挤出走,全军覆没。太平天国由盛转衰,从战略进攻转为战略防御。为了克服危机,洪秀全提拔陈玉成、李秀成、洪仁玕等,重新组建了领导核心。1858年9月,陈、李率军攻破清军围困天京的江北大营。1859年,颁布了洪仁玕的《资政新篇》。1860年5月,攻破清军的江南大营,并乘胜东进占领苏、杭,开辟了苏浙根据地,一度出现了重新振兴的局面。这时,曾国藩率清军围攻安庆,陈玉成力战,但敌我力量悬殊,1861年9月,安庆失守,天京告急。洪秀全固守天京,不肯撤离,李秀成乃率军回援天京,与湘军大战40余天,损失惨重。1864年6月,洪秀全病逝。7月,天京陷落,太平天国运动失败。

太平天国运动是中国历史上规模最大的农民革命,势力扩展至17个省,坚持斗争达14年,有力地打击了清政府的统治及外国侵略者,延缓了中国半殖民化的进程。

英法联军火烧圆明园

"有一天,有两个强盗闯进了圆明园。一个强盗洗劫,另一个强盗放火……将受到历史制裁的这两个强盗,一个叫法兰西,另一个叫英吉利。"这是法国著名作家雨果对英法联军劫掠、焚烧圆明园的愤怒斥责。

圆明园位于北京西郊,原为一座普通园林,康熙帝把它赐给第四子胤禛,并亲题"圆明园"三字。后经雍正、乾隆、嘉庆、道光、咸丰历代皇帝经营,成为规模宏伟、景色秀丽的皇家园林。圆明园占地5000多亩,由圆明园、万春园、长春园三园组成,三园毗邻相连,通称圆明园。园中有150余处景区,最著名的有作朝会用的"正大光明殿",祭祀祖先的"安佑宫",宴会用的"山高水长楼",模拟"仙山楼阁图"建造的"蓬岛瑶台",再现桃花源境界的"武陵春色",许多江南名园胜景也被仿建于其中。长春园内还有一组欧式建筑,俗称西洋楼。圆明园是一座大型的皇家博物馆,收藏有大量珍宝、文物、书籍和艺术作品。圆明园是集古今中外造园艺术之大成的园林,一向有"万园之园"的美称。这么一座珍贵的园林,是怎么样遭到英、法军队的抢劫和焚烧的?

1860年9月,咸丰皇帝北逃承德后,把繁华的京城和满城的百姓,统统丢给了英、法两国强盗。9月21日,清军在八里桥阻击英法联军失利。10月6日,英法联军绕经北京城东北郊,直扑圆明园。僧格林沁、瑞麟残部在城北一带稍作抵抗,便跑得无影无踪了。法军先行,当天下午至海淀,傍晚闯到了圆明园大门口。守园的官员、技勇太监同敌人力战,但寡不敌众,技勇首领任亮等人战死。晚7时,法国军队攻占了圆明园。管园大臣文丰投水而死。

10月7日,英、法侵略军头目闯进圆明园,商议怎样劫掠园内珍宝文物。法军头目当即函告法国外务大臣,说要取艺术与考古方面最有价值的物品,运藏于法国博物院。英军头目也立刻派人收集他们认为最有价值的宝物。但是第二天,这伙强盗便不再做文明分赃的计划,而变成毫无约束的肆意抢劫。园内珍宝太多了,他们一时不知该拿何物为好。有的背着大口袋,见了好东西就往里装。口袋装

1856年
第二次鸦片战争爆发。

1858年
沙俄胁迫清政府签订《中俄瑷珲条约》,割让黑龙江以北的60多万平方公里土地。俄、美逼清政府与之签订《天津条约》。后英、法以军事相威胁,亦强迫清政府签订《天津条约》。

1860年
英法联军攻占北京,抢掠并烧毁圆明园。清政府被迫与英、法签订《北京条约》。后与俄签订《北京条约》,强行割让了乌苏里江以东的40多万平方公里土地。

满了,就往外衣宽大的口袋里塞金条、金叶;有的身上缠着织锦绸缎,帽子里放满了红蓝宝石、珍珠和水晶,脖子上挂着翡翠项圈。法军总司令的儿子掠得的财宝价值 30 万法郎,装了好几辆马车。一个名叫赫利思的英军二等带兵官,窃得 2 座金佛塔及其他珍宝,找了 7 个脚夫给他运回了军营。据说这个人因在圆明园劫掠致富,后来得了个"中国詹姆"的绰号。侵略者除大肆抢掠,糟蹋的珍宝更不计其数。绸缎、衣服被从箱子拖出来扔了一地,任人踩踏。工兵们把家具砸碎,取下上边镶嵌的宝石。有人以打砸财物、射击珍宝取乐。这些强盗几乎人人手持木棍,将不能带走的东西随意砸碎。

圆明园遗址

10 月 9 日,法国军队暂时撤离圆明园,这座秀丽园林,已面目全非。英国侵略军头目额尔金、格兰特,为了掩饰其抢劫罪行,借口英国被俘人员遭到虐待,竟下达了火烧圆明园的罪恶命令。18 日和 19 日,三四千名英军到处纵火,园内建筑及各种宝藏焚毁殆尽,到处都是断壁残垣,幸存的建筑仅有二三十座,但也是门窗残破,室内之物尽遭劫毁。据说英国侵略军烧毁安佑宫时,宫门被反锁,宫中太监、宫女、工匠等共 300 人被活活烧死。

英法联军火烧圆明园后,扬言炮轰北京城,捣毁皇宫,躲在长辛店的恭亲王奕䜣经过俄国人的斡旋,才敢会见英、法代表,并于 10 月 24、25 日先后与列强交换了《天津条约》批准文本,并与英、法签订了《北京条约》,中国的九龙半岛被割让给了英国,英、法两个强盗又获得了 1600 万两白银的赔款。后来俄国也趁火打劫,利用《北京条约》获得了中国乌苏里江以东的大片土地。

知识链接

第二次鸦片战争

鸦片战争后,英、美等西方列强不满意在中国获得的政治特权与经济利益,提出修改与清政府签订的条约,遭拒绝后,再次发动了侵华战争。

1856 年 10 月,英国军舰进攻珠江沿岸炮台,炮轰广州城。次年,法国派兵协同英军行动,攻破广州。1858 年 4 月北上抵大沽口外,照会清政府,要求谈判,俄、美两国提出居中调停。5 月,英、法军舰炮轰大沽炮台,大沽失陷,接着到达天津城郊,扬言进攻北京。6 月,清政府被迫与英、法分别签订《天津条约》。主要内容是允许外国公使常驻北京,增加通商口岸,降低税率,向英、法赔款等。俄、美也获得了除赔款之外的相同权益。后来,英、法等国利用换约之机,再次挑起战争。1860 年 8 月,相继攻陷塘沽、天津。9 月 21 日,清军与英法联军激战于八里桥,清军统帅僧格林沁临阵逃跑,清军溃败。22 日,咸丰帝率后妃、大臣逃往承德,留下恭亲王奕䜣等人与英、法议和。10 月,侵略军进入北京城,一路烧杀掳掠,大肆抢劫圆明园中的珍贵文物,后将园内建筑付之一炬。不久清政府被迫与英、法签订《北京条约》,英、法获得了更多的政治特权和经济利益。俄国因调停有功,也与清政府签订《北京条约》。

这些条约签订后,中国丧失了更多的领土和主权,西方侵略势力由个别口岸扩大到沿海各省和长江中下游地区。中国社会的半殖民地化程度进一步加深。这次战争是鸦片战争的继续和扩大,所以被称为第二次鸦片战争。

慈禧垂帘听政

公元 1860 年对于清政府来说真是一个多事之秋,南方太平天国革命如火如荼,北方英法联军已经打到帝国的首都北京附近。年轻但无为的咸丰皇帝仓皇逃到承德避暑山庄,虽美其名曰"狩猎",但却没有一丝驰骋猎场的豪气。他虽然是远在数百里之外,但还是风声鹤唳,心惊胆战,当听到英法联军火烧圆明园的消息后,一下子病倒在床上,从此缠绵病榻,再也回不到北京城了。

1861 年 8 月 22 日,咸丰帝病危,遂召见宗人府令、御前大臣、军机大臣等安排后事,宣布立 6 岁的载淳为皇太子,指定八大臣辅政,同时分赐给皇后钮祜禄氏与皇太子以"御赏"印和"同道堂"印(载淳年幼,"同道堂"印由生母叶赫那拉氏掌管),以后凡有谕旨,须先由辅政大臣拟定草稿,盖上"御赏"印和"同道堂"印以后,方能生效。次日,咸丰帝驾崩。

慈禧太后作为载淳的生母,眼看自己的儿子当了皇帝,但政权却被肃顺等人掌握,她当然不能容忍,于是拉拢慈安太后,凭借手中的两枚印章,以拒绝在发给内阁和地方官员的咨文上钤(qián)印,要挟几位顾命大臣,迫使他们同意将官员的奏疏送两太后披览,任用高级官员须交两太后最终裁定。接着,慈禧又通过醇郡王奕𫍽(xuān)以及亲信太监、侍卫,设法与留守北京的奕䜣取得联系,回到北京后,即除掉了八大臣,肃清了他们的党羽。

11 月,新皇帝在太和殿举行登基大典,皇帝年幼,由两太后垂帘听政。慈安太后柔顺而无主见,不过是慈禧手中的傀儡,实权掌握在慈禧一人之手。

面对内外交困的局面,慈禧对外一改肃顺集团的强硬立场,承认列强在华既得利益,取得了列强对新政权的承认和支持,出现了中外"和好"的局面。对内依靠曾国藩、李鸿章统领的湘军、淮军,通过"借师助剿",先后镇压了太平天国、捻

1861 年
同治帝的生母叶赫那拉氏(慈禧太后)发动宫廷政变,掌握政权。

1864 年
洪秀全死,不久天京被清军攻陷。
沙俄强迫清政府签订《中俄勘分西北界约记》,夺占我国西部地区 40 余万平方公里的土地。

慈禧太后像

颐和园

北京西北郊山水俱佳,景色秀美。1750年,乾隆帝开始大规模修建园林,历十数年完成,取名清漪园。1860年被英法联军烧毁。1884年,慈禧太后以光绪帝的名义下令重修,后更名颐和园。后来,遭八国联军洗劫,慈禧太后再次动用巨款修复。

颐和园占地 290公顷,分宫廷区和苑林区。宫廷区的代表性建筑仁寿殿,是慈禧从事政务活动的地方。苑林区有万寿山和昆明湖。山上有排云殿、佛香阁、智慧海等。湖占全园面积的78%,中有西堤,湖中有南湖岛,北岸有长廊,全长728米,长度居中国园林廊道之首。万寿山东有谐趣园,原名惠山园,是仿无锡寄畅园而建的园中园。

军和西北、西南等地少数民族的反清起义,奄奄一息的清皇朝得以苟延残喘。表面上她支持洋务派发起了一场以富国强兵为目标的洋务运动,但她骨子里排挤西方,更没有自强意识,所以她同样支持固守传统的顽固派,使二者互相牵制,以坐收渔人之利。

奕䜣在辛酉政变后权势日盛,引起了慈禧的疑忌,有人上疏弹劾奕䜣,她根本不问事实如何,断然革去奕䜣的议政王名号,奕䜣的权势大大削弱了。奕䜣骂她过河拆桥、卸磨杀驴,他最终知道了这个女人的厉害。

1873年,同治帝年满18岁,到了亲政的年龄,两宫太后不得不撤帘归政。可同治帝比他的父亲更荒淫。据说,他在宫中玩弄女性不能尽兴,便经常带着太监出宫嫖娼,结果染上了梅毒,亲政不到两年,就一命呜呼了。儿子死了,可慈禧并不悲伤,因为她又有了再次垂帘听政的机会。她专门挑选了醇亲王奕譞之子也就是她的外甥、年仅4岁的载湉(tián)继承皇位,是为光绪帝。这个小皇帝还穿着开裆裤,什么事都不懂,大权自然又归入慈禧之手。

1881年,年仅45岁的慈安突然病故,有人说是慈禧下毒致其死亡,有人说是患了脑血管病而死亡,但不管怎么说,这又是令慈禧大为高兴的事,没了慈安这个傀儡,她更可以为所欲为了。中法战争后,慈禧借口奕䜣平庸无能免去了他的一切职务,取而代之的是平庸无为、惟慈禧之命是从的礼亲王世铎和庆郡王奕劻,他们分别主持军机处和总理衙门事务。

1889年,光绪帝年已18岁,慈禧只得恋恋不舍地把政权交还给他。不过光绪帝得到的只是部分行政权,大政方针的决策权还在慈禧手中。光绪帝想通过维新变法,救亡图存。但慈禧想的却是如何培植个人的势力,视维新派如眼中芒刺,她见又有了独揽大权的机会,于是在1898年再次发动政变,囚禁光绪帝,废除新政,以训政的名义重新执掌了最高权力。

慈禧为了维护个人权力,在与列强打交道的时候,常以国家民族利益为交换条件,割地、赔款成了家常便饭,在她的指示下,李鸿章与列强签订了丧权辱国的《辛丑条约》,全盘接受了列强提出的各项条件。她还自我表白说,这是"量中华之物力,结与国之欢心"。

慈禧生活极其奢侈腐化。甲午战争前,北洋海军一直想添置新式战舰，可朝廷不批准，理由是财政拮据。据说，当时慈禧太后一天的生活费用达 4 万两银子；修建颐和园一项，就花去白银 3000 万两。而当时，英国和德国最先进的战舰价格约为 50 万两。

1894 年，当中日甲午海战方酣，北洋将士们与日军浴血奋战的时候，京城皇宫里，却歌舞升平，一片祥和景象，满朝文武正在给慈禧过六十大寿。这寿日庆典可真排场，慈禧为自己生日准备的首饰折合黄金 1 万两，合白银 38 万两；置办衣服花去黄金 23 万两；从颐和园回紫禁城所经道路的景点设置与装饰，花去白银 240 万两。据统计，她这个生日，约花了白银 1000 万两。

章太炎曾就慈禧太后等误国卖国的行径写过一副对联："今日到南苑，明日到北海，何时再到古长安，叹黎民膏血全枯，只为一人歌庆有；五十割琉球，六十割台湾，而今又割东三省，痛赤县邦圻益蹙，全逢万岁祝疆无。"如果慈禧能看到这对联，不知作何感想？

1908 年（光绪三十四年）11 月 14 日，光绪帝含恨死去。慈禧太后命立醇亲王载沣之子、年仅 3 岁的溥仪为帝，年号宣统，眼看她第三次垂帘听政的机会又来了。只可惜这时她的生命也已经走到了终点，次日便一命呜呼，离开了人世。她长达 47 年的统治结束了，大清皇朝也很快走到了尽头，成为历史的陈迹。

知识链接

辛酉政变

1861 年 8 月，咸丰皇帝病逝于热河，遗诏令年方 6 岁的儿子载淳继承皇位，同时任命怡亲王载垣、郑亲王端华、户部尚书肃顺等八人为"赞襄政务王大臣"，总揽朝政。咸丰皇帝的弟弟恭亲王奕䜣被排除在执政大臣之外，载淳的生母慈禧太后参与政治的要求也遭拒绝。慈禧是个权力欲极强的女人，她内结东太后钮钴禄氏，外联恭亲王奕䜣，拉拢在北京握有兵权的胜保等人，策划政变。奕䜣在北京争取到了外国侵略者的支持，后以奔丧为名赶赴热河与慈禧秘密策划。11 月 1 日，慈禧带着载淳回到北京，次日凌晨突然发动政变，载垣、端华没有防备，当即被逮捕。慈禧又派人去密云逮捕护送咸丰灵柩回京的肃顺，将其抄家处斩，迫使载垣、端华自尽，其余五大臣或被革职，或被充军。载淳正式即位后，将八大臣拟定的年号祺祥改为同治。不久，两太后垂帘听政，大权落入慈禧一人之手。这一年是农历辛酉年，故史称"辛酉政变"。

奕䜣创设同文馆

19世纪60—90年代
洋务运动。

1861年
清廷设立总理各国
事务衙门。

1860年，恭亲王奕䜣在与英、法等列强谈判签订《北京条约》时，由于身边没有精通外语的中国人，只好让法国传教士孟振生担任翻译、起草文件。孟振生乘机在条约中上加上了允许法国传教士在各省租地、买地，建造房屋的条文，法国由此获得了许多特权。这件事着实让奕䜣感到恼火，也十分难堪，对朝廷其他官员也产生了强烈的刺激，他们认识到，培养本国精通外国语言的人才是多么重要。

1862年，奕䜣等奏请设立培养翻译人员的"洋务学堂"，学堂的名称定为"同文馆"，附属于总理衙门。开办之初，同文馆中只设英文、法文、俄文三个科目，招收的对象限于八旗子弟，年龄在14岁以下。

1866年12月，总理衙门大臣奕䜣等又上奏说，洋人制造船炮和机器、火器的技术，都来自于天文算学，现在我们也要制造这些东西，所以首先应该向洋人学习这方面的学问。他们建议在同文馆中设立天文算学馆，招生对象不再限于八旗子弟，而扩大到满汉举人及五品以下京外官员，聘请洋人为教师。这项议案引起了京城中守旧官僚的强烈不满。

一个月后，奕䜣又上一奏折，重申前议，批驳朝野士大夫的守旧言论，同时提议扩大招生范围，翰林院编修、进士等，也可以和举人、五品以下官员一样参加同文馆的招考。这样一来，同文馆发生了根本变化，由原来的语言学校变成了集语言与技能为一体的综合学校，学生也由原来的八旗子弟扩展到科举正途出身的官员。这个折子呈上以后，守旧的官僚士大夫再也沉不住气了，于是引发了同文馆之争。

山东道监察御史张盛藻首先上折反对设立天文算学馆，他说天文算学是"机巧之事"，不是学问的正途，"读孔孟之书，学尧舜之道"

奕䜣像

的儒家君子岂能学它？如果要学，也只能是钦天监的天文生与算学生的事。该折呈上后，当天就遭到皇上的训斥，并告诉大臣们，不要理会张盛藻的意见。

不久，理学名流倭仁站了出来。他说："自强的根本在于礼义人心，天文算学只是末节，即便不学，对国家也没大损失。过分讲求天文算学只能让人沉湎于奇技淫巧，治理国家需要的是精通儒家之道的士人，用不着这些东西。"倭仁认为让科甲正途士人向"夷人"学习，将会出现"变夏为夷"的危险，培养出来的人只能为洋人所用。他认为即便要学习天文算学，也不必向洋人学习，中国自有这方面的人才。倭仁当时为翰林院学士、工部尚书，是同治皇帝的师傅，平日以理学巨擘自居，在士大夫中有很高的声望。掌握实权的慈禧太后将他的奏折转给了总理衙门。

奕䜣于1867年4月上折反驳倭仁，指出科甲正途人员学习天文算学的重要性。他说："要使国家强大，非得学习洋人的机器制造技术不可，要制造机器，又非从算学入手不可。空谈忠信礼义，是不能有效抵御敌人的。"倭仁也不相让，上折再次重申自己的看法，认为请洋人教授科甲正途士人，上亏国体，下失人心，忠信礼义才是立国之本，如果没有忠信礼义，结果必然是奇技到手，国运丧失。并声言中国地域辽阔，不要担心没有这样的人才。奕䜣针锋相对，上奏折指责倭仁浮言惑众，且抓住倭仁奏折中讲的话，要他保举通晓天文算学的中国人到同文馆当教习。倭仁被将了一军，上奏折辩解说自己是说不要担心中国没有天文算学人才，那只是泛言，并非实指。奕䜣见倭仁已无还手之力，便步步紧逼，奏请皇上让他到总理衙门任职，倭仁只会讲儒家的仁义礼智，哪里做得了与外国人打交道的事情？于是坚决推辞，可是朝廷偏偏不答应。倭

总理衙门

全称"总理各国事务衙门"，又称"译署""总署"。清政府为办理洋务及外交事务而特设的机构。由恭亲王奕䜣等人，于1861年奏请设立。官员分大臣、章京两级。下设英国、法国、俄国、美国、海防诸股与司务厅、清档房等。下属机构有同文馆、海关总税务司署，还管辖南北通商大臣。总理衙门负责一切牵涉外交的事务和部门，但不与各省督抚直接发生联系。1901年，总理衙门改组为外务部，班列六部之首。

京师同文馆

仁没有办法,只好称病辞职。

据说,起初倭仁曾授意候补知州杨廷熙上奏说,现在久旱不雨,河水枯竭,原因是同文馆学习洋人,不合于天理,不得人心,引来"天象示警"。慈禧太后看了很不高兴,说一个小小的知州也敢诋毁朝廷,实在是不成体统,由此严厉斥责了倭仁。实际上,慈禧支持开办同文馆,不单单是想学习西方技术,更重要的是想博得西方列强的好感,便于和他们打交道,获取他们的支持。

表面上看,奕䜣在同文馆之争中取得了胜利,但实际上倭仁等保守派并没有失败。且莫说在论争中京城士大夫多站在倭仁一方,再看看报考同文馆的人数,就更能说明问题。那时正途出身者几乎无人报考同文馆,有的省只报一二人,有的省连一人都没有,如果有人报考,则为同乡同僚所不齿,甚至会有人提出与之绝交。总理衙门没了办法,只得放宽招生资格,允许杂项人员报名,即便这样,半年内也仅有 98 人报名,勉强录取 30 名,因学生素质太差,半年后就有 20 人退学。

1902 年,同文馆走完了 40 年的办学历程,并入京师大学堂。

 知识链接

洋务运动

19 世纪中叶,经过第二次鸦片战争和太平天国运动的冲击,一些开明官僚和士大夫清醒地认识到必须学习西方"长技",方能抵御列强而自立。于是他们发起了以学习西方科学技术和机器生产为主要内容的"洋务运动"。从 60 年代开始,洋务派以"自强"为目标,开办了近代军事工业,如江南制造总局、福州船政局等。70 年代开始,又以"求富"为口号,兴办了民用工业,如轮船招商局、汉阳铁厂等。他们积极筹划海防,建立北洋、南洋、福建三支水师。创办了新式学堂,向国外派遣留学生。洋务运动的派系甚多,其中李鸿章系、张之洞系为前后两个最大的洋务派别。1895 年中日甲午战争后,清政府被迫签订屈辱的《马关条约》,标志着洋务运动的失败。洋务运动是清朝统治集团为挽救危亡而进行的自救运动,它并没有达到使中国富强的目的,但是揭开了中国资本主义生产方式的序幕,加强了中国的国防力量,促进了民族资本主义的产生和发展。

冯子材大败法军

现在广西壮族自治区与越南交界的地方,有一座险要的关隘,叫友谊关,过去叫镇南关。在 19 世纪 80 年代的中法战争中,这里曾是中国军队大败法军的重要战场。

1884 年,法国侵略军进犯云南、广西边境,年近古稀的老将冯子材以高、雷、钦、廉四州团练督办的身份,参与抗击法军的战役。1885 年初,法军侵入镇南关,后因兵力不足、补给困难而退至文渊、谅山,伺机再犯。当时,法国侵略者得意忘形,在关前竖立木牌,用中文写道:"广西的门户已不再存在了。"当地群众针锋相对,也在关前竖起木牌,上面写道:"我们将用法国人的头颅,重建我们的门户!"2 月,新任两广总督张之洞起用冯子材为广西关外军务帮办,率领王孝祺、王德榜、苏元春等将领进驻镇南关。冯子材巡视镇南关防务,看到关内七里的关隘前,两旁高山峻岭耸立,中间只有一条狭窄的通道,是个易守难攻的险要地段。于是命令士兵抓紧修筑工事,做好在此袭击敌人的准备。当地百姓探得法军将于 3 月上旬偷袭芄葑(Jiāofēng),马上报告给了冯子材。冯子材当机立断,派一支军队进驻芄葑,另一支军队袭击敌人的据点扣波。3 月 13 日,法军偷袭芄葑,早已做好埋伏的清军迎头痛击,法军丢盔弃甲,狼狈逃回扣波,途中又遇到冯子材的部队,被打得七零八落,四散溃逃。

法军对扣波的惨败十分气恼,他们迅速增兵,准备进犯镇南关。冯子材料定镇南关外 2 里多远的东岭是敌军进犯的必经之路,命士兵连夜筑起一道 7 尺高、3 里长的土石长墙,并在紧要处修建堡垒,布置兵力。3 月 23 日清晨,法军从谅山方面来犯。法军的炮火朝着东岭山梁猛轰,后面的长枪队紧接着猛扑过来。顿时,山谷动摇,硝烟弥漫,不久,冯子材的 5 个堡垒就被法军夺去了 3 个,形势万分危急。老将冯子材站到高处,大声疾呼:"如果法军入关,我们有何面目见家乡父老!"在冯子材的带领下,将士们奋不顾身,冲出长墙,拼命杀敌,压倒了敌人的气焰。这时援军也已赶到,法军的进攻被打退了。

3 月 24 日,法军倾巢出动,在开花大炮掩护下,猛攻长墙,有的法

新疆行省的设立

清政府收回伊犁后,为了加强对新疆的统辖,巩固边防,1884 年 11 月,根据左宗棠的建议,在新疆建立行省,以乌鲁木齐为首府,任命参与收复新疆的刘锦棠为第一任巡抚。新疆建省后,进行了一系列改革,包括疏浚河渠、建立城堡、清丈地亩、厘正赋税和分设义塾等,有利于新疆地区经济和文化的发展。

1885 年

冯子材在镇南关（今友谊关）大败法军。台湾建省，以刘铭传为首任巡抚。

国兵登上了长墙，有的已越墙而入。冯子材下令各军：凡临阵脱逃者，一律杀无赦。他自己足蹬草鞋，身着短衣，手执长矛，大吼一声，率两个儿子跃出战壕，扑向敌人。顿时，全军士气大振，将士们一起呐喊杀出，冲进敌阵，展开肉搏战，法军被迫离开长墙，退入山谷中。这时，越南义军、边境各族民众也赶来助战，敌人三面受敌，全线崩溃。

冯子材取得镇南关保卫战胜利后，乘胜出击，收复了谅山。法军战败的消息传至巴黎后，法国茹费理内阁因此倒台。

镇南关大捷扭转了中法战争的整个战局，抗法斗争胜利在望。可惜的是，昏聩的清政府并没有因此而振奋精神，它仍旧走了屈膝求和的老路子。

 知识链接

边疆危机

19 世纪中后期，世界各主要资本主义国家先后过渡到帝国主义阶段，他们掀起了瓜分世界的狂潮，中国及邻国成了瓜分的主要目标。他们不仅在中国内地划分势力范围，更想蚕食鲸吞中国的边疆地区。于是造成了 19 世纪 70 年代到 90 年代的中国边疆危机。

1861 年，沙俄出兵侵占了伊犁，实行殖民占领。中亚地区的浩罕国（今乌兹别克斯坦境内）军官阿古柏带兵入侵我国新疆，1867 年以喀什噶尔为中心成立了"哲德沙尔"国。俄、英都与阿古柏政权签订条约，在那里取得了许多特权。后来，沙俄通过《中俄伊犁条约》割占了中国 7 万多平方公里土地。1874 年，日本在美国的支持下进攻台湾，在台湾人民的抗击下退兵。后通过与清政府签订《台事专条》，吞并了中国的琉球，并改为冲绳县。1883 年底爆发的中法战争，是西南边疆危机激化的结果，战火从越南蔓延到中越边境。后来法国通过《中法新约》，打开了中国西南的门户。英国也加强了在我国云南及西藏地区的侵略活动。所有这些，都进一步加深了中国半殖民地化的程度。

中日黄海大战

在浩瀚无边的黄海中，一艘伤痕累累的军舰上，站着一位浑身被炮火灼烧得焦黑、但仍威风凛凛的海军将领，他用仇恨的目光盯着前方，指挥部下开足马力，向敌舰撞去，决心要与敌人同归于尽。很多人都知道，这位将领就是中日甲午海战中的北洋海军管带邓世昌。

1894 年 7 月 21 日，北洋海军派"济远"号等 3 艘军舰组成护航队，护送运送兵士和粮饷的舰船分批前往朝鲜，增援牙山的清军。7 月 25 日，"济远"号到达牙山附近丰岛海面时，遭到日本海军的突然袭击，中日甲午战争拉开了战幕。

9 月上旬，中日两军在朝鲜的战事一触即发，清政府命北洋舰队再次护送 4000 名陆军士兵渡海，支援平壤前线。9 月 16 日，清海军提督丁汝昌奉命率领北洋舰队 12 艘舰艇，护送清军到鸭绿江口的大东沟。17 日上午北洋舰队完成任务后准备返航，突然发现西南方向的黄海海面上，出现了一支挂着美国国旗的舰队。到了中午，这支舰队的 12 艘军舰接近北洋舰队时，突然换上了日本国旗。

邓世昌像

丁汝昌急忙召集军队将领研究对策。"济远"号管带主张逃跑，"致远"号管带邓世昌主张迎战，并提出了具体的作战方案。他的建议得到了多数人的支持。丁汝昌决定采纳邓世昌的建议，命令各舰起锚迎战。

当时中国舰队由于准备不充分，弹药缺乏。日本参战的 12 艘军舰，航速快，炮的射程远。显然这次海战对日军是有利的。

战斗打响了，日本军舰单列成纵队，向中国舰队直冲过来。中国舰队排成人字阵势，把速度慢的小军舰放在了后面。

双方刚一交手，战斗总指挥丁汝昌所在的"定远"号就被敌人的密集炮弹击中了。舰上的桅杆、飞桥被打断。丁汝昌身负重伤，仍在

1894 年
中日甲午战争爆发。
孙中山在檀香山组织兴中会。

1895 年
李鸿章赴日签订《中日马关条约》。
康有为"公车上书"。

公车上书

　　1895 年 4 月，在北京参加会试的各省举人听说日本逼签《马关条约》的消息后，个个义愤填膺。康有为连夜书写上万字的"上皇帝书"，痛陈形势的危急和变法的迫切，在京的举人纷纷在上面签名，第二天送呈都察院。结果都察院拒绝接收，皇帝也没有见到这篇上书。汉代以公家的车马迎送地方向中央举荐的人才，后用来"公车"代指参加科举者，这次上书是在京参加会试的举人参与的，所以叫做"公车上书"。

"定远"号的飞桥上指挥战斗。可没坚持多久，他便倒了下去。舰队失去了统一指挥，只好各自为战。

　　日军见此状况，集中兵力攻击"致远""经远""来远"三艘舰艇。清军官兵毫无惧色，沉着应战，日军主力舰"吉野"号被击中负伤。

　　"致远"号管带邓世昌看到"定远"号的指挥帅旗被打断，丁汝昌负了重伤，果断地在自己的舰上升起了帅旗，主动挑起指挥战斗的重任。他决定集中火力攻击日军的指挥舰——"吉野"号，用来扭转战局。"经远"号也驶了过来，同他并肩作战。

　　"吉野"舰上的日军十分惊慌。急忙命令五艘巡洋舰集中火力轰击"经远"号，企图将"经远"与"致远"分开。但"致远"号紧紧咬住"吉野"不放，炮手们瞄准目标，猛烈轰击，"吉野"号多次中弹。舰上的日军吓坏了，慌忙掉头逃跑。邓世昌下令紧追不舍。就在这时，"致远"号上的炮弹打完了。"吉野"号发现这一情况后，掉转过头，向"致远"号扑来。

　　"致远"号负了重伤，又没了炮弹，按理说，他们应该选择逃避：或驶出战场，或想法避开敌舰炮击。但是管带邓世昌是个铁骨铮铮的汉子，他没有选择躲避，更没有选择逃跑，而是毫不犹豫地命令兵士开足马力，正对着敌舰"吉野"号驶去，他要撞沉"吉野"号，与它同归于尽。起了火的"致远"号，像一条火龙冲向"吉野"号，"吉野"号上的日军吓呆了，不少人跳下水去逃命。就在这时，只听轰的一声，"致

奋勇冲向敌舰的致远舰

远"号爆炸了，邓世昌和全舰 250 多名官兵全部殉难。原来他们遇到了日军放出的鱼雷。

　　日本海军完全被清朝将士的气势吓住了，下午 5 时 30 分，他们率先撤退，中国舰队也返回了旅顺驻地。

　　黄海大战进行了 6

个小时，中国损失了 5 艘军舰，伤亡 1000 多人；日本军舰也有 5 艘负重伤。

消息传到京城，朝野为之震动，光绪皇帝亲自为邓世昌撰写挽联："此日漫挥天下泪，有公足壮海军威。"李鸿章为了保存北洋海军的实力，下令北洋舰队躲进威海卫港，致使日本海军掌握了黄海的制海权。所以老百姓也编了歌谣道："通商卖国李鸿章，战死沙场邓世昌。"

 知识链接

甲午战争

1894 年，朝鲜爆发了东学党领导的农民起义，请求清政府出兵协助镇压，清政府即派直隶提督叶志超率兵 1500 人赴朝鲜，驻守牙山。日本以保护本国使馆和侨民为借口，也出兵 1 万多人进入朝鲜，并逐渐包围驻守牙山的清军，不时进行挑衅。7 月 25 日，日本军舰不宣而战，突然袭击中国驶往朝鲜的运兵船，中日战争爆发。8 月 1 日，清政府对日宣战。因为这一年是农历甲午年，所以称之为"甲午战争"。这次战争可分作两个阶段。

第一阶段，从 1894 年 7 月 25 日到 10 月中旬，战场在黄海海面和朝鲜境内，主要战役有丰岛海战、牙山的成欢之战、平壤之战和黄海海战。结果日军占领了朝鲜，李鸿章的北洋舰队躲进威海卫，日军掌握了黄海的制海权。1894 年 10 月下旬到 1895 年 3 月是战争的第二个阶段，主要经历了辽东之战和威海卫之战。日军分两路侵入中国的辽东地区，11 月 7 日进攻大连，守将不战而逃。22 日，攻占旅顺，对当地居民实行了野蛮的大屠杀。次年 1 月，日军一面从海上封锁威海卫港口，一面从陆地包抄威海卫后路。2 月初，日本海陆军一起炮轰刘公岛和港内的北洋舰队。丁汝昌与爱国官兵奋勇抵抗，打退敌人多次进攻。后丁汝昌、刘步蟾（"定远"号管带）等自杀。日军进入刘公岛，北洋舰队全军覆没。

1895 年 4 月，清政府同日本签订了丧权辱国的《马关条约》。条约承认了日本对朝鲜的控制，割让辽东半岛、台湾及澎湖列岛给日本，赔偿日本白银 2 亿两。这是继《南京条约》之后损害中国利权最严重的条约，它不仅加重了清政府的财政危机，同时使远东的政治形势发生新的变化，日本迅速成为东方强国，野心勃勃地走上了侵略中国和亚洲其他国家的道路。

光绪帝变法维新

1898 年

6 月 11 日光绪皇帝下令推行新政,到 9 月 21 日,慈禧太后发动政变,囚禁光绪帝,杀死主张变法者,变法失败,史称"百日维新"。

1899 年

河南安阳发现甲骨文。

1898 年 9 月 28 日是个血腥的日子,这天,谭嗣同、杨锐、林旭、刘光第、康广仁、杨深秀等"戊戌六君子"被杀于北京菜市口,戊戌变法悲壮地失败了,以慈禧太后为首的守旧派,抱定清廷这具僵尸,将中国社会一步步拖向苦难的深渊。

中日甲午战争之后,康有为、梁启超等极力鼓吹按照西方国家的政治模式,推行政治、经济改革,以求国家富强。他们在各地组织学会,创办报刊,设立学堂,宣传维新变法主张,受到一些官僚赞赏,光绪帝也接受了他们的观点。1898 年 6 月 11 日,光绪帝颁布"明定国是"诏书,宣布变法维新,黑暗腐朽的清朝统治透露出一丝新生的光芒。

6 月 16 日,光绪帝第一次召见康有为,设计变法的具体步骤与措施,特许康有为专折奏事。根据康有为等人的建议,他先后发布了上百条变法的诏令,主要内容有:政治方面,精简机构,裁汰冗员,删改制度;允许百姓向朝廷上书,训练新式军队。经济方面,提倡开办实业;奖励发明创造;改革财政,编制国家预算。文化教育方面,废除八股,改试策论;设立学校,开办京师大学堂;设立译书局,编译书籍;允许自由创办报刊、学会;派人出国留学。从内容上看,这些措施对于变更中国的陈腐政治,促进资产阶级思想文化的传播,促进民族资本主义工商业的发展,推进中国社会进步是十分有益的,是利国利民的好办法,但在当时的情况下,要贯彻下去,困难重重。

变法法令一公布,就遭到顽固守旧派官僚的强烈抵制和反对,地方总督、巡抚大多是守旧官僚,他们观望敷衍,置若罔闻,甚至强行抵制。湖广总督张之洞、两江总督刘坤一那样的洋务派官员也是拖延应付。直隶总督荣禄、两广总督谭钟麟,则是全面抵制。只有湖南巡抚陈宝箴支持新政,认真执行。新政触犯了社会各腐

光绪帝像

朽阶层的利益。下自地方乡绅、绿营官兵、八旗子弟,中到遍布全国的举人、秀才,上到担心精简机构而丢乌纱帽的官僚,都把变法看成是一场大祸,恨之入骨。反对派的代言人奕劻、李连英跪请太后"垂帘听政";御史杨崇伊多次到天津与荣禄密谋;甚至宫廷内外传言将废除光绪,另立皇帝……老谋深算的慈禧太后早就在寻求时机,准备复辟了。变法开始不久,她就免去了光绪皇帝的老师、军机大臣翁同龢的职务,将他驱逐回原籍,同时把二品官职以上的任免权、中央及京城附近军队的指挥权都抓到了自己手里。

面对慈禧太后的干涉、打击,光绪皇帝也作了反抗。尽管这种反抗柔弱而无力,但还是惹恼了慈禧,她决心扑灭新政,便与直隶总督荣禄密谋,发动政变。

光绪皇帝闻知后,惊惶失措,维新派对此也是一筹莫展。但他们不愿束手就擒,坐以待毙,于是打算冒险以求胜:拉拢袁世凯,以对付荣禄。

甲午战争后,袁世凯被李鸿章举荐到天津小站编练新军,掌握了一支7000多人的武装力量。后来,袁世凯参加了强学会,表示支持维新。维新派把他当做可以依靠的力量。9月16、17日,光绪皇帝两次召见袁世凯,授予他侍郎职位。18日夜,谭嗣同密访袁世凯,劝他杀死荣禄,举兵救驾。袁世凯满口应承,表示一定效忠光绪皇帝,但背地里却向荣禄告密,投靠了慈禧太后,加快了政变的进程。

瀛台

瀛台位于北京中南海的南海。始建于明朝,清朝顺治、康熙年间曾两次修建,是帝王、后妃的避暑和游览地。三面临水,与陆地只有一个木板桥相连。戊戌政变后,慈禧太后把光绪帝囚禁在瀛台的涵元殿,并派人日夜严密监视。

1898年9月21日凌晨,慈禧太后突然从颐和园赶回紫禁城,径直走进光绪皇帝寝宫,指挥属下将他囚禁于中南海瀛台。然后,宣布光绪皇帝生病,她亲自临朝听政,同时下令逮捕维新派人士。康有为、梁启超得以逃脱。有人劝谭嗣同逃跑,但他拒绝了,他说:"各国的变法,

瀛台旧照

无不从流血开始,现在中国还没有因变法而流血的人,所以我们的国家不能昌盛,要有为变法流血的人,那就从我谭嗣同开始吧!"9月28日,谭嗣同等六人同时遇害。其他维新派人士、参与新政及倾向变法的官员,或被逮捕囚禁,或被罢官放逐。除京师大学堂被保留下来外,其余各项新措施全部取消。

从1898年6月11日光绪皇帝下诏变法,到9月21日慈禧发动政变,新政总共经历了103天,所以历史上称为"百日维新"。

 知识链接

戊戌变法

早在19世纪七八十年代,随着洋务运动的开展,便出现了早期的维新思想家。中国在甲午战争中战败,民族危机空前严重,维新思想得以迅速发展和传播,资产阶级维新派登上了政治舞台。他们认为,只有维新变法才能实现民族独立和国家富强,挽救民族危机。要维新变法就要实行西方资本主义的政治制度,走西方资本主义的道路。维新思潮经过几年的酝酿和发展,终于催生出一场带有一定群众性的政治运动。这个运动的领导者以康有为、梁启超、严复、谭嗣同等为代表。他们主张维新变法,提出了系统的理论和明确的施政纲领,要求实行君主立宪,发展资本主义经济和文化。

1895年《马关条约》签订后,康有为发起"公车上书",要求"拒和""迁都""练兵""变法"。随后,维新派在全国设立学堂,创办报刊等,宣传变法维新思想。维新运动对清廷产生了巨大的震动。1898年6月,光绪皇帝宣布实行变法。刚刚过了一百多天,慈禧太后突然发动政变,维新派被镇压,变法宣告失败。这一年为农历戊戌年,史称"戊戌变法"。戊戌变法是资产阶级维新派发动和领导的爱国救亡运动,是维新派学习西方以改变中国贫穷落后面貌的改革运动,也是一次思想解放运动和新文化运动。

八国联军侵华

　　1900 年 8 月 15 日这天,应是慈禧太后一生中过得最窝囊的一天。清晨 6 点钟,她还没来得及梳洗,便满脸泪水,带着光绪皇帝及皇室、大臣等千余人,仓仓皇皇,出京城地安门,一路西行。大概老天也故意跟他们过不去,淅淅沥沥下起雨来,把他们一个个淋成了落汤鸡。慈禧一天都没吃上饭,那泪水一天也没有干。是谁能让天不怕地不怕的老佛爷如此狼狈逃命? 不用说,只有洋鬼子了。

　　中日甲午战争以后,西方列强加紧了对中国的侵略,轰轰烈烈的义和团运动提出了"扶清灭洋"的口号,这不仅唤起了社会许多阶层的支持,而且使得清政府投来青睐的目光。不过这目光中总是有几分犹豫和猜疑:清廷很想借义和团与列强对抗,但又担心义和团会扰乱它的统治秩序。

　　清廷对义和团的暧昧态度与依违两可的政策,引起了西方列强的强烈不满和极度不安,他们害怕中国的局势失控,更不想让义和团取代奴性十足的清政府。于是,他们多次发出照会,要求清政府尽快剿平义和团。

　　1900 年 4 月 6 日,英、法、美、德四国驻华公使联合发出通牒,限令清政府在两个月内消灭义和团,不然就派军"代劳"。可是,义和团运动已成燎原之势,清政府内部主剿、主抚两派意见相持不下。列强决定以"保护使馆"的名义,派兵进入北京,慈禧太后下谕同意洋兵进京。自 5 月 30 日起,第一批侵华联军 400 多人分乘清政府提供的火车,从天津到达北京东交民巷使馆区,同时联军 2000 多人在天津租界集结,准备进兵北京。

　　6 月 6 日前后,各国政府相继批准了联合出兵侵华的计划。10 日,俄、英、美、日、德、法、意、奥八国组成的侵略军 2000 余人,由英国海军中将西摩率领,从天津乘火车进犯北京,拉开了八国联军侵华的序幕。

　　西摩率领的侵略联军,遭到京津铁路沿线义和团和清军的奋力抵抗,他们走了 4 天才到达廊坊,在此遭到义和团的袭击,只好退回到杨村,打算沿运河北上,可又遭到义和团和清军的联合攻击。侵略军损失惨重,不得不折回天津。

1900 年
6 月,义和团主力进入北京和天津城内。8 月,自天津出发的八国联军逼近北京城。慈禧太后带光绪皇帝仓皇逃往西安。八国联军进入北京后,屠杀义和团,四处侵扰。

1901 年
9 月,清政府与德、美、法、英等 11 国签订了《辛丑条约》,从此帝国主义加强了对中国的政治、经济和军事控制。

1902 年
1 月,慈禧太后及光绪皇帝回到北京。

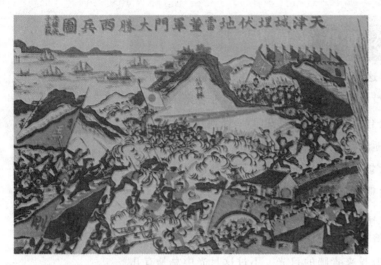

义和团运动时期的民间宣传画

当西摩率联军向北京进犯时,列强军舰已云集大沽口外,策划更大规模的军事行动。17日凌晨,他们从海面和大沽炮台后侧同时向炮台发起攻击。镇守大沽炮台的清军将领罗荣光带领官兵,坚决予以还击,附近义和团也来参战,奋战6小时,炮台失守。大沽是京津门户,大沽炮台失陷后,联军兵士由此登陆,侵华战争进一步扩大。

紫竹林租界

按1860年签订的《北京条约》的规定,天津被开辟为通商口岸。此后,英、美、法三国将位于天津城南的紫竹林村沿河一带划为租界,时人称之为"紫竹林租界"。列强在租界内筑路建房,开设洋行,建立学校和医院,修筑码头兵营,这里成为它们侵华的重要基地。八国联军入侵天津,紫竹林租界成为列强不断增兵和镇压义和团的大本营。直隶总督聂士成与义和团首领曹福田、张德成等联合攻打紫竹林租界,给予联军以沉重打击。

面对列强的入侵,在战与和的问题上,慈禧太后左右为难,举棋不定。列强兵犯北京,她十分气愤,但不到万不得已,她又不想与列强决裂。但当她听到联军进攻大沽炮台的报告后,才最终下了决心,于21日颁布"向各国宣战谕旨",声称"与其苟且图存,贻羞万古,孰若大张挞伐,一决雌雄"!慈禧先后发给义和团米粮银钱,征调各省军队赴京"勤王"。作了一番部署以后,她的心情稍微平静了下来,开始考虑一旦战败,如何向各国求和的事情了。

八国联军从大沽乘火车开到天津,进入紫竹林租界。在天津城南的八里台,联军受到聂士成军的有力抗击。最后,因力量悬殊,聂士成战死,联军占领了八里台。7月上旬,各国的援军陆续到达天津,联军已达到2万多人。14日,联军占领了天津。

8月4日,联军分兵两路,沿运河两岸向北京进犯。这时,北京城中,慈禧太后已下令清军和义和团一起进攻各国使馆,久攻未下,她意识到事态严重,于是又打算与联军议和。8月7日,李鸿章被任命为议和全权代表。这时,慈禧已对战争的胜利失去了信心。8月13日,联军进逼北京城下,对东便门、朝阳门、广渠门发起了进攻。15日凌晨,慈禧太后得到了联军攻入东华门的报告,仓皇逃往西安。京城内的部分清军与义和团战士,与敌人进行了3天激烈的巷战,但终究无法挽回败局。

在北京,联军统帅部特许各国官兵公开抢劫三日。皇宫、颐和园内的大量珍贵文物,被洗劫一空。就连安放在大殿前面的存水防火用的大铜缸表面的鎏金,也被他们用刺刀刮走。我国古代最大的一部类书《永乐大典》被焚烧抢劫,有的至今还在纽约、伦敦和巴黎的博物馆里。

侵略军不光抢劫财物,更以杀人放火为乐事。不管是衙门、寺院,还是百姓住宅,抢劫之后,便一火焚之。庄王府、端王府、大光明殿等许多地方,均被联军放火烧毁,熊熊火光三昼夜未熄,仅庄王府一处,被烧死者就有1700多人。

八国联军侵入大清门

占领北京后,联军又分兵四出攻掠,东占山海关,南犯保定,北侵张家口,西扰娘子关。八国联军所到之处,奸淫烧杀,京津一带的许多地方变成了瓦砾场。

慈禧太后在逃往西安的途中,做出了两项"重要"决定,一是颁布"剿匪"上谕,正式宣布"痛剿"义和团;二是催促议和全权大臣李鸿章会同庆亲王奕劻迅速办理"和局"。后来,又宣布惩处放任义和团的载漪、载勋、刚毅等亲贵重臣,加派亲英、日的刘坤一等人参与和谈。

当李鸿章将侵略者拟定的《议和大纲》呈送给慈禧的时候,老佛爷看到"通情达理"的联军竟没有将自己列为祸首,终于松了一口气,立刻表示完全接受,并要"量中华之物力,结与国之欢心"。1901年(农历辛丑年)9月7日,清廷与列强11国(除参与出兵的8国外,还有比利时、西班牙和荷兰)签订了丧权辱国的《辛丑条约》,清廷向列强的赔款数额达4.5亿两,同时列强取得了在北京城内使馆区及北京附近军事要地驻军等权力,中国的主权再次受到严重的侵犯。

知识链接

义和团运动

甲午战争前后,鲁西北及周围地区出现了许多名称各异、互不统属的反教会组织及民间习拳练武、强身保家的群众团体。他们没有形成统一的领导机构,但在反对外国侵略的目标下,相继打起了义和拳、义和团的旗帜。1898年,山东冠县义和拳和直隶威县、广平等地义和拳联合行动,推举赵三多为"大师兄",正式拉开了义和团运动的序幕。由于清政府与列强的矛盾持续激化,对义和团的政策由起初的坚决镇压转变为默许以至支持利用,因而义和团运动迅速在直隶地区发展起来,北京和天津成为义和团活动的中心地区。山西、河南、东北、内蒙古等北方省区,也很快掀起义和团运动的高潮。

自1900年初开始,英、美等国公使通过各种方式,向清政府施加压力,要求镇压义和团。6月10日,英、俄、日、法、德、美、意、奥八国组织侵略军2000余人,从天津进犯北京。义和团为捍卫民族独立,在大沽、天津、廊坊、北京等地奋起抗战,给侵略者以沉重的打击。最终在列强的绞杀和清政府的破坏下,义和团运动遭到失败。义和团运动显示了中国人民巨大的抗争力量,打乱了帝国主义阴谋瓜分中国的计划,加速了清朝的崩溃。

武昌起义的枪声

1911 年 10 月 10 日晚,武昌城内一声枪响划破长空。这是再普通不过的枪声,但又是具有伟大历史意义的枪声,它震撼了中国,也震撼了世界,它宣告了辛亥革命的爆发,也宣告了统治中国 268 年的清皇朝即将覆灭。

在全国保路风潮不断高涨的形势下,湖北武汉的两个革命团体文学社和共进会积极准备发动武装起义。共进会 1907 年 8 月成立于日本,文学社 1911 年 1 月成立于武昌,他们的领导人都是同盟会会员。这两个团体在湖北新军中进行了长期的工作,新军中大约三分之一的士兵和下级军官参加了这两个组织,总共有五六千人。后来他们决定联合行动,并推举文学社领导人蒋翊武为总指挥,共进会领导人孙武为参谋长,拟定于 1911 年 10 月 6 日(农历八月十五日中秋节)发动起义,后来由于准备不充分,乃决定延期。

10 月 9 日,革命党人孙武在汉口俄租界宝善里 14 号共进会机关制造炸弹时,不慎引起爆炸,俄国巡捕闻声前往搜查,受伤的孙武出逃,但起义的文件、印信、旗帜等均被搜走。与共进会机关相邻的革命党人刘公的住宅也被查抄,刘公的弟弟刘同等 4 人被捕。湖广总督瑞澂(chéng)深感事态严重,立即下令全城戒严,搜查革命党机关,按名册搜捕革命党员。武汉三镇笼罩在一片白色恐怖中。当天下午 5 时许,武昌小朝街起义总指挥部的蒋翊武、刘复基等得知汉口出事,起义计划暴露,意识到当时处在千钧一发之际,如不尽快动手,不仅前功尽弃,且必定损失惨重。于是他们断然决定提前起义,以中和门(今起义门)外炮声为号。他们派人向新军各兵营革命党人秘密传达了起义命令。

当晚小朝街起义总指挥部被包围,军警破门而入。刘复基、彭楚藩被捕,蒋翊武乘隙出逃。10 月 10 日晨,彭楚藩、刘复基等在湖广总督署被枪杀。

革命党人失去了指挥机关,他们便自行联系,坚定地举起义旗。武昌城内新军第八镇工程第八营的革命党人熊秉坤闻听情况紧迫,当机立断,召集起义骨干开会,商定当晚 7 点钟起义。7 点前,效忠于

1905 年

8 月,同盟会在日本东京成立,孙中山任总理。

1908 年

8 月,清政府颁布《钦定宪法大纲》。
11 月,光绪皇帝、慈禧太后相继死去。溥仪即位。

1911 年

4 月 27 日,孙中山、黄兴领导黄花岗起义。

黄花岗起义

在同盟会的领导下,革命党人发动了多次武装起义。黄花岗起义是影响最大的一次。1911 年 4 月 27 日下午,在黄兴带领下,革命军 120 余人,臂缠白巾,手执枪械炸弹,分四路进攻总督衙门等处,激战一夜,终因筹划不密、寡不敌众而失败。黄兴侥幸逃脱。事后,广州革命志士潘达微收殓烈士遗骸 72 具,葬于广州郊外的红花岗,并将红花岗改为黄花岗。这次起义因而也称为黄花岗起义。

10月10日晚,湖北新军士兵中的革命党人在武昌举行起义,辛亥革命爆发。11月底,全国大多数省区宣告脱离清政府独立。12月,革命军攻占南京。

清政府的工程营二排长陶启胜查哨,见士兵们情绪振奋、跃跃欲试,不禁起了疑心,后与正在擦拭枪械的起义士兵金兆龙、程正瀛发生争吵、厮打。程正瀛扣动扳机,向陶启胜打了一枪。这枪没有命中,陶启胜慌忙越墙逃走。金兆龙纵身而起,高举步枪,大声喊道"反了吧"! 在这枪声与喊声中,武昌起义爆发了。

熊秉坤率领义军打死了9个反动军官,带领40余名士兵直奔楚望台军械库。守卫军械库的是革命党人罗炳顺等,军械库迅即被占领。起义部队得到军火,士气大振。他们临时推举原日知会员吴兆麟任总指挥,派人与城内外其他革命部队取得联系,革命党人的部队纷纷向楚望台集结。吴兆麟、熊秉坤则率部向湖广总督署发起进攻。

总督署位于武昌城西南角文昌门与望山门之间,右负城郭,左邻市街,紧靠大江,易守难攻。总督瑞澂凭借守卫督署的3000名兵士,负隅顽抗。革命军兵分三路,三面猛攻,炮队也赶来支援,督署被攻破,瑞澂命人凿开围墙,登上江中的兵舰,逃往汉口。

湖北军政府原址(今辛亥革命博物馆)

经过一夜激战,革命军控制了武昌城,11日晚到12日晨,汉口、汉阳的新军先后起义,武汉三镇全部被革命军所占领,武昌起义胜利了。

武昌起义后,全国许多省份相继宣布脱离清廷独立,腐朽的清皇朝统治土崩瓦解。

知识链接

辛亥革命

20世纪初,中华民族的灾难持续加深,社会矛盾继续激化,风雨飘摇中的清皇朝自上而下搞起了"新政"。与此同时,以孙中山为代表的民族资产阶级革命力量迅速登上了历史舞台,勇敢地担负起领导民主革命的重任。

早在1894年,孙中山就发起成立了革命团体兴中会,开始了建立资产阶级共和国的努力。1905年8月,孙中山在东京成立的中国同盟会,是第一个全国性的资产阶级革命政党。同盟会提出了"驱除鞑虏,恢复中华,建立民国,平均地权"的革命纲领,孙中山把它概括为"民族""民权""民生"三大主义,也就是"三民主义"。此后,同盟会领导下的革命党人发动多次武装起义,同时资产阶级改良派推动的立宪活动也日益高涨,群众性的自发反清斗争遍及全国各地,这些起义和斗争动摇了清朝的统治。

孙中山像

清朝当政者感到旧的政治体制难以维系下去,于1908年宣布"预备立宪"。1911年5月,清政府出卖国家路权给列强,湘、鄂、川、粤四省掀起保路运动,清政府急忙派兵镇压。武汉的两个由同盟会员参与领导的革命团体文学社、共进会,决定乘机发动起义。10月10日,武昌起义终于爆发了。起义胜利后,革命党人建立军政府。全国各地相继响应,不到两个月便有14个省宣布独立,清朝统治土崩瓦解。12月29日,孙中山当选为临时大总统。次年1月1日,孙中山在南京宣誓就职,宣告中华民国临时政府成立。因为1911年是农历辛亥年,所以称这次革命为"辛亥革命"。辛亥革命推翻了清朝统治,结束在中国延续了两千多年的君主专制政体,在东方建立起第一个资产阶级共和国。

民国

从清朝灭亡起到中华人民共和国建立止，是中国历史上的民国时期。民国伊始，孙中山任临时大总统仅仅3个月时间，但意义重大。他在这古老的国度里开创了崭新的民主共和制度，宣告了两千多年的君主专制制度终结，使民主共和观念深入人心。此后，袁世凯等北洋军阀当政16年，尽管专制政体阴魂并未散尽，但中国历史始终没有偏离民主共和的轨道。袁死后，各系军阀为争最高统治权，相互倾轧，大战不已。中国国民党重组和中国共产党诞生是民国时期最重大的事件，从此，国共两党成为国家政治的主导者。在国民党各派系争斗中，蒋介石集团掌控军权、排除异己，不断强化独裁体制，在政治上始终处于统治地位。中共在各地领导农民革命，建立根据地，力量不断发展壮大。全国抗日战争爆发后，国共两党再度携手，联合抗日，经历8年苦战，最终取得胜利。这个时期，中共在政治上取得了极大成功，军事实力也大大增强。抗战结束后，国民党破坏和谈，发动内战，国共双方进行了最后的政治军事较量，结果国民党全面溃败，撤逃至台湾，中华人民共和国宣告成立，中国社会进入了新的历史时期。

奔马图

徐悲鸿(1895—1953),江苏宜兴人,著名画家、美术教育家,以画马蜚声海内外。1941年秋,日军打算在发动太平洋战争之前结束中国战事,便倾其全力发动第二次进攻长沙的战役,企图打通南北交通咽喉。由于指挥失误,长沙一度被日寇攻占。正在马来西亚办画展募捐的徐悲鸿听到消息,心急如焚。他连夜画出这幅《奔马图》,抒发忧国之情。

孙中山就任临时大总统

孙中山是中国民主革命的先驱,中华民国的缔造者。他担任中华民国第一任临时大总统,但是仅仅过了四十几天,就自动辞职了。这是怎么回事呢?

武昌起义胜利后,革命党人面临的首要任务是建立共和政府,彻底废止帝制,实现南北统一。成立共和政府不难,难的是谁出任政府最高领袖。在这个问题上,革命党人内部意见不统一。大家提出不少人选,但最终感觉都不合适。当然,也人有说,如果袁世凯拥护共和,可以让他担任大总统。袁是忠于皇室,还是拥护共和?他本人态度暧昧,革命党人更是一百个不放心。正在左右为难、久议不决的时候,传来了一个令大家兴奋的消息:多年在海外奔走,为革命筹措经费的孙中山马上要从美国回来了。大家眼前一亮,一致认为,以孙中山的资历与威望,出任大总统是再合适不过的了。

1911 年 12 月 21 日,孙中山乘船到达香港,25 日在胡汉民等人的陪同下回到上海,黄兴、宋教仁等革命党人和大批群众到码头热情迎接。有记者还以为他是腰缠万贯、衣锦还乡呢,于是迎上前去问道:"孙先生此次带了多少钱回来?"孙中山先是一愣,而后朗声答道:"本人一文不名,所带回者,仅是革命精神而已。"第二天,同盟会召开会议,商讨组织临时政府方案。决定成立中华民国临时政府,推举临时大总统。孙中山提出,临时政府为共和体制,设总统为最高元首,采用阳历,改以中华民国纪元。方案得到各省代表同意。12 月 29 日,各省代表在南京举行会议,一致推举孙中山为中华民国临时大总统。就职典礼定在下年元旦举行。

1912 年 1 月 1 日上午,上海群众举行了盛大欢送仪式后,接近中午时分孙中山才离开上海北站,经过数小时车程,到达南京下关火车站。再到东箭道车站乘坐马车,抵达两江总督署的时候已经是晚上 10 点多钟了。晚 11 点左右,就职典礼在两江总督署大堂举行。大堂里灯光明亮,前边悬挂"吾大中华民国吉期良辰"横幅,两边立柱上悬挂"驱除鞑虏恢复中华""创立民国平均地权"的对联。孙中山走进会场,各省代表、军人、外宾等纷纷起身鼓掌欢迎,同时高呼"共和万岁"

1912 年

1 月 1 日,中华民国成立,孙中山在南京就任临时大总统。

2 月 12 日,清帝溥仪退位,帝制结束。

清帝退位

辛亥革命爆发后,南方革命党人与北方袁世凯军阀集团,通过谈判达成协议:清帝退位后,南方革命党人可交出政权,推举袁世凯为临时大总统。袁世凯为首的北洋势力加紧逼宫,制定《优待条例》,允许清帝保留原有称号,暂居皇宫,日后移居颐和园,并保护其原有私产。隆裕太后争取虚君共和政体,未获准许,于 1912 年 2 月 12 日举行最后一次朝见仪式,宣读退位诏书,清朝统治就此结束。

3月10日,袁世凯在北京就任临时大总统。

4月1日,孙中山至参议院行解职礼。

6月15日,中华民国首任内阁总理唐绍仪辞职离京,内阁解体。

的口号。仪式开始后,孙中山操着一口广东话,热情洋溢地宣读誓言:"倾覆满洲专制政府,巩固中华民国,图谋民生幸福,此国民之公意,文实遵之,以忠国民,为众服务,至专制政府既倒,国内无变乱,民国卓立于世界,为列邦公认,斯时,文当解临时大总统之职。谨以此誓于国民。"接着以临时大总统名义发电通告全国:中华民国正式成立,1912年为民国元年。在响彻云天的礼炮声和"中华民国万岁"的欢呼声中,典礼宣告结束。这礼炮声和欢呼声宣告了统治中国二百多年的清王朝的覆灭,也宣告了持续两千余年的帝制的终结。由于当时财政吃紧,孙中山又崇尚节俭,所以临时大总统办公室就设在两江总督署西花厅南北走向的平房里。不久,孙中山在这里主持召开了临时政府第一次内阁会议。

民国建立后,随即颁布法令,进行从"头"到"脚"的革命。所谓"头"上的革命,就是下令20天内剪掉辫子。清军入关后,强制实行剃发结辫政策,当时不少汉人因拒绝剃发而被杀。革命党人早就提出革除这一旧习,辛亥革命后,剪辫之风已经开始流行,连宣誓效忠清王室的袁世凯后来也非常乐意地剪掉了辫子。"脚"的革命是"放足"。在中国传统社会的陋习中,最为残酷的莫过于女子缠足,民国成立后,内务部根据孙中山的命令,强制实行"放足"。

袁世凯听说孙中山当上了临时大总统,又生气又着慌。原来他想坐山观虎斗,等革命党和清廷打到两败俱伤,再坐收渔翁之利。哪里料想到革命党人来了个先发制人,早早成立了临时政府。武昌起义时,曾有革命党人提出,如果袁世凯支持共和,可以选他当总统。如今,这个总统却被孙中山抢了去。他着实不甘心,可又能怎么办呢?他盘算了半天,认为要想把总统的职位抢过来,就应该向革命党施加更大压力。他一面气急败坏地下令前线的北洋军进攻武昌,一面向北洋将领们通电"反对共和,拥护宪政"。一见袁世凯发怒,革命党人有些怕了,

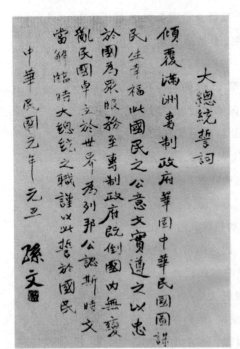

孙中山《大总统誓词》

赶紧表态,愿意用总统一职换取袁世凯对共和的支持。听到这个消息,袁世凯心里有了底。不过他还是装出对总统职位不感兴趣的样子,佯怒道:"我是大清的总理大臣,怎么能支持共和!想让我背弃朝廷,被万世唾骂,我可不干这傻事。"不过,背后头袁世凯已经积极筹划逼溥仪退位的事情了。

　　经过袁世凯的一番"努力",1912年2月12日溥仪宣告退位。次日,孙中山按照约定,宣布辞去临时大总统职位(4月1日,正式解职)。雄踞北方的袁世凯如愿以偿,当上了临时大总统。

 知识链接

中华民国

　　1912年元旦,孙中山宣誓就任临时大总统,定国号为中华民国。孙中山辞职后,袁世凯继任临时大总统,以北京为首都。1916年6月袁世凯病逝,此后进入北洋军阀混战时期。总统的职位上,你方唱罢我登场;入主北京政府掌权者,像走马灯一样更换。1928年北伐军攻克北京,改北京为北平,国民政府以南京为首都。设主席为最高职务,另设军事委员会,委员长是最高军事长官。蒋介石长期担任军事委员会委员长职务,掌握国民政府的军政大权。1937年全国抗战爆发后,南京沦陷,国民政府被迫迁都重庆。1946年5月,国民政府还都南京。1947年颁行宪法,进入所谓"宪政"时期,复设总统为最高元首。初由蒋介石担任,1949年初蒋宣布引退,由李宗仁代理。1949年4月23日,中国人民解放军攻克南京,蒋介石军队败退两广、四川,后率余部逃往台湾省。1949年10月1日中华人民共和国成立,中华民国宣告结束。

袁世凯称帝

冬至是皇帝祭天的日子,1914 年 12 月 23 日是冬至,这一天北京市出动警察,全城戒严。从新华门到天坛,道路用黄土铺垫,当年清帝举行祭天仪式的寰丘坛被整修一新。天坛周围,数千名士兵荷枪实弹,密布岗哨。凌晨 3 点钟,在呼啸的寒风中,一辆装甲车驶向天坛。到了南门外,只见一位衣装光鲜的人走下装甲车,换乘四角装饰着璎珞的轿车,到昭亨门外,又坐上竹椅来到天坛前,文武官员衣着长袍,早在那里等候。乘竹椅来的人来到更衣殿内,戴上平天冠,穿上四大团花十二章大礼服,而后迈开四方步,走出更衣殿,登上寰丘坛,祭天仪式开始了。不过,当年帝王祭天是跪拜,现在改成了鞠躬,当年帝王的祭文中自称"子臣",而今改成了"中华民国国民",其他程序礼仪,与当年帝王祭天一模一样。一直折腾到将近 9 点钟,仪式才算结束。这是民国年间国家元首举行的唯一一次祭天活动。

这位模仿当年皇帝的举止做派,认真地表演了一番的国家元首是谁? 他就是做梦都想当皇帝的袁世凯。

上一年的 3 月,准备前来北京组织内阁的国民党代理理事长宋教仁在上海车站被刺杀。正在日本考察修铁路的孙中山以为是袁世凯所为,于是毅然回国,动员国民党和其他革命势力,武力讨伐袁世凯。7 月中旬起,江西、江苏、安徽、上海、湖南、福建等省相继宣告脱离北洋政府独立。袁世凯下令镇压,反袁势力纷纷失利,孙中山等人逃亡日本。历史上把这次反袁运动称为"二次革命"。

"二次革命"被镇压,袁世凯更加得意忘形,他以为民主共和不过是个说词,中国应该是袁家的天下,没人能奈何得了他。于是他沿着专制集权的路子,试探着一步步向帝制迈进。此前袁世凯只是临时大总统,依据当时的《中华民国临时约法》,应改总统制为内阁制,这样袁世凯的力量势必被削弱。可是,1913 年 10 月,袁世凯仍强迫国会选举自己为正式大总统。1914 年解散国会,废除《中华民国临时约法》,正式建立总统制。而后学着历代帝王的样子,搞祭孔、祭天活动。接下来的一步更为露骨,他指使人修改《大总统选举法》,规定大总统任期为十年,且可以连任,总统继承人的确定仿大清王朝"秘密建储"制度,由现任总统写好名字密封秘藏,总统死后才能拿出来宣布。袁世凯到底要干什么,真可谓司马昭之心路人皆知。

袁世凯复辟帝制的最得力助手是他的长子袁克定。袁克定博学多才,但是他的才能却没用在正道上。他心里盘算,父亲当了皇帝,自己肯定会被立为太子,登上皇帝大位是早晚的事。他们父子两个想的是一回事,正所谓臭味相投,沆瀣一气。袁克定不断虚张声势,连蒙带骗,敦促袁世凯登基。他先是找人散布谣言说,在故宫后面看到地光。随后在事先做好手脚的地方处挖出一块石碑,告诉袁世凯上面写着数年之后会出现一位黄袍加身、治理天下的真龙天子。他伪造日本《顺天时报》和英国《泰晤士报》,在上面刊登列强支持中国复辟帝制的文章。同时积极组织筹安会,借此说事,给袁世凯民心可用的错觉。正做着皇帝梦的袁世凯信以为真,以为自己将要黄袍加身。

日本人得知袁世凯想当皇帝,十分高兴,认为敲诈袁世凯的机会终于来了。1915 年 1 月 18 日,日本向袁世凯提出灭亡中国的"二十一条",允诺说:只要你答应了这些条件,不管干什么日本人都支持。这时的袁世凯已经是鬼迷心窍,只要答应他当皇帝,不管提什么条件他都会答应。不过他也知道,日本人历来不怀好意,只是想让他做个儿皇帝罢了。日本人咄咄相逼,要求他"尽速答复"。同年 5 月 9 日,袁世凯表示,同意这"二十一条"中的大部分内容。此后,袁世凯的两位外国顾问也先后发表文章,说帝制比共和更适合中国。他们都知道,袁世凯如果当上皇帝,对外国人主宰瓜分中国肯定有好处。

戏台已经搭好,这出戏怎么唱呢?袁世凯先是指使那个"研究君主、民主国体何者适合于中国","筹一国之治安"的筹安会为复辟帝制大造舆论。接着命令其亲信梁士诒组织全国请愿联合会,一再发起复辟帝制的请愿活动。如果说筹安会还羞羞答答,挂上个学术团体的招牌,为复辟帝制呐喊助威的话,那么请愿联合会则是赤膊上阵,是袁世凯复辟帝制的急先锋。眼看到了年底,复辟活动更加紧锣密鼓进行。12 月 7 日,各省关于"解决国体"的投票结束,结果投票者近两千人,全部赞同君主立宪制,无一人反对。12 月 11 日上午,那些所谓国民代表们奉上"推戴书",恭请袁世凯当皇帝。袁世凯假装推脱一番,说:我已经发过誓言,竭力发扬共和,如果当上皇帝,那不是

宋教仁遇刺

宋教仁是国民党的创建者之一。他致力于推行宪政,一直以国会作为阵地,宣扬宪法精神,设法限制袁世凯的权力。1913 年初进行的中华民国国会大选中,国民党取得了多数席位。作为国民党代理理事长,宋教仁以为自己可以组织内阁,践行宪政主张了。3 月 20 日晚,他准备乘火车自上海前往北京。结果在上海站检票口处遭枪击而亡。此后凶手虽被缉获,但还没审理便中毒而死。背后的操纵者是谁,一时间纷纭难辨,但许多证据指向袁世凯。袁世凯信誓旦旦,矢口否认。于是孙中山愤而从日本回国,发起了武装反袁的"二次革命"。

1915年

1月18日,日本驻华公使向袁世凯提出灭亡中国的"二十一条"。

12月11日,"国民代表"上"推戴书",劝袁世凯做"中华帝国"皇帝。13日,袁世凯在中南海居仁堂举行朝贺仪式。

12月25日,蔡锷等宣布云南独立,护国运动开始。

1916年

3月22日,袁世凯宣布取消帝制。

6月6日,袁世凯病死。7日,黎元洪继任总统职位。

6月29日,黎元洪宣布恢复国会,段祺瑞任内阁总理。

违背了誓言吗,我看你们还是选别人吧!当天下午,国民代表们只好再一次上"推戴书",袁世凯一边继续装出不太情愿的样子,说:当皇帝责任重大,我真怕自己做不好!一面迫不及待地接过"推戴书",说为了救国救民,也只能先答应下来了。接着宣布实行君主立宪制度,改中华民国为中华帝国,年号"洪宪",以1916年为洪宪元年,1月1日举行登基大典。

对于袁世凯复辟帝制,他的许多下属、心腹都不以为然。段祺瑞称病退居西山,冷眼旁观。冯国璋规劝无果,暗地里支持反对派。当袁世凯公开宣布复辟帝制后,更在全国掀起轩然大波,反对之声不绝于耳,反袁运动由此兴起。首先对袁世凯发难的是蔡锷、唐继尧等人。12月25日,蔡锷宣布云南独立,打起"护国"的旗帜,兴兵讨伐袁世凯。贵州、广西等地纷纷响应,宣布独立。起初袁世凯还继续打他的如意算盘,他宣布登基日期延后,先把这些"反叛"镇压下去,再安安稳稳举行大典。岂料护国运动愈演愈烈,要求总统退位的声浪此起彼伏。渐渐地,袁世凯乱了方寸,最后不得不宣布取消称帝。这时他还幻想着继续当大总统,而人们已经看清了他的真面目,一致要求严惩复辟元凶。

袁世凯惶惶不可终日,心力交瘁,一病不起,1916年6月6日凌晨一命归西了。

 知识链接

北洋政府

民国建立后,曾任清朝北洋大臣的袁世凯执掌政权,当时北洋集团内部分直、皖两大派系,东北地区奉系也开始崭露头角。袁世凯死后,皖系军阀段祺瑞掌握实权,后因无法调解复杂的派系矛盾退居天津。经历张勋的一场复辟闹剧之后,段祺瑞借"讨逆"之名再次入京掌权。1920年7月,直皖战争爆发,皖系败北,段祺瑞下野。此后直、奉两系把持中央政府。1922年4月直奉战争又起,奉军败退关外,直系吴佩孚操纵政局。1924年9月直、奉军阀再次开战,直系战败,奉系粉墨登场,张作霖掌权。1925年7月国民党在广州建立国民政府,旋即大举北伐,1928年攻克北京,奉系军阀张作霖撤回东北,不久其子张学良宣布"东北易帜"。至此,北洋军阀时代结束。

陈独秀创办《新青年》

1915 年 9 月 15 日，中国民众认识了两位陌生的西洋人，一位是德先生，一位是赛先生。他们一来到中国，就受到了普遍欢迎，由此掀起了启迪民智、解放思想的新文化运动的浪潮。这两位先生是什么人，谁把他们介绍给国人的？德先生即 Democracy（民主），赛先生即 Science（科学），是陈独秀给他们分别起了个中国化的名字，并且利用《新青年》让他们在中国安家落户的。

陈独秀（1879—1942），原名庆同，字仲甫，号实庵，安徽怀宁人。1896 年考中秀才，次年入杭州中西求是书院学习，因散布反清言论被学校开除，后被清政府通缉，多次入狱，数度流亡日本。

1915 年夏天，陈独秀从日本回国。这时他身无分文，四处筹钱，准备办一份杂志。早在戊戌变法的时候，光绪便下诏允许民间创办报刊。进入民国以后，民间报刊更如雨后春笋般出现，成为知识分子表达思想、议论时政的自由论坛和公共空间。像陈独秀这样思想激进、抱负远大的年轻人，自然会加入到创办报刊的行列中去。他曾协助章士钊办过《民国日报》《甲寅杂志》，也曾自办过《安徽俗话报》。办报刊需要资金，这钱从哪儿来呢？陈独秀想到了他的老朋友、同乡汪孟邹，汪在上海办亚东图书馆，颇有些积蓄。汪孟邹告诉他，亚东图书馆刚刚成立，资金投入很大，无力再投资新杂志了。但他知道陈独秀是能干大事的人，于是向陈推荐群益书社的老板陈氏兄弟。陈独秀的才华和诚恳打动了陈氏兄弟，他们答应每月出资 200 元作为编辑费用。陈独秀又忙活了三个多月，这年 9 月 15 日，终于印出了第一期杂志。在陈独秀看来，青年是国家、民族的未来和希望，只有唤醒青年，才能救国救民。所以，他给刊物取名叫《青年杂志》。

在《青年杂志》的发刊词《敬告青年》中，陈独秀对中国青年提出了六点要求：自主的而非奴隶的，进步的而非保守的，进取的而非退隐的，世界的而非锁国的，实利的而非虚文的，科学的而非想象的。同时呼吁，中国要走出蒙昧时代，赶上西方列强，唯一的办法是发扬民主与科学精神，跟随其后，急起直追。《青年杂志》一经发行，便在全国引起很大反响。不久，群益书社收到了基督教青年会的来信，说

1915 年
9 月，陈独秀在上海创办《青年杂志》，后改名《新青年》。

1916 年
6 月 29 日，黎元洪宣布恢复国会，段祺瑞任内阁总理。

1917 年
5 月 23 日，总统黎元洪免去段祺瑞内阁总理职务，段离京避居天津。
7 月 1 日，张勋复辟帝制，拥溥仪登基。12 日，段祺瑞率"讨逆军"进入北京，张勋逃到荷兰使馆避难，复辟闹剧结束。
7 月，孙中山发动护法运动。
8 月 14 日，北洋政府站在英法俄协约国一方，对德国和奥匈帝国宣战。

1918 年
9 月 4 日，皖系军阀控制的国会"安福会"选举徐世昌为总统。

张勋复辟

袁世凯死后，黎元洪和段祺瑞分别任大总统、国务总理，两人属不同派系，政见不合，于是出现府（总统府）、院（国务院）之争。在是否参加第一次世界大战的问题上，二人矛盾激化。黎元洪电召旧军阀张勋来京调停。1917 年 6 月，张勋带五千辫子兵北上，段祺瑞避居天津。张勋一入京，便开始筹划清室复辟事。7 月 1 日，张勋自命为内阁议政大臣、直隶总督兼北洋大臣，与康有为等拥溥仪重新登上皇帝宝座。拥兵自重的段祺瑞斥其为倒行逆施，乃打起"讨逆军"的旗帜，于 7 月 12 日率兵攻入北京。张勋逃往荷兰使馆，溥仪再次退位。复辟闹剧维持了 12 天，便草草收场。

陈独秀的杂志和他们办的《上海青年》同名，要求以后不能继续使用这个名称了。基督教青年会是个全球性基督教组织，中国分会的总部设在上海，势力大，态度自然强硬。陈氏兄弟害怕打官司吃亏，乃建议陈独秀将杂志改名再办。陈独秀无奈，只好答应。1916 年 9 月印行第二卷的时候，改名叫《新青年》。不料这个名称比以前更加响亮，读者更多，销路也更好了。它所提倡的新文化、新思想赢得了越来越多的年轻人的追求与信服。

1917 年，无论是对陈独秀个人，还是对《新青年》杂志来说都是一个转折点。上一年的 12 月末，蔡元培出任北京大学校长。上任伊始，便决定聘请陈独秀来北大任教。陈独秀很想去北大，可又舍不得把办杂志的事丢了。《新青年》杂志编辑部在上海，他如果来北大任课，自然是顾不上的。蔡元培建议他把杂志带到北京来办，说这样影响会更大。陈独秀觉得有道理，答应了下来。陈独秀虽然留学日本，但并未上过什么像样子的大学，没有正式的高等学历证书。没有大学文凭，教育部肯定不会批准。这些都难不住蔡元培，他让人假造了学历、证书，呈交教育部。教育部一看，陈独秀在日本大学毕业，又当过安徽高等学校的校长，当即批准他到北大任教。

1917 年 7 月，陈独秀就任北大文科学长，《新青年》也随着陈独秀搬到了北大。胡适、钱玄同、周作人、刘半农等人相继加入，《新青年》名声大噪。当时毛泽东还在湖南读书，他回忆说："《新青年》上我很欣赏陈独秀和胡适的文章，他们一度取代了梁启超、康有为，成为我效仿的榜样。"利用《新青年》这个阵地，陈独秀等人举起"文学革命"的大旗，提倡白话文，反对文言文，提倡新文学，反对旧文学。胡适的《文学改良刍议》、陈独秀的《文学革命论》、鲁迅的《狂人日记》相继发表，一番番掀起思想革命的浪潮，一次次冲决传统观念的堤防。进步知识分子团结在《新青年》周围，高举民主和科学两面大旗，对复古派发起猛烈抨击，中国传统礼教中的圣人孔子也被批得体无完肤。

学生是《新青年》的忠实"粉丝"，他们被深深吸引着，激励着。1919 年 5 月 4 日，学生的激情终于爆发，酿成了轰轰烈烈的五四运动。6 月 11 日，在北京新世界游艺场的屋顶花园上，陈独秀身着白色西服，向下层露台上看电影的群众散发由他起草的《北京市民宣言》。

这时一个暗探过来,要看看传单,陈独秀从兜里掏出一张给了他。接着上来三人,强行把陈独秀拖下屋顶带走,陈独秀被捕了。经历了三个多月的牢狱之苦,在社会各界的营救声援下,陈独秀获得了自由。

1919年10月前后,《新青年》编辑部迁返上海,仍由陈独秀任主编。自1920年9月1日第八卷起,成为上海共产主义小组所办刊物。1922年7月休刊,1923年6月复刊后,成为中共中央的理论刊物,编辑部迁广州,由瞿秋白任主编,后一度休刊,1926年7月最终停刊。

知识链接

新文化运动

北洋政府实行文化复辟,力图恢复帝制时代的文化传统,促使一批先进的知识分子努力在思想文化领域发起启蒙运动。1915年9月,陈独秀在上海创办《青年杂志》,树起民主和科学两面旗帜,猛烈抨击传统思想观念。胡适、李大钊、鲁迅、蔡元培、钱玄同、刘半农等人也参加到编辑部中来,积极撰写文章,相与呼应。他们反对专制,提倡民主,标榜法国的资产阶级民主政治,反对军阀独裁专制;反对为专制政治服务的旧道德,要求平等自由,倡导个性解放,指出旧的伦理纲常与民主共和是"绝不可相容之物,存其一必废其一";高举"打倒孔家店"的旗帜,反对尊孔复古,反对北洋政府"定孔教为国教";提倡科学,宣传无神论,努力传播西方的自然科学知识,提倡革命的进取精神;反对旧文学,提倡新文学,鼓吹文学革命,发起白话文运动。这是一场前所未有的思想解放和启蒙运动,它猛烈冲击了旧的文化

陈独秀

传统,解放了人们的思想,普及了民主观念,宣传了西方的科学思想方法,对五四运动的发生起到了动员和促进作用。

火烧赵家楼

1919年

1月21日,巴黎和会召开,参加会议的民国政府代表是陆征祥、唐绍仪等。

5月4日,五四爱国运动爆发。

6月10日,北洋政府免去章宗祥、曹汝霖、陆宗舆的职务。

6月28日,参加巴黎和会的中国代表拒绝在和约上签字。

1919年5月4日下午4点多钟,北京长安街东端北隅的赵家楼被情绪激昂的青年学生包围,不一会房子着起火来,现场围观者众多,不仅无人救火,甚至还都拍手叫好。赵家楼乃百年老宅,因这次大火而名声大振。1992年5月,这里还竖起了一幢火烧赵家楼纪念碑来,引来不少游客观瞻。一座普通的宅院,为什么会因火烧而名扬后世呢?

第一次世界大战结束后不久,取得胜利的协约国集团于1919年初在巴黎召开会议,解决战争遗留问题及战后和平事宜。中国作为战胜国参加了会议,并提出收回青岛、"废除二十一条"等合理要求。列强不仅不予理睬,反而将德国在山东的一切权益转交给日本。软弱的北洋政府明知受欺,却不敢得罪英、美、法等国,竟然答应了这一要求,准备签署和约。

巴黎和会上中国外交失败的消息传到国内,全国上下群情激愤!5月3日,北京高校学生在北京大学三礼堂集会,多名学生发表演说,声泪俱下,痛斥列强的无耻行径和北洋政府的卖国行为。集会学生决定次日举行示威游行,呼吁国民,誓死抗争,要求政府拒绝在巴黎和约上签字,并严惩卖国贼曹汝霖、陆宗舆和章宗祥。这三位是何许人也,为什么被冠以"卖国贼"的恶名?曹汝霖早年曾留学日本,反对孙中山共和革命,后被袁世凯任命为外交部次长、交通总长,参与过对日"二十一条"谈判,段祺瑞执政时曾多次向日本借大宗款项。陆宗舆毕业于日本早稻田大学,曾任北洋政府的财政次长、驻日公使,也是当年与日本谈判签订"二十一条"的主要成员,后与日本人合作开办银行,常充当日本人的代言人。章宗祥也曾留学日本,北洋政府时期历任总统府秘书、司法总长、驻日公使等职,也曾多次与日本方面谈判,出卖国家主权,大量向日方借款。这三个人沆瀣一气,狼狈为奸,干了许多丧权辱国的坏事,所以学生们首先把矛头指向了他们。

5月4日下午,北京大学、北京高等师范学校等14所高校的3000多名学生聚集到天安门前。学生们情绪激昂,手持小旗,高呼

"外争国权,内惩国贼""还我青岛""取消二十一条""打到卖国贼"等口号。

游行的队伍浩浩荡荡,扬起一路烟尘。他们从天安门出发,过正阳门,经过闹市区,行至东交民巷使馆区。大批军警拦住去路,学生代表交涉无果。这里离曹汝霖的住宅不远,有人提议去找曹算账,于是大批学生涌向了曹氏居住的赵家楼。

据说赵家楼曾是明代隆庆朝文渊阁大学士赵文肃的府邸。由于院内花园假山上有个亭子,从远处看像是一座小楼,因此被人们称为赵家楼。赵家楼的所有权几经转手,后来落入曹汝霖手中。学生赶到时,曹宅门窗紧闭,门口有军警把守。有人说曹汝霖、章宗祥、陆宗舆三人正在里面开会,于是学生们大喊"卖国贼曹汝霖快出来",不断向曹宅内扔砖瓦、石块。不论怎样叫骂,曹宅里始终没有动静。学生们情绪越来越激动,有一位学生用拳头捶破曹宅大门右侧窗户,跳入庭院中,随后又有人跳了进去。守卫曹宅的军警被学生的声势震慑,一个个呆如木鸡,没有任何举动。

进入曹宅的学生将大门打开,学生们一下子涌了进去,四处寻找曹汝霖等人。客厅、书房找了一遍,始终没有发现他们的踪影。学生们的怒气无处发泄,有人胡乱打砸一番,花瓶、瓷器、家具均被捣毁,房间里一片狼藉。曹汝霖去哪里了呢?原来他知道落入学生手中下场肯定很惨,于是趁纷乱之际,在仆人的帮助下越墙逃走了。章宗祥可就没那么幸运了,他不敢翻墙,只好躲进曹家锅炉房里。结果被学生们发现,一把揪住,劈头盖脸一顿痛打。直到被打得鼻青脸肿,不省人事,后来大批巡警赶来,才把他救了出去。学生的满腔怒火还没能消除,于是有人放了把火,点燃了赵家楼。顿时,火焰腾腾,从曹宅屋顶冒出,这样的情况下,自然没人敢救火了。两个多小时后,火才渐渐熄灭,赵家楼成了一片废墟。火烧赵家楼,痛打章宗祥,段祺瑞听说后勃然大怒,下令出动大批军警,逮捕闹事学生,结果有30多名学生被捕入狱。

赵家楼的火焰很快在全国蔓延开来,北京各高校学生纷纷罢课,上海、天津、济南、南京、武汉等地学生随之响应,罢课游行,抗议政府。社会各界纷纷表态,支持学生的爱国行动。后来,这场学生运动

二十一条

第一次世界大战开始后,欧洲列强无暇东顾,日本欲乘机扩大在中国的权力。1915年1月18日,日本驻华公使向袁世凯递交密函,提出二十一条无理要求,主要内容分为五号:一、接受并扩大德国在山东的特权;二、承认日本在满蒙的特殊权利;三、中国最大的钢铁企业汉(汉阳铁厂)冶(大冶铁矿)萍(萍乡煤矿)公司改为中日合办,附近矿山他人不得开采;四、中国沿海港湾岛屿不得租借或割让给他国;五、中国中央政府之政治、军事、财政等顾问,必须聘请日本人,警政由中日合办,军械在日本采办,允许日本在南方各省修筑铁路、开采矿产。

逐渐演变成全国性的救亡图存斗争。商人罢市,掀起抵制洋货运动;工人罢工,导致铁路、码头相继瘫痪。北洋政府着了慌,释放被捕学生,罢免曹汝霖、章宗祥、陆宗舆三人的官职,并指示中国代表团不能在巴黎和约上签字。

火烧赵家楼,表面上看是学生情绪失控后的偶然事件,实际上它预示着在中国下层民众中必将燃起革命的火焰,列强瓜分蚕食中国的殖民梦想将在熊熊火焰中化为泡影,有五千年文明的中华民族将浴火重生。

 知识链接

五四运动

北洋政府对内奉行专制政策,对外屈辱卖国,民族灾难无法解除。民国初年以来,西方民主、科学思想在中国广泛传播,从思想文化方面激发了中国民众特别是青年学生的爱国救国热情。俄国十月革命的胜利,给中国人民很大鼓舞,树立了榜样。所以,当得知巴黎和会上中国外交失败的消息之后,社会各界的愤懑情绪终于爆发。1919 年 5 月 4 日,北京发生了一场以青年学生为主的示威游行,30 多名学生被捕。5 日,北京 2 万多学生罢课,开展抵制日货活动。6 日,北京成立中等以上学校学生联合会,组织领导学生运动。学生运动迅速波及全国,许多城市出现学生罢课、集会、游行活动,参加者数十万人。6 月 5 日起,上海六七万工人举行声援学生的大罢工,商人随之罢市,北京、唐山、汉口、南京、长沙等地工人响应。学生罢课、工人罢工、商人罢市的活动蔓延至全国 20 多省区 100 多个城市。后来运动的主力由学生逐渐转变为工人,形成了全国性的由各个阶层参加的爱国运动。

五四运动是近代中国史上具有划时代意义的重大事件,它标志着中国旧民主主义革命结束,新民主主义革命的序幕渐渐拉开。

南 湖 游 船 上 的 曙 光

浙江嘉兴的南湖又叫鸳鸯湖，是个景色非常美丽的地方。湖心岛上的烟雨楼，重檐画栋，亭阁错列，堪称东南名胜，历代文人墨客来嘉兴者，无不前往观瞻题咏。当今人们来嘉兴南湖，烟雨楼当然是必游之处，还有一处景点历史虽不那么久远，也不如烟雨楼雄伟壮观，但却更加引人注目，它是停泊在中心岛畔的一艘小船，人们称它为"革命红船"。说起这红船的来历，那得从中共一大召开说起了。

五四运动后，马克思主义在中国迅速传播开来，为中国共产党的成立奠定了思想理论基础。五四运动中许多优秀人物的出现，为中国共产党的早期组织奠定了干部基础。1920年8月，陈独秀在上海成立中国第一个共产党早期组织，成员有俞秀松、李达、李汉俊等。10月，李大钊在北京成立共产党早期组织，成员有邓中夏、张国焘等。到1921年春，武汉、长沙、广州、济南及法国、日本也相继建立起共产党早期组织。当时这些组织的名称还不统一，有的叫共产党小组，有的叫共产党，有的叫共产党支部，后来通称为共产主义小组。这些组织成立后，一方面研究、宣扬马克思主义，批判各种反马克思主义思潮，另一方面把马克思主义与中国的实际结合起来，开展工人运动。随着共产党早期组织数量的增多和组织形式的日渐规范，建立中国共产党的条件日趋成熟。

1921年6年，共产国际代表马林、尼科尔斯基到达上海，见到主持上海共产党早期组织的李达，建议尽早召开中国共产党全国会议。李达、李汉俊与广州的陈独秀、北京的李大钊商议后，决定召开中国共产党成立大会，会址选在上海。

1921年7月下旬，各地代表陆续赶到上海。会议代表共12人：分别是上海代表李汉俊、李达，武汉代表董必武、陈潭秋，长沙代表毛泽东、何叔衡，济南代表王尽美、邓恩铭，北京代表张国焘、刘仁静，广州代表陈公博，旅日代表周佛海。他们代表全国50多名党员。陈独秀因事未能参加，由包惠僧代表。共产国际代表马林、尼科尔斯基也参加了大会。经过商量，大家决定在上海法租界望志路106号（今兴业

1924 年

1月，孙中山主持召开中国国民党第一次全国代表大会，第一次国共合作开始。6月，黄埔军校创立。9月15日，奉军入关，第二次直奉战争爆发。10月23日，冯玉祥发动政变软禁曹锟。11月2日，曹锟辞去总统职务，第二次直奉战争结束。11月5日，清帝溥仪被冯玉祥逐出皇宫。

黄埔军校

第一次国共合作时期，孙中山在苏联和中国共产党的帮助下，创办了"陆军军官学校"，因校址在广州市的黄埔长洲岛，故通称"黄埔军校"。军校于1924年6月开办，孙中山兼任军校总理，蒋介石任校长，廖仲恺任国民党党代表，国民党和共产党均选派干部到校任职，共产党员周恩来任政治部主任，国民党和共产党的许多重要将领出自该校。1927年"宁汉合流"后，校名改为中央陆军军官学校，校址迁往南京。

路76号）李汉俊及其兄李书城租住的寓所中，召开中国共产党第一次全国代表大会。

23日会议正式开始，起初的几天会议进行还算顺利。7月31日召开第六次会议，这也是大会的最后一次会议。刚开会没多久，一个陌生的男子突然闯进来，询问他有何事，他说走错了地方，然后慌慌张张离开。大家感觉不对劲，为安全起见，即刻宣布会议中止。除李汉俊、陈公博二人外，其他人迅速离开了。十几分钟后，法租界两辆巡查车急驶而来，迅速包围了李氏兄弟的住宅。几名巡警堵在门口，其他人入室搜查。李汉俊是房主，陈公博自称是客人，二人沉着应对，经过一番盘查，巡警没有发现任何蛛丝马迹。于是只能威吓训诫一番，而后带着疑虑的神情悻悻离开。巡警突袭没对会议造成多大破坏，但说明事情已经暴露，会议不能继续在这里举行了。去哪里继续开会？就在大家一筹莫展的时候，李达夫人王会悟说有一个好地方，那就是她的家乡嘉兴。大家认为这主意不错。于是，去嘉兴开会的事务交由王会悟全权办理。

第二天一早，代表们分为两批，先后乘火车前往嘉兴。王会悟在南湖边上租了条游船，会议就在船上召开。船的中舱有一八仙桌，桌上茶具净洁，周围放有板凳，可作会议室使用。为安全起见，代表们把带来的麻将摊在桌上。船在湖面上慢慢行驶，到了离烟雨楼不远处的湖心岛旁，这里离岸已远，甚是僻静。南方多雨，梅雨刚过，阴雨连绵的天气尚多。这天正是雨天，云气缭绕，烟雾蒙蒙，游客绝少。王会悟假装赏景，坐在船头放哨，大家这才放心了。晌午过后，会议正式开始。

南湖会议继续上海会议的话题，讨论并通过了中国共产党的第一个《纲领》和《决议》。随后，代表们以不记名投票方式，选举产生了由陈独秀、张国焘和李达三人组成的中央局——中国共产党的第一个中央机关。会议结束后，大家悄悄离开游艇，乘着暮色陆续返回上海。

南湖会议宣告中共一大胜利闭幕，中国共产党正式成立。此后，由这里点燃的革命火种撒向全国各地，逐渐形成燎原之势，中国历史由此掀开了崭新的一页。

南湖红船

当年南湖游船分大、中、小三种，大船为双夹弄（通道），中、小船为单夹弄。1959年嘉兴县筹建南湖革命纪念馆，根据王会悟的回忆，仿造了一艘与当年召开"一大"所租游船相似的船只。这是一条单夹弄的中等游船，船身最宽处2.8米，长16米，船头略宽，内有前、中两舱及房舱，中舱最为宽敞，右边有一条夹弄连通各舱。一个大党就诞生在了这样的小船上。

知识链接

第一次国共合作

1923年6月，中国共产党在广州召开第三次全国代表大会，讨论国共合作的问题，决定以党内合作的方式，和国民党建立革命统一战线，共产党员以个人身份参加国民党。1924年1月，中国国民党召开第一次全国代表大会，对国民党进行改组，通过了共产党员和社会主义共青团员以个人身份参加国民党的决定。还重新解释了三民主义，实际上确立了联俄、联共、扶助农工的"三大政策"。大会选举了中央执行委员会，李大钊、谭平山、林伯渠、瞿秋白、毛泽东等当选为中央执行委员和候补执行委员。此后，中国民主革命进程加快。1927年，国民党右派先后制造"四一二政变""七一五政变"，清除杀戮共产党员和革命群众，国共合作破裂，国民革命运动失败。

北伐军席卷江南

1925 年

3 月 12 日,孙中山逝世。

5 月,日本资本家杀害中国工人顾正红,上海爆发"五卅"反帝爱国运动。

1926 年

3 月 20 日,蒋介石策划排斥共产党人的"中山舰事件",开始掌握军权。

7 月,国民革命军自广东出师北伐。

1927 年

2 月,广州国民政府迁武汉办公。

4 月 12 日,蒋介石在上海发动"四一二政变"。18 日,蒋介石在南京建立国民政府。

4 月 28 日,李大钊在北京被奉系军阀张作霖杀害。

7 月 15 日,汪精卫在武汉发动"七一五政变"。武汉国民政府由汪精卫把持。

9 月,国民党宣布宁(南京)、汉(武汉)两个国民政府合并,史称"宁汉合流"。

"我不牺牲,国将沉沦。我不流血,民无安宁。国既沉沦,家孰与存。民不安宁,民孰与生。嗟我将士,矢尔忠诚。三民主义,革命之魂。嗟我将士,共赋同仇。革命不成,将士之羞。嗟我将士,如兄如弟,生则俱生,死则俱死。存亡绝续,决于今兹。"读着《北伐誓词》中的这段话,我们仿佛回到了那战火纷飞的年代,看到了北伐将士同仇敌忾、誓死杀敌的场面。民国年间的北伐是怎么回事? 它的结果又是怎样的呢?

民国初年,中华民国政权一直掌握在北洋军阀手中,袁世凯死后,北洋军阀分裂为皖、直、奉几个派系,他们各据一方,为争掌民国政府大权争战不休。先是皖系军阀得势掌权,直皖战争后,皖系失势,直、奉两派控制北京政权。1922 年奉系军阀张作霖率兵入关,与直系吴佩孚大战,结果直系取胜掌权。1924 年,双方再战,直系冯玉祥倒戈,发动北京政变,吴佩孚大败南逃,大权落入奉系军阀手中,北洋政府开始了张作霖时代。1925 年,占据两湖及中原广大地区的吴佩孚,联合长江中下游地区的皖系孙传芳发动反奉战争,奉系军阀对南方的控制力大为削弱。

孙中山及其领导的革命党人,反对北洋军阀的独裁专制,继续从事民主革命活动。他将中华革命党改造成了中国国民党,并决定与中国共产党合作。1924 年在广州召开的国民党第一次代表大会上,确定了"联俄容共"政策。此后建立黄埔军校,为国民革命培养军事政治人才。1925 年广东革命政府由大元帅府改组为国民政府,将所辖军队改编为国民革命军。5 月 21 日,国民党二届二中全会做出了出兵讨伐北洋政府的决定。1926 年 7 月 4 日,国民党中央临时全体会议通过《国民革命军北伐宣言》;7 月 9 日,蒋介石就任国民革命军总司令并誓师北伐。

北伐军士气高昂,一路高歌猛进,很快攻克长沙,而后乘吴佩孚北上与直系大战之机,主力直趋武汉。在咸宁境内军事要隘汀泗桥大败直军,占领咸宁城。而后在咸宁另一军事要隘贺胜桥与直军开战。吴佩孚放弃与奉系军阀的对抗,回军武汉,亲自督军迎战。他深知此战的重要性,乃下达军令,有敢后退者,格杀勿论。但是,几经战斗,吴佩孚的军队逐渐陷入被动,督战队连杀几位旅长、团长,仍无法制止士兵败退。最终吴佩孚落荒而逃,躲进武昌城内,想凭长江天险,作困兽之斗。9月初,北伐军攻占汉阳、汉口,武昌成为孤城。武昌城墙高峻坚固,易守难攻。多次强攻失败后,北伐军改用"围而不攻"的方法,坐观其变。10月8日,守军一师长投诚作为内应,北伐军占领了武昌城,吴佩孚仓皇北逃。战斗中叶挺独立团因作战勇猛,被称为"铁军"。

从军队人数上来看,北伐军远远不及吴佩孚的直军;从军队的作战经验来看,北伐军刚刚建立,更不能与身经百战的直军相比。可结果却是吴佩孚全军覆没,这不能不令孙传芳大感不解、丧魂落魄。他急忙召开军事会议,调集苏、浙、皖 10 万大军入赣,会同防守江西的 2 万军队,准备迎击北伐军。北伐军由湖北东进,一路势如破竹,乘虚占领南昌。孙传芳急忙调兵反击,双方在南昌多次大战,11 月 18 日,北伐军占领南昌。孙传芳逃回南京。此前,孙传芳曾令驻福建军队进攻粤东,而驻兵广东的国民革命军却乘北伐军在湘、鄂、赣战场上节节胜利之际,出兵福建,于 12 月 9 日占领福州。

孙传芳全线溃败,不得不求救于张作霖。张作霖懂得唇亡齿寒的道理,于是亲任总司令,率孙传芳、吴佩孚、张宗昌各部,分兵抗击北伐军。北伐军兵分三路,蒋介石率兵正面进攻南京,何应钦由东路取杭州、上海,助攻南京。唐生智率西路军由鄂入豫,牵制北面之敌。东路军进展顺利,于 1927 年 2 月占领杭州,3 月上旬逼近上海,连克周边各城市,下旬进入上海市区。西路军入豫,使北方奉军不敢南下增援。南京孤立无援,城内守军人心惶惶,无心恋战,纷纷弃城而逃。1927 年 3 月 24 日,北伐军进入南京城。

北伐军南下江浙,西方列强担心其在华利益受损,纷纷派军队、军舰来华。当时,集中在上海附近的英、日、美、法等国的军队达 3 万多人,兵舰 90 余艘,随时准备干涉北伐行动。北伐军攻打南京的过程中,溃败的北洋政府军乘机打家劫舍,城中一片混乱,国民革命军中贺耀祖、王普的皖军也浑水摸鱼,参加抢劫。骚乱之中,外国领事馆和部分侨民也没能幸免。英国以保护领事馆及侨民为由,24 日下

宁汉合流

1926 年 10 月北伐军占领武汉,11 月,国民政府迁往武汉,由汪精卫主持,后称武汉国民政府。1927 年 4 月,蒋介石在南京成立国民政府,与之对抗。7 月,冯玉祥调停争端,李宗仁、白崇禧等与汪精卫联合发难,蒋介石被孤立,随后宣布下野。8 月,武汉国民政府迁至南京。不久汪精卫也因受到指责而宣布下野。9 月,国民党宣布武汉国民政府(汉)和南京国民政府(宁)合并,组成新的南京国民政府,史称"宁汉合流"。

1928 年

4 月 5 日蒋介石徐州誓师,再次北伐。

5 月 28 日,北伐军全线进攻,逼近北京。30 日,张作霖率军北撤出关。

6 月 4 日,张作霖被日军炸死于沈阳城西皇姑屯。

12 月 19 日,张学良宣布"东北易帜",北伐战争结束。

1929 年
3 月 27 日,蒋桂战争爆发,桂系战败,李宗仁下野。
7 月 10 日,张学良以武力收回苏联掌握的中东铁路部分管理权,引起苏军与东北军冲突,史称"中东路事件"。

午令 3 艘军舰共同炮击南京城,历时达一个多小时。结果北伐军官兵及市民等 43 人被炸死,26 人重伤,轻伤者更多,大量房舍被炸毁,无数市民无家可归。"南京惨案"发生后,列强一面叫嚣北伐军占领南京是"义和团之祸重演",危言耸听,煽动反华;一面继续炫耀武力,逼迫北伐军及国民政府道歉、赔款。列强武力干涉中国内政,各地纷纷集会游行,强烈抗议谴责英军暴行。蒋介石得知此事,不但没有谴责列强的行为,反而派人秘密拜见日本领事,请求出面调停,并答应办好善后事宜。后来,列强向武汉国民政府和蒋介石分别递交了要求"惩凶"的最后通牒。武汉国民政府拒不接受,反过来就"南京惨案"向列强提出"严重之抗议"。蒋介石正想找机会与列强接触往来,以便争取他们的支持,他认为这是天赐良机,于是一边向列强道歉,一边策划发动"四一二政变",大肆屠杀共产党人。英美日列强的目的达到了,事态也逐渐平息下来。

4 月 18 日,蒋介石宣布成立南京国民政府。"宁汉合流"后他曾一度下野,但 12 月上旬召开的国民党二届四中全会,又恢复了他北伐军总司令的职务。从此,他牢握兵权,纵横捭阖,开启了对中国的长达 22 年的独裁统治。

 知识链接

北伐战争

国民政府成立后,1926 年 7 月 9 日,国民革命军从广东出发,北上讨伐北洋军阀。北伐军连克长沙、武汉、上海、南京。蒋介石占领南京后,宣布建立南京国民政府,与汪精卫主持的武汉国民政府对抗,国民党内部分裂,北伐一度停顿。1927 年 9 月,宁汉合流,国民革命军继续北伐。西北的冯玉祥部、山西的阎锡山部相继加入北伐军。1928 年 4 月,北伐军攻克北京,奉系军阀张作霖率兵撤回东北,不久被日本军炸死于沈阳附近的皇姑屯。12 月 19 日,其子张学良宣布"东北易帜",将北洋政府时期的国旗五色旗撤下,改挂南京国民政府的青天白日国旗,表示归顺南京政府。至此北伐完成,北洋政府解体,南京政府在形式上实现了全国统一。

八 一 南 昌 起 义

毛泽东有一句名言:枪杆子里面出政权。中国共产党建立之初,没有建立自己的军队,也没有枪杆子。共产党什么时候才掌握了枪杆子呢? 这要从 1927 年 8 月 1 日凌晨的枪声说起。

蒋介石、汪精卫发动清理杀戮共产党的政变以后,中国共产党的事业陷入了低谷,陈独秀等人一筹莫展、一味退让。但是真正的共产党人没有退缩,他们意识到只有绝地反击,才能生存。1927 年 7 月 12 日,中共中央召开会议,停止了中央委员会总书记陈独秀的职务,指定张国焘、李维汉、周恩来、李立三等组成临时中共常务委员会。嗣后,中央派李立三、邓中夏、谭平山、聂荣臻等人从武汉到达九江,与叶挺会晤。他们共同分析了当前形势,决定将力量集中于南昌,举行武装暴动。此后,他们分头赴庐山向原中共中央政治局常委瞿秋白、共产国际代表鲍罗廷汇报,二人均表示同意。

7 月 23 日,贺龙率领国民革命军第二十军从武昌来到九江。贺龙是北伐军的著名将领,当时还没有参加中国共产党,但与中共关系密切。谭平山就南昌起义之事征求贺龙的意见,贺龙表示完全支持。24—25 日,中共临时中央政治局常委张国焘、周恩来等在武汉召开会议,听取瞿秋白汇报。会议赞同在南昌举行起义,决定由周恩来、李立三、恽代英、彭湃四人组成中共前敌委员会,周恩来为前委书记,前往南昌组织领导起义。27 日,周恩来、李立三、谭平山等由武汉经九江到南昌。原定于 7 月 28 日举行起义,前委认为时间过于仓促,乃将起义时间改为 7 月 30 日晚。

7 月 27 日,中共中央派张国焘为中央代表从武汉抵九江。他随即召开会议,提出重新讨论南昌起义的问题。恽代英等认为已决定举行武装起义,不能再变更,表示反对张国焘的意见。7 月 30 日一早,张国焘匆匆赶到南昌,提出应先争取张发奎,如果得不到张发奎同意,则不能举行起义。周恩来等人均提出反对,因为张发奎与汪精卫关系密切,此事乃人所共知,让他赞同起义,无异于与虎谋皮。会议开了几个小时,迟迟不能达成决议。第二天继续开会,这时叶剑英传来密报说,汪精卫与张发奎在庐山商讨反共,而且一再电令贺龙、

1927 年

8 月 1 日,南昌起义爆发。

8 月 7 日,中共中央在汉口召开"八七会议",毛泽东提出"枪杆子里面出政权"的观点。

9 月,毛泽东等领导湘赣边界秋收起义。

10 月,秋收起义队伍到达井冈山。

12 月 11 日,张太雷等领导广州起义。

1928 年

4 月,朱德等率南昌起义队伍到达井冈山,与毛泽东率领的部队会师。

秋收起义

1927 年 9 月 9 日（中秋节），原国民革命军第二方面军的部分人员和湖南、湖北农军等约五千人，在毛泽东领导下，于湘赣边界的修水、铜鼓一带发动了武装起义。起义爆发后，工农革命军直指长沙，沿途攻占醴陵、浏阳等地。进攻长沙受挫后，毛泽东等前敌委员立即决定，改变原定部署，到敌人势力较为薄弱的山区去，保存和积蓄革命力量。9 月 29 日，部队到达江西省永新县三湾村，毛泽东主持了著名的三湾改编。10 月，部队到达罗霄山脉中段的井冈山地区。秋收起义后及时将进攻大城市改变为建立农村革命根据地，是中共领导的革命战争史上的重要转折点，为红军和农村根据地的发展奠定了基础。

叶挺去庐山，欲借机扣押他们，解除其兵权。张发奎也来电说 8 月 1 日汪精卫与孙科将来南昌。形势危急，如再迟疑不决，起义的时机将会错过。张国焘垂头丧气，一言不发，被迫同意大家的意见。最后，会议决定 8 月 1 日凌晨 4 时起义。

7 月 31 日下午，叶挺、贺龙分别召开属下军官会议，宣布中央关于举行暴动的决定，属下均表拥护、赞同。朱德则利用军队中的关系，将第三军的几个团长软禁起来。李立三、陈赓等在南昌城中逮捕了一些异己分子，控制了南昌的要害部门。后南昌起义总指挥部下达起义命令，部署叶挺、贺龙、朱德率部分头作战，占领卫戍司令部，消灭城内驻军。当天晚上 9 时，得知第二十军一副营长叛变告密，前委决定将起义提前。

8 月 1 日凌晨 1 时，南昌城中一声枪响，起义爆发了。霎时间，枪声、火炮声大作。起义军大喊"打倒蒋介石，打倒汪精卫"的口号，分兵发起攻击。很快攻占了江西省政府、南昌卫戍司令部、第三宪兵营和第三、六、九军留守处等要害部门，控制了南昌的局势。到了凌晨 6 时，基本肃清了南昌城内以及郊区的守军，歼敌 3000 余人，缴获枪支 5000 余支，大炮数门，起义取得了胜利。

8 月 1 日上午 9 时，在江西省政府西花厅召开了国民党中央委员及各省区党部代表 40 余人参加的联席会议，叶挺向会议报告了南昌起义的经过，决定组织国民党革命委员会，推举宋庆龄、周恩来等 25 人为革命委员会委员。8 月 2 日下午，在南昌贡院旁边的广场上，举行了庆祝八一起义胜利和革命委员会就职典礼大会，到会的各界人士数万人，"打倒一切叛党叛国的反动派""拥护革命委员会"的口号声彻云天。就在这一天，汪精卫代表武汉国民政府向起义军下达了"讨伐令"，调集驻守在南昌周围的军队，包围南昌。当晚，周恩来召开会议，决定根据中共中央预定的方案，起义队伍南下，沿江西、福建边境入广东，夺取广州，重新组织北伐。8 月 3 日至 6 日，起义军陆续撤出南昌。

南昌起义揭开了中国共产党独立领导武装斗争和创建革命军队的序幕。它如同一场春雨，洗去了笼罩在中国大地的阴霾，使中国人民在黑暗的日子里看到了胜利的曙光。1933 年 7 月，中华苏维埃共

和国临时中央政府决定 8 月 1 日为中国工农红军成立纪念日；中华
人民共和国成立后，又将纪念日改为中国人民解放军建军节。

 知识链接

红色政权建立

　　1927 年 8 月 7 日，中共中央在汉口召开紧急会议，纠正了陈独秀的右倾错误，决定发动秋收起义。9 月，毛泽东在湘赣边界地区领导秋收起义，后进军井冈山，创建了革命根据地。南昌起义部队南下受阻后，朱德、陈毅率领部队转战湘南，1928 年 4 月与毛泽东的队伍会师，合编为中国工农红军第四军。以宁冈为中心的井冈山根据地，是中国共产党建立的第一个革命根据地。1928 年 10 月，毛泽东撰写了《中国的红色政权为什么能够存在？》一文，将工农红军根据地称为"红色政权"。后来人们又把共产党建立的革命根据地称作"红区"。1929 年 1 月赣南、闽西根据地开辟，后来合并为中央根据地。到 1930 年上半年，中共在全国三百多个县发动了武装起义，

红军时期的毛泽东

建立起大小十几块革命根据地，湘、鄂、赣、闽、浙、豫、皖等省边界地区均有红色政权存在。

九 一 八 事 变

1931 年 9 月 18 日,张学良正在北平中和戏院和家人一起看戏,他们有的品茗论戏,有的击掌唱和,气氛热烈愉快。忽然,通信卫兵慌慌张张闯进来,附在张学良耳边低声说了几句话。霎时,张学良脸色大变,一句话没说,丢下家人匆匆离开。究竟发生了什么事?

早在清朝末年,日本便迫使清政府放弃对朝鲜的保护,将朝鲜变成了殖民地。接着,与朝鲜毗邻的中国东北地区,便成了他们的垂涎之地。日本军国主义者强迫中国政府允许其在东北驻扎军队,由此控制了许多重要城镇和交通路线,民国年间,其在中国东北地区的势力范围逐步扩大,驻军人数也在逐步增多。

1927 年 6 月,日本政府秘密召开"东方会议",商讨对华政策。首相田中提出"欲征服支那,必先征服满蒙;欲征服世界,必先征服支那"的见解,得到一致认可。会后报告天皇,天皇认为可行,欣然应允。不久,世界经济危机爆发,日本经济备受打击,政治上陷入窘境。为摆脱内外交困局面,日本法西斯决定武力占领中国东北地区。当时欧美列强忙于应对大萧条,无暇东顾,蒋介石全力"围剿"中共及其武装力量,无意攘外。日本人认为时机成熟,夺取中国东北地区提上了议事日程。1931 年夏,驻华日军便借万宝山村农民与朝鲜侨民土地纠纷挑动事端,并以此为借口增兵中国东北地区。日本关东军中村震太郎等人在兴安岭一带搜集中国军事情报,被东北军一团长逮捕后处决,日本又借此煽动反华情绪,积极准备发动战争。

日本军国主义的狼子野心已是昭然若揭,可蒋介石却不作任何防御。为了全力对付共产党,严令东北守将张学良实行不抵抗政策,以免发生冲突,造成损失。蒋介石 8 月 16 日致电张学良说:"无论日本军队此后如何在东北寻衅,我方应不抵抗,力避冲突。"张学良的父亲张作霖 3 年前被日军炸死于皇姑屯,尸骨未寒,故绝不会与日本人合作。但有蒋氏严令压头,只得容忍退让,竭力避免与日军发生冲突。日军方面已做好了开战的准备,想找个冠冕堂皇的理由,委责于人,于是挖空心思,策划了一个大阴谋。

1931 年 9 月 18 日傍晚,驻扎在沈阳附近的日本关东军独立守备队第二大队第三中队的一名队副带领 6 名士兵，秘密离开军营，顺着南满铁路向南行进。晚上 10 时左右，来到靠近张学良东北军驻地的柳条湖地方，埋下炸药，即时引爆，炸毁了这段铁路。然后日军拉来预先准备好的穿有东北军军服的 3 具尸体，放在事发现场。被炸毁的那段铁路距离中国东北军驻地北大营不过千米，再加上有 3 具"东北军"尸体，于是日军宣布，东北军破坏日本的运输干线南满铁路。几乎在发生爆炸的同时，等候在铁路爆破点 4 公里外文官屯的日军川岛中队长便迫不及待率兵南下，向中国东北军北大营发起袭击。次日晨 4 时许，日军独立守备队第五大队也由铁岭赶到，加入了战斗。

北大营守军听到爆炸声后，本能地起床整装，各居岗位，准备迎战。这时，中校团副朱芝荣急匆匆赶来，他让大家放下武器，回房间继续睡觉。他特别强调说，日本人要什么就给他什么，千万别反抗。士兵大惑不解，反问道：日本人要命也给他吗？朱芝荣语塞，只得将老底和盘托出："命令是旅长下的。"没办法，大家只好依令而行。日本人长驱直入，霎时打进营中。北大营瞬间乱作一团，士兵披衣带衫，四处逃命。面对日军突然袭击，除个别士兵违令抵抗外，多数不战而逃。这次战斗中，东北军伤亡 300 余人，日军伤亡 24 人。

这就是震惊中外的九一八事变。

日本军国主义武力侵占中国东北的狰狞面目已经暴露，可蒋介石领导的国民政府仍然固守不抵抗政策。事变发生后，他怕张学良沉不住气，于是发去密报说："沈阳日军行动，可作为地方事件，望力避冲突，以免事态扩大。一切对日交涉，听从中央处理。"张学良不敢抗命，急忙电告东北军："日军此举不过寻常寻衅

日军在沈阳城墙上向中国军队进攻

伪满洲国

九一八事变后，我国东北地区沦为日本的殖民地。为了便于统治这个区域，日本人决定扶植一傀儡政权。经密谋策划，1932 年 3 月 9 日，末代皇帝溥仪从天津潜逃至东北，在日军的扶植下成立了"满洲国"。起初行共和体制，溥仪为"执政"，年号"大同"。后改为帝国，溥仪称皇帝，年号"康德"。国民政府、中共及国际社会始终不承认满洲政权，当时便称其作"伪满洲国"或"伪满"。1945 年日本战败，8 月 17 日午夜溥仪举行"退位仪式"，伪满洲国灭亡。

性质,为免除事件扩大起见,绝对抱不抵抗主义。"

沈阳乃东三省重镇,有中国最大的兵工厂、制炮厂,乃东北军事基地,战略地位突出。这里虽有重兵把守,但情况与北大营绝无二致。9月19日上午8时,日军没有遇到什么抵抗,便开进了沈阳城,守城的东北军撤向锦州。沈阳陷落后,大批弹药、器械、军事物资等落入日军手中。同时,日军又占领了长春、营口、辽阳、鞍山、本溪、四平等20多个城市。东北军全部撤退入关,将东三省拱手让给了日军。到9月底,辽宁、吉林两省大部为日军占领,11月日军占领黑龙江大部。1932年初,日军基本上占领了整个东北地区。

九一八事变是日本军国主义长期以来推行的对华侵略扩张政策的必然结果,是日本吞并中国、称霸亚洲及太平洋地区战略布局中的重要步骤。事变激起了中国人民的抗日怒潮,国民政府的不抵抗政策更招致国民不满,攘外必先安内的论调愈加不得人心。九一八事变后,中国的局部抗战开始。

知识链接

一·二八事变

九一八事变不久,日军又在上海点起战火。其目的是借此转移国际上对其侵占我国东北地区的关注和迫使国民政府承认既成事实,同时取得一个侵略中国内地的基地。1932年1月18日,5个日本僧人与上海工人义勇军发生冲突,日军以此为借口,于28日夜进攻闸北一带。蔡廷锴率领的第十九路军当即予以还击,上海及全国各界迅速掀起支援中国军队作战的热潮,上海工人、职员等举行罢工,工人、学生、市民组织义勇军奔赴战区,全国各界掀起了捐献活动。十九路军官兵受到鼓舞,拼死抵抗。日军见不能速胜,乃大量增兵。中国方面由张治中率领的第五军赶来上海支援。战争进行了一个多月,日军死伤三千多人。十九路军损失严重,被迫撤离上海。3月初,英、美、法、意等国出面"调停",双方于3月3日停战,5月初签订了《淞沪停战协定》。根据协定,中国军队不能继续驻守上海,从此日军在上海站稳了脚跟。

从 湘 江 惨 败 到 遵 义 会 议

桂林东北百余里的兴安县一带,山清水秀,风景如画,湘江从这里北流,灵渠从这里起首,是旅游观光的绝佳去处。你也许不知道,在 80 多年以前,这里曾发生过一场惨烈的战斗,以至于"三年不饮湘江水,十年不食湘江鱼"的民谣广为流传,至今仍常常有人说起。

红色政权的广泛建立,使得蒋介石惶恐不安,他断然决定,对工农红军必须围而歼之,当时称作"围剿"。从 1930 年 12 月到 1931 年 7 月半年多时间里,国民党分别出动 10 万人、20 万人、30 万人,对工农红军进行规模一次大过一次的"围剿"。可令蒋介石恼火的是,"围剿"一次,大败一次,革命根据地反而扩大一次。1933 年 2 月,蒋介石集合 50 万军队,大举进攻中央根据地。朱德率领部队诱敌深入,集中优势兵力打击敌军局部,两战歼敌三个师,第四次"围剿"又使得国民党军铩羽而归。

1933 年 10 月,蒋介石调集百万军队,建立"军事委员会南昌行营",采用"堡垒主义"的新战术,向中央革命根据地发起第五次"围剿"。这时共产党内"左"倾教条主义的错误思想占据统治地位,毛泽东受到排挤,他们排斥游击战和运动战,要求正面出击,使用所谓"正规"战争的阵地战,使红军经常处于被动挨打的地位。红军经过一年苦战,始终没有突破"围剿"。眼看根据地面积日益缩小,形势越来越严峻,1934 年 10 月,中共中央决定,撤出中央根据地,踏上了极其悲壮的、前程未卜的漫漫征程。

10 月 10 日晚,中共中央和红军总部从瑞金出发,前往集结区域。17 日起,中央主力红军及中央机关和直属部队 8.6 万多人陆续从集结地出发突围。经过 20 多天的拼死战斗,红军突破了三道封锁线。但红军西进的目的和路线也已经完全被国民党军队掌握,于是蒋介石任命何键为追剿总司令,以 25 个师的兵力分五路追杀。同时令贵州方面政府军到湘黔边界地区堵截。在湘江沿线集结了 30 万军队,布下号称"铁三角"的第四道防线。蒋介石满怀信心,亲自到南昌督战,坐等全歼红军的胜利消息。

11 月 20 日晚,白崇禧给蒋介石发电,请求允许桂军南撤,以免红军突入广西,其空缺由湘军替补。蒋介石表示同意,同时电告何键派

遵义会议会址

位于贵州省遵义市老城红旗路（原子尹路）80号，是幢砖木结构、通体用灰砖砌成的两层楼房，建于20世纪30年代，原是贵州军阀、黔军二十五军第二师师长柏辉章的私人官邸。1935年1月，中国工农红军第一方面军长征到达遵义城。1月15日到17日，中共中央在此召开了政治局扩大会议，即遵义会议。1955年，在遵义会议会址建立了遵义会议纪念馆。

湘军南下全州接防，且再三叮嘱"党国命运在此一役，望全力追剿"。白崇禧早就做好了撤军的准备，没等湘军前来接防，桂军主力已经撤回恭城。于是，原来桂军防守的全州以南、兴安以北的湘江门户无人把守了。这可真是红军突围的绝佳机会。毛泽东随即提出：红军应马上渡江！主持中央军委工作的博古、德国人李德等人根本没有作战经验，他们雇了几千挑夫，打算把中央苏区的物资设备全搬走，在那崎岖的山路上，部队如蜗牛般地缓缓前行，来到湘江边上一看，敌军已经部署停当，完全控制了湘江沿岸百余里地段。11月25日，博古、李德下达抢渡湘江的命令。

11月28日凌晨，国民党军向抢下湘江渡口的红军部队发起进攻，湘江战役正式打响。为掩护中央机关和红军主力顺利渡江，守卫渡口的红军战士与国民党军殊死拼搏，飞机、重炮狂轰滥炸，湘江两岸硝烟滚滚，但红军战士没有退缩，"保护中央纵队安全渡江"的口号响彻战场。战斗进行了三天，中央纵队才抵达了湘江渡口。举目远望，呈现在大家面前的是任何人都没有见到过的惨烈景象，漫山遍野血肉模糊的躯尸，血肉、石块掺着泥沙四处横飞。博古完全惊呆了，他没有了往常的高傲与自信，羞愧地垂下了脑袋。12月1日，国民党军的进攻更加猛烈，他们想夺回渡口，歼红军于半渡之中。红军战士用步枪和刺刀打退了一次又一次进攻，用身躯筑起一道不可逾越的铁壁铜墙，硬是没让对方靠近渡口。看到这惨烈的一幕，周恩来与毛泽东四目相对，饱含泪水，沉默无语。林彪难掩悲愤之情，当场痛哭起来。当天下午5时，中央机关和红军大部队渡过了湘江，原来的8万多人，现在只剩下了3万余人。

红军走了，群众来到他们战斗过的地方，掩埋战士们的尸体，清理战场上的血迹，面对被战士的

遵义会议会址

鲜血染成了红色的江水,发出了"三年不饮湘江水,十年不食湘江鱼"的哀思。

1935年1月15日红军到达遵义城,中共中央在这里召开会议,分析总结第五次反"围剿"失败的原因。作为中央主要领导人,博古并没有意识到自己的错误,极力辩护。周恩来在对报告作补充说明时,分析第五次反"围剿"失败及长征开始后所犯的错误,主动进行了自我检讨。毛泽东在发言中严肃地指出博古、李德在军事指挥方面的错误,批评博古不应该为反"围剿"失败辩护。接着,张闻天、刘少奇等人发言,都表示赞同支持毛泽东的意见。经过激烈的辩论,最终通过了张闻天起草的《中共中央关于反对敌人五次"围剿"的总结决议》,肯定了毛泽东制定和提倡的红军战略战术原则的正确性。会议对中共中央和红军的领导机构进行改组,取消了博古、李德的最高军事指挥权,推举毛泽东为政治局常委。会后,政治局常委决定张闻天代替博古负总的责任,毛泽东、周恩来、王稼祥三人组成军事指挥小组负责军事工作。

遵义会议结束了王明、博古"左"倾教条主义在中共中央的统治,确立了毛泽东的领导地位,在危难之际挽救了中国共产党和红军,挽救了中国革命。从此,中国共产党走过了幼年阶段,进入了政治上成熟的时期。

知识链接

红军长征

1934年10月10日,为摆脱国民党军队对中央根据地的"围剿",中共中央率红军主力五个军团及直属部队8.6万余人,实行战略转移。大军挺进湘西,损失惨重,后按毛泽东的意见,折向国民党军队防御薄弱的贵州,渡过乌江,夺取遵义,四次渡过赤水河,打乱了蒋介石的"追剿"计划。渡金沙江,过大渡河,而后翻越雪山,踏过草地,1935年10月终于到达陕西北部的吴起镇。1936年10月,红军第一方面军和二、四方面军在甘肃会宁会师,长征结束。红军长征的胜利是中国军事史上的奇迹,在两年时间里,红军将士转战14省,行程上万里,战胜了重重艰难险阻,将中国革命的基本队伍转移到了西北,开辟了中国革命的新局面。

华清池兵谏

位于西安市临潼区境内的骊山是我国著名的风景名胜区,古迹遗址星罗棋布,是旅游观光的好去处。沿着山路拾级而上,行至半山腰上,你会发现一个高约 4 米、宽 2 米多的小石亭,亭正面横梁上题"兵谏亭"三个字。石亭始建于 1946 年,原题名"正气亭"。中华人民共和国建立后,凿去此三字,改题"捉蒋亭",1986 年 12 月又改题为"兵谏亭"。一个不起眼的小石亭,为什么三次更名,这里究竟发生过什么大事? 让我们回顾一下 70 多年前的那段历史吧。

中共《八一宣言》提出建立抗日民族统一战线,全国各界均表赞同支持。可蒋介石仍抱定"攘外必先安内"的方针,不听任何劝告,一意孤行,除大肆镇压各地抗日民主运动外,还在筹划更大规模的"剿共"行动。他在河南洛阳开过"剿共"军事会议之后,便调集 30 个师的兵力,开往西北,清剿陕北红军,驻守关中的东北军统帅张学良和主政陕西的西北军将领杨虎城都认为,大敌当前,不能再像往日那样兄弟阋墙,必须联合抗日。1936 年 12 月 4 日,蒋介石刚刚过完 50 岁生日,便急切地从洛阳飞抵西安。他相信凭自己与张学良的交情,一定能说服张学良听从自己的安排。实际上,他的猜想是大错特错了。张学良此前早就与共产党有过密切接触,毛泽东亲笔起草了《致东北军全体将士》的信,中共专门成立东北军工作委员会,由周恩来任主任。这年 4 月,周恩来与张学良举行会谈,双方达成了互不侵犯、互相帮助等重要协议,后又签署《抗日救国协定》,中共派了不少干部到东北军内部做统战工作。当时杨虎城虽为一方诸侯,但他不是蒋介石的嫡系,对蒋是表面服从,背后抵制。当时他与中共也有过长时间接触,双方签署了"互不侵犯,联合反蒋,共同抗日"的《汉中密约》(又称《汉中协定》,1936 年 6 月 1 日签署)。中共与张、杨部队已经停止敌对状态,确立了协同抗日的友好关系。

蒋介石来西安后,下榻华清池行辕的五间厅。张学良、杨虎城多次前往拜见。他们慷慨陈词,据理谏争,明确表示不服从他的"剿共"安排。蒋介石十分恼火,告诉他们如果不听众安排,就调他们去福建、安徽驻防。12 月 7 日,张学良又一次来到华清池,苦苦规劝,蒋介石丝毫不为所动。蒋介石心如铁石,张学良也备感气愤。他的心里开始萌生另外的想法,不管采取什么方式,都要让蒋答应联共抗日。

12月9日,西安举行纪念一二·九运动一周年的学生游行活动。学生准备前往临潼华清池向蒋介石请愿,要求停止内战、共同抗日。蒋介石得知后,迅速指示军队,前往镇压。张学良闻讯赶来,劝告学生不要去找蒋介石。学生情绪十分激动,有人提出情愿以死报国。张学良很受感动,也很伤心。他承诺一定把学生的话转告蒋介石,结果如何,一周内定作答复。学生相信张学良的承诺,游行队伍随即解散。

10日、11日,张学良两次向蒋介石进谏,蒋介石颇不耐烦,对他又是大吼,又是斥责,甚至给他扣上"犯上作乱"大帽子。张学良最后的一丝希望落空了,他与杨虎城秘密商议:实行兵谏。

12月12日清晨5时左右,晨曦尚未泛起,寒风凛冽刺骨,根据张学良的安排,东北军一部悄悄前往蒋介石住处,迅速包围了他的行辕。蒋介石的卫兵见有变故,立即开枪射击,双方发生枪战。睡梦中的蒋介石被枪声惊醒,知道大事不妙,连衣服都没来得及穿好,急忙跳窗户逃跑。脚下全是乱石杂草,一不小心跌了个脸朝天,背受伤了。这当口哪里还顾得上背痛?他心想骊山上面多乱石草木,可以藏身,于是向着骊山奔逃而去。来到山前,见无处躲藏,便顺着山间小道朝上爬。大概爬了200多米,听着有追兵赶来,见前面有一硕大的虎纹石,急急藏在了后边。再说蒋介石的卫队怎么是西北军的对手,不大会就缴械投降了。东北军士兵进入蒋介石卧室,四处搜查不见人影。张学良、杨虎城认为蒋介石仓皇逃命,不会跑得太远。于是下令在附近搜寻。不一会,孙铭九来到了蒋的藏身处。蒋束手就擒。

事前,张学良曾下达命令,只是以这种方式逼蒋联共抗日,不可伤害他的身体。部下不敢违令,小心翼翼地搀扶蒋下山,送至新城大楼。见到了张学良、杨虎城二人,蒋自然气愤得很,但立场不变,不管张、杨怎么说,他都不予理睬。

西安事变在国内外引起很大震动。国民党军政部长何应钦主张武力讨伐张、杨,宋子文、宋美龄等以为武力讨伐是欲置蒋于死地,故力主和平解决。消息传到陕北革命根据地,红军将士无不拍手称快,

一二·九运动

1935年11月,中共领导下的北平市大中学校学生联合会成立,得知日军扶持下的冀察政务委员会将要成立的消息后,联合会决定举行抗日救国请愿。12月9日,大批学生涌上街头,高呼"停止内战、一致抗日"的口号,举行盛大游行。游行队伍到达王府井时,大批警察用水龙头向人群喷射,又用皮鞭、枪柄、木棒殴打学生。学生受伤者百余人。次日,学生联合会宣布即日起举行总罢课,并于冀察政务委员会成立之日再次举行游行。16日,上万学生上街游行集会,后直奔东交民巷的外交大楼(冀察政务委员会预定成立的地方)举行总示威,队伍至宣武门,遭到上千军警拦截,近30人被捕,近400人受伤。接着,其他地方的学生也纷纷举行游行示威,形成了全国抗日民主运动的新高潮。

1936 年
1 月 28 日,东北抗
联成立。
10 月,红军第二、四
方面军到达甘肃会
宁,与红一方面军会
师,长征结束。
12 月 12 日,西安事
变发生。

大家认为应就此除去蒋介石,以绝后患。中共中央经过慎重分析研究,认为,如果没了蒋介石,可能会引起更大规模的内战,全民抗战势必推迟,这是日本人希望出现的后果。和平解决事变,则有可能逼迫蒋介石放弃"剿共",抗日统一战线或可迅速建立起来,尽早实现全民抗战,这是全国人民和一切抗日力量希望看到的局面。12 月 15 日,应张、杨邀请,中共中央代表团成员周恩来、秦邦宪、叶剑英等到达西安,向张、杨转达了和平解决事变的意见,张、杨表示同意。22 日,宋子文、宋美龄到达西安。23 日,周恩来参加了张、杨与宋氏兄妹的会谈。经过两天谈判协商,终于达成了共识,蒋介石被迫同意停止"剿共",联合红军共同抗日,西安事变和平解决。

12 月 25 日,张学良不听劝告,声称要负起一个军人的职责和义务,护送蒋介石去南京。杨虎城留在西安继续指挥西北军。蒋介石回到南京后,宣布停止内战,联共抗日,抗日民族统一战线初步形成。张学良却是有去无回,从此一直过着被囚禁、软禁的生活,直到上世纪 90 年代初才获人身自由。杨虎城就更惨了,蒋介石刚走不久,他就被撤职留任。1937 年 6 月被安排出国"考察",11 月底从法国回到香港,随后被诱骗到南昌囚禁,在狱中度过了 12 年,1949 年 9 月国民党撤出重庆前夕被军统特务杀害。

知识链接

第二次国共合作的实现

　　1935 年日本帝国主义在华北制造的一系列事件,充分暴露了其灭亡中国的野心。根据当时的形势,中共及时提出了实现第二次国共合作的主张,并将"反蒋抗日"政策调整为"逼蒋抗日"。西安事变和平解决后,毛泽东又发表文章,指出中国革命已经发展到中共和国民党合作的新阶段,并指示各级党组织和红军务必遵照中央路线,转变工作,合作抗日。自 1937 年 2 月起,国共两党代表先后进行了 6 次谈判,蒋介石最终同意将红军改编为国民革命军。9 月 22 日,国民党方面发布了《中共中央为公布国共合作宣言》,第二天,蒋介石发表《对中国共产党宣言的谈话》,承认了中国共产党的合法地位,从此,第二次国共合作开始了,抗日民族统一战线正式形成。

卢沟桥的枪声

北京一带流传着这样的歇后语,卢沟桥的狮子——数不清。卢沟桥是一座建于金代的石拱桥,石栏杆的每根望柱上面都雕有狮子,大的几十厘米,小的只有几厘米,千姿百态,妙趣横生。如果你真的想去数一下这些狮子的数量的话,你肯定会发现,有些望柱和狮子上面留有弹痕。不难断定,这里曾经发生过激烈的战斗。

日军占领我国东北之后,又染指华北地区,极力策划所谓"华北自治"。从 1936 年 5 月起,日本不断向华北增兵,频繁在这里举行军事演习,而且经常寻衅闹事,寻找武装占领华北的时机,华北形势异常严峻。卢沟桥建在北京城西南的卢沟河上,桥东侧的宛平县城,是北京的西南门户,战略地位非常重要,故负责守卫平津的国民革命军第二十九军军长宋哲元安排重兵在此驻守。任凭日军威逼利诱、演习挑衅,宋哲元静观时变,不为所动。1936 年春,日军向华北增兵6000 人,经通县(今北京市通州区)转驻丰台。当年夏天,日军想把在此驻守的二十九军一部挤出丰台,两次制造军事冲突事件,后中国驻军被迫作出让步,撤离丰台。日军接着策划更大规模的军事冲突,由此开始了对中国的全面侵略战争。

1937 年 7 月 7 日下午,驻扎在宛平城附近的日军第一联队第三大队第八中队的大队长清水节郎,率领一支荷枪实弹的日军队伍开往卢沟桥附近,来到回龙庙和大瓦窑之间的荒地上,停了下来。晚上7 点 30 分,开始军事演习。眼看快到 11 点了,演习还没有停止的迹象。这时宛平城门已经关紧,百姓大都进入了梦乡。可守卫宛平的中国军队不敢松懈,密切注意日军演习的动向。就在这时,演习处传来几声枪响,不一会儿,日本军队气势汹汹地来到城下,声称他们的士兵志村菊次郎"失踪"了,而刚才的枪声从城内传出,他们的士兵肯定是在城里被杀,要求进城到中国守军驻地搜查。面对日军的无理要求,中国守军严词拒绝,并告诉他们刚才的枪声来自城外,城内绝无日本人被杀之事。日军哪肯就此罢休,他们一面假装与宛平驻军交涉,一面部署向中国军队开战。

午夜时分,日本驻北平特务机关长松井太久郎打电话给冀察当

1937 年

7 月 7 日,卢沟桥事变爆发。

8 月,日军挑起八一三事变,大规模进攻上海,中国驻军奋起抵抗,淞沪会战爆发。

8 月 22 日,中国工农红军改编为国民革命军第八路军。

9 月 25 日,平型关战斗打响。八路军一一五师毙伤日军千余人,取得全国抗战以来第一次胜利。

11 月 20 日,国民政府决定迁都重庆。

12 月,日军攻陷南京,制造南京大屠杀。

南京大屠杀

1937 年 12 月 13 日，日军攻入南京，随即开始对南京市平民和战俘进行屠杀。除小规模的杀戮之外，还有大规模的机枪扫射、集体活埋等，日军用尽了各种残忍的手段，如刀劈、火烧、水溺、挖心、剁肢等。大屠杀持续了 6 个星期，集体屠杀约 19 万人，零散屠杀约 15 万人，强奸、纵火、抢劫事件遍及全城，致使南京城市三分之一被毁，财产损失不计其数。

局交涉，声称在卢沟桥演习的日军听到枪声，当即整队点名，发现少了一名士兵，怀疑士兵系中国驻卢沟桥的军队枪杀，而开枪者已经进入宛平城躲藏，故要求入城搜查。冀察当局官员以深夜入城，恐引起百姓不安、军士已经熟睡不宜打扰为由，予以拒绝。不久，松井再次打电话威胁说，不让进城搜查，那就只能用武力解决！这时，冀察当局收到中国守军的报告，得知日军已经包围了宛平。事态严峻，冀察当局只好同意双方就此事展开调查。其实，演习的日军整队点名时，确实有一名士兵未到，但过了不长时间，这名士兵便已归队。士兵失踪、进城搜查不过是他们的借口，由此挑起事端、制造武装冲突的理由，才是他们的真正目的。

7 月 8 日晨 5 时左右，日军大举炮击卢沟桥和宛平城中国驻军营地。中国守军国民革命军第二十九军二一九团团长吉星文，立即下令还击。二十九军司令部接到报告后，命令前线将士誓死保卫卢沟桥和宛平城。这支队伍原是西北军冯玉祥的旧部，个个彪悍勇武，不畏强敌。一天激战，卢沟桥上横尸遍地，驻守在卢沟桥的中国士兵只剩下 4 人，卢沟桥失守了。

7 月 9 日，中日双方达成口头停火协议，日军撤回丰台，中国军队退到宛平以西。这不过是他们的缓兵之计，等援军一到，日军马上反悔，重新开始向中国军队进攻。25 日、26 日，日军在北平近郊滋事，中日军队先后发生激烈战斗。26 日，驻华北日军司令部向二十九军发出最后通牒，限其三十七师两天内撤离北平，否则他们就要炮轰北平。27 日，二十九军严词拒绝，双方大战开始。驻守北平的二十九军三十七师及其他部队拼死抵抗，后因双方军力悬殊，被迫撤退，7 月 30 日，北平沦陷。就在同一天，天津也落入日军之手。日军占领了平津地区。

卢沟桥的枪声，开启了日军全面侵华的序幕，也掀起了中国全民族抗日的浪潮，中华

守卫卢沟桥的中国士兵在掩体后面准备战斗

民族开始觉醒,中国由此进入全国抗战时期。

知识链接

淞沪会战

　　七七事变以后,日军把京沪地区作为进攻的主要目标,1937 年 8 月 13 日凌晨,日军以其士兵被上海虹桥机场守军无故击毙为由,突然向中国守军发起进攻,日本军舰同时向上海市区开炮。张治中指挥的第九集团军随即还击,同时出动飞机轰炸日军陆战队及司令部。日军见不能速胜,乃不断调兵增援,军队总人数增加到 30 万人。中国海空军也参加了战斗,总兵力达 70 余万人。10 月底,日军从杭州湾登陆,占领松江城,上海守军腹背受敌,只得撤退,11 月 12 日,日军占领上

中国军队抵抗进攻上海的日军

海。会战中,中国军队歼敌 6 万余人,粉碎了日军"速战速决"的梦想。

血战台儿庄

台儿庄城北关有一座青砖灰瓦的古建筑群，它是回族民众宗教活动的场所清真寺。进入寺门，可以看到寂静的院落里有两株古柏，一株已经枯死，一株还顽强地活着。走近这几百年树龄的古柏，你会清楚地看到，它们的躯干上布满了弹孔，嵌入树体的弹头、弹片依稀可见。在古老建筑的墙壁上，也可以看到处处有枪弹射击的痕迹。这累累弹痕，似乎在向我们诉说，当年这里曾发生过一场惨烈的战争。

台儿庄位于山东、江苏两省交界处，京杭大运河从这里流过，造就了它数百年的繁华。它西邻微山湖，铁路从湖边经过；南近徐州城，有陇海铁路经过。这里是南北交通枢纽，徐州的北面门户，战略位置十分重要。

七七事变以后，日军迅速占领平津，然后大举进攻上海，接下来计划打通津浦铁路，使南北战场贯通。面对这种局势，1937 年 10 月蒋介石电邀第五路军（由桂系军队改编而成）总指挥李宗仁，来南京商议如何阻击日军。李宗仁向来与蒋不和，前一年还策动过反蒋事变，蒋是否借机报复？部下纷纷劝李宗仁，宜婉言谢绝，不可前往。李宗仁以为当此国家危难之际，蒋作为大国领袖，不会那样小肚鸡肠，斤斤于个人恩怨，故决定赴约。果然，蒋介石抛弃前嫌，任命他为第五战区司令长官，驻兵徐州，阻止日军南北会合。1937 年 12 月，日军先后占领南京、济南，下一步的军事目标便是徐州。

1938 年初，北方日军七八万人兵分两路南下：东路板垣征四郎率领第五师团，从青岛登陆，沿临沂—枣庄—台儿庄一线前进，东攻徐州；北路由矶谷廉介率领第十师团，沿津浦路南下进攻徐州。

3 月 9 日，坂垣第五师团到达临沂，守卫临沂的第四十军庞炳勋部奋力抗击，激战数日，渐觉不支。12 日，张自忠率第五十九军赶到增援。两军协同作战，歼敌 4000 余人，日军被迫从临沂撤退。这样，矶谷第十师团只能孤军前进，于 16 日进攻藤县。第二十二集团军（川军）一部在师长王铭章率领下，以寡敌众，拼死阻击，2000 人壮烈殉国，18 日滕县失守。3 月 23 日，日军拉着大炮，开着坦克，趾高气昂离开滕县向台儿庄进发。李宗仁分析,敌人孤军深入,且犯骄兵必败之忌,认定此战可操胜券。他先是采取诱敌深入的战术,派第三十一师连长刘兰斋率骑兵由台儿庄北上,在峄县南与日军相遇。双方交战,台儿庄战役打响。刘率部且战且退,日军紧追不舍,受我伏兵重创。同时,第三十一师在台儿庄外围各村庄与日军开战。

3月24日,日军出动飞机、坦克,配合步兵作战,逼近台儿庄北门。这时蒋介石也来到徐州,视察战况,次日,留下白崇禧协助作战,自己去了武汉。李宗仁与白崇禧共同商量作战方案,二人不谋而合。决定利用日军急于求成的心理,坚守台儿庄,拖住敌人,然后切断其后路,乘机出击歼灭之。此后,双方大战数日。27日,日军攻破台儿庄北门,占领城东北角一带,中国守军开始与日军巷战。日军全力增援台儿庄,国民革命军第三十一师师长池峰城率部死守,并下令:"台儿庄是全师将士的光荣所在,也是我部官兵的坟墓,任何人不得撤退",表达了与台儿庄共存亡的决心。

4月3日,日军攻占了台儿庄西北部、东半部、车站及南门外的几个村庄,也就是说,台儿庄四分之三的地方被日军占领,形势对我军极为不利。日本电台早已得意地宣布,台儿庄马上就要全部被他们占领了。池峰城率部在台儿庄血战八昼夜,敢死队派出好几批,每一批都没几个人能活着回来。军队死伤十之七八,损失相当严重,池峰城想,再这样下去肯定会全军覆没。他思考再三,乃向上级长官孙连仲请示转移阵地。孙连仲知道他们的处境,但不敢作出放弃台儿庄的决定,于是发电请示李宗仁。李宗仁也知道池峰城部队损失严重,但如果撤退,原来的作战计划便全部落空。不能功亏一篑,他决心已定,毅然给孙连仲打电话,指示其务必坚守,等待明天中午到达的援军。同时严词督促汤恩伯前来夹击日军。孙连仲得知上峰意图,乃对池

台儿庄战役中,中国军队发起攻击

正面战场和敌后战场

全国抗战爆发后,中国人民的反侵略战争逐渐形成了正面和敌后两个战场。双方独立开展抗日活动。在正面战场上,国民政府主要依靠其军队,直接与日军交战,对于持久抗击日军起到了直接作用,出现了许多可歌可泣的抗日英雄,但终因敌强我弱,常常处于被动地位。在敌后战场上,中共注重发动群众,运用游击战、运动战打击敌人,将日军拖入同仇敌忾的广大民众组成的抗日汪洋之中,使其防不胜防,处处不得安宁,有力地配合了正面战场。这两个战场相互支持,相互依存,推动抗日战争一步步走向胜利,共同构成中华民族的抗战史。

1940 年

3 月 30 日,汪精卫在南京成立伪国民政府。

8 月,八路军对日军发动百团大战。

12 月,日军在华北开展大"扫荡",实行"三光政策"。

1941 年

1 月,国民党军在皖南突然袭击正在撤退的新四军,史称"皖南事变"。

峰城下达命令:"士兵打光了,你就自己上前填进去。你填过了,我就来填进去。有谁敢退过运河者,杀无赦!"军令如山,三十一师将士们决心背水一战,与台儿庄城共存亡。双方激战至黄昏,日军已感疲惫,停止了进攻。晚上,中国敢死队再次突袭,敌军无力进攻了。次日凌晨,援军终于赶到,将日军包围起来。李宗仁亲临前线,指挥台儿庄一带守军全线出击。中国军队内外夹击,至 6 日晚,日军自台儿庄城内北撤,李宗仁果断下达追击令,中国军队全线反攻。汤恩伯部从外线包围,孙连仲部正面进击,池峰城所部肃清台儿庄城内残敌。次日凌晨,中国军队追至刘家湖、三里庄一带,歼灭日军一部,日军残部急忙向峄县、枣庄逃窜。台儿庄战役胜利结束。

台儿庄战役摧毁了日军两个团的精锐部队,毙伤日军万余人,缴获大量武器装备,沉重打击了日军的嚣张气焰,是抗日战争爆发以来取得的首场重大胜利。这场战役鼓舞了中国军队的抗日斗志,增强了全国人民抗战必胜的信心。

 知识链接

百团大战

1939 年冬季开始,日军以铁路、公路为轴心,推行"囚笼政策",对抗日根据地进行频繁"扫荡",以便割断太行、晋察冀等战略区域间的联系。1940 年 8 月 8 日,朱德、彭德怀等指挥晋察冀军区 39 个团、第一二九师 46 个团、第一二〇师 20 个团,共 105 个团 20 余万人,对华北地区西部日伪军发动大规模进攻,3 个多月时间里,历经大小战斗 1800 余次,毙日军 2 万余人。因参战部队达 105 个团,所以后来称之为"百团大战"。

百团大战是抗战时期中共领导的军队主动打击日军的最大规模的战役,提高了共产党、八路军在全国的威望,在战略上有力地支持了正面战场。

中国远征军入缅

抗日战争时期,中国军队不仅在本土抗击日军,挫败其称霸东亚野心,同时开赴缅甸,重创日军,扬我国威。中国本土是抗日主战场,中国在兵源紧张、战事繁纷的情况下,为什么还要出兵他国?

日本发动侵华战争后,陆续将总兵力的 65％ 以上投入到了中国战场。太平洋战争爆发后,中国在抗击日本法西斯方面的作用越来越重要,美国建议将盟国作战司令部设在中国。1942 年 1 月 5 日,中国战区统帅部成立,蒋介石任最高统帅,美国派陆军部史迪威中将担任参谋长,辖区包括越南、泰国等东南亚地区。这时,日本对其整体战略部署作了调整,以一部兵力,开赴东南亚地区,从外线包围封锁中国,切断中国外援交通线。日军先是入侵越南,封锁了越北与中国间的铁路和公路。而后闪电袭击南洋各国,于 1942 年初从泰国进攻缅甸,包围仰光。英缅军司令请求中国出兵救援。3 月初,国民革命军第五军第二〇〇师在少将师长戴安澜率领下,首先进入缅甸境内,至东吁地区,掩护驻缅英军撤退,同时为中国远征军主力到来开辟基地。3 月 8 日,日军占领仰光。3 月 19 日,第二〇〇师与日军第五十五师团遭遇,双方激战 10 余天。我军弹药、军粮缺乏,援军迟迟未至,不得不于 29 日夜突围撤退。这一仗,日军兵力 4 倍于中国军队,而且装备占优,有空军协同作战,但战争的结果是日军损失 5000 余人,中国军队伤亡 2500 人。后来,戴安澜将军在郎科地区的突围战中身负重伤,不幸殉国。周恩来亲自题写挽词:"黄埔之英,民族之雄"。史迪威也评价他是"立功异域扬大汉声威的第一人"。

3 月 12 日,入缅作战的中国军队番号正式定为"中国远征军第一路",由罗卓英、杜聿明为正副司令长官。远征军由第五军、第六军和第六十六军三个军组成,总人数 10 万人。其中第五军第二〇〇师是机械化部队,第六十六军三十八师为精锐部队,其他部队装备较差。路途遥远,弹药、食品、被服等军需物资补给困难,道路坎坷,多徒步行进,给中国远征军作战带来很大困难

4 月 17 日,英军在仁安羌被日军包围,中国远征军第六十六军新编三十八师师长孙立人部前往救援,18 日凌晨,孙立人亲自赶往前

1941 年

12 月 7 日,日军偷袭美国海军太平洋舰队在夏威夷的军事基地珍珠港,太平洋战争爆发。

12 月 8 日,日军大举进攻香港。25 日,香港沦陷。

12 月 9 日,《中华民国政府对日宣战布告》发布,中国政府正式对日本宣战。

1942 年

1 月 1 日,美、英、苏、中等 26 个国家代表在华盛顿签署《联合国家共同宣言》,国际反法西斯联盟正式形成。

2 月,中国共产党整风运动开始。

3 月,第一批中国远征军入缅作战。

6 月,中途岛海战爆发,日军损失惨重。

中途岛战役

中途岛位于亚洲和北美洲太平洋航线的中途,是美国的重要军事基地。为防止美国由此出兵攻击日本,日本海军想发动突然袭击,重创乃至歼灭美军太平洋海军。美军事先破译了日军的作战电报,故严阵以待。1942年6月4日晨,日海军倾巢而出,空袭中途岛,结果一无所获。美军乘机反攻,日军3艘航空母舰被击毁。6月5日,已处穷途末路的日军自己将另一艘航空母舰击沉。仅仅两天,大战便告结束。结果,日本损失了4艘航空母舰、1艘巡洋舰和绝大部分飞机,日本的制海权由此丧失。

线指挥作战,他设置疑兵,使敌人不敢贸然出击,而后率部冲杀,于次日下午将日军击溃,歼灭日军1200多人,救出被围困数日濒临绝境的英军7000多人及美国传教士和新闻记者等500多人。这次战斗以少胜多,创造了军事史上的奇迹,使得中国远征军名扬海外。孙立人也因此成为国际上享誉最隆的国军将领。

被围英军获救后,为保存实力,自行撤离,进驻印度,并不顾及中国军队的安全。日军见英军撤离,派兵重新占领了安仁羌。东线日军相继占领了缅甸北部地区,切断了中国远征军的退路。缅甸境内自然环境恶劣,高山密林,湿热多雨,士兵水土不服,给养补充困难,疫病流行,死亡众多。在这样的情况下,中国远征军不得不撤离缅甸,一部分退至中国境内的滇西一带,另一部分向西撤退,到达印度,在兰伽训练营接受训练,成立中国驻印军总司令部。中国远征军第一次入缅作战结束,10多万热血青年,活下来的只有4万多人。

日军占领缅甸后,中国失去了滇缅公路这条与外界联系的唯一交通线,日军如由缅甸继续北上,将直接威胁中国陪都重庆及整个大后方。日军由缅甸西进,则可直达印度,英国的战略"大后方"同样受到威胁。1942年,为支援中国正面战场,美国空军冒险开辟"驼峰航线",但代价太高。因此,蒋介石急切需要夺回滇缅公路控制权,美国从战争全局考虑,也希望打通援华通道,英国则急于解除日军对印度的威胁。所以,盟国各方均积极筹划反攻缅甸。在这种情况下,中国组织起第二批远征军。

这次的远征军由两个部分组成,一部分是撤退到印度的第一批远征军余部,由中国战区参谋长史迪威主持,在印度兰伽训练营休整训练,配备美式武装,改编为中国驻印度军;另一部分是由第十一、十二集团军组成的驻滇军队,约16万人。

1943年下半年,盟军开始反攻缅甸,10月,中国驻印远征军进入缅甸北部,与日军交战,给日军第十八师团以毁灭性打击。驻滇西的中国远征军也于1944年5月渡过怒江,进攻缅北日军,歼灭日军两个师团大部,击溃另两个师团一部。1945年1月27日,两支中国远征军胜利会师于芒友,完全打通了中印公路。此后,滇西远征军奉命回国,驻印远征军继续南下与日军交战。3月8日攻占腊戌,夺回滇缅公路。3月30日与英军会师于乔梅,缅北日军全部被歼灭。

中国远征军赴缅作战,保全了中国与盟国间的最后一条交通路线,对于取得国际援助、保证大后方的军需供应,具有重要意义。同时,它将中国的抗日战争纳入世界反法西斯战争序列中,有力支持了中国内地抗战,为盟军在缅甸战场的最后胜利创造了条件,对世界反法西战争斯战争的胜利产生了巨大推进作用。

 知识链接

太平洋战争

中国抗日战争开始后,日本与美、英等国关系日益恶化,1941年12月7日,日军偷袭美国海军基地珍珠港,同时向东南亚各国发起攻击。9日美、英和中国对日本宣战,日、德、意三国也对美国宣战,太平洋战争爆发。起初日军所向无敌,1942年6月中途岛海战后渐趋被动。1945年美军收复菲律宾并占领了日本周围的许多岛屿,但日军拒不投降。8月6日和9日,美国在日本广岛、长崎投下了两颗原子弹;苏联军队也出兵中国东北地区。8月15日,日本宣布无条件投降,太平洋战争结束。

"密苏里"号战舰上的签字仪式

1945 年 9 月 2 日清晨,美国的"密苏里"号战舰静静地停泊在日本东京湾的海面上。战舰的舷梯口站着一排精神饱满的水兵,主甲板上,水兵乐队和陆军仪仗队庄严肃立。甲板中央放置一张铺着绿色绒毯的水兵长条饭桌,两边各有椅子一把,长桌左前方有 50 位海军将领,右前方是 50 位陆军将领,他们兴高采烈,一边交谈,一边等待那具有重大历史意义时刻的到来。将近 9 点钟的时候,来了几个日本人,他们个个低着头,板着脸,目光呆滞。这里即将举行中、美、英、苏等国接受日本投降的仪式。

1942 年 6 月中途岛战役中,日军空军损失惨重,1943 年底,盟军开始大反攻。1944 年初,中国的抗日战争也进入到全面大反攻的阶段。1944 年 10 月,在菲律宾莱特岛附近的历史上最大规模的一次海战中,日军海军、空军几乎全军覆没。1945 年 5 月,德国法西斯宣布无条件投降,欧洲战场战事结束,同盟国得以全力攻击日军。靠武士道精神支撑的日本军国主义者一边嘲讽德国懦弱,一边强打起精神,鼓动军队拼死进攻。1945 年 7 月 26 日,中、美、英三国联合发表《波茨坦公告》,督促日军无条件投降。日本硬是不肯认输,表示要战斗到最后。日本的负隅顽抗让美国新任总统杜鲁门很是头痛,如果立即登陆日本本土,势必造成盟军大量伤亡;如果迟疑不动,苏联便会先走一步,出动大军逼迫日军投降。他思之再三,决定拿出自己的杀手锏。8 月 6 日和 9 日,美国分别在广岛和长崎投下一颗刚研

日本投降签字仪式在"密苏里"号上举行

制成功的原子弹。同时出动 200 架飞机空袭东京等地。8 月 8 日,斯大林根据事先约定,宣布对日作战,出兵百万向盘踞在中国东北的日军发起猛烈进攻。中国军民信心大增,奋起反攻。一时间万箭齐发,日军成为众矢之的,败局立定。眼看回天乏力,日本铃木首相召开内阁会议说,目前别无选择,只能接受《波茨坦公告》的条件了。对于无条件投降,日本人无论如何都难以受,会议难以达成一致。铃木只好将情况如实反映给天皇。

8 月 14 日,裕仁天皇召开御前会议,最终作出无条件投降的决定。第二天,通过广播发表《停战诏书》,公开宣布日本无条件投降。这一天,对于中国人来说,是一个最难忘的日子。晚上 6 点左右,消息由重庆向全国播报,一时间,各种报刊、传单、标语,全是日本投降的消息。人们喜极而泣,纷纷跑到街上大喊:"日本投降了!"家家户户,张灯结彩,不少餐馆、茶楼免费招待客人。当日,蒋介石向全国军民和世界人民发表广播演说:"我们的'正义必然胜过强权'的真理,终于得到了它最后的证明……我们中国在黑暗和绝望的时期中,八年奋斗的信念,今天才得到了实现。"

日军投降,必须正式签署投降书,由中、美等国举行受降仪式。日军投降签字仪式在哪里举行?起初,美国总统杜鲁门指令麦克阿瑟负责部署受降事宜,海军司令尼米兹上将跟麦克阿瑟向来不和,得知此事,马上找到杜鲁门,表示不满。两位都是二战功臣,杜鲁门不想得罪他们,更不想加剧他们之间的矛盾。有着"白宫智囊"之称的福雷斯特尔献计道:可以让麦克阿瑟作为盟军代表,尼米兹作为美国代表,分别在日本投降书上签字。至于受降地点,可以选择海军的战舰,这事让尼米兹占了上风,但仪式须由麦克阿瑟主持,这样二人的心理就平衡了。为了讨好杜鲁门,福雷斯特尔说受降仪式可以安排在"密苏里"号战列舰上,因为这艘战舰是以总统家乡的名字命名的。杜鲁门听后自然高兴得很。受降仪式的时间定在了 9 月 2 日。

这天 8 点 30 分,同盟国最高司令官麦克阿瑟将军登上了"密苏里"号战舰甲板,20 分钟以后,盟国九国代表及其他将领相继到达。又过了 5 分钟,一个跛脚的日本官员吃力地登上甲板,他就是日本外相重光葵,当年他在中国上海召开纪念日本天皇生辰的集会,结果一

---

8 月 6 日、9 日,美国分别在日本广岛、长崎投下原子弹。

8 月 8 日,苏联对日宣战,次日零时出兵中国东北。

8 月 15 日,日本宣布无条件投降。

9 月 2 日,日本政府正式签订投降书。

10 月 25 日,台湾光复。

台湾光复

台湾自古是中国的领土,1894 年甲午战争后,清政府被迫签订《马关条约》,将台湾割让给了日本。抗日战争胜利前夕,中国与美、英签署《波茨坦公告》,确定日本应将台湾及澎湖列岛等归还给中国。日本宣布无条件投降后,1945 年 10 月 25 日,国民政府在台北市中山堂举行受降仪式。从此,台湾重新回归祖国的怀抱。

条腿被炸断,后来装上了假肢,走路时仍然一瘸一拐。后面紧跟着 11 名日本军官,他们一个个面无表情,像准备接受审判的犯人一样,站到既定位置,完全没了先前那趾高气扬的姿态。

受降仪式 9 时正式开始,麦克阿瑟作了简短讲话,他郑重宣布,战争结束了,世界已经走向和平。接着日本作为战败国,由梅津美治郎和重光葵在投降书上签了字。投降书上写道:"日本帝国大本营和不论任何地方的一切日本国军队以及日本国控制下的一切军队,向盟国无条件投降。"随后,麦克阿瑟作为盟军最高司令官首先签字。而后,美国海军司令尼米兹代表美国签字。接着,中国军令部部长徐永昌上将代表中国签字。英国、苏联、澳大利亚、加拿大、法国、荷兰、新西兰 7 个国家的代表依次签字。然后,麦克阿瑟宣布受降仪式结束。这时,空中响起轰隆隆的声音,一队队美国轰炸机飞上天空,进行飞行表演,以示庆祝。在人们的欢呼声中,日本代表狼狈离开了战舰。

9 月 9 日,中国战区在南京举行了受降大典,标志着中国人民经过浴血奋战,终于取得了抗击日本侵略的胜利,这是中国百年来抵抗外来侵略中取得的最伟大的胜利。它向世界宣告,中国领土不容践踏! 中国人民不容欺凌!

知识链接

八年全国抗战

从 1937 年 7 月 7 日卢沟桥事变开始,到 1945 年 8 月 15 日日本宣布无条件投降,这是八年全国抗战时期。自卢沟桥事变开始到 1938 年广州、武汉失守,是抗日战争的战略防御阶段,日军全面出击,各地施暴,中国人民损失惨重。自 1938 年 10 月至 1943 年底,是战争相持阶段,日军因财力、人力不足,难以再发动大规模进攻,抗日根据地扩大,正面战场的抵抗,美、英等国对日宣战,使得日军被迫收缩战线。从 1944 年 1 月到 1945 年 8 月,是战略反攻阶段。中共领导敌后军民向日伪军发起局部进攻,日军虽然打通了中国大陆南北交通线,但因遇到中国军民的顽强抵抗而感到精疲力尽,加上盟军迫近日本本土,苏联红军大败关东军,最终日本不得不宣布无条件投降。

中国抗日战争是世界反法西斯战争的重要组成部分,中国战场上的浴血战斗支援了其他国家人民的斗争,对世界反法西斯战争的胜利作出了重大贡献。

重庆谈判

　　中国近代历史上，中国共产党与中国国民党对抗几十年，双方举行过不少次谈判，但毛泽东亲自参加的谈判只有一次，那就是重庆谈判。毛泽东参加重庆谈判的目的是什么，结果如何呢？

　　抗日战争胜利后，蒋介石的喜悦心情没保持几天，忧郁的神情便又挂在了脸上。就召集部下开会，询问各战区的状况，得知共产党抢先夺下几个战区，脸色更加阴沉了。是战，还是和？属下的意见不一致。有人提出马上和共产党开战，一决雌雄；也有人认为民众刚脱离战争蹂躏，需要休养生息，不可再战。蒋介石紧皱着眉头，没有马上表态。他懂得民心不可违的道理，知道发动内战会失去民心，但对付共产党，只能动用武力，没有别的办法。既不愿失民心，又要对共产党开战，有没有两全其美的办法？他想来想去，最好的办法是显露和平姿态，将挑起内战的责任推在共产党身上，然后与中共兵戎相见。主意已定，乃大肆宣传，要请毛泽东到重庆来，跟中共谈判。可背地里，他一边调兵遣将，积极做战争准备，一边拉拢苏联和美国，以便孤立中共。

　　1945 年 8 月 14 日，蒋介石向延安发去电报，邀毛泽东来重庆谈判，"共商国是"。蒋介石打的如意算盘，毛泽东早已洞若观火。8 月 15 日晚，李克农得知，蒋介石已把电报内容告知《重庆日报》，要他们 8 月 16 日一早见报。毛泽东明白蒋介石开始进行舆论攻势，以争取民心。于是，在朱德向蒋介石发出"受降程序未尽明了"的质询电报后，毛泽东即电告蒋介石：等你表明关于受降问题的态度之后，我会考虑和你会面。电文发出后，国民党特务得到了"毛泽东不去重庆"的"内部"信息。来不来重庆，毛泽东没有明确表态，蒋介石分析，毛泽东是害怕，一定不敢来了。20 日，蒋介石又发出第二封电报邀请毛泽东。毛泽东还是没明确表态，只是"客气"地回复，为了团结大计，我马上派周恩来去拜访您。

　　蒋介石收到毛泽东的这封来电，确认毛泽东不来重庆了。他决心假戏唱到底，8 月 23 日，又给毛泽东发去第三封电报说：有许多问题，只有与您面商，才能迅速解决，希望您能跟周恩来一起来重庆。

1945 年

8 月 28 日，毛泽东率中共代表团飞抵重庆，国共重庆谈判开始。

10 月 10 日，《双十协定》签字。

9—10 月，解放区军民在平绥路、上党、平汉路进行了三次大规模的自卫反击战。

12 月 1 日，昆明发生国民党军警杀害进步师生的惨案，史称"一二·一惨案"。

12 月 28 日，毛泽东发出《建立巩固的东北根据地》的指示。

陪都重庆

1937年11月，国民政府发布《国民政府移驻重庆宣言》，重庆成为"战时首都"。1940年9月6日，《国民政府令》正式确认重庆为永久性之"陪都"。重庆成为中国大后方的政治、军事、经济、文化和信息中心。抗战胜利后，1946年5月5日国民政府发布《还都令》，将都城迁还南京。

这时，美国驻华大使赫尔利也站了出来，表示美国政府愿意保证毛泽东的人身安全。苏联选择"中立"，同时劝告毛泽东为维护团结，应赴重庆谈判。

毛泽东认为火候到了，如果再推托，蒋介石肯定会说共产党反对谈判，不愿和平。当时国内不少人已经被蒋介石的"和平"假象蒙蔽，不再指责国民党。他知道蒋介石和平是假，开战是真，他的真实面目必须让老百姓看清楚。于是，毛泽东立即回复，跟周恩来一起去重庆。当然，毛泽东也做了最坏打算，临行前进行了人事安排，主席职务由刘少奇代理，并增补陈云、彭真为中央书记处候补书记，以便毛、周都不在的情况下书记处还能有5人开会。

蒋介石万万没想到，毛泽东真的要来！27日，他只得按预先的约定，派出军机，让美国驻华大使赫尔利、国民党政府代表张治中前往延安，迎接毛泽东。28日，毛泽东飞抵重庆。一见毛泽东走下飞机，前来迎接的各界人士人们纷纷涌上来，围得水泄不通。毛泽东微笑着跟他们打招呼，接受记者采访，发表简短谈话，而后乘车离开。晚上8点多，蒋介石在自己的别墅设宴，为毛泽东接风洗尘。两个较量了十多年的老对手互致问候，各道寒暄，气氛显得颇为融洽。毛泽东到来，虽在意料之外，但蒋介石仍然十分得意，说毛泽东"应召前来"是自己的"威德所致"。

经过几天会谈，共产党方面正式提交了11条谈判内容，其中最为关键的问题有两个：一是政权问题，中共提出担任解放区所在5省的主席和某些省的副主席。二是军队问题，中共要求保持48个师的兵力。从10日到15日，国共双方代表连续进行了多次会谈，尽管双方在其他问题上都作出了一些让步，但核心问题即军队和解放区问题，双方仍各持己见，没有什么

毛泽东、蒋介石在宴会上

实质性进展。后来,经赫尔利协调,中共在军队整编的数目上作了很大让步,但国民党方面仍然否定了中共的提议,谈判一再陷入僵局。周恩来曾一针见血地指出,国民党一直持自大观念,以领导者自居,视中共及其他党派为被统治者,这是谈判无法进展的根本所在。当然中共的让步也有限度,毛泽东确定了"针锋相对,寸土必争"的方略,决不让国民党方面牵着鼻子走。

在重庆期间,毛泽东展示了领袖人物的风范,他参加各种国际活动,会见民主人士,接受各国记者采访,显示出了大政治家的气度。毛泽东将旧作《沁园春·雪》赠柳亚子,后在重庆传播,震动山城,时人以为其气魄之大,古今无人能及。毛泽东嗜烟,而蒋介石对烟极为反感,据说,在跟蒋介石接触过程中,毛泽东竟一根烟都没有吸。其毅力之坚强,使蒋介石大为吃惊,也更为忧虑。

经过 40 多天交涉,最后双方就和平建国以及实行多党制联合的民主政府等问题达成一致,但在中共军队数量和解放区的合法性两个根本问题上,双仍各持己见。这时的重庆没了战火,但国共的谈判桌上依然剑拔弩张、硝烟弥漫,考虑到毛泽东的安全问题,周恩来提出让毛泽东先行返回延安。看着再谈下去,也很难有什么满意的结果,国民党方面只得同意。毛泽东回延安之前,双方将历次谈判记录整理成一个书面文件,即《政府与中共代表会谈纪要》。10 月 10 日,国共双方代表在《纪要》上签字,并公开发表,后称之为《双十协定》。

知识链接

双十协定

重庆谈判结束后,国共双方于 1945 年 10 月 10 日签署《政府与中共代表会谈纪要》,又称《双十协定》。列入《纪要》的共 12 个问题,分别是:关于和平建国、政治民主化、国民大会、人民自由、党派合法、特务机关、释放政治犯、地方自治、军队国家化、解放区政府、惩治奸伪、受降工作。其中少数几条双方达成了共识,在军队、解放区政权两个重要问题上,双方存在重大异议。《双十协定》的签订,迫使国民党方面承认了中共的合法地位,使中共和平建设新中国的政治主张为全国人民所了解,推动了全国和平民主运动的发展。

蒋介石发动全面内战

1946 年初，抗日战争胜利的庆典刚刚结束，全国上下又迎来的国、共及各民主党派等参加的政治协商会议的召开，会议通过了《和平建国纲领》等五项协议。国民政府军政部长陈诚，以为蒋介石真的要放下武器和平建国了，于是密谏蒋氏道：今天的情势，只有动用武力，以武力谋求统一。自古以来，国家统一，没有不靠武力的！这话正说到了蒋的心坎里。他让陈诚和何应钦制定计划。陈诚听了，微微笑道，消灭共产党，半年时间足够了！何应钦却神态严肃，说起码要用两年时间。蒋认为何过于保守，于是罢免了他的国防部参谋总长职务，改由陈诚担任，并积极将陈氏半年消灭共产党的计划付诸实施。

当时，国民党有正规军 86 个整编师约 200 万人，加上非正规军及后方机关等，总兵力为 430 万人，其中拥有美式武器装备的军队 100 万人，接受侵华日军的武器又可装备 100 万人，坦克、重炮、飞机、军舰，应有尽有。人民解放军只有野战军 61 万人，地方部队和后方机关 66 万人，总数 127 万人，武器装备差，飞机、坦克、军舰更是一样也没有。双方兵力装备悬殊很大，在蒋介石及其属下的将军们看来，双方一旦开战，国民党军稳操胜券，而且能速战速决。那边政治协商会议开会，这边蒋便密令各部做好战争准备。美国政府站在蒋那边，出动大批飞机、舰船，帮他运送军队、军需。于是，国民党军迅速控制了北平、天津、青岛、上海、南京等大城市及附近地区。苏联军队撤出我国东北后，蒋立即出兵占领沈阳，并陆续派遣 5 个军进入东北，向四平发起进攻，东北民主联军经过一个多月的顽强抵抗，最终撤离四平。国民党军大举进攻长春。蒋介石再也压抑不住自己兴奋的心情，乘飞机来到沈阳，要亲自见证辉煌战绩。两天后，他又写信把自己的兴奋传递给宋子文：这里的情势，和我们在南京想像的完全不同。把东北的共军主力消灭，关内关外的事情就都好办了。在他看来，消灭共产党指日可待。

此时，蒋介石认为发动全面内战的时机成熟了。1946 年 5 月，他对其内部人员说：如果共产党不就范，一年之内便可削平他！为了稳妥起见,他还是将陈诚制定的"半年"计划改成了"一年",免得日后无法实现而留下笑柄。过了几天,国防部长白崇禧也在大会上公开表态,必须立即进剿共产党!

当时,以大悟县宣化店为中心的中原解放区地处鄂豫两省交界处、平汉铁路两侧,不仅威胁到武汉的安全,而且会阻挡国民党军进军华北,战略地位十分重要。这个解放区只有李先念、王震等领导的中原军区部队 6 万多人,地面狭小,且与其他解放区不相接连。蒋介石军事集团认为,先从这里下手,如探囊取物。于是,他们迅速调集 26 个师 30 余万人,将中原解放区包围起来,切断其与外界的一切联系。

6 月 26 日,蒋介石令郑州绥靖公署主任刘峙指挥军队,向中原解放区发起进攻,全面内战爆发。

在此危急关头,中共中央军委当即作出指示,除部分武装力量原地坚持游击战以牵制敌人之外,主力部队分两路突围西进。右路由军区司令员李先念率领第二纵队和中原军区机关 1.5 万多人,越过平汉路,进入陕南,同陕南游击队会合。左路 1 万余人由军区副司令员王树声率领,越过平汉路,到达鄂西北房县一带。为吸引敌人、掩护主力部队突围,另有一支 7000 余人的军队向东突围,到达苏皖解放区。蒋介石精心部署的包围圈,旬日间便被全面突破,不仅吸引了国民党军 30 万人兵力,为其他解放区抗击国民党军进攻赢利了宝贵时间,而且粉碎了国民党高层 48 小时内"一举包围歼灭"中原共党,以创造"惊人的胜利与奇迹"的狂妄预言。

与此同时,国民党军队陆续向其他解放区发起进攻:薛岳部 58 个旅 24 万多人进攻山东及冀鲁豫解放区,孙连仲及傅作义所属 18 个旅进攻晋察冀解放区,胡宗南部 19 个旅 15 万人进攻陕甘宁解放区,阎锡山部 20 个旅 9 万余人及傅作义、胡宗南军各一部进攻晋绥解放区,杜聿明所属 16 个旅 16 万人进攻东北解放区,另以 9 个旅 7 万余人进攻广东各游击区及海南岛琼崖解放区。国民党投入的兵力总共为 193 个旅 160 多万人,约占其正规军总人数的 80%。陈诚比制定作战计划时更为乐观,他在北平对中外记者吹嘘说:国内任何一条交通线"均可于二周内打通",同共军作战,"三个月至多五个月便

孟良崮战役

1947 年 3 月,顾祝同率领国民党军 45 万人,向山东解放区发动重点进攻。华东野战军在陈毅、粟裕领导下,诱敌深入,寻求战机。于 5 月中旬与国民党军在今临沂市蒙阴县东南的孟良崮展开激战,全歼国民党王牌军整编第七十四师及八十三师一个团共 3 万多人,击毙了号称"常胜将军"的七十四师师长张灵甫,挫败了国民党军对山东解放区的重点进攻。

6 月,刘邓大军挺进大别山,揭开人民解放军战略进攻的序幕。

10 月 10 日,中国共产党发表《中国人民解放军宣言》,提出"打倒蒋介石,解放全中国"的口号。

12 月 25 日至 28 日,中共中央在陕北米脂县杨家沟召开"十二月会议",毛泽东作《目前形势和我们的任务》的报告。

能解决"。

　　国民党军来势汹汹，而各解放区军民则沉着应战，他们使用灵活机动的战略战术，集中兵力在运动战中消灭敌人。从 1946 年 6 月开始的 4 个多月里，国民党军占领了解放区的 153 座城市，解放军收复了 48 座城市，歼灭国民党军近 30 万。后 4 个月中，国民党军占领了解放区 87 座城市，解放军收复、占领国统区 87 座城市，歼敌 41 万人。在 8 个月时间里，大小战役 160 余次，国民党军被歼 71 万人。战线过长，兵力不足，国民党军完全丧失了进攻能力，蒋介石全面进攻、速战速决的战略计划彻底破产了。

　　从 1947 年 3 月开始，国民党军不得不重新集结兵力，对陕北和山东两个解放区发动重点进攻，经过 3 个多月大战，国民党军又损失了 40 多万人。国民党政府在军事、政治和经济上陷入全面危机。6 月，刘邓大军挺进大别山，人民解放军对国民党军的大规模反攻开始了。

　知识链接

挺进大别山

　　国民党军全面进攻和重点进攻失败后，中共中央决定派主力部队挺进国民党统治的中原地区，为战略反攻做准备，其主攻方向是大别山区。1947 年 6 月 30 日夜，刘伯承、邓小平率领大军 12 万余人，在山东鄄城县临濮集到阳谷县张秋镇 150 里地段内，突破国民党军防线，强渡黄河，进入鲁西南地区。而后分兵三路，向南挺进。经过 20 多天的艰苦行军和激烈战斗，他们越过陇海铁路，通过黄泛区，渡过沙河、涡河、汝河、淮河，行军上千里，于 8 月末进入大别山区。经过两场大战，歼敌 3 万余人。到 11 月下旬，建立起县级民主政权 33 个，开辟了新的中原解放区，使国民党军在战略上陷入被动，揭开了人民解放军全国性反攻的序幕。

解 放 北 平

抗日战争时期,傅作义的部队得了一个绰号,叫"七路半"。这个绰号是什么意思呢?原来,抗战开始后,傅作义被任命为第七集团军上将总司令兼第三十五军军长。据说,他的部队战术风格与八路军有些相似,他本人生活简朴,也有点像八路军干部,另外他的部队中有许多中共党员,有的还当上了师政治部主任。在国民党的一些官员看来,傅作义的队伍差一点就成八路军了,所以送其绰号"七路半"。可让他们没想到的是,过了没几年,这"七路半"竟成了真八路,经改编后进入了人民解放军的军事组织序列。这又是怎么回事呢?

1948年冬辽沈战役结束后,东北地区全境解放,东北野战军随时准备出兵华北;在中原和华东战场上,淮海战役已经打响,当地国民党军自顾不暇,无力援助平津;西北战场上,胡宗南部被困关中,无路东进。国民党政府在华北地区的统治岌岌可危,国统区经济亦面临崩溃,物价一日数涨,民不聊生,怨声载道。当时傅作义属下有4个兵团,12个军约55万人,驻守在东起唐山,西到张家口的铁路沿线。按照毛泽东的意见和中央军委的部署,东北野战军略作休整,11月23日便由锦州、沈阳、营口出发,迅速到达平津地区,将平、津、塘守军分割包围,切断其南逃路线。令华北部队缓攻太原,回师平津,阻止张家口、新保安(今河北怀来县新保安镇)之敌向西、东逃窜。29日,平津战役打响,中共前敌委员会决定,采取先攻两端、后打中间的策略,令华北野战军围攻新保安,数日之内,全歼敌军。东北野战军围攻天津,1949年1月15日,攻取天津。北平国民党军25万人完全陷入孤立无援的境地。为了使这座历史文化古城免遭兵燹,中共中央和中央军委决定,力争和平解放北平。

傅作义起初认为东北野战军打完辽沈战役后,至少要休整3个月,才有可能入关作战,没想到还不到一个月的时间,这支队伍就出现在了他的防区。这时他已经意识到平津难保,国民党军胜算不多了。1948年11月上旬,他开始与中共方面接触。首先通过自己的女儿、中共地下党员傅冬菊,用她掌握的中共秘密电台向西柏坡方面发

中共七届二中全会

1949 年 3 月 5 日至 13 日，中国共产党在河北省平山县西柏坡村召开了第七届中央委员会第二次全体会议。毛泽东在会议报告中强调，取得全国胜利以后，党的工作重心必须由乡村转移到城市。他阐述了胜利后政治、经济、外交方面的基本政策，号召全党继续保持谦虚、谨慎、不骄、不躁的作风和艰苦奋斗的作风。这是中共在解放战争期间召开的唯一一次中央全会，是为中共建立新中国奠基的一次重要会议。

电，表达了和平解放华北的意向。不久，傅作义委托民主人士彭泽湘、符定一到石家庄华北军区，探察中共对和平解决华北问题的态度。彭泽湘早年参加过中共，后脱党；符定一是毛泽东在湖南上学时候的老师，他们与中共关系较深。傅作义提出的条件是解放军停止一切进攻，他本人通过起义的方式，宣布和平解决华北问题，成立有傅参加的联合政府，他的军队保留原来编制，由联合政府指挥。

毛泽东对傅作义通过和平方式解决华北问题的态度表示欢迎，但对他搞联合执政及保留其军队的不切实际的想法则坚决反对。他以中央军委的名义向前线指挥林彪、罗荣桓、刘亚楼发出急电，指示一定要稳住傅作义，使其不南撤不西逃，然后寻求解决办法。

12 月中旬，人民解放军将要完成对天津的分割包围，看着事态发展越来越严重，傅作义坐不住了，乃正式派出代表与中共方面会谈。谈判之前，毛泽东指示说，谈判的原则是傅作义放下武器，首要目的是解决中央军问题。他提醒说这次谈判还只是傅作义的试探性行动，如果有诚意的话，他肯定还要派代表前来。谈判中，傅作义的基本态度及所提条件与此前没有多大变化，因此谈判没取得实质性结果。12 月 22 日，新保安的国民党军第三十五军被歼，傅作义军主力丧失，败局已定，于是急忙第二、第三次派出代表与中共会谈。在这两次会谈中，中共一方面打消傅作义不切实际的幻想，使其务必接受中共提出的和平解放平津、改编其军队的条件；另一方面，指示包围天津的人民解放军加紧攻城，以强大的军事压力迫使傅作义就范。此后，林彪、罗荣桓向傅作义发出公函，敦促他务必自动放下武器，离城接受改编，否则，人民解放军将发起最后进攻，并限令傅作义在 1 月 17 日到 21 日间作出答复。

1949 年 1 月 21 日，傅作义签署《关于和平解决北平问题的协议》，接受了和平起义的条件。22 日，傅作义和邓宝珊乘飞机到达石家庄，由李维汉陪同乘车来到中共中央驻地西柏坡，周恩来亲自前去迎接，毛泽东、朱德也都前往拜访。傅作义十分感动，表示回北平后一定在中共部队首长的领导下做好和平改编工作，并提出无条件服从中共决定，在有生之年多做些对人民有益的事情。31 日，人民解放军浩浩荡荡进驻北平城，北平宣告和平解放，平津战役胜利结束。

　　傅作义在最后时刻下定决心和平解决北平问题,为保护古都北京免遭兵燹立下了不可磨灭的功勋。毛泽东高度评价傅作义的和平之举,说他带了个好头,立了大功。蒋介石则痛心疾首,大骂傅作义"自误、误国、误部下"。当你游览北京古城、观赏美轮美奂的古代建筑,体验源远流长的中华历史文化的时候,你肯定会想到为保护古城作出贡献的傅作义。千秋功过,自有人民评说。

 知识链接

三大战役

　　1948 年秋,国共双方兵力对比已发生了重大变化,人民解放军增加到 280 万人,武器装备大有改善。国民党军减少到 365 万人,一线兵力仅 174 万人。中共中央审时度势,决定与国民党展开战略决战。其中战略性战役有三次:第一次战役是东北地区的辽沈战役(1948 年 9 月 12 日—11 月 2 日),东北野战军攻克锦州,解放长春,直下沈阳、营口,东北全境解放,1 个半月时间里,歼灭国民党军 47.2 万人,停虏少将以上军官 186 名,使全国军事形势出现根本转折,人民解放军在力量对比上开始占据优势。第二次战役是以徐州为中心的淮海战役(1948 年 11 月 6 日—1949 年 1 月 10 日),中原野战军和华东野战军一部经过 66 天的激烈战斗,歼灭国民党军 55.5 万人,解放了长江以北的华东、中原地区,沉重打击了国民党军的士气。第三次战役是平津战役(1948 年 11 月 29 日—1949 年 1 月 31 日),历时 64 天,歼灭和改编国民党军 52 万余人,解放了华北大部地区。三大战役后,国民党军作战力量基本被歼灭,国民党对大陆的统治已经摇摇欲坠了。

渡江战役

"钟山风雨起苍黄,百万雄师过大江。"毛泽东《七律·人民解放军占领南京》这首诗很多人耳熟能详,让我们一起回顾一下这首诗的写作背景吧。

辽沈、淮海、平津三大战役结束后,民国党军主力已被歼灭,毛泽东指示人民解放军乘胜追击,直捣国民党政府的老巢南京。蒋家王朝覆灭在即,但蒋介石还幻想能够继续在中国大陆的统治,他力图借长江天险,保住江南半壁河山,与中共划江而治。

1949年元旦,毛泽东发表新年献词,明确表示要将革命进行到底。四面楚歌的蒋介石也发表元旦声明,他一改往日骄横的态度,提出与中共进行和平谈判,和谈的基本条件是保存国民党政府的"宪法""法统"和军队。毛泽东针锋相对,在14日发表的《关于时局的声明》中提出了和谈的八项条件,第一条就是惩治战争罪犯。就是说,和谈可以,但首先要治蒋介石战犯之罪。蒋介石当然不会同意。不谈判,大战必不可免,而南京政府肯定战败,对此国民党政府的高官们心照不宣。战事不利,国民党内部派系矛盾愈加突出,纷纷要求蒋介石下野。

1月21日,蒋介石宣布"引退",由副总统李宗仁任"代总统"。虽然灰溜溜地下台,但蒋介石还是要再风光一番,带着夫人和一帮亲信来到中山陵,拜谒孙中山先生陵墓。他表情凝重,伫立良久,面对经营多年的南京城,满脸的留恋和无奈。而后,带着家人飞回了老家奉化。表面上看,蒋介石下野隐居了,但实际上,南京政府的军政大权依然掌握在他手中。李宗仁的所谓代总统只是一个空架子,既没钱,又没兵,拿什么与中共较量?没办法,李宗仁只能硬着头皮与中共交涉,并在报纸上发表声明,表示同意与中共和谈。蒋介石却坐镇奉化,指挥国民党军在长江沿线布防,企图阻止解放军南下。

毛泽东等中共领导人知道和谈不过是国民党的缓兵之计,所以早就下令刘伯承、陈毅、邓小平、粟裕、谭震林等人率领野战军,做好渡江作战的准备。经过三天谈判,4月15日,中共将《国内和平协定(最后修正案)》交到了南京政府谈判代表张治中手上。张治中看过

1949年

4月21日,毛泽东、朱德发布《向全国进军的命令》。

4月23日,人民解放军攻占南京,国民政府覆亡。

9月,中国人民政治协商会议(新政协)第一次全体会议召开。

10月1日,中华人民共和国成立。

后,简单地发表了自己的意见和感想,表示会马上派人送交南京政府批示。南京政府的高官们一看谈判条文,立刻炸了锅一般,个个怒气冲冲,表示这样的条文不能接受。张群带着《协定》去见蒋介石。蒋介石一看,憋了几个月的火气终于爆发出来,一面大骂谈判代表"丧权辱国",一面向蒋经国传达手谕,令汤恩伯死守长江中下游河段,白崇禧务必保全华中,不使中共军队过江。和谈失败,战火再起。

长江自宜昌到上海间 1800 多公里,国民党军共部署了 115 个师 70 多万兵力,其中白崇禧部 25 万人,守卫宜昌到湖口段;汤恩伯部 45 万人,守卫湖口到上海段。共配备舰艇 130 艘,飞机 300 多架,形成立体防御体系。人民解放军准备投入兵力 120 万人,其中第二、三野战军在长江下游突击渡江,夺取京沪地区,围歼国民党军主力;第四野战军十二兵团及中原军区部队,在中原地区渡江,待机夺取武汉。

1949 年 4 月 21 日,毛泽东和朱德发布了《向全国进军的命令》,第二、三野战军立即乘坐事先准备好的木船,在炮兵、工兵的配合下,在安庆到芜湖间强渡长江。一时间,万舟齐发,遮蔽江天,浩浩荡荡驶向长江对岸。国民党守军见解放军来势凶猛,勉强抵抗了一阵,便如惊弓之鸟,纷纷逃命,蒋介石精心布置的长江防线被突破。解放军在江边的滩头上建立起阵地,然后迅速向纵深进军,很快占领了铜陵、繁昌、顺安等地。汤恩伯闻讯大惊,急忙飞往芜湖督战,组织增援,但已无济于事。22 日,守卫长江下游的国民党军全线退却,一部撤退到上海,一部撤退至杭州,企图在东部地区组织新的防线。

得知解放军渡江成功,李宗仁可吓坏了,连忙带着南京政府要员逃命而去,南京成了一座空城。4 月 23 日,第三野战军顺利渡江,没费一枪一弹,便顺利占领了南京城。当解放军一部赶到总统府时,只见铁门紧闭,院里空无一人,散乱的文件纸张随风飘洒,有的地方还冒着缕缕青烟,战士们推开铁门,涌入院中,登上楼顶,一名营长冲上前去,一手将国民党的青天白日旗扯下,换上了人民解放军的红旗,这时正是早上 8 点钟。从这一刻起,南京国民政府长达 22 年的统治宣告结束。毛泽东闻讯,兴奋异常,立即给邓小平、刘伯承发去贺电。并乘兴挥笔,赋诗一首,题目就是《七律·人民解放军占领南京》。

中国人民政治协商会议

1949 年 6 月,中共与各民主党派、各人民团体、无党派人士及国外华侨等筹备召开政治协商会议,为了与 1946 年 1 月在重庆召开的"政治协商会议"相区别,起初称此会议为"新政协",后定名为"中国人民政治协商会议"。9 月 21 日,会议正式召开。会议通过了起临时宪法性质的《共同纲领》和《中华人民共和国中央人民政府组织法》,以及国旗、国歌、国都等项决议,选举了中央人民政府委员会,宣告了中华人民共和国的成立。1954 年 9 月召开第一届全国人民代表大会第一次会议后,中国人民政治协商会议不再行使全国人民代表大会的职权,成为中国共产党领导的多党合作和政治协商机构。

人民解放军抢渡长江

蒋介石知道大势已去，一边安排将家人送去台湾，一边下令军队南撤。人民解放军乘胜分路追击，5月3日占领杭州城，27日攻占上海。国民党军残部5万多人乘军舰逃跑，其余全被歼灭。6月2日，解放军进驻崇明岛，渡江战役胜利结束。蒋介石穷途末路，逃至台湾，划江而治的美梦最终落空。

渡江战役中，人民解放军歼灭国民党军43万余人，攻取了南京、上海、武汉等大城市，占领了江苏、安徽两省全境和浙江省大部及江西、湖北、福建等省各一部，为攻取华东全境及向华南、西南地区进军创造了条件。这次战役之后，国民党军主力丧失殆尽，再也没有力量与人民解放军抗争了。

知识链接

开国大典

1949年6月召开的中国人民政治协商会议筹备会议决定，1949年10月1日在北平天安门广场举行开国大典。当天下午，首都军民30万人聚集天安门广场。下午2时，中央人民政府委员会在中南海勤政殿举行首次会议，中央人民政府主席毛泽东，副主席朱德、刘少奇等和56名委员宣布就职。会后，全体委员登上天安门城楼。3时，林伯渠宣布庆典开始，奏义勇军进行曲后，毛泽东宣布中华人民共和国中央人民政府成立。接着举行升旗仪式，54门礼炮鸣28响，象征着组成人民政协第一届全体委员会的54单位和中国革命在中国共产党诞生以来走过的28年历程。接着，毛泽东宣读了《中华人民共和国中央人民政府公告》，此后是阅兵式，朱德总司令检阅了海陆空三军。傍晚举行了声势浩大的群众游行。庆祝活动到晚上9点多钟结束。中华人民共和国的成立开辟了中国历史新纪元，从此，中国结束了一百多年来被侵略、被奴役的屈辱历史，真正成为独立自主的国家。

后 记

  此书 2009 年出版以来，重印 10 多次，发行近 20 万册。不少儿童家长用它做底本，给孩子讲历史故事；中小学生感觉有趣味，读起来也没有什么文字障碍；大学生拿它作为课外读物，补充教科书对历史细节叙述的粗疏；有些地方党政机关用通知或文件的形式推荐它，作为党员干部的历史知识读本。台湾地区发行了繁体字版。还出了泰语版。读者面愈广，作者愈是惶恐，因为些小的错误，可能造成很多人对历史的误读。故作者时常细心检看，责任编辑李洪超先生也注重收集社会各界的意见。

  值此再版之际，作者对原书作了两个方面的改动和调整：更正初版中不妥之处，增补了一些必要的"知识链接"和"历史常识"，信息量较前有所增加，另外对个别篇章予以合并；续写了中华民国 38 年的历史，使全书内容、体系更为完备。李洪超先生提出许多指导性意见，我的学生李现伟、周艳帮助收集资料，校对稿件，在此一并表示感谢。

李 泉

2015 年 8 月